“一带一路”语言人才培养系列教材

"一带一路"语言人才培养系列教材

孟加拉语经典名篇选读

于秋阳 编著

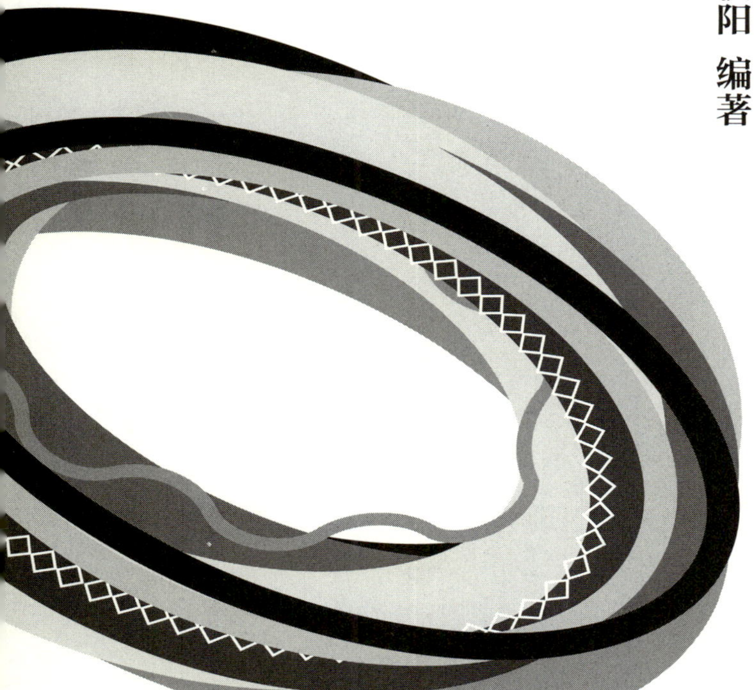

中国传媒大学出版社
·北京·

前言

《孟加拉语经典名篇选读》是中国传媒大学国家非通用语种本科人才培养基地孟加拉语专业的重点建设教材，是为大学本科孟加拉语专业高年级阶段学生编写的基础教材。本书不仅可满足孟加拉语泛读课程的教材之需，亦可用作高级孟加拉语课程、孟加拉语文学经典作品导读课程的补充性阅读书籍。对于相关专业老师、进入本科阶段的自学者以及孟加拉语文学爱好者，本书亦不失为一本有价值的参考读物。

在遵循现代外语教学理念、结合实际教学情况的前提下，《孟加拉语经典名篇选读》旨在培养篇章理解能力和分析归纳能力，强化语法概念和扩充词汇量，在拓展文化视野的基础上培养跨文化能力。全书集知识性、文化性于一体，展现了孟加拉语精美的文学性和艺术性，既帮助学生循序渐进地提高综合运用语言的能力，也有利于学生在文学素养和知识视野方面的积累。

本书共二十七课，分为散文随笔类，童话、神话及小说类，诗歌类三部分。第一部分包括叙事散文、抒情散文、哲理散文、杂文随笔等。第二部分包括不同篇幅容量的短篇小说、中长篇小说节选、经典童话及神话故事。第三部分遴选了突出体现孟加拉族的文化性和民族性的著名诗作。选材上，本书精选了孟加拉国和印度西孟加拉邦最具代表性的近当代名家学者的作品，涵纳、展现了不同地域、不同时期、不同领域的孟加拉语名家大师的语言风格、创作特色、思想内涵。题材上，各课文内容涉及孟加拉的历史文化、人文风貌、风俗习惯、社会现状等多个层面，从不同角度立体化地渗透了孟加拉语对象国地区的社会文化背景知识。

本书每课内容由课文正文、作者简介、单词释义、课后练习组成。作者简介涉及课文作者的生平概况、代表作及等信息，帮助学生了解原文创作的时代和社会背景。单词释义采用了汉语释义，尽可能给出常见使用义或本课使用义。所选单词大多为孟加拉语专业学生在基础阶段尚未学到的词汇，一些没被列入单词表的单词留待学生日后查阅工具书解决，以培养自主学习的习惯。课后练习包括选择题、问答题、填空题、正误判断题、解释题、翻译题。这些习题着重检查学生对课文主旨、作者观点、内在逻辑构架、基本信息事实、语法和词汇知识点等方面的掌握状况。若干课文只设计了问答题，这些问答题对课文的背景文化知识和阅读思路脉络有所提示，鼓励学生在阅读、体验、认知的基础上，多用孟加拉语进行创造性的自我表达。孟加拉语专业教师可在教学实践中根据实际情况增减练习题，布置课后作业，启发学生整理阅读思路，形成阅读语感，最终引导学生从熟记和摹仿中逐渐内化地道得体的孟加拉语语言表达。

孟加拉国资深媒体人、孟加拉语专家 K M Alimul Hoque 先生和孟加拉国资深播音员、孟加拉文化专家 Mohammad Tawhid Sharat 先生对本书进行了审稿和校订。他们在编写过程中提出了诸多关于孟加拉语语言范式、语法规则、文化规约与沿革、文学传统等方面的宝贵指导意见。他们对于民族语言的无限热爱之情和在语言审校工作中体现的高度专业性、严谨性，是本书克服多重困难得以编写而成的重要动力。在此对两位专家致以深深的敬意！

本教材在编写过程中得到了中国传媒大学孟加拉语特聘教授、孟加拉语资深专家刘爱好老师的大力鼓励和支持。刘爱好教授先后担任北京广播学院（中国传媒大学前身）1963 级、1974 级、2000 级的孟加拉语专业教学工作，编写了国内第一部孟加拉语教材《孟加拉语教程》上下册。作为中国孟加拉语教育事业的开创者，她对本书的编写以及日后更多教材的付梓寄予厚望。在此深表敬意和感激！

本教材的编写经过教学实践的试讲和反复的论证，大部分内容从中国传媒大学历届孟加拉语专业课的自编教材和讲义中选编。在编写过程中一定程度上借鉴了孟加拉国、印度西孟加拉邦的中学语文课本的编写体例，参考了孟加拉语文学史料、孟加拉语权威语法典籍、孟加拉文化和历史相关典籍，以及孟加拉国、印度西孟加拉邦的基础教育阶段的文学读本和学习辅导类书籍。在此一并致谢。

由于编者经验、水平以及素材来源有限，书中疏漏不妥之处在所难免。敬请诸位业内专家、同仁及使用者不吝指教。

编著者

2019 年 9 月

于中国传媒大学

ভূমিকা

বাংলাদেশের মহান ভাষা আন্দোলন আজ আন্তর্জাতিকভাবে স্বীকৃত। সারা বিশ্বের মাতৃভাষাপ্রেমী মানুষ আজ তার সঙ্গে জড়িত। এ পাঠ্যপুস্তকের শুরুতে ১৯৫২ সালের মহান ভাষা আন্দোলনে শহীদ ও সংগ্রামী মানুষের প্রতি আন্তরিক শ্রদ্ধা ও তাদের বিদেহী আত্মার শান্তি কামনা করছি।

সেই সঙ্গে যুগ যুগ ধরে যারা বাংলা ভাষাকে সমৃদ্ধ করার সংগ্রাম চালিয়ে যাচ্ছেন, তাদের প্রতিও রইলপ্রাণঢালা শুভেচ্ছা। এ অগ্রযাত্রায় নিজেকে শামিল করার জন্যই ক্ষুদ্র এ প্রয়াস।

বাংলাকে ভালোবেসেছি, তাই এ ভাষা শিখেছি। এখন আরও বিদেশি মানুষকে বাংলা ভাষা শেখানোর কাজে জড়িত হয়েছি। কিন্তু, সে উদ্যোগে সহায়তা করার মতো উপায় উপকরণের প্রচণ্ড অভাব!এমতাবস্থায়বিদেশি শিক্ষার্থীদের জন্য বাংলা ভাষার এ পাঠ্যপুস্তক তৈরির কাজ হাতে নেই। এ কাজে বিভিন্ন রকম সীমাবদ্ধতার জন্য দেশীয় ও আন্তর্জাতিক অনেক নিয়ম-নীতিই হয়তো মানা সম্ভব হয়নি! কিন্তু এ কাজের উদ্দেশ্যকে সামনে রাখলে সবঅপারগতানিঃসন্দেহে ক্ষমা পাবে বলে বিশ্বাস করি।

এ পাঠ্যপুস্তক তৈরিতে চীন, বাংলাদেশ, ভারতের অনেক মানুষের সহযোগিতা পেয়েছি। তাদের ধন্যবাদ জানাই।

পাশাপাশি, যে সব কবি, সাহিত্যিক ওপ্রাবন্ধিকেররচনাসম্ভারে এ পাঠ্যপুস্তক প্রাণ ফিরে পেয়েছে তাদের গোটা চীন জাতির পক্ষ থেকে জানাই অভিনন্দন ও শুভেচ্ছা। আপনারা চীনের মানুষদের এক কৃতজ্ঞতার বন্ধনে বেঁধে ফেললেন!

কোনো ধরনের ব্যবসায়ীক উদ্দেশ্য নয়, বরং প্রাতিষ্ঠানিক শিক্ষার জন্যই এ পাঠ্যপুস্তক তৈরি হয়েছে। আশা করছি এ পাঠ্যপুস্তক চীনা শিক্ষার্থীদের বাংলা

ভাষা, সাহিত্য ও সংস্কৃতি জানার এক ক্ষুদ্র সূচনা হিসেবে ভূমিকা পালন করবে। এ পথ ধরে চীনের শিক্ষার্থীরা বাংলা সাহিত্যের বিশাল সমুদ্রের দিকে ছুটে যেতে পারবে।

ইউ ছিউ ইয়াং (সুস্মিতা ইউ)

চীন যোগাযোগ বিশ্ববিদ্যালয়

০৯/০৯/২০১৯

বেইজিং, চীন

সূচিপত্র

প্রথম অংশ:গদ্য

পাঠ ১

বাংলা ভাষার জন্মকথা

কোথা থেকে এসেছে আমাদের বাংলা ভাষা? ভাষা কি জন্ম নেয় মানুষের মতো? বা যেমন বীজ থেকে গাছ জন্মে তেমনভাবে জন্ম নেয় ভাষা? না, ভাষা মানুষ বা তরুর মতো জন্ম নেয় না। বাংলা ভাষাও মানুষ বা তরুর মতো জন্ম নেয়নি, কোনো কল্পিত স্বর্গ থেকেও আসেনি। এখন আমরা যে বাংলা ভাষা বলি, এক হাজার বছর আগে তা ঠিক এমন ছিল না। এক হাজার বছর পরও ঠিক এমন থাকবে না। ভাষার ধর্মই বদলে যাওয়া। বাংলা ভাষার আগেও এদেশে ভাষা ছিল। সে ভাষায় এদেশের মানুষ কথা বলত, গান গাইত, কবিতা বানাত। মানুষের মুখে মুখে বদলে যায় ভাষার ধ্বনি। রূপ বদলে যায় শব্দের, বদল ঘটে অর্থের। অনেক দিন কেটে গেলে মনে হয় ভাষাটি একটি নতুন ভাষা হয়ে উঠেছে। আর সে ভাষার বদল ঘটেই জন্ম হয়েছে বাংলা ভাষার।

আজ থেকে এক শ বছর আগেও কারও কোনো স্পষ্ট ধারণা ছিল না বাংলা ভাষার ইতিহাস সম্পর্কে। কেউ জানত না কত বয়স এ ভাষার। সংস্কৃত ভাষার অনেক শব্দ ব্যবহৃত হয় বাংলা ভাষায়। এক দল লোক মনে করতেন ওই সংস্কৃত ভাষাই বাংলার জননী। বাংলা সংস্কৃতের মেয়ে। তবে দুষ্টু মেয়ে, যে মায়ের কথামতো চলেনি। না চলে চলে অন্য রকম হয়ে গেছে। তবে উনিশ শতকেই আরেক দল লোক ছিলেন, যাঁরা মনে করতেন বাংলার সাথে সংস্কৃতের সম্পর্ক বেশ দূরের। তাঁদের মতে, বাংলা ঠিক সংস্কৃতের কন্যা নয়। অর্থাৎ সরাসরি সংস্কৃত ভাষা থেকে উৎপত্তি ঘটেনি বাংলার। ঘটেছে অন্য কোনো ভাষা থেকে। সংস্কৃত ছিল সমাজের উঁচুশ্রেণির মানুষের লেখার ভাষা। তা কথ্য ছিল না। কথা বলত মানুষেরা নানা রকম ‘প্রাকৃত’ ভাষায়। প্রাকৃত ভাষা হচ্ছে সাধারণ মানুষের দৈনন্দিন জীবনের কথ্য ভাষা। তাঁরা বিশ্বাস করতেন যে, সংস্কৃত থেকে নয়, প্রাকৃত ভাষা থেকেই উদ্ভব ঘটেছে বাংলা ভাষার।

কিন্তু নানা রকম প্রাকৃত ছিল ভারতবর্ষের বিভিন্ন অঞ্চলে। তাহলে কোন প্রাকৃত থেকে উদ্ভব ঘটেছিল বাংলার? এ সম্পর্কে প্রথম স্পষ্ট মত প্রকাশ করেন জর্জ আব্রাহাম গ্রিয়ারসন। বহু প্রাকৃতের একটির নাম মাগধী প্রাকৃত। তাঁর মতে মাগধী প্রাকৃতের কোনো পূর্বাঞ্চলীয় রূপ থেকে জন্ম নেয় বাংলা ভাষা। পরে বাংলা ভাষার উদ্ভব ও বিকাশের বিস্তৃত ইতিহাস রচনা করেন ডক্টর সুনীতিকুমার চট্টোপাধ্যায় এবং আমাদের চোখে স্পষ্ট ধরা দেয় বাংলা ভাষার ইতিহাস। যে ইতিহাস বলার জন্য আমাদের একটু পিছিয়ে যেতে হবে। পিছিয়ে যেতে হবে অন্তত কয়েক হাজার বছর।

ইউরোপ ও এশিয়ার বেশ কিছু ভাষার ধ্বনিতে, শব্দে লক্ষ করা যায় গভীর মিল। এ ভাষাগুলো যে সব অঞ্চলে ছিল ও এখন আছে, তার সবচেয়ে পশ্চিমে ইউরোপ আর সবচেয়ে পূর্বে ভারত ও বাংলাদেশ। ভাষাতাত্ত্বিকেরা এ ভাষাগুলোকে একটি ভাষাবংশের সদস্য বলে মনে করেন। ওই ভাষাবংশটির নাম ইন্দো-ইউরোপীয় ভাষাবংশ বা ভারতী-ইউরোপীয় ভাষাবংশ। ইন্দো-ইউরোপীয় ভাষাবংশে আছে অনেকগুলো ভাষা-শাখা, যার একটি হচ্ছে ভারতীয় আর্যভাষা। ভারতীয় আর্যভাষার প্রাচীন ভাষাগুলোকে বলা হয় প্রাচীন ভারতীয় আর্যভাষা। প্রাচীন ভারতীয় আর্যভাষার প্রাচীন রূপ পাওয়া যায় ঋগ্বেদের মন্ত্রগুলোতে। এগুলো সম্ভবত লিখিত হয়েছিল যিশুখ্রিষ্টের জন্মেরও এক হাজার বছর আগে, অর্থাৎ ১০০০ খ্রিস্টপূর্বাব্দে। বেদের শ্লোকগুলো পবিত্র বিবেচনা করে তার অনুসারীরা সেগুলো মুখস্থ করে রাখত। শতাব্দীর পর শতাব্দী কেটে যেতে থাকে। মানুষ দৈনন্দিন জীবনে যে ভাষা ব্যবহার করত বদলে যেতে থাকে সে ভাষা। এক সময় সাধারণ মানুষের কাছে দুর্বোধ্য হয়ে ওঠে বেদের ভাষা বা বৈদিক ভাষা। তখন ব্যাকরণবিদরা নানা নিয়ম বিধিবদ্ধ করে একটি মানসম্পন্ন ভাষা সৃষ্টি করেন। ওই ভাষার নাম 'সংস্কৃত', অর্থাৎ বিধিবদ্ধ, পরিশীলিত, শুদ্ধ ভাষা। খ্রিষ্টপূর্ব ৪০০ অব্দের আগেই এ ভাষা বিধিবদ্ধ হয়েছিল।

যিশুর জন্মের আগেই পাওয়া যায় ভারতীয় আর্যভাষার তিনটি স্তর। প্রথম স্তরটির নাম বৈদিক বা বৈদিক সংস্কৃত। খ্রিষ্টপূর্ব ১২০০ অব্দ থেকে খ্রিষ্টপূর্ব ৮০০ অব্দ এ ভাষার কাল। তারপর পাওয়া যায় সংস্কৃত। খ্রিষ্টপূর্ব ৮০০

অব্দের দিকে এটি সম্ভবত বিধিবদ্ধ হতে থাকে এবং খ্রিষ্টপূর্ব ৪০০ অব্দের দিকে ব্যাকরণবিদ পাণিনির হাতেই এটি চূড়ান্তভাবে বিধিবদ্ধ হয়। বৈদিক ও সংস্কৃতকে বলা হয় প্রাচীন ভারতীয় আর্যভাষা। প্রাকৃত ভাষাগুলোকে বলা হয় মধ্যভারতীয় আর্যভাষা। মোটামুটিভাবে খ্রিষ্টপূর্ব ৪৫০ অব্দ থেকে ১০০০ খ্রিষ্টাব্দ পর্যন্ত এ ভাষাগুলো কথ্য ও লিখিত ভাষারূপে ভারতের বিভিন্ন স্থানে প্রচলিত থাকে। এ প্রাকৃত ভাষাগুলোর শেষ স্তরের নাম অপভ্রংশ অর্থাৎ যা খুব বিকৃত হয়ে গেছে। বিভিন্ন অপভ্রংশ থেকেই উৎপন্ন হয়েছে নানান আধুনিক ভারতীয় আর্যভাষা– বাংলা, হিন্দি, গুজরাটি, মারাঠি, পাঞ্জাবি প্রভৃতি ভাষা।

ডক্টর সুনীতিকুমার চট্টোপাধ্যায় মনে করেন পূর্ব মাগধী অপভ্রংশ থেকে উদ্ভূত হয়েছে বাংলা; আর আসামি ও ওড়িয়া ভাষা। তাই বাংলার সাথে খুব ঘনিষ্ঠ সম্পর্ক আসামি ও ওড়িয়ার। আর কয়েকটি ভাষার ঘনিষ্ঠ আত্মীয়তা রয়েছে বাংলার সঙ্গে; কেননা সেগুলোও জন্মেছিল মাগধী অপভ্রংশের অন্য দুটি শাখা থেকে। ওই ভাষাগুলো হচ্ছে মৈথিলি, মগধি, ভোজপুরিয়া। ডক্টর মুহম্মদ শহীদুল্লাহ বাংলা ভাষার উৎপত্তি সম্পর্কে অবশ্য একটু ভিন্ন মত পোষণ করেন। তিনি একটি প্রাকৃতের নাম বলেন গৌড়ী প্রাকৃত। তিনি মনে করেন, গৌড়ী প্রাকৃতেরই পরিণত অবস্থা গৌড়ী অপভ্রংশ থেকে উৎপত্তি ঘটে বাংলা ভাষার।

(হুমায়ুন আজাদ, কতো নদী সরোবর বা বাঙলা ভাষার জীবনী)

লেখক পরিচিতি

হুমায়ুন আজাদ ছিলেন একজন বাংলাদেশি কবি, ঔপন্যাসিক, গল্পকার, সমালোচক, ভাষাবিজ্ঞানী এবং কিশোর সাহিত্যিক। তিনি ১৯৪৭ খ্রিস্টাব্দে বাংলাদেশের মুন্সীগঞ্জ জেলার বিক্রমপুরের শ্রীনগর থানার রাড়িখাল গ্রামে জন্মগ্রহণ করেন। একজন কৃতী ছাত্র হিসেবে তিনি তাঁর শিক্ষাজীবন শেষ করেন। কর্মজীবনে তিনি ঢাকা বিশ্ববিদ্যালয়ের বাংলা বিভাগে অধ্যাপক হিসেবে নিয়োজিত ছিলেন। বাংলা ভাষা ও সাহিত্যের একজন গবেষক হিসেবে তিনি খ্যাতি পেয়েছেন। তাঁর প্রকাশিত গ্রন্থের সংখ্যা ৭০ টির বেশি।

তাঁর গবেষণাগ্রন্থ হচ্ছে 'শামসুর রাহমান: নিঃসঙ্গ শেরপা', 'বাক্যতত্ত্ব' ইত্যাদি। কিশোর পাঠকদের জন্য তাঁর লেখা দুটি গ্রন্থ: 'লালনিল দীপাবলি', 'কতো নদী সরোবর'। তাঁর রচিত কবিতাগ্রন্থের মধ্যে 'অলৌকিক ইস্টিমার' ও 'জ্বলো চিতাবাঘ' উল্লেখযোগ্য। হুমায়ুন আজাদ ১৯৮৭ সালে সাহিত্যে বিশেষ অবদানের জন্য 'বাংলা একাডেমী পুরস্কার' লাভ করেন। ২০০৪ সালের ১২ই অগাস্ট জার্মানির মিউনিখ শহরে মৃত্যুবরণ করেন। ২০১২ সালে সামগ্রিক সাহিত্যকর্ম এবং ভাষাবিজ্ঞানে বিশেষ অবদানের জন্যে তাঁকে মরণোত্তর একুশে পদক প্রদান করা হয়।

শব্দার্থ

সংস্কৃত ভাষা		梵文
জননী	［名］	母亲
উৎপত্তি	［名］	源头；开端
উঁচু শ্রেণি		上层阶级
প্রাকৃত ভাষা		俗语；口语
উদ্ভব	［名］	诞生；出现
বিকাশ	［名］	体现；发展
বিস্তৃত	［形］	详细的
ভাষাতাত্ত্বিক	［名］	语言学家
ইন্দো-ইউরোপীয় ভাষাবংশ		印欧语族
আর্যভাষা	［名］	雅利安语言
ঋগ্বেদ	［名］	梨俱吠陀(印度吠陀文献中最重要的一部作品)
মন্ত্র	［名］	经文咒语(尤指四部吠陀本集中唱念的经文)
অনুসারী	［名］	遵循者；追随者
দুর্বোধ্য	［名］	难懂的；晦涩的
মানসম্পন্ন	［形］	标准的；规范的

বিধিবদ্ধ হওয়া		被规范；被规定
পরিশীলিত	［形］	文雅的；经过提炼的
শুদ্ধ	［形］	纯正的；正确的；未受污染的
চূড়ান্তভাবে	［副］	达到极致地；登峰造极地
অপভ্রংশ	［名］	语言的变体
ব্যাকরণবিদ পাণিনি		语法学家帕尼尼（公元前 4 世纪印度次大陆西北部的著名古梵语语法学家）
বিকৃত	［形］	变形的
উৎপন্ন হওয়া		诞生；产生
উদ্ভূত হওয়া		产生；出现；显现
কেননা	［连］	因为
পরিণত	［形］	变化的；转化的

অনুশীলনী

১। পাঠ অনুসরণে শূন্যস্থান পূরণ করুন।

১.মানুষের মুখে মুখে বদলে যায় ভাষার (　　　)। (　　　) বদলে যায় শব্দের, বদল ঘটে (　　)।

২.(　　) ভাষার অনেক শব্দ ব্যবহৃত হয় বাংলা ভাষায়।

৩.(　　) ভাষা হচ্ছে সাধারণ মানুষের দৈনন্দিন জীবনের কথ্য ভাষা।

৪.বিভিন্ন অপভ্রংশ থেকেই উৎপন্ন হয়েছে নানান আধুনিক ভারতীয় (　　)।

৫.ডক্টর সুনীতিকুমার চট্টোপাধ্যায়ের মতে পূর্ব মাগধী অপভ্রংশ থেকে (　　) হয়েছে বাংলা।

৬.ডক্টর মুহম্মদ শহীদুল্লাহর মতে বাংলা ভাষার (　　　) ঘটেছে গৌড়ী অপভ্রংশ থেকে।

২। সঠিক উত্তর বাছাই করুন।

১. অনেকেই কোন ভাষাকে বাংলা ভাষার ‘জননী’ মনে করতেন?

ক. হিন্দি

খ. গুজরাটি
গ. সংস্কৃত
ঘ. মারাঠি
২. সংস্কৃত কাদের ভাষা ছিল?
ক. ঋগ্বেদ নামক শাস্ত্রগ্রন্থের ভাষা
খ. ধর্মগ্রন্থসমূহে ব্যবহৃত ভাষা
গ. সমাজের উঁচু শ্রেণির লোকদের লেখার ভাষা
ঘ. সমাজের উঁচু শ্রেণির লোকদের মুখের ভাষা
৩. প্রাকৃত ভাষা বলতে কী বোঝায়?
ক. শ্রেণিকক্ষে শিক্ষার্থীরা যে ভাষায় কথা বলে
খ. শিক্ষিত জনগণ যে ভাষায় কথা বলে
গ. অঞ্চল বিশেষের মানুষ যে ভাষায় কথা বলে
ঘ. গণমানুষ সচরাচর যে ভাষায় কথা বলে
৪. কোন কোন ভাষা ইন্দো-ইউরোপীয় ভাষাবংশের সদস্য?
ক. মারাঠি, আসামি ও ওড়িয়া
খ. হিন্দি, উর্দু, গুজরাটি ও পাঞ্জাবি
গ. বাংলা
ঘ. ক, খ ও গ
৫. 'ভাষার ধর্মই বদলে যাওয়া' – কথাটির মানে কী?
ক. শব্দের রূপ ও অর্থ বদলে যায়।
খ. ভাষার ধ্বনি বদলে যায়।
গ. এখন আমরা যে বাংলা ভাষা বলি এক হাজার বছর আগে তা ঠিক এমন ছিল না।
ঘ. ক, খ ও গ
৬. নিচের কোন মন্তব্য ঠিক নয়?
ক. ভারতীয় আর্যভাষার প্রথম স্তরটির নাম সংস্কৃত।
খ.প্রাচীন ভারতীয় আর্যভাষার প্রাচীন রূপ পাওয়া যায় ঋগ্বেদের মন্ত্রগুলোতে।
গ. প্রাকৃত ভাষা জনসাধারণের কথ্য ভাষা।

ঘ. বৈদিক ভাষা ছিল লেখা ও পড়ার ভাষা, মানুষের মুখে প্রচলিত ছিল না।

৭. বাংলা ভাষার উদ্ভব সম্পর্কে প্রথম স্পষ্ট মত প্রকাশ করেন কে?

ক. সুনীতিকুমার চট্টোপাধ্যায়

খ. মুহম্মদ শহীদুল্লাহ

গ. হুমায়ুন আজাদ

ঘ. জর্জ আব্রাহাম গ্রিয়ারসন

৮. 'শ্লোক' বলতে বোঝায়–

ক. বাংলা ভাষায় রচিত কবিতা

খ. প্রাচ্য ভাষায় রচিত কবিতা

গ. মৈথিলি ভাষায় রচিত কবিতা

ঘ. সংস্কৃত ভাষায় রচিত কবিতা

৩। পাঠ অনুসরণে নিচের প্রশ্নাবলীর উত্তর দিন।

১.একটি ভাষার ধ্বনিগুলো কীভাবে বদলে যায়?

২.প্রাকৃত ভাষাগুলোর শেষ স্তরের নাম কী?

৩.প্রাচীন ভারতীয় আর্যভাষা বলতে কী বোঝায়?

৪.জর্জ আব্রাহাম গ্রিয়ারসনের মতে কোন ভাষা থেকে বাংলা ভাষার জন্ম হয়?

৫.বাংলা ভাষার উৎপত্তি সম্বন্ধে পণ্ডিতগণ কী মতামত ব্যক্ত করেছেন তা নিয়ে আলোচনা করুন।

পাঠ ২

কর্ম ও তার ফল

লক্ষ লক্ষ বছর আগে মানুষ যেদিন উচ্চতর বুদ্ধির অধিকারী হয়ে অল্পবুদ্ধি প্রাণীর ওপর আধিপত্য বিস্তার করতে আরম্ভ করেছিল, সেদিন থেকে যে কেবল দুর্বল জীবের সঙ্গেই মানুষের শত্রুতা চলছে তা নয়। প্রকৃতির সঙ্গেও মানুষের এক নীরব সংগ্রাম চলে আসছে। এর ফলে কোটি কোটি নিরীহ জীব প্রাণদান করেছে।

প্রকৃতির রাজ্যে অকল্যাণ নিয়ে আসার ব্যাপারে একমাত্র আধুনিক সভ্য জাতিই দায়ী নয়। মানুষ যখন অসভ্য ছিল, তখন থেকেই নিরীহ প্রাণীদের হত্যা আরম্ভ করে এরা প্রাণীজগতের এত ক্ষতি করে আসছে যে তা আর পূরণ হওয়ার সম্ভাবনা দেখা যায় না। মানুষের এই যথেচ্ছাচার দীর্ঘকাল স্থায়ী হলে সম্ভবতঃ কয়েকটা খাদ্যপ্রদ উদ্ভিদ আর কয়েকটা অত্যাবশ্যক প্রাণী ছাড়া ক্রমে অন্য সকলই পৃথিবী থেকে মুছে যাবে এবং শেষে সেগুলোরও পর্যন্ত বংশলোপের সম্ভাবনা দেখা দেবে।

পাখি এবং পতঙ্গজাতীয় ক্ষুদ্র প্রাণীগুলি মানুষের নৃশংসতা থেকে মুক্তি পায়নি। বিখ্যাত ডোডো পাখি এখন একপ্রকার পুঁথিগত জিনিস হয়ে দাঁড়িয়েছে। তাছাড়া আধুনিক সুসভ্য মানুষের বিলাসের উপকরণ জোগাবার জন্য যে কত পাখির বংশলোপ হতে বসেছে তার ইয়ত্তা হয় না।

বড় বড় নদ-নদী এবং জলাশয়গুলোর জল দূষিত করে মানুষ নানা জলচর প্রাণীর যে সংহারকাজ নীরবে চালাচ্ছে তা আরও ভয়ানক। জলাশয়ের জলকে নির্মল রাখার কাজে জলচর প্রাণী কম সহায় নয়। আমাদের কলকারখানার আবর্জনা ও ড্রেনের দূষিত পদার্থযোগে নদীজল এত কলুষিত হয়ে পড়ছে যে পরম হিতকর জলচর প্রাণীরাও আর জলে থাকতে পারছে না। ক্রমেই তারা নির্বংশ হতে বসেছে। নদীগুলো এখন অনিষ্টকর জীবাণুতে পূর্ণ। টেমস্ নদীতে আর সামন মাছ পাওয়া যায় না এবং আমাদের ভাগীরথী ও পদ্মা মাছশূন্য হয়ে আসছে।

প্রাণীজগৎ ছেড়ে দিয়ে উদ্ভিদের প্রতি দৃষ্টিপাত করলে মানুষের সংহার কাজের ধারাবাহিকতা সেখানেও দেখা যায়। গাছ কেটে বন পুড়িয়ে মানুষ জগতের এবং নিজের যে অনিষ্ট করছে তা উপেক্ষা করার নয়। বড় বড় জঙ্গলগুলো কেটে ফেললেই যে দেশে জলকষ্ট ও দুর্ভিক্ষ দেখা দেয় প্রাচীন ও আধুনিক ইতিহাসে তার অনেক প্রমাণ আছে। সকল দেশেই অরণ্যধ্বংসের এই প্রকার প্রত্যক্ষ কুফল হাতে হাতে দেখতে পাওয়া গেছে। বৃক্ষসকল তাদের মূল দ্বারা কেবল জল আটকেই যে দেশের হিতসাধন করে, তা নয়, স্থানীয় স্বাস্থ্যরক্ষার ব্যাপারেও এদের অনেক কাজ আছে।

প্রথিবীর নানা অংশে যে সব বড় মরুভূমি আছে, তাদের উৎপত্তির জন্যে মানুষকে অবশ্যই সম্পূর্ণ দায়ী করা যায় না। কিন্তু কতকগুলো স্থানে যে সকল ক্ষুদ্র মরুভূমি ধীরে ধীরে বিস্তার লাভ করে শ্যামল উর্বর ভূ-খণ্ডকে গ্রাস করতে আরম্ভ করেছে তার জন্য মানুষই দায়ী। প্রাণীদেহের আহত অংশে ক্ষত দেখা দিলে তা যেমন ক্রমেই বিস্তার লাভ করে সুস্থ অংশে জুড়ে বসে, ক্ষুদ্র মরুভূমিগুলি সেই প্রকার ক্ষতের ন্যায়ই বিস্তার লাভ করে পার্শ্বস্থ উর্বর ভূ-ভাগকে কুক্ষিগত করতে আরম্ভ করেছে। মরুভূমির এই প্রকার ক্রমবিস্তার ভূ-পৃষ্ঠের ব্যাধিবিশেষ, সুতরাং এর নিবারণ মানুষের সাধ্যাতীত। কিন্তু মানুষই যে বন কেটে নানা স্থানে ক্ষুদ্র ক্ষুদ্র মরুভূমির উৎপাদন করছে তা সুনিশ্চিত। এইগুলো যখন কালক্রমে বিস্তার লাভ করে সমগ্র ভূ-ভাগকে গ্রাস করে ফেলবে, তখন মানুষ নিজের কুকার্যের ফল আরও দেখতে পাবে।

সংক্ষেপিত

(জগদানন্দ রায়,মানুষের সংহার কার্য)

লেখক পরিচিতি

জগদানন্দ রায় (১৮৬৯-১৯৩৩) ঊনবিংশ শতাব্দীর একজন স্বনামধন্য বাঙালি লেখক। তিনি বাংলা ভাষায় বিজ্ঞানবিষয়ক রচনার অন্যতম শ্রেষ্ঠ লেখক। জগদানন্দ জন্মগ্রহণ করেন বর্তমান ভারতের নদীয়া জেলার কৃষ্ণনগরের একটি অভিজাত ও অবস্থাপন্ন পরিবারে। অল্প বয়স থেকে

আকাশের নক্ষত্রগুলিকে চেনার এক প্রবল আগ্রহ তাঁর মধ্যে দেখা যায়। তাঁর রচিত প্রথম গ্রন্থ 'প্রকৃতি পরিচয়'। স্থানীয় মিশনারি স্কুলে পড়াশোনা করার সময় থেকেই তাঁর মধ্যে বিজ্ঞান এবং বিজ্ঞানের বিভিন্ন মজার বিষয়ে লেখার আগ্রহ সৃষ্টি হয়েছিল। এই আগ্রহের কারণে তিনি রবীন্দ্রনাথ ঠাকুরের বিশেষ দৃষ্টিতে পড়ে যান। তিনি রবীন্দ্রনাথের স্নেহধন্য ছিলেন। তাঁর সম্পর্কে কবিগুরু রবীন্দ্রনাথ ঠাকুর লিখেছেন– "পরলোকগত জগদানন্দ রায়ের নাম বাংলাদেশের ছেলেমেয়েরা আর তাদের বাপ-মা সকলেই জানে। জ্ঞানের ভোজে এদেশে তিনি সর্বপ্রথমে কাঁচা বয়সের পিপাসুদের কাছে বিজ্ঞানের সহজ পথ্য পরিবেশন করেছিলেন।" রবীন্দ্রনাথ ঠাকুর যখন ব্রহ্মচর্যাশ্রম প্রতিষ্ঠা করেন তখন তিনি জগদানন্দকে শান্তিনিকেতনে নিয়ে আসেন একজন শিক্ষক হিসেবে। ১৯৩২ সালে অবসর গ্রহণের পূর্ব পর্যন্ত জগদানন্দ রায় বিশ্বভারতী বিশ্ববিদ্যালয়ে নিবেদিতপ্রাণ শিক্ষক হিসেবে কাজ করে গেছেন। অবসর গ্রহণের পর তিনি স্বেচ্ছাসেবক হিসেবে গণিত শিক্ষাদান শুরু করে জীবন কাটান। বৈজ্ঞানিক সত্যকে সাধারণ মানুষের সামনে তুলে ধরার উদ্দেশ্যে তিনি বেশ কিছু বই লিখেছিলেন। 'কর্ম ও তার ফল' রচনাটি জগদানন্দ রায়ের 'মানুষের সংহারকার্য' শীর্ষক প্রবন্ধের অংশ।

শব্দার্থ

আধিপত্য	［名］	掌控；主导；支配
প্রকৃতি	［名］	大自然
নিরীহ	［形］	无辜的；无害的
জীব	［名］	生物；动物；生命
প্রাণদান করা		献出生命；牺牲
আধুনিক সভ্য		现代文明
দায়ী	［形］	负有责任的
পূরণ	［名］	填充；完成；弥补；解决
যথেচ্ছাচার	［名］	轻率的行为；肆意妄为
বংশলোপ	［名］	灭族；灭门

নৃশংসতা	[名]	野蛮；残忍
উপকরণ	[名]	成分；组成部分
জোগানো	[动]	获取；准备
ইয়ত্তা	[名]	计量；计数；界定
জলাশয়	[名]	江河湖海
দূষিত করা		污染
জলচর প্রাণী		水生动物
নির্মল	[形]	清洁的；纯净的；一尘不染的
কলুষিত	[形]	被玷污的；污染的；罪恶的
সহায়	[名]	助手；帮助；援助
অনিষ্টকর	[形]	有害的
জীবাণু	[名]	细菌
উদ্ভিদ	[名]	植物
দৃষ্টিপাত করা		看一眼……；注意；关注
সংহার	[名]	杀戮；毁灭
অনিষ্ট করা		危害；损害
উপেক্ষা করা		忽略；忽视
জলকষ্ট	[名]	水荒
দুর্ভিক্ষ	[名]	饥荒
প্রমাণ	[名]	证明
অরণ্যধ্বংস	[名]	破坏森林
প্রত্যক্ষ	[形]	显而易见的；可以感知的；明显的
হিতসাধন করা		有利于；惠及
মরুভূমি	[名]	沙漠
উর্বর ভূ-খণ্ড		肥沃的土壤
গ্রাস করা		吞噬
কুক্ষিগত করা		攫取；控制
নিবারণ	[名]	阻止；限制

উৎপাদন করা		制造；生产
সুনিশ্চিত	［形］	肯定的；确信无疑的

অনুশীলনী

১। সঠিক উত্তর বাছাই করুন।

১. টেমস্ নদী কোন দেশের নদী এবং কোন মাছের জন্য বিখ্যাত?
ক. যুক্তরাষ্ট্র;সামন মাছ
খ. ভারতবর্ষ;ইলিশ মাছ
গ. যুক্তরাজ্য;সামন মাছ
ঘ. জার্মানি;রুই মাছ
২. ভাগীরথী কোন দেশের নদী?
ক. বাংলাদেশ
খ. ভারতবর্ষ
গ. যুক্তরাজ্য
ঘ. নেপাল
৩. এই প্রবন্ধ রচনায় (　　) বিষয়ে লেখকের মূল্যবান আলোচনা রয়েছে।
ক. প্রাণীজগৎ
খ. মরুভূমি
গ. নদ-নদী এবং জলাশয়
ঘ. পরিবেশ
৪. মানুষ পরিবেশের অঙ্গ, অথচ তারা যুগ যুগ ধরে সেই পরিবেশকেই (　　)।
ক. গ্রাস করে যাচ্ছে
খ. নির্মল করে যাচ্ছে
গ. দূষিত করে যাচ্ছে
ঘ. উৎপাদন করে যাচ্ছে
৫. নিচের কোন্ বিষয় এই প্রবন্ধে উল্লেখিত হয়নি?
ক. দুর্বল জীবের সঙ্গে মানুষের শত্রুতা

খ. জলাশয়গুলোর জল দূষিত করা
গ. অরণ্য ধ্বংস করা
ঘ. মরুভূমিকে শ্যামল উর্বর ভূ-খণ্ডে পরিণত করা

৬. পাঠ অনুসরণে নিচের কোন্ উক্তি সঠিক নয়?
ক. প্রকৃতির রাজ্যে অকল্যাণ নিয়ে আসার ব্যাপারে কেবল আধুনিক সভ্য জাতিই দায়ী।
খ. উদ্ভিদের প্রতি মানুষ সংহার কাজ করতে চলেছে।
গ. বৃক্ষসকল একটা দেশের হিতসাধন করে।
ঘ. ক্ষুদ্র মরুভূমিগুলি বিস্তার লাভ করে পার্শ্বস্থ উর্বর ভূ-ভাগকে কুক্ষিগত করতে থাকে।

২। পাঠ অনুসরণে নিচের বাক্যগুলির পাশে 'হ্যাঁ' বা 'না' লিখুন।

১.মানুষ উচ্চতর বুদ্ধির অধিকারী। (হ্যাঁ/না)
২.মানুষ যখন অসভ্য ছিল তখন তারা নিরীহ প্রাণীদের হত্যা করত না। (হ্যাঁ/না)
৩.প্রকৃতির সঙ্গে মানুষের এক নীরব সংগ্রাম চলে আসছে। (হ্যাঁ/না)
৪.বিখ্যাত ডোডো পাখি এখন প্রচুর দেখা যায়। (হ্যাঁ/না)
৫.অরণ্যধ্বংসের পরিণতি জলকষ্ট ও দুর্ভিক্ষ। (হ্যাঁ/না)

৩। পাঠ অনুসরণে নিচের প্রশ্নাবলীর উত্তর দিন।

১.জলাশয় দূষিত হওয়ার কারণ ও তার ফল আলোচনা করুন।
২.উদ্ভিদজগৎকে মানুষ কীভাবে সংহার করেছে?
৩.মরুভূমি কীভাবে প্রকৃতি ও মানুষের ক্ষতি করেছে?
৪.মানুষ কীভাবে নিজের ক্ষতি করেছে তা পাঠ অনুসরণে লিখুন।
৫.পরিবেশ বিষয়ে যা শিখলেন তা নিজের ভাষায় বলুন।

পাঠ ৩

সুন্দর ব্যবহার

একজন মানুষ ভাল কি মন্দ আমরা তা বুঝতে পারি তার ব্যবহার দিয়ে। সে ভদ্র কি অভদ্র তাও বুঝতে পারি তার ব্যবহার দিয়ে।

ব্যবহার ভাল হলে লোকে তাকে ভাল বলে। তাকে পছন্দ করে। ব্যবহার খারাপ হলে লোকে তাকে খারাপ বলে। তাকে অপছন্দ করে। তার সঙ্গে মিশতে চায় না। তার সঙ্গে কাজ করতে চায় না। তাকে কাছে ডাকতে চায় না। তোমার ব্যবহার দিয়েই তোমার মনুষ্যত্বের পরিচয়।

ব্যবহার বলতে আমরা কী বুঝি? একজনের কথাবার্তা, মনোভাব ও আদব-কায়দা। যার কথা বলার ধরন সুন্দর, যে হাসিমুখে ভালভাবে কথা বলে, আমরা তার বেলাতে বলি, এর ব্যবহার ভাল।

অতএব তোমরা যখন কথা বলবে বা কারও কথার উত্তর দেবে তখন হাসিমুখে সুন্দর করে কথা বলবে। কোনরকম বিরক্তি প্রকাশ করবে না। যদি কাজের সময় হয়, যদি তুমি ব্যস্ত থাকো তাহলে তা খুলে বলবে।

তোমার ভাই বোন বন্ধু বা অপর যে কেউই হোক না কেন তার সুবিধা অসুবিধার কথা বুঝতে চেষ্টা করবে, তা হলে লোকের সঙ্গে তোমার ব্যবহার ভাল হবে।

তা হলে তুমি অল্পতে কারও ওপর রাগ করতে পারবে না। তা হলে তুমি কাউকে ভুল বুঝবে না। কারও ওপর অকারণে অভিমান হবে না। তা হলে তুমি অপরের দোষ ক্ষমা করতে পারবে। ব্যবহার ভাল করতে হলে অপরের দোষ ক্ষমা করতে হয়, অপরের সুবিধা অসুবিধার কথা ভাবতে হয়। অপরের যোগ্যতা অযোগ্যতার কথা ভাবতে হয়। তা হলে তুমি সহজেই অপরের সঙ্গে ভাল ব্যবহার করতে পারবে। ব্যবহার ভাল করতে হলে ভদ্রতা শিখতে হয়। ভদ্রতা মেনে চলতে হয়।

আমরা সভ্য জগতের মানুষ। সভ্য জগতে ভদ্রতা মেনে চলতে হয়। ভদ্রতা মেনে না চললে লোকে তাকে অভদ্র বলে, অসভ্য বলে।

ভদ্রতা না জানলে, না মেনে চললে ব্যবহার ভাল হতে পারে না। ব্যবহার ভাল না হলে কারও কাছে ভাল ব্যবহার পাওয়া যায় না। ভালবাসা পাওয়া দুর্লভ হয়।

তুমি যদি ভদ্রতা না জান বা না মেনে চল, তাহলে তোমার অতি আপনজনেরাও তোমাকে এড়িয়ে চলবে, খারাপ বলবে, মনে কষ্ট পাবে। তোমার চেয়ে যারা বয়সে ছোট তারা কষ্ট পাবে। ভাববে তুমি তাদের ছোট ভাবছ। তোমাকে অহংকারী ভাববে। তোমার চেয়ে যাঁরা বড়, তাঁরা মনে কষ্ট পাবেন। ভাববেন, তোমার ভক্তি নেই, শ্রদ্ধা নেই। তাঁরা যে তোমার চেয়ে বয়সে, বুদ্ধিতে বড়, প্রবীণ– এ কথা স্বীকার করতে চাইছ না। তাঁরা দুঃখ পাবেন। কারও মনে দুঃখ দেওয়াটা ভাল ব্যবহার নয়। অতএব ভদ্রতা মেনে চল।

ভদ্রতা মানতে হলে ভদ্রতা কী তা জানতে হয়। ভদ্রতার প্রথম সোপান হচ্ছে বিনয়। তুমি বিনীত হও। তুমি নম্র হও। তাতে তুমি ছোট হবে না। তাতে কেউ তোমাকে ছোট ভাববে না।

বিনীত হওয়া, নম্র হওয়া মানে এ নয় যে, তোমাকে হুজুর হুজুর করতে হবে। অথবা জোড়হাতে থাকতে হবে। তোমার দাঁড়াবার, বসবার, কথা বলবার, তাকাবার ভঙ্গিটি যেন উদ্ধত না হয়। ভদ্রতার, আদব-কায়দার সাধারণ নিয়মগুলো মানতে যেন বিরক্তির ভঙ্গিটি ফুটে না ওঠে।

বিভিন্ন দেশে ভদ্রতার বিভিন্ন নিয়ম রয়েছে। সব দেশের এটিকেট এক নয়। তবু মূল কথাটি এক। মূল সুরটি এক। যেমন ধর, পরিচিত জনকে দেখলে হাসিমুখে অভিবাদন করা, কুশল জিজ্ঞেস করা বা কেমন আছেন তা জানতে চাওয়া, তাঁর কথার উত্তর দেওয়া, এটা সব দেশের রীতি।

অপরিচিত লোকও যদি রাস্তার নাম বা কোন বিশেষ বাড়ি বা ব্যক্তির সন্ধান করেন বা অন্য কোন প্রয়োজনীয় কথা জানতে চান তবে সঠিক সন্ধান দেবে।

কারও কথার উত্তর না দেওয়া অভদ্রতা। উত্তর তোমার জানা না থাকলে তুমি জান না অন্তত এইটুকু বলবে। দেখে চিনতে না পারার ভান করা বা পরিচিত জনের সঙ্গে কথা না বলা অভদ্রতা। অপরিচিত জনেরও কথার উত্তর

না দেওয়া অভদ্রতা। তেমনি অবান্তর প্রশ্ন করা অভদ্রতা। অকারণে ঝট করে কারও বয়স, বেতন, পড়াশুনা ইত্যাদি বিষয় জিজ্ঞাসা করাটা অনুচিত।

অনুমতি না নিয়ে কারও ঘরে বিশেষ করে শোবার ঘরে, রান্না ঘরে ঢুকবে না। এটা খুবই অশোভনীয়। কারও কাজের সময় তার কাছে গিয়ে গল্প করে তার সময় নষ্ট করবে না। কাউকে তার দুর্বলতা নিয়ে ঠাট্টা করা বা লজ্জা দেওয়াটা রীতিমত অভদ্রতা।

তুমি যদি তার সত্যিকার বন্ধু হও বা তার ভাল চাও তাহলে ঠাট্টা-বিদ্রুপ না করে, যাতে তার ভাল হবে, তেমন উপদেশ তুমি দিতে পার। অবশ্য তার আগে তোমাকে ভাবতে হবে তার সঙ্গে তোমার সম্পর্ক কেমন। সে তোমার কথায় দুঃখ পাবে কি না, সে কথা আগে ভাবতে হবে।

কাউকে পড়ে যেতে দেখলে বা ব্যথা পেতে দেখলে হাসবে না। তোমার ক্লাসে কেউ পড়া না পারলে বা ভুল উত্তর দিলে হাসবে না।

তোমার সুবিধার জন্য অন্য কারও অসুবিধা না ঘটে সে বিষয়ে সাবধান হবে। কারও খাবার সময় সে না ডাকলে তার সামনে বসে থাকবে না। তাতে সে লজ্জা পেতে পারে।

তোমার বাড়িতে মেহমান এলে তুমি তার আরামের সুবিধার ব্যবস্থা করতে পেছপা হবে না। তোমার সাধ্য অনুযায়ী তার যত্ন করবে। কেউ বাড়িতে এসে তোমাকে না পেলে বাড়ি ফিরে তুমি তার সঙ্গে যোগাযোগ করবে।

কাউকে কথা দেবার আগে ভাল করে ভেবে নেবে। কথা দিয়ে তা রাখতে চেষ্টা করবে। রাখতে না পারলে আগে থেকে জানিয়ে দেবে। তা না হলে যাকে কথা দিয়েছ তার অনেক রকম অসুবিধা হতে পারে। মানী ব্যক্তিকে সম্মান করবে। কৃতজ্ঞতা প্রকাশ করতে কুণ্ঠিত হবে না। তাহলে যার কাছ থেকে উপকার পেয়েছ তার প্রতি তোমার ব্যবহার আপনা থেকেই সহজ সুন্দর হবে।

যিনি তোমাকে এক দিন একটি অক্ষরও পড়িয়েছেন বা শিক্ষা দিয়েছেন তিনিই তোমার শিক্ষক। যেমন তোমার বাবা মায়ের প্রতি, তেমনি শিক্ষকের প্রতি আজীবন তুমি বিনীত নম্র হয়ে কথা বলবে। তাঁদের প্রাপ্য সম্মান দেবে।

ভবিষ্যতে তুমি যদি তোমার শিক্ষকের চেয়ে উঁচু পদে অধিষ্ঠিত হও, তবু তাঁকে সম্মান করবে।

গুণী ব্যক্তি যদি দরিদ্র হন তবু গুণ দিয়ে বা বিদ্যাবুদ্ধি দিয়ে তিনি সমাজের উপকার করেন। অতএব তিনি তোমার কোন উপকারে না আসলেও যাতে তাঁর গুণের বিকাশ হয় সেই চেষ্টা করবে। গুণীর গুণের কদর করবে। তোমার বন্ধু বা সহপাঠী যদি পড়াশুনা বা অন্য কোন কাজ তোমার চেয়ে ভাল পারে তাহলে তাতে তুমি অসুখী হবে না বরং আনন্দিত হবে। কারণ সে তোমার বন্ধু, তোমাদেরই একজন। তার জন্য তোমার নিজেরও গর্ববোধ করা উচিত। তবে, তার ব্যবহার যদি ভাল না হয়, তাহলে ভিন্ন কথা। তবু তুমি তার সঙ্গেও ভদ্র হতে চেষ্টা করবে। ইংরেজিতে একটা কথা আছে Courtesy begets courtesy– ভদ্র ব্যবহার পেতে হলে ভদ্র ব্যবহার করতে হয়। রাগ হলেও তুমি উত্তেজিত হবে না। চেঁচামেচি করবে না, নিজেকে সংযত রাখতে চেষ্টা করবে। হিংসে হলেও তোমার প্রতিদ্বন্দ্বীকে আঘাত করবে না। বরং বিজয়ী বন্ধুকে প্রশংসা করবে।

ভাল ব্যবহারের জন্য টাকা-পয়সা লাগে না। যা লাগে তা হচ্ছে মনের উদারতা, ভদ্রতা ও সংযম। মনের উদারতা না থাকলে শুধু মুখের মিষ্টি হাসি বা কথা দিয়ে বেশি লোকের মন জয় করা যায় না। বেশি দিন কাউকে মুগ্ধ করে রাখা যায় না।

তবু দুটো ভাল কথা, একটু মিষ্টি হাসির প্রয়োজন আছে। তাতেও লোকের উপকার হয়। তোমার নিজের মন মেজাজও তাতে প্রফুল্ল থাকবে।

অতএব, পরের এতটুকু উপকার, নিজের এইটুকু কল্যাণ সাধন করতে কেন পেছপা হবে?

এখন থেকে তোমার ব্যবহারকে, তোমার ব্যক্তিত্বকে সুন্দর করো। কাজটা খুব কঠিন নয়; শুধু অভ্যাসের প্রয়োজন; শুধু তোমার ইচ্ছার অপেক্ষা।

(রাজিয়া মাহবুব)

লেখক পরিচিতি

বিশিষ্ট সাহিত্যিক বেগম রাজিয়া মাহবুব ১৯২৮ খ্রিস্টাব্দে ভারতের

পশ্চিমবঙ্গের বর্ধমান জেলায় জন্মগ্রহণ করেন। দেশ বিভাগের পর তিনি বর্ধমান ছেড়ে বাংলাদেশের মাদারীপুর জেলার ভাণ্ডারীকান্দি গ্রামে চলে আসেন। শিক্ষকতাকে তিনি পেশা হিসেবে গ্রহণ করেন। তিনি নিজেই শিশুদের জন্য একটি কিন্ডারগার্টেন প্রতিষ্ঠা করেন। দীর্ঘকাল তিনি সেই কিন্ডারগার্টেনের অধ্যক্ষ ছিলেন। শিশু-কিশোরদের জন্য লেখা তাঁর বইগুলো জনপ্রিয়তা পেয়েছে। আলাপচারিতার ভঙ্গি তাঁর রচনার প্রধান আকর্ষণ। বিংশ শতাব্দীর ষাটের দশকে মানুষকে আলোকিত করার জন্য শিক্ষা, সাহিত্য ও সংস্কৃতি অঙ্গনে পুরোধা ব্যক্তিত্ব হিসেবে যে কাজ শুরু করেছিলেন, মৃত্যুর কয়েক বছর আগ পর্যন্ত তা অব্যাহত রেখেছিলেন। রাজিয়া মাহবুব সারাজীবন অন্যায়, অসত্য, বৈষম্যের বিরুদ্ধে লিখে গেছেন। তাঁর উল্লেখযোগ্য গ্রন্থ: ‘বন্ধন’, ‘খাপছাড়া’, ‘সাগরকন্যা’, ‘আপনি ও আপনার সন্তান’ ইত্যাদি। তিনি ১৯৮১ সালে বাংলা একাডেমী পুরস্কার লাভ করেন।

শব্দার্থ

ভদ্র	［形］	有涵养的；彬彬有礼的；举止文雅的
ব্যবহার	［名］	行为；举止
মনুষ্যত্ব	［名］	人格；人性
কথাবার্তা	［名］	言谈
মনোভাব	［名］	思想；心态
আদব-কায়দা	［名］	礼仪；礼节；礼貌
ধরন	［名］	方式；方法；风格
যোগ্যতা	［名］	资格；资质；能力；素质
সভ্য জগত		文明世界
ভদ্রতা মেনে চলা		遵从礼节
প্রবীণ	［形］	年长的；有经验的
সোপান	［名］	楼梯；台阶；步伐
বিনয়	［名］	谦逊
হুজুর হুজুর করা		唯唯诺诺；低声下气

অভিবাদন করা		致敬；问候
কুশল জিজ্ঞেস করা		询问别人安好
অশোভনীয়	[形]	失礼的；欠妥当的；不得体的
ঠাট্টা-বিদ্রুপ করা		嘲笑；讥讽
উপদেশ দেওয়া		给建议
মানী ব্যক্তি		受尊敬的人
কুণ্ঠিত	[形]	勉强的；不情愿的
আজীবন	[副]	终生
অধিষ্ঠিত	[形]	位于……的；占有……的
কদর করা		尊重；欣赏
চেঁচামেচি করা		吵嚷；吵闹
নিজেকে সংযত রাখা		自控；自我克制
প্রতিদ্বন্দ্বীকে আঘাত করা		打击对手；打压竞争者
মেজাজ	[名]	心情
প্রফুল্ল	[形]	开心的；欢快的
পেছপা হওয়া		后退；退缩；不情愿

অনুশীলনী

১। সঠিক উত্তর বাছাই করুন।

১. একজন মানুষ ভদ্র না অভদ্র তা আমরা বুঝতে পারি তার (　　) থেকে।

ক. মনোভাব

খ. মেজাজ

গ. ব্যবহার

ঘ. যোগ্যতা

২. সুন্দর ব্যবহার বলতে কী বোঝায়?

ক. মানুষের সুন্দর কথাবার্তা,মনোভাব ও আদব-কায়দা

খ. মানুষের শিক্ষাগত যোগ্যতা

গ. মানুষের কথা বলবার,দাঁড়াবার,বসবার,তাকাবার ভঙ্গি
ঘ. বড় মানুষের কাছে বিনীত হওয়া,নম্র হওয়া
৩. যে ভদ্রতা মেনে চলে না, তাকে কী বলে?
ক. অজ্ঞান
খ. অসভ্য
গ. অধম
ঘ. অশিক্ষিত
৪. একজন মানুষ যদি ভদ্রতা মেনে না চলে, তাহলে (   )।
ক. আপনজনেরা তাকে এড়িয়ে চলবে,খারাপ বলবে।
খ. যাঁরা বয়সে,বুদ্ধিতে বড় তাঁরা কষ্ট ও দুঃখ পাবেন।
গ. যারা বয়সে ছোট তারা কষ্ট পাবে
ঘ. ক,খ ও গ
৫. বিনীত হওয়া মানে (   )।
ক. অন্যকে হুজুর হুজুর করা
খ. জোড়হাত করে রাখা
গ. বারবার প্রশংসা করা
ঘ. ভদ্র ও নম্র হওয়া
৬. সব দেশের এটিকেট এক নয়। তবু মূল কথাটি এক। কোনো কোনো এটিকেট সব দেশের রীতি, যেমন (   )।
ক. পরিচিত মানুষকে অবান্তর প্রশ্ন করা
খ. জোড়হাতে নমস্কার করা
গ. কুশল জিজ্ঞেস করা
ঘ. বেতন ও বয়স ইত্যাদি বিষয় জিজ্ঞাসা করা
৭. কোন প্রশ্নটি করা অভদ্রতা?
ক. আপনি কেমন আছেন?
খ. আপনার মাইনে কত?
গ. আপনি এখন কেমন বোধ করছেন?
ঘ. আপনি কবে দেশে ফিরছেন?

৮. ভাল ব্যবহারের জন্য চাই মনের (　　　)।
ক. সহিষ্ণুতা ও মহত্ত্ব
খ. উদারতা,ভদ্রতা ও সংযম
গ. স্থিরতা ও কাঠিণ্য
ঘ. অস্থিরতা ও দুর্বলতা

২। পাঠ অনুসরণে নিচের প্রশ্নাবলীর উত্তর দিন।

১.ভদ্রতা কী? ভদ্রতার প্রথম সোপান কী?
২.ব্যবহার ভাল করতে হলে কী কী শিখতে হয়?
৩.কোন ধরনের ব্যবহার অশোভনীয় বলে গণ্য হয়?
৪.শিক্ষকের সঙ্গে ব্যবহার কেমন হওয়া উচিত?
৫.ভাল ব্যবহার শেখার ক্ষেত্রে ইচ্ছার মূল্য কতটুকু?
৬.ভাল ব্যবহারের মাধ্যমে কীভাবে ব্যক্তিত্ব সুন্দর করা যায়?
৭.সুন্দর ব্যবহারের মধ্য দিয়ে আমরা কী করে সুন্দর মানুষ হতে পারি তা বুঝিয়ে বলুন।
৮.“তোমার ব্যবহার দিয়েই তোমার মনুষ্যত্বের পরিচয়।” বাক্যটি সপ্রসঙ্গ ব্যাখ্যা করুন।
৯.“Courtesy begets courtesy” বাক্যটি সপ্রসঙ্গ ব্যাখ্যা করুন।
১০.কী কী আচরণ ও ব্যবহার বাংলা সংস্কৃতিতে অভদ্রতা বলে গণ্য হয়? কী কী আচরণ ও ব্যবহার চীনা সংস্কৃতিতে অভদ্রতা বলে গণ্য হয়?
১১.চীনা সংস্কৃতিতে আদব-কায়দা বলতে কী বোঝায়?

পাঠ ৪

জীবন ও কাজ

জীবনকে সুন্দর ও পবিত্র করে যদি না তোলা গেল তবে তাকে সুখী করবার জন্য এত উৎসব আয়োজন কেন? ঐ ছার নিকৃষ্ট মাংসের স্তূপটাকে বাঁচিয়ে রেখে কোন লাভ নেই। ওতে মূল্যবান পোশাক জড়াবারও কোন প্রয়োজন নেই।

জীবনে কাজ করতে হবে। কাজহীন জীবন শত পাপের আবাস। কি বাল্যে, কি যুবক বয়সে সকল সময়ে কাজ চাই। যদি পিতার অগাধ অর্থ-সম্পত্তি পেয়ে থাক, যদি হাতখানি মুখে তুলতেও দশ জন দাসদাসী হাজির হয়, তা হলেও তোমাকে কাজ করতে হবে। দুঃখ-বেদনার অভিশাপ দিয়ে খোদা এ জগতে অন্তহীন কাজের পথ করে দিয়েছেন।

তুমি অর্থশালী, তোমার কোন কাজ নেই। কত মানুষ নত হয়ে তোমাকে সালাম করে। কত খাবার সামগ্রী তোমার সামনে আসে, কত ভেট-ডালি তোমার মনকে তুষ্ট করে তোলে, কিন্তু তবুও বলি, কাজ নেই এ কথা তুমি কখন ভেবো না। তোমার মনের দিকে তাকিয়ে দেখ, সে কত অন্ধকারে পড়ে আছে। তুমি মানুষ, তোমাকে জ্ঞান সাধনা করতে হবে। যে পয়সার জন্য পুস্তক পাঠ করে, সে অধমের অধম!

শিক্ষিত লোককে এবং উচ্চপদস্থ ব্যক্তিকে বই ও জ্ঞানালোচনার সঙ্গে কোন সম্বন্ধ না রেখে হেসে-খেলে জীবন কাটাতে দেখেছি। এরা ঘি-মাংস খেয়ে থাকে, মানুষ এদের সম্মান করে থাকে। কি মর্মবেদনা!

তুমি অর্থে বড়? তুমি উচ্চ রাজকর্মচারী? পরিপূর্ণ তৃপ্তিতে মন তোমার ভরে আছে, এতটুকু দুঃখ তোমার নেই। তোমার ঐ হাসি, ঐ রহস্য আলাপের অন্তরালে দেখতে পাচ্ছি তোমার দীনতা, তোমার দারিদ্র্য। তুমি তো বড় নও। যে হৃদয় জ্ঞানের সঙ্গে কোন যোগ রাখে না, যে মানুষ মনকে মহৎ ও উচ্চ করে তোলার জন্য কিছুমাত্র ব্যস্ত নয়, সে তো ছোট। সে তার সিংহাসন ছেড়ে নিচে এসে দাঁড়াক।

জীবনকে বড় করবার জন্য তুমি কঠিন পরিশ্রমের সঙ্গে নানা শাস্ত্রের আলোচনা করতে পার। এ জগতের কিছুই তো তুমি জান না। এহেন মানব-জীবন ব্যর্থ হয়ে যাবে– এটা কি সহজ কথা! লক্ষ কোটি বছর পরে তো এই সাধের জীবনকে ফিরে পাবে না। অতএব কেমন করে তুমি এর অপব্যবহার করতে সাহস পাচ্ছ? আকাশে, তারায়, আলোকে, উদ্ভিদে কত রহস্য গোপন রয়েছে– সে রহস্যের সন্ধানে কত লোক জীবন কাটিয়েছে। তুমি কাজ খুঁজে পাও না– এর অর্থ কি?

চারদিকে লক্ষ নরনারী পাপে, মূর্খতার অত্যাচারে, মানুষের উপেক্ষায় তিলে তিলে মরে যাচ্ছে, তার জন্য কি তোমার করবার কিছুই নেই? বিশ্বকে উদ্ধার না করতে পার, তোমার গ্রামটিকে কি তুমি উচ্চ জীবনের ধারণা দিতে পার না? তাদের মধ্যে ধর্ম ও মনুষ্যত্বের বীজ বপন করতে পার না? কত বালক বালিকা, কত যুবকের জীবন নিরাশায় ব্যর্থ হয়ে যাচ্ছে। তাদের মধ্যে শক্তি ও বিশ্বাসের আগুন জ্বালাতে পার না? তুমি মানুষ, তুমি ভাব ও ভাষায় প্রাণপূর্ণ প্রতিচ্ছবি– ঘরের কোনায় বসে থাকবার জন্য তুমি নও। আজ হাটের মাঝে তোমাকে এসে দাঁড়াতে হবে। কাজ তোমার অফুরন্ত। বৃথা জীবন নষ্ট করে দিচ্ছ কি বলে? মানুষের পাপ ও ব্যথা দেখে তোমার মনে জ্বালা উপস্থিত হোক।

হচ্ছে হবে– এই বলে সময়কে যেতে দিলে কোনকালে কোন কাজ হবে না। জীবনে হাসি-খেলার যে আবশ্যকতা নেই তা বলছি নে। কিন্তু শুধু হাসি-খেলা দিয়ে এ সোনার জীবনকে ব্যর্থ করে দিয়ে লাভ কি? লেখাপড়া শিখে চাকরি করছ। আশা করছ– জীবন অর্থ-উপায়, পানভোজন, আমোদ-উৎসব করেই কাটিয়ে দেবে। জমিদারিতে যথেষ্ট টাকা পাওয়া যায়, সুতরাং সময়কে উড়িয়ে দেওয়ার অধিকার তোমার রয়েছে। অনেক টাকা আছে বলে কি তা সাগর-জলে ফেলে দেওয়া যায়? সময়ের আর এক নাম অর্থ– তা কি জান? শত রকমে সময়ের কাছ থেকে লাভ আদায় করে নিতে পার। সময়ের সদ্ব্যবহার করলে তোমার আরও উন্নতি হবে। তখন-তখন ফল পেতে না পার, কিন্তু ধীরভাবে বিশেষ কোন সাধনায় লেগে থাকলে পাঁচ অথবা দশ বছর পরে তুমি তোমার সাধনার ফল দেখে বিস্মিত হবে। নিজের

কোন লাভের জন্যও যদি পরিশ্রম না করতে চাও, তবে তোমার প্রতিবেশীর জন্য তুমি তোমার জীবনকে সার্থক করো।

এ জগতে জ্ঞানসাধনা ব্যতীত কোন জাতির সম্মান হয় না। যদি জাতির সম্মান বাড়াতে চাও তা হলে জ্ঞানের সাধনা করতে হবে। জাতিকে বড় করবার জন্য তোমাকে পরিশ্রম করতে হবে। কার দ্বারা অপমানিত হয়ে তোমার মর্মবেদনা উপস্থিত হয়েছে, শুধু মানুষকে গালি দিয়ে তুমি নিজের বা জাতির সম্মান বাড়াতে পার না। যার মধ্যে মানুষ জ্ঞান ও চরিত্রশক্তি দেখে তাকেই লোকে সম্মান করে। তুমি নিজে জ্ঞানী ও চরিত্রবান হও, মানুষকে জ্ঞানী ও চরিত্রবান করতে চেষ্টা কর।

(মোহাম্মদ লুতফর রহমান,উচ্চ জীবন)

লেখক পরিচিতি

মোহাম্মদ লুতফর রহমান ১৮৮৯ খ্রিস্টাব্দে বাংলাদেশের মাগুরা জেলার পারনান্দুয়ালী গ্রামে জন্মগ্রহণ করেন। তিনি পশ্চিমবঙ্গের হুগলী কলেজে এফ.এ. শ্রেণি পর্যন্ত শিক্ষা গ্রহণ করে প্রথমে বিভিন্ন বিদ্যালয়ে কিছুদিন শিক্ষকতা করেন। পরে কলকাতায় হোমিওপ্যাথিক চিকিৎসক হিসেবে পনের বছর অতিবাহিত করেন এবং জনসাধারণের কাছে ‘ডাক্তার’ হিসেবে খ্যাতি লাভ করেন। তিনি দেশের করুণ অবস্থা দেখে দুঃখিত হন এবং নারীজাতির উন্নতির জন্য ‘নারীতীর্থ’ নামে সেবাসংগঠন স্থাপন ও ‘নারীশক্তি’ নামক পত্রিকা প্রকাশ করেন। তিনি ছিলেন চিন্তাশীল লেখক। মানুষকে উন্নত জীবন গড়তে ও মহৎ চিন্তায় উদ্বুদ্ধ করতে তিনি অনেক প্রবন্ধ রচনা করেছেন। তিনি ১৯৩৬ সালে পরলোকগমন করেন। মোহাম্মদ লুতফর রহমানের রচিত প্রবন্ধের বইগুলো হচ্ছে: ‘উন্নত জীবন’, ‘উচ্চ জীবন’, ‘মহৎ জীবন’, ‘সত্য জীবন’, ‘মানব জীবন’। তার লিখিত উপন্যাস: ‘পথহারা’, ‘প্রীতি উপহার’, ‘বাসর উপহার’, ‘রায়হান’। তার উল্লেখযোগ্য শিশুসাহিত্য: ‘রানী হেলেন’, ‘ছেলেদের মহৎ কথা’, ‘ছেলেদের কারবালা’। ‘জীবন ও কাজ’ প্রবন্ধটি মোহাম্মদ লুতফর রহমানের ‘উচ্চ জীবন’ গ্রন্থ থেকে নেওয়া হয়েছে।

শব্দার্থ

নিকৃষ্ট	[形]	糟糕的；差的；劣等的
মাংসের স্তূপ		行尸走肉
আবাস	[名]	居所；住处
অগাধ	[形]	深不见底的；无限的；充足的
অর্থ-সম্পত্তি	[名]	财产；财富
অর্থশালী	[形]	富有的
অন্তহীন	[形]	无尽的；无穷的
তুষ্ট করা		使……满足；使……开心
জ্ঞান সাধনা করা		钻研学问；追求真知
মর্মবেদনা	[名]	痛苦；悲伤
তৃপ্তি	[名]	满足；满意；高兴
অপব্যবহার করা		浪费；滥用
রহস্যের সন্ধানে		探求奥秘
অত্যাচার	[名]	压迫
তিলে তিলে		一点点地；逐渐地
উদ্ধার করা		拯救
মনুষ্যত্ব	[名]	人性；人道
প্রতিচ্ছবি	[名]	影子
অফুরন্ত	[形]	无限的；无穷无尽的
আবশ্যকতা	[名]	必要性
সময় উড়িয়ে দেওয়া		挥霍时间
সদ্ব্যবহার করা		好好运用；有效利用
বিস্মিত	[形]	吃惊的
সার্থক করা		使……成功；使……有意义
ব্যতীত	[介]	除……之外；没有……
জাতির সম্মান		民族尊严；民族荣誉
দ্বারা	[介]	用；由；经过

চরিত্রশক্তি　　[名]　人格力量
চরিত্রবান　　[形]　人格高尚的

অনুশীলনী

১। সঠিক উত্তর বাছাই করুন।

১. জীবনকে সুন্দর ও সফল করার জন্য (　　)।
ক. কঠিন পরিশ্রম করতে হবে
খ. সময়ের সদ্ব্যবহার করতে হবে
গ. মানুষের কল্যাণের জন্য নিজেকে নিয়োজিত রাখতে হবে
ঘ. ক, খ ও গ

২. (　　) জাতির সম্মান বাড়াতে চাও, (　　) জ্ঞানের সাধনা করতে হবে।
ক. যখন... তখন...
খ. যদিও... তবুও...
গ. যেমন... তেমনি...
ঘ. যদি... তাহলে...

৩. যে পয়সার জন্য পুস্তক পাঠ করে, সে অধমের অধম! 'অধমের অধম' মানে (　　)।
ক. অনেক মহৎ
খ. খুব তুষ্ট
গ. খুব চরিত্রবান
ঘ. অত্যন্ত নিকৃষ্ট

৪. লক্ষ কোটি বছর পরে তো এই সাধের জীবনকে ফিরে পাবে না। (　　) কেমন করে তুমি এর অপব্যবহার করতে সাহস পাচ্ছ?
ক. কিন্তু
খ. কারণ
গ. অথচ
ঘ. অতএব

৫. শুধু হাসি-খেলায় তোমার জীবন কী হয়?

ক. সার্থক হয়
খ. ব্যর্থ হয়
গ. যথার্থ হয়
ঘ. সোনার জীবন হয়
৬. লেখকের মতে সময়ের আর এক নাম কী?
ক. রহস্য
খ. অধিকার
গ. প্রতিচ্ছবি
ঘ. অর্থ
৭. জীবনের কাজ অফুরন্ত, জীবনের চারদিকে কত রকম কাজ আছে। সেগুলো খুঁজে বের করতে হবে, যেমন (   )।
ক. যারা মানুষের উপেক্ষায় তিলে তিলে মরে যাচ্ছে তাদেরকে সাহায্য করা
খ. যারা পাপে, মূর্খতার অত্যাচারে তিলে তিলে মরে যাচ্ছে তাদের মধ্যে ধর্ম, মনুষ্যত্ব ও জ্ঞানের বীজ বপন করা
গ. যারা জীবন নিরাশায় ব্যর্থ তাদের মধ্যে বিশ্বাসের আগুন জ্বালানো
ঘ. ক, খ ও গ
৮. নিচের কোন মন্তব্য ঠিক নয়?
ক. কঠিন পরিশ্রমের মাধ্যমেই জীবনের বৈশিষ্ট্য প্রকাশ করতে হবে। কাজ করাই হবে জীবনের বৈশিষ্ট্য।
খ. জীবনের চারদিকে কত রকম কাজ আছে, সেগুলো খুঁজে বের করতে হবে। আলস্য করে সময় নষ্ট করা ঠিক নয়। মানুষের উপকারের জন্য নিজেকে নিয়োজিত রাখতে হবে।
গ. নিজের সাধনার ফল দ্বারা জাতির মঙ্গল করতে পারলেই মানুষের চারিত্রিক মর্যাদা বাড়ে।
ঘ. নিজের স্বার্থ সম্পর্কে সর্বদা সচেতন থাকলে যথার্থ মনুষ্যত্বের অধিকারী হওয়া যায়। পরের কল্যাণে নিজেকে নিয়োজিত করায় কোনো লাভ নেই।

২। পাঠ অনুসরণে নিচের প্রশ্নাবলীর উত্তর দিন।

১.জ্ঞান সাধনায় লাভ কী?

২.অর্থশালী মানুষের কাজ করা দরকার কেন?

৩.যে হৃদয় জ্ঞানের সঙ্গে যোগ রাখে না তাকে কী ছাড়তে বলা হয়েছে?

৪.জীবনকে বড় করবার জন্য কী করতে হয়?

৫.কী করলে সোনার জীবন ব্যর্থ হয় না?

৬.আলস্য করে সময় নষ্ট করার পরিণতি কী?

৭.জাতির সম্মান বাড়াবার জন্য আপনাকে কী কী করতে হবে?

৮.এই প্রবন্ধটি পাঠ করে প্রাত্যহিক জীবনে আত্মনির্ভরতা ও শ্রমের মূল্য সম্পর্কে আপনি যে ধারণা লাভ করেছেন তা নিজ ভাষায় লিখুন।

পাঠ ৫

লাইব্রেরি

পুস্তকের শ্রেণীবদ্ধ সংগ্রহকে লাইব্রেরি বা গ্রন্থাগার বলা হয়। সর্ব প্রকার জ্ঞানকে একত্র করে স্থায়িত্বদানের অভিপ্রায় থেকে লাইব্রেরির সৃষ্টি। এক ব্যক্তির পক্ষে সর্ব বিদ্যাবিশারদ হওয়া অসম্ভব। বিভিন্ন ব্যক্তি বিভিন্ন বিদ্যায় পারদর্শিতা লাভ করে। আবার যে ব্যক্তি যে বিদ্যায় পারদর্শিতা লাভ করে, তার সব টুকু জ্ঞান মস্তিষ্কে ধারণ করাও তার পক্ষে সম্ভব হয় না। তাই প্রয়োজন এমন কোনো উপায় উদ্ভাবনের, যার দৌলতে দরকার অনুযায়ী সমস্ত বিষয়ের একটা মোটামুটি জ্ঞান লাভ করা যায়। ফলে লাইব্রেরির সৃষ্টি।

লাইব্রেরি তিন প্রকার। ব্যক্তিগত,পারিবারিক ও সাধারণ। ব্যক্তিগত লাইব্রেরি ব্যক্তিমনের খেয়াল মত গড়ে ওঠে– তা হয়ে থাকে ব্যক্তির মনের প্রতিবিম্ব। ব্যক্তি যে ধরনের রচনা ভালবাসে তার প্রাচুর্য, আর যে ধরনের রচনা পছন্দ করে না তার অনুপস্থিতি হয়ে থাকে ব্যক্তিগত লাইব্রেরির বৈশিষ্ট্য। এখানে ব্যক্তি স্বেচ্ছাচারী সম্রাট, খেয়াল মত গড়ে তোলে তার কল্পনার তাজমহল। কাব্যপ্রেমিক হলে কাব্যগ্রন্থ দিয়ে, কথা-সাহিত্যপ্রেমিক হলে কথাসাহিত্য দিয়ে, ইতিহাসপ্রিয় হলে ঐতিহাসিক গ্রন্থ দিয়ে সে সাজিয়ে তোলে তার টেবিল, আলমারির শেলফ– সব কিছু। কারো বাধা দেওয়ার অধিকার নেই, আপত্তি করবার দাবি নেই, উপদেশ দেওয়ার প্রয়োজনীয়তা নেই। এখানে সে স্বাধীন, স্বতন্ত্র।

ব্যক্তিগত লাইব্রেরি যেমন ব্যক্তির ইচ্ছার প্রতিবিম্ব, পারিবারিক লাইব্রেরি তেমনি পরিবারের অন্তর্গত ব্যক্তিসমূহের সমষ্টিগত ইচ্ছার প্রতিচ্ছায়া। এখানে যেমন একের রুচির ওপর বহুর অত্যাচার অশোভন, তেমনি বহুর রুচির ওপর একের জবরদস্তি অন্যায়। দশ জনের রুচির দিকে নজর রেখেই পারিবারিক লাইব্রেরি সাজাতে হয়।

ব্যক্তিগত ও পারিবারিক লাইব্রেরি ব্যক্তি বা পরিবারের মর্জিমাফিক গড়ে ওঠে। সাধারণের হুকুম চালাবার মত সেখানে কিছুই নেই। লাইব্রেরিসম্পন্ন

ব্যক্তির চালচলনে এমন একটা শ্রী ফুটে উঠতে বাধ্য, যা অন্যত্র প্রত্যক্ষ করা দুষ্কর। সত্যিকার বৈদগ্ধ্য বা চিৎপ্রকর্ষের অধিকারী হতে হলে লাইব্রেরির সঙ্গে অন্তরঙ্গতা সৃষ্টি করা অবশ্য প্রয়োজনীয়। তা ছাড়া, লাইব্রেরি বা শ্রেণীবদ্ধ পুস্তক সংগ্রহ গৃহসজ্জার কাজেও লাগে। আর এই ধরনের গৃহসজ্জায় লাভ এই যে, বাইরের পারিপাট্যের সঙ্গে তা মানসিক সৌন্দর্যেরও পরিচয় দেয়। লাইব্রেরি সৃজনে তৎপর হয়ে ধনী ব্যক্তিরা পুস্তক কেনার নেশা সৃষ্টি করলে দেশের পক্ষে লাভ হবে এই যে– অনবরত বাঁধানো পুস্তকগুলো হাতড়াতে হাতড়াতে তাদের চামড়ার তলে যে একটি মন সুপ্ত রয়েছে, সে সম্বন্ধে তাঁরা সচেতন হয়ে উঠবেন। লাইব্রেরি সৃজনের দরুন তাঁরা নিজেরা ততটা লাভবান না হলেও তাঁদের পুত্র কন্যাদের যথেষ্ট উপকৃত হওয়ার সম্ভাবনা। হয়তো এই লাইব্রেরি থাকার দরুনই পরিণত বয়সে তারা সুসাহিত্যিক বা সাহিত্য-সমঝদার হয়ে উঠবে। এ আশা শুধু ভিত্তিহীন কল্পনা নয়, বড় বড় সাহিত্যিক বা কবিদের জীবনী আলোচনা করলে দেখা যায়, বাল্যে তাঁরা পিতার অথবা পারিবারিক লাইব্রেরি থেকে সাহিত্য সাধনার প্রেরণা লাভ করেছেন।

সাধারণ পাঠাগার আধুনিক জিনিস। কারণ, ঐতিহাসিকরা কী বলবেন জানি নে, যে জ্ঞানার্জন স্পৃহা থেকে পাঠাগারের জন্ম, ব্যাপকভাবে তার জাগরণস্পৃহা সহজে মেটানো সম্ভব নয়। জ্ঞানের বাহন পুস্তক, আর পুস্তক কিনে পড়া যে দুঃসাধ্য ব্যাপার, তা ধারণা করা সহজ। পুস্তকের ব্যাপারেও সমবায়নীতির আবশ্যক। অর্থাৎ, এ ক্ষেত্রেও দশে মিলে কাজ না করলে সার্থকতা লাভ করা অসম্ভব। এ ব্যাপারে দশের মিলিত ফলস্বরূপ যা পাওয়া যায় তাকেই সাধারণ লাইব্রেরি বলা হয়। অবশ্য সাধারণ লাইব্রেরি ব্যক্তির দানও হতে পারে। তবে ব্যক্তিগত প্রভাবের চাইতে সাধারণের প্রভাবই সেখানে বলবত্তর হতে বাধ্য। যদি না হয়, তবে সাধারণ পাঠাগার না বলে ব্যক্তিগত পাঠাগার বলাই ভাল।

সাধারণ লাইব্রেরির পুস্তক শ্রেণীবদ্ধ করতে যথেষ্ট সতর্কতার পরিচয় দিতে হলেও পুস্তক নির্বাচনে বিশেষ সাবধানতার পরিচয় দিতে হয় বলে মনে হয় না।

সাধারণ লাইব্রেরির পুস্তক সংগ্রহ সম্বন্ধে আরেকটি কথা বলা দরকার।

পুস্তক নির্বাচনকালে জাতীয় বৈশিষ্ট্য বা জাতীয় সংকীর্ণতার পরিচয় যত কম দেওয়া হয়, ততই ভাল। কারণ, যত দূর মনে হয়, পাঠাগার জাতীয় বৈশিষ্ট্যের রক্ষক নয়, ব্যক্তিগত বৈশিষ্ট্যের বিকাশক। আর ভাল পুস্তক লেখক যখন কোনো বিশেষ সম্প্রদায়ের লোক নন, সমস্ত সম্প্রদায়ের আত্মীয়, তখন পুস্তক নির্বাচনকালে সংকীর্ণ মনোভাবসম্পন্ন না হওয়াই ভাল।

জাতীয় জীবনধারা গঙ্গা-যমুনার মত দুই ধারায় প্রবাহিত। এক ধারার নাম আত্মরক্ষা বা স্বার্থ প্রসার, আরেক ধারার নাম আত্মপ্রকাশ বা পরমার্থ বৃদ্ধি। এক দিকে যুদ্ধবিগ্রহ, মামলা-ফ্যাসাদ প্রভৃতি কদর্য দিক, অপর দিকে সাহিত্য-শিল্প, ধর্ম প্রভৃতি কল্যাণপ্রদ দিক। এক দিকে শুধু কাজের জন্য কাজ, অপর দিকে আনন্দের জন্য কাজ। এক দিকে সংগ্রহ, আরেক দিকে সৃষ্টি। যে জাতি দ্বিতীয় দিকটির প্রতি উদাসীন থেকে শুধু প্রথম দিকটির সাধনা করে, সে জাতি কখনও উঁচু জীবনের অধিকারী হতে পারে না। কোনো প্রকারে টিকে থাকতে পারলেও নব নব বৈভব সৃষ্টি তার দ্বারা সম্ভব হয় না। মানসিক ও আত্মিক জীবনের সাধনা থেকে চরিত্রে যে শ্রী ফুটে ওঠে, তা থেকে তাকে এক রকম বঞ্চিত থাকতেই হয়। জীবনে শ্রী ফোটাতে হলে দ্বিতীয় দিকটির সাধনা আবশ্যক। আর সে জন্য লাইব্রেরি এক অমূল্য অবদান।

লাইব্রেরি জাতির সভ্যতা ও উন্নতির মানদণ্ড। কারণ, বুদ্ধির জাগরণ ভিন্ন জাতীয় আন্দোলন হুজুগপ্রিয়তা ও ভাববিলাসিতার নামান্তর, আর পুস্তক অধ্যয়ন ব্যতীত বুদ্ধির জাগরণ অসম্ভব।

লাইব্রেরির শ্রেষ্ঠতা এই খানে যে, তা আমাদের ডাল-ভাতের ব্যবস্থা না করতে পারলেও সভ্যতার আদর্শটি অক্ষুণ্ণ রেখে আমাদের আলোকাভিসারী করে তুলতে পারে।

সংক্ষেপিত

(মোতাহের হোসেন চৌধুরী)

লেখক পরিচিতি

মোতাহের হোসেন চৌধুরী বাংলা ভাষার একজন মননশীল গদ্য লেখক। তিনি ১৯০৩ সালে তৎকালীন ব্রিটিশ ভারতের বেঙ্গল প্রেসিডেন্সির অন্তর্গত (বর্তমানে বাংলাদেশ) নোয়াখালী জেলার কাঞ্চনপুর গ্রামে জন্মগ্রহণ করেন। আই.এ ও বি.এ তিনি কুমিল্লা ভিক্টোরিয়া কলেজ থেকে পাশ করেন এবং ১৯৪৩ সালে প্রাইভেটে ঢাকা বিশ্ববিদ্যালয় থেকে বাংলায় এম.এ পাশ করেন। তিনি কর্মজীবনের শুরুতে কুমিল্লা ইউসুফ হাইস্কুলে একজন সহকারী শিক্ষক হিসেবে যোগদান করেন। ১৯৪৬ সালে কলকাতার ইসলামিয়া কলেজে লেকচারার পদে যোগদান করেন। ১৯৪৭ সালে দেশভাগের পর চট্টগ্রাম কলেজে যোগদান করেন। ১৯৫৬ খ্রিষ্টাব্দে ৫৩ বছর বয়সে পরলোকগমনের আগে তিনি ছিলেন চট্টগ্রাম কলেজের বাংলা ভাষা ও সাহিত্যের অধ্যাপক। কবিতা লিখে সাহিত্যচর্চা শুরু করলেও চিন্তা উদ্দীপক ও পরিচ্ছন্ন গদ্য রচয়িতা হিসেবে বাংলা সাহিত্যে তিনি একটি নির্দিষ্ট আসন করে নিয়েছেন। তিনি ছিলেন এক উদারহৃদয়, রুচিশীল ও সংস্কৃতিবান মানবপ্রেমিক। তাঁর লেখনীতে মুক্তবুদ্ধি, মননশীলতা, মানবতার ছাপ পাওয়া যায়। তাঁর রচনায় সমাজ-সংস্কৃতি, ধর্ম-বর্ণ, মানবতাবোধ ইত্যাদি বিষয়াবলী বিশ্লেষণ করার চেষ্টা করা হয়েছে, সুন্দর, মহৎ ও ভালোভাবে জীবনযাপনের উপায় সন্ধান করা হয়েছে। তাঁর রচিত উল্লেখযোগ্য প্রবন্ধ গ্রন্থ 'সংস্কৃতির কথা'। 'সংস্কৃতি কথা'য় রয়েছে জীবনকে সুন্দর করে গড়ে তোলার আকাঙ্ক্ষার কথা। এছাড়াও তাঁর অনুবাদকৃত দুটি গ্রন্থ হচ্ছে ক্লাইভ বেলের Civilization গ্রন্থ অবলম্বনে রচিত 'সভ্যতা' এবং বার্ট্রান্ড রাসেলের Conquest of Happiness গ্রন্থের অনুবাদ 'সুখ'।

শব্দার্থ

গ্রন্থাগার	［名］	图书馆
অভিপ্রায়	［名］	愿望
সর্ববিদ্যাবিশারদ	［名］	各领域都博闻强识的人；通晓所有学问的全才

পারদর্শিতা	［名］	能力
মস্তিষ্ক	［名］	脑；智力
ধারণ করা		保存；拥有；保持（记忆）
উদ্ভাবন	［名］	发现；发明；探究
দৌলত	［名］	财富；方法；帮助
প্রতিবিম্ব	［名］	反映
স্বেচ্ছাচারী	［形］	任性的
সম্রাট	［名］	帝王；国王
তাজমহল	［名］	泰姬陵
সমষ্টিগত ইচ্ছা		集体的意愿；共同的意志
প্রতিচ্ছায়া	［名］	反映
অত্যাচার	［名］	压迫
অশোভন	［形］	不雅观的；不体面的
জবরদস্তি	［名］	暴力
অন্যায়	［名］	不公平；非正义；罪恶的行为
মর্জি/মরজি	［名］	意愿；愿望；乐趣
মাফিক	［介］	按照……；遵循……
শ্রী	［名］	美
প্রত্যক্ষ করা		见证；目睹
দুষ্কর	［形］	困难的
বৈদগ্ধ্য	［名］	博学；鉴赏力
চিৎপ্রকর্ষ	［名］	文化；心灵的成长
অন্তরঙ্গতা	［名］	亲密无间
পারিপাট্য	［名］	井然有序
সৃজন	［名］	创造
দরুন	［介］	因为；为了；由于
তৎপর	［形］	有经验的；娴熟的；热衷的
অনবরত	［形］	不停的；不断的

হাতড়ানো	［动］	触摸；摸索；探索
উপকৃত	［形］	受益的
জ্ঞানার্জন	［名］	获得知识；求知
স্পৃহা	［名］	渴望
সমবায়নীতি	［名］	合作政策
বলবত্তর	［形］	更有力的
শ্রেণিবদ্ধ করা		分门别类；归类
জাতীয় বৈশিষ্ট্য		民族特性；民族个性
জাতীয় সংকীর্ণতা		民族狭隘性
স্বার্থ প্রসার		利益扩展
আত্মপ্রকাশ	［名］	自我表达
পরমার্থ	［名］	最伟大的真理；精神的真理
কদর্য	［形］	丑陋的；低劣的
বৈভব	［名］	富足；力量；荣耀
আত্মিক	［形］	精神的；心灵的
অমূল্য	［形］	无价的；非常宝贵的
মানদণ্ড	［名］	标准；准绳
নামান্তর	［名］	别名
পুস্তক অধ্যয়ন		对书本的学习研究

অনুশীলনী

১। সঠিক উত্তর বাছাই করুন।

১. লাইব্রেরি হলো (   )।

ক. বিভিন্ন ধরনের বইয়ের শ্রেণীবদ্ধ সংগ্রহশালা

খ. মানব সভ্যতার মহৎ অনুভব এবং পূর্বপুরুষের অর্জিত জ্ঞান সঞ্চারিত হয়ে থাকার জ্ঞানভাণ্ডার

গ. জাতির উন্নতির মানদণ্ড

ঘ. ক. খ এবং গ

২. (   ) ক্ষেত্রে গ্রন্থাগারের প্রয়োজনীয়তা অপরিসীম।

ক. জ্ঞানচর্চার

খ. গবেষণার

গ. অন্বেষার

ঘ. ক. খ এবং গ

৩. নিচের কোনটি ‘অভিপ্রায়’ শব্দটির প্রতিশব্দ নয়?

ক. আকাঙ্ক্ষা

খ. ইচ্ছা

গ. রুচি

ঘ. উদ্দেশ্য

৪. নিচের কোনটি ‘পারদর্শিতা’ শব্দটির প্রতিশব্দ নয়?

ক. পটুতা

খ. স্পৃথা

গ. দক্ষতা

ঘ. নৈপুণ্য

৫. পারিবারিক গ্রন্থাগারে পরিবারের সদস্যদের রুচি ও চাহিদার (   ) ঘটে।

ক. প্রতিফলন

খ. প্রতিচ্ছায়া

গ. প্রতিবিম্ব

ঘ. ক. খ এবং গ

৬. ব্যক্তিগত গ্রন্থাগার (   ) গড়ে ওঠে।

ক. আপন ইচ্ছা অনুযায়ী

খ. ব্যক্তিমনের খেয়াল মতো

গ. ব্যক্তিগত রুচি অনুযায়ী

ঘ. ক. খ এবং গ

৭. সাধারণ পাঠাগারের বই নির্বাচনের বেলায় (   )।

ক. পরিবারের সকলের রুচির দিকে নজর রাখতে হয়

খ. বিশেষ সম্প্রদায়ের ভাল লেখকের বই যত বেশি ততই ভাল

গ. জাতীয় বৈশিষ্ট্যের ওপর বেশী গুরুত্ব দেয়া দরকার

ঘ. উদার দৃষ্টিভঙ্গি দরকার

৮. 'যে জাতি দ্বিতীয় দিকটির প্রতি উদাসীন থেকে শুধু প্রথম দিকটির সাধনা করে, সে জাতি কখনও উঁচু জীবনের অধিকারী হতে পারে না।' – এখানে 'প্রথম দিকটি' মানে ( )।

ক. মননচর্চার দিক

খ. কর্মকাণ্ড ও স্বার্থরক্ষার দিক

গ. মানসিক ও আত্মিক সাধনার দিক

ঘ. সাহিত্য-শিল্প,ধর্ম প্রভৃতি কল্যাণপ্রদ দিক

২। পাঠ অনুসরণে নিচের প্রশ্নাবলীর উত্তর দিন।

১.'লাইব্রেরি' বলতে কী বুঝেন?

২.লাইব্রেরি কত প্রকার? বিভিন্ন প্রকার লাইব্রেরি কীভাবে গড়ে ওঠে?

৩.ব্যক্তিগত লাইব্রেরি বলতে কী বুঝেন? ব্যক্তিগত ও পারিবারিক গ্রন্থাগার কীভাবে গড়ে ওঠে?

৪.ব্যক্তিগত ও পারিবারিক গ্রন্থাগার স্থাপনের ফলে কী কী উপকার হয় এবং কারা উপকৃত হয়?

৫.সাধারণ পাঠাগারের প্রয়োজনীয়তা কী? অন্যান্য পাঠাগারের সঙ্গে এর পার্থক্য কোথায়?

৬.সাধারণ পাঠাগারে বই নির্বাচন ও সংগ্রহের ক্ষেত্রে কী ধরনের নীতি অবলম্বন করা উচিত?

৭.লেখকের মতে জাতীয় জীবনের অগ্রগতি দুটি ধারায় হয়ে থাকে – এই দুই ধারা কী কী? কোন ধারার ওপর লেখক অধিকতর গুরুত্ব দিয়েছেন এবং কেন?

৮.পাঠাগার আমাদের ব্যক্তিগত ও সমাজ জীবনে কীভাবে প্রভাব বিস্তার করে?

৯.সহপাঠীদের সঙ্গে আলোচনা করুন:জীবনের শ্রী বৃদ্ধিতে বই পড়ার ভূমিকা

কী?

১০.পাঠ্যবইয়ের বাইরে আপনার কাছে বিশ্ববিদ্যালয়ের ছাত্রছাত্রীদের উপযোগী যেসব বই আছে, সেগুলোর একটি তালিকা তৈরি করুন। তারপর, আপনার সহপাঠীদের তালিকার সঙ্গে তা মিলিয়ে দেখুন। নিজেদের মধ্যে বিনিময়ের মাধ্যমে না-পড়া বইগুলো পড়ে নেওয়ার চেষ্টা করুন।

পাঠ ৬

জীবনের জাগরণ

গ্রীষ্ম, বর্ষা, শরৎ, হেমন্ত, শীত ও বসন্ত– এ ছয় ঋতুর লীলা নাকি আমাদের দেশে। কিন্তু এখানে এক শীত, গ্রীষ্ম ও বর্ষা ছাড়া শরৎ, হেমন্ত ও বসন্ত কখন আসে, কখন যায় তা চোখেই পড়ে না। আর বর্ষা, সে তো সারা বছর লেগেই আছে। বেচারা শীতের বোধহয় কেউ সাথী নেই। তাই সে আমাদের দেশেও একা। শরৎ, হেমন্ত ও বসন্তের কাজ তিনটি বড় ঋতুর পাশে থেকে সেতু যোজনা করা। ফাল্গুনে কোকিল ডাকলে বসন্ত আসে, কি বসন্ত এলে কোকিলের সুর শোনা যায়, এ নিয়ে এখন হয়ত দেশে আর কেউ তর্ক করে না। আধুনিক কালের কোকিল বলেই নাকি সে দুপুর রাতে ডাকে। দিন-দুপুরেও ডাকে। শীতেও ডাকে। বর্ষায়ও ডাকে। তবু বসন্ত আসে তা বুঝতে পারি, যখন দেখি গাছে গাছে সবুজের সমারোহ। পুরানো পাতা ঝরে যায়, আর কচি কিশলয়ে কাঁপন লাগে। কিন্তু ফাল্গুন আসতে না আসতেই ঘোড়া ছুটিয়ে আসে চৈত্রের খর দিন।

ইংল্যান্ডের বসন্তকাল কিন্তু ভিন্ন ধরনের; মার্চ মাস শেষ হতে না হতেই তরুলতায় পাতার মুকুল দেখতে পেলাম। আজ এ গাছে চাই তো দেখি, যেখানে যতটুকু পাতা বেরোনো সম্ভব তাতেই অঙ্কুর গজিয়ে উঠেছে। কাল যদি খেয়াল করি তো আরো বেড়ে গেছে। পরের দিন দেখি আরো। এমনি করে সপ্তাহ কি পক্ষকালের প্রস্তুতির ভেতর দিয়ে শীতের প্রকোপে নিষ্প্রাণ তরুলতায় অকস্মাৎ একদিন প্রাণ সঞ্জীবিত হয়ে উঠতে দেখলাম। মৃতের মধ্যে জীবন কি করে সঞ্চারিত হয়, আর প্রকৃতিতে সে জীবন কি করে তরঙ্গায়িত হয়, ইংল্যান্ডের ঋতুরাজ বসন্তের সমাগম চোখে না দেখলে তা বিশ্বাস করা যায় না। সন্ধ্যায় এক রকম দেখি তো সকালে অন্য রকম। আরো সুন্দর, আরো ভালো। প্রকৃতির যেদিকে চাই, সেদিকেই দেখি যেন সুন্দরের আগুন লেগে গেছে।

ছোট ছোট গাছে পাতা নেই। শুধু ফুল। অনাবিল সৌন্দর্যের এই খেলা

দেখবার জন্যে এখানকার পার্কগুলোয় রাশি রাশি টাকা খরচ করা হচ্ছে। ডাল-পালায় হাত-পা মেলে দেওয়া আমাদের মাথা সমান উঁচু ফুলের গাছ। সারি সারি সাজানো। কতকগুলোতে শুধু সাদা ফুল। কতকগুলোতে লাল, নীল, হলুদ, বেগুনী। ভারি ভাল লাগে তার নীচে গিয়ে দাঁড়াতে।

রিজেন্ট পার্ক আমার বাসার কাছ থেকে মিনিট তিনেকের পথ। প্রাকৃতিক শিল্প-সৌন্দর্যের দিক দিয়ে এটি লন্ডনের একটি সেরা পার্ক। এ পার্কের গোলাপের বাগানের খ্যাতি বিশ্বজোড়া। বাগানটি রানী মেরীর নামের সঙ্গে জড়ানো। জুন, জুলাই– এ দু'মাস গোলাপ ফুলের। সম্রাজ্ঞী মেরীর গোলাপোদ্যানের গোলাপেরা কেউ ফুটছে– কেউ কেউ বা ফুটে রৌদ্রে স্নানরত নরনারীর চোখ জুড়াচ্ছে, মন ভোলাচ্ছে। নানা রঙের এত গোলাপ এক সঙ্গে পাশাপাশি এত করে ফুটতে দেখলে নিতান্ত অরসিকের প্রাণও রসোচ্ছল হয়ে উঠবে, তাতে আর বিচিত্র কি? রোদেভরা ছুটির দিনগুলোতে রিজেন্ট পার্ক ও কিউ গার্ডেনে এখানকার মালীদের হাতে গড়া গোলাপের বিচিত্র শোভা দেখে দেখে মন জুড়িয়ে যাচ্ছে। অপরিমেয় ফুলের রঙে চোখে লাগছে নেশা।

বসন্ত ও গ্রীষ্মের এক এক মাসে এক এক রকম ফুল এখানকার বৈশিষ্ট্য। আবার একই ফুলের কত বৈচিত্র্য তা বলে শেষ করা যায় না। এপ্রিল মাসে দেখলাম লাইলাক ফুলে রিজেন্ট পার্ক ছেয়ে গেছে। বেগুনী আর আসমানী রঙের লাইলাক। কবি ইলিয়টের বড় প্রিয় ফুল। মৃত্যুর ভেতর থেকে জীবনের বার্তা বয়ে নিয়ে আসে বলে কবি লাইলাককে বলেছেন জীবনের সঞ্জীবনী। আমারও লাইলাক ভাল লাগল। তার কারণ ইংল্যান্ডের এত ফুলের মধ্যে শুধু লাইলাকেরই গন্ধ পেলাম।

মে মাস হলো টিউলিপ, উইলো, মে'জ ব্লসম, চেস্টনাট আর ডেইজীর। টিউলিপ আমাদের দেশের ধুতুরা ফুলের মত। কেবল ফুলটুকু ছাড়া আর কিছুর সঙ্গে ওর সাদৃশ্য আঁকা যাবে না। পাতার সঙ্গে নয়, পাপড়ি বা দল কিছুরই সঙ্গে নয়। বাইরের দিকে ধুতুরা ফুলের সঙ্গে কিছুটা সাদৃশ্য আছে, এতটুকু বলা যায়। আকারে টিউলিপ ধুতুরা ফুলের চেয়ে অনেক ছোট। বলিহারি যাই টিউলিপের রং দেখে। কোন জায়গায় দুধের চেয়ে সাদা, কোন

জায়গায় রক্তের চেয়ে লাল। কোনটায় বেগুণী। কোনটায় জাফরানি। কোনটায় ধূপছায়া। কোনটায় দুধে আলতা মাখানো। কোনটা হলুদ। কোনটায় থাকে প্রজাপতির গায়ের রেখাটানা বিচিত্র রঙের কারুচিত্র, থাকের পরে থাক। টিউলিপের টিউলিপময়। ইংরেজ জাত শুধু নিজেদের স্বাস্থ্য ও সাম্রাজ্যেরই চর্চা করেনি, প্রকৃতিকে মুঠোর মধ্যে বন্দী করে তৃপ্তি পাবার অপরূপ ব্যবস্থাও করে রেখেছে। ফুলের যে এরা কী ভক্ত এবং ফুলের রঙে যে এদের কী আনন্দ, এ থেকে এ কথাই বার বার মনে পড়ে।

May's Blossoms মে মাসের খাস ফুল। গাছগুলো আমাদের দেশের মেহেদি গাছের মত। কোনটা কিছুটা বড়। কোনটা বা ছোট। ঝনঝনে গাছ পাতার সাথে যেমন একহারা হলুদ ফুল লেগে থাকে, তেমনি মে'জ ব্লসমস্ ফুলের রূপ। এ ফুলের চমৎকার রং বেশ চোখে লাগার মত।

বাকি রইল চেস্টনাট আর ডেইজি। বৃহত্ত্ব ও ক্ষুদ্রত্বের দিক থেকে দুটি দুই প্রান্তে। চেস্টনাট কাঠ বাদামের গাছ। পার্কগুলোতে সুদক্ষ শিল্পীর প্ল্যান মত সারি সারি যে কত দাঁড়িয়ে রয়েছে তার শেষ নেই। শীতকালে যেভাবে এরা শুকিয়েছিল, আমাদের দেশে হলে বেশ ভাল জ্বালানি হতো। কিন্তু বসন্ত আসতে না আসতে প্রকাণ্ড চেস্টনাট গাছের পাতায় পার্কগুলো ছায়া-সুনিবিড় হয়ে উঠল। পাতার ফাঁকে ফাঁকে আমাদের কাশফুলের মত শিষ মাথায় নিয়ে তাদের শ্বেতফুল বাতাস ভরে থরে থরে কাঁপছে। একেই বলে জীবনের জাগরণ। দৈত্যের মত প্রকাণ্ড গাছও স্নিগ্ধতায় ও সৌন্দর্যে মাথায় একরাশ ফুল নিয়ে মনোরম হতে চাইছে।

মাটিতে যদি চাইছি– দেখছি ঘাসেও ফুল। অবিমিশ্র ঘাস কোথাও নেই। শিশির-বিন্দুর মত ফুলের অনন্ত শ্বেত-কণিকা ঘাসের মুখ উজ্জ্বল করে রেখেছে। সবার পিছে, সবার নীচে, সর্বহারাদের মাঝে ঘাস এখানে ছোট হয়ে নেই। সবার আনন্দের ভাগ সে-ও যাতে ভোগ করতে পারে তার জন্যে তারও বুক ফুলে ভরে রয়েছে। এই ঘাস ফুলের অণু-পরমাণুগুলোর নাম ডেইজি। আর মেয়েদের কানফুলের মত যেগুলো, সেগুলো ক্রোকাস। কি মিষ্টতায় ভরা ফুল দু'টো। পায়ের তলায় চুর চুর করে ভেঙ্গে পড়তে চায়।

এপ্রিল, মে, ও জুন এ তিন মাসে ইংল্যান্ডের সৌন্দর্য চোখ ভরে দেখেছি।

এপ্রিলে এর সূচনা। আর সেপ্টেম্বরে পরিণতি। জুন, জুলাই, আগস্ট এখানকার গরম কাল। এখানকার গরম মানে আমাদের দেশের মাঘ বাদ দিয়ে তার আগের ও পরের মাসগুলোতে শীত আর কি, তা-ও আবার একটানা নয়। দিনের অংশ বেশ একটু গরম। ঘণ্টা দুই পরে আবার ঠাণ্ডা। কখনো বেশী। কখনো কম। দিনকয় যদি এক রকম সহনীয় (সেইজন্যই আমাদের কাছে আরামপ্রদ) গরম পড়ল তো আর দিনকয় আবার ঠাণ্ডা হয়ে গেল। এই ঠাণ্ডা ও গরমের হার-জিত খেলা নিয়ে ইংল্যান্ডের গ্রীষ্মকাল। শীতের তুলনায় বড্ডো মিষ্টি।

(মহম্মদ আবদুল হাই,বিলাতে সাড়ে সাত শ দিন)

লেখক পরিচিতি

মহম্মদ আবদুল হাই একাধারে পণ্ডিত, শিক্ষাবিদ, সমালোচক এবং সাহিত্যিক। তিনি ১৯১৯ খ্রিষ্টাব্দের ২৬ নভেম্বর ভারতবর্ষের মুর্শিদাবাদ জেলার মরিচা গ্রামে জন্মগ্রহণ করেন। ছাত্রজীবনে কৃতী ছাত্র ছিলেন তিনি। ঢাকা বিশ্ববিদ্যালয় থেকে বি.এ অনার্স ও এম.এ পরীক্ষায় প্রথম শ্রেণিতে উত্তীর্ণ হন তিনি। ১৯৫২ সালে লন্ডন বিশ্ববিদ্যালয়ে থেকে তিনি ধ্বনিতত্ত্বের ওপর এম.এ ডিগ্রি লাভ করেন। পেশা হিসেবে বেছে নিয়েছিলেন অধ্যাপনা। তিনি ঢাকা বিশ্ববিদ্যালয়ের বাংলা বিভাগের অধ্যাপক ও চেয়ারম্যান হিসেবে কর্মরত ছিলেন। ১৯৫৭ সালে তাঁর সম্পাদনায় ঢাকা বিশ্ববিদ্যালয়ের বাংলা বিভাগের গবেষণাপত্র ‘সাহিত্য পত্রিকা’ প্রকাশিত হয়। প্রবন্ধ রচনা ও গবেষণার জন্য তিনি ‘বাংলা একাডেমী পুরস্কার’-এ ভূষিত হন। মহম্মদ আবদুল হাই বাংলা ভাষার প্রধানতম ধ্বনিবিজ্ঞানী। তিনি বাংলা ভাষার ব্যাকরণকে সর্বোচ্চ সহজ সরলভাবে উদ্ভাসিত করেন। বাংলা ভাষা, সাহিত্য ও ধ্বনিবিজ্ঞান নিয়ে তিনি বেশকিছু গুরুত্বপূর্ণ গ্রন্থ লিখেছেন এবং ১৭টি গ্রন্থ সম্পাদনা করেছেন। তাঁর প্রকাশিত রচনাসমগ্র হল ‘সাহিত্য ও সংস্কৃতি’, ‘বিলাতে সাড়ে সাত শ’ দিন’, ‘তোষামোদ ও রাজনীতির ভাষা’, ‘ভাষা ও সাহিত্য’, ‘এ ফোনেটিক এন্ড ফোনোলোজিক্যাল স্টাডি অব ন্যাসালস্ এন্ড ন্যাসালাইজেশন ইন বেঙ্গলী’, ‘ধ্বনিবিজ্ঞান ও বাংলা ধ্বনিতত্ত্ব’, ‘বাংলা

সাহিত্যের ইতিবৃত্ত' (সৈয়দ আলী আহসান সহযোগে)। ১৯৬৯ খ্রিষ্টাব্দে তিনি ঢাকায় পরলোকগমন করেন।

শব্দার্থ

যোজনা করা		连接
তর্ক করা		争论
কচি কিশলয়		嫩叶
খর	[形]	强烈的；猛烈的；锐利的
মুকুল	[名]	花苞；花蕾
অঙ্কুর	[名]	萌芽
গজানো	[动]	发芽；长出；生长
অকস্মাৎ	[副]	突然
সঞ্জীবিত	[形]	复活的
সঞ্চারিত	[形]	被激发的；被鼓舞的；积累的
তরঙ্গায়িত	[形]	波动的；起伏的
অনাবিল	[形]	纯粹的；明净的；清澈的
রাশি রাশি টাকা		大量的金钱；巨资
বিশ্বজোড়া	[形]	遍及世界的
রৌদ্রে স্নানরত		沐浴在阳光中的
চোখ জুড়ানো		赏心悦目的
মন ভোলানো		迷人的；引人入胜的
অরসিক	[形]	沉闷的；缺乏艺术趣味的；缺乏幽默感的
রসোচ্ছল	[形]	有生趣的；富于艺术魅力的
সাদৃশ্য	[名]	相似处
ধূপছায়া	[名]	光影斑驳
অপরূপ	[形]	美不胜收的
বৃহত্ত্ব	[名]	大；庞大

ক্ষুদ্রত্ব	[名]	微小；渺小
প্লানমত	[副]	按照计划
ছায়া-সুনিবিড়	[形]	绿树成荫的
দৈত্য	[名]	恶魔；怪物；巨人
মনোরম	[形]	迷人的；有魅力的
আরামপ্রদ	[形]	舒适的；宜人的

অনুশীলনী

১। সঠিক উত্তর বাছাই করুন।

১. এই প্রবন্ধের উদ্দেশ্য হল (　　)।
ক. পাঠক বাংলাদেশের ছয় ঋতু সম্পর্কে জানবে।
খ. পাঠকের মনে ভ্রমণের আকাঙ্ক্ষা জাগবে।
গ. পাঠক ইংল্যান্ডের ফুল ও ঋতু সম্পর্কে জানবে।
ঘ. পাঠক বাংলাদেশি ফুলের বৈশিষ্ট্য সম্পর্কে জানবে।

২. ইংল্যান্ডের ঋতুরাজ হল (　　)।
ক. শীতকাল
খ. বসন্তকাল
গ. গ্রীষ্মকাল
ঘ. বর্ষাকাল

৩. ইংল্যান্ডের (　　) কখন আসে, কখন যায় তা চোখেই পড়ে না।
ক. বর্ষা
খ. বসন্ত
গ. শীত, গ্রীষ্ম ও বর্ষা
ঘ. শরৎ, হেমন্ত ও বসন্ত

৪. ইংল্যান্ডে বসন্তকালে বিচিত্র ফুল ফোটে। যেদিকে তাকানো যায় কেবল ফুল আর ফুল। ফুলগুলো যেন চারদিক আলোকিত করে রাখে। লেখক এই প্রকৃতির অপূর্ব রূপটিকে (　　) বলেছেন।
ক. সঞ্জীবিত প্রাণ

খ. সুন্দরের আগুন
গ. জীবনের জাগরণ
ঘ. জীবনের সঞ্জীবনী
৫. (   ) ফুল বাংলাদেশের ধুতুরা ফুলের মত।
ক. মে'জ ব্লসম
খ. টিউলিপ
গ. গোলাপ
ঘ. উইলো
৬. ইংল্যান্ডের এত ফুলের মধ্যে শুধু (   ) গন্ধ পেলেন আমাদের লেখক।
ক. মে'জ ব্লসমে
খ. টিউলিপে
গ. গোলাপে
ঘ. লাইলাকে
৭. ইংল্যান্ডে কোন দু'টি মাসকে গোলাপের মাস বলা হয় ?
ক. এপ্রিল ও মে
খ. মে ও জুন
গ. জুন ও জুলাই
ঘ. জুলাই ও অগাস্ট
৮. ঘাসের বুকে শিশিরবিন্দুর মত শোভা পায় ঘাসফুল। ঘাসফুল বলতে কী বোঝায়?
ক. টিউলিপ
খ. গোলাপ
গ. ডেইজি ও ক্রোকাস
ঘ. লাইলাক ও ডেইজি

২। পাঠ অনুসরণে নিচের প্রশ্নাবলীর উত্তর দিন।

১.বাংলাদেশে কয়টি ঋতু আছে? তাদের নাম লিখুন।
২.এই প্রবন্ধের নামকরণ 'জীবনের জাগরণ' কেন করা হয়েছে? 'জীবনের

জাগরণ’ নামটির সার্থকতা বুঝিয়ে বলুন।

৩.ইংল্যান্ডের বসন্ত ঋতুর বৈশিষ্ট্য বর্ণনা করুন।

৪.ইংল্যান্ডে বসন্ত ঋতুর ফুলগুলোর একটি সুন্দর বর্ণনা দিন।

৫.কবি এলিয়ট কেন লাইলাককে জীবনের সঞ্জীবনী বলেছেন? এ ফুলের বৈশিষ্ট্য কী?

৬.রিজেন্ট পার্কের সুন্দর দৃশ্যের বর্ণনা দিন।

৭.জুন, জুলাই মাসে কী ফুল ফোটে? সম্রাজ্ঞী মেরীর প্রিয় ফুল কী? এ ফুল দেখতে কেমন লাগে?

৮.আপনার দেশে বসন্তকালে কী কী ফুল ফোটে? এসব ফুল দেখতে কেমন?

পাঠ ৭

বর্ষা

এমন দিনে কি লিখতে মন চায়?

আজ সকালে ঘুম থেকে উঠে দেখি যে, যে দিকে যতদূর দৃষ্টি যায়, সমগ্র আকাশ বর্ষায় ভরে গিয়েছে। মাথার উপর থেকে অবিরাম অবিরল অবিচ্ছিন্ন বৃষ্টি ধারা পড়ছে। সে ধারা এত সূক্ষ্ম নয় যে চোখ এড়িয়ে যায়, অথচ এত স্থূল নয় যে তা চোখ জুড়ে থাকে। আর কানে আসছে তার একটানা আওয়াজ; সে আওয়াজ কখনো মনে হয় নদীর কলধ্বনি, কখনো মনে হয় তা পাতার মর্মর। আসলে তা একসঙ্গে দুই-ই; কেননা আজকের দিনে জলের স্বর ও বাতাসের স্বর দুই মিলেমিশে এক সুর হয়ে দাঁড়িয়েছে।

এমন দিনে মানুষ অন্যমনস্ক হয় তার কারণ তার সকল মন তার চোখ আর কানে এসে ভর করে। আমাদের এই চোখ-পোড়ানো আলোর দেশে বর্ষার আকাশ আমাদের চোখে কী যে অপূর্ব স্নিগ্ধ প্রলেপ মাখিয়ে দেয় তা বাঙালি মাত্রেই জানে। আজকের আকাশ দেখে মনে হয়, ছাই রঙের কোনো পাখির পালক দিয়ে বর্ষা তাকে আগাগোড়া মুড়িয়ে দিয়েছে, তাই তার স্পর্শ আমাদের চোখের কাছে এত নরম, এত মোলায়েম।

তার পর চেয়ে দেখি গাছপালা মাঠঘাট সবারই ভিতর যেন একটা নতুন প্রাণের হিল্লোল বয়ে যাচ্ছে। সে প্রাণের আনন্দে নারকেল গাছগুলো সব দাঁড়িয়ে দাঁড়িয়ে দুলছে, আর তাদের মাথার ঝাঁকড়া চুল কখনও বা এলিয়ে পড়ছে, কখনও বা জড়িয়ে যাচ্ছে। আর পাতার চাপে যেসব গাছের ডাল দেখা যায় না, সেসব গাছের পাতার দল এ-ওর গায়ে ঢলে পড়ছে, পরস্পর কোলাকুলি করছে; কখনও বা বাতাসের স্পর্শে বেঁকে-চুরে এমন আকার ধারণ করছে যে, দেখলে মনে হয়, বৃক্ষলতা সব পত্রপুটে ফটিকজল পান করছে। আর এই খামখেয়ালি বাতাস নিজের খুশিমতো একবার পাঁচ মিনিটের জন্য লতা-পাতাকে নাচিয়ে দিয়ে বৃষ্টির ধারাকে ছড়িয়ে দিয়ে আবার থেমে যাচ্ছে। তারপর আবার সে ফিরে এসে যা ক্ষণকালের জন্য স্থির

ছিল তাকে আবার ছুঁয়ে দিয়ে পালিয়ে যাচ্ছে, সে যেন জানে যে তার স্পর্শে যা-কিছু জীবন্ত অথচ শান্ত সে সবই প্রথমে কেঁপে উঠবে, তারপর ব্যতিব্যস্ত হবে, তারপর মাথা নাড়বে, হাত-পা ছুড়বে; আর জলের গায়ে ফুটবে পুলক আর তার মুখে চীৎকার! বৃষ্টির সঙ্গে পল্লবের সঙ্গে সমীরণের এই লুকোচুরি খেলা আমি চোখ ভরে দেখছি আর কান পেতে পেতে শুনছি। মনের ভিতরে আমার এখন আর কোনো ভাবনাচিন্তা নেই, আছে শুধু এমন-একটা অনুভূতি যার কোনো স্পষ্ট রূপ নেই, কোনো নির্দিষ্ট নাম নেই।

মনের এমন বিক্ষিপ্ত অবস্থায় কী লেখা যায়? যদি যায় তো সে কবিতা, প্রবন্ধ নয়।

আনন্দে-বিষাদে মিশানো এই অনামিক অনুভূতির জমির ওপর অনেক ছোট-খাটো ভাব মুহূর্তের জন্য ফুটে উঠেছে, আবার মুহূর্তেই তা মিলিয়ে যাচ্ছে। এই বর্ষার দিনে কত গানের সুর আমার কানের কাছে গুন গুন করছে, কত কবিতার শ্লোক, কখনো পুরোপুরি কখনো আধখানা হয়ে আমার মনের ভিতর ঘুরে বেড়াচ্ছে। আজকে আমি ইংরেজি ভুলে গিয়েছি। যেসব কবিতা যেসব গান আজ আমার মনে পড়ছে, সেসবই হয় সংস্কৃত, নয় বাংলা, নয় হিন্দি।

'মেঘৈর্মেদুরম্বরং বনভূবঃশ্যামাস্তমালদ্রুমৈঃ।'

গীতগোবিন্দের এই প্রথম চরণ যে বাঙালী একবার শুনেছে, চিরজীবন সে আর তা ভুলতে পারবে না। আকাশে ঘনঘটা হলেই তার কানে ও-চরণ আপনা হতেই বাজতে থাকবে। সেইসঙ্গে মনে পড়ে যাবে মনের কত পুরনো কথা, কত লুকানো ব্যথা। আমি ভাবছি, মানুষ ভাষায় তার মনের কথা কত অল্প ব্যক্ত করে, আর কত বেশি অব্যক্ত রয়ে যায়। ভাষায় মনোভাব ব্যক্ত করবার জন্যই যাঁরা এ পৃথিবীতে জন্মগ্রহণ করেছেন তাঁরাও, অর্থাৎ কবির দলও, আমার বিশ্বাস, তাঁদের মনকে অর্ধেক প্রকাশ করেছেন, অর্ধেক গোপন রেখেছেন। আজকের দিনে রবীন্দ্রনাথের একটা পুরনো গানের প্রথম ছত্রটি ঘুরে-ফিরে ক্রমান্বয়ে আমার কানে আসছে– 'এমন দিনে তারে বলা যায়।' এমন দিনে যা বলা যায় তা হয়ত রবীন্দ্রনাথও আজ পর্যন্ত বলেন নি, শেক্সপীয়ারও বলেন নি। বলেন নি যে সে ভালোই করেছেন। কবি যা ব্যক্ত

করেন তার ভিতর যদি এই অব্যক্তের ইঙ্গিত না থাকে তা হলে তাঁর কবিতার ভিতর কোনো Mystery থাকে না, আর যে কথার ভিতর Mystery নেই, তা কবিতা নয়, – পদ্য হতে পারে।

সে যাই হোক, আজ আমার কানে শুধু রবীন্দ্রনাথের গানের সুর লেগে নেই, সেইসঙ্গে তিনি বর্ষার যে অসংখ্য ছবি এঁকেছেন সেইসব চিত্র বায়োস্কোপের ছবির মতো আমার চোখের সুমুখ দিয়ে একটির পর আর একটি চলে যাচ্ছে। ভালো কথা, এটা কখনো ভেবে দেখেছেন যে, বাংলার বর্ষা রবীন্দ্রনাথ আবিষ্কার করেছেন, ও-ঋতুর রূপ-রস-গন্ধ-স্পর্শে রবীন্দ্রনাথের ভারতী ভরপুর, তার ভীমমূর্তি আর তার কান্তমূর্তি দুই-ই তাঁর চোখে ধরা পড়েছে, দুই-ই তাঁর ভাষায় সমান সাকার হয়ে উঠেছে। নবাবী আমলের বাঙালি কবিরা এ ঋতুকে হয় উপেক্ষা করেছেন নয় তাকে তেমন আমল দেননি। চণ্ডীদাসের কবিতায় কি বর্ষার স্থান আছে? আমার তো তা মনে হয় না। হয়ত বীরভূমে সেকালে বৃষ্টি হতো না, তাই তিনি ও-ঋতুর বর্ণনা করেননি। বাকি বৈষ্ণব কবিরাও এ বিষয়ে একরূপ নীরব। তাঁদের কবিতায় বর্ষা এসেছে নিতান্ত আনুষঙ্গিকভাবে। অবশ্য এ বিষয়ে সেকালের একটা কবিতা আছে, যা একাই একশো –

“রজনী শাঙন ঘন ঘন দেয়া গরজন
রিমিঝিমি শবদে বরিষে।
পালঙ্কে শয়ান রঙ্গে বিগলিত চীর অঙ্গে
নিন্দ যাই মনের হরিষে।”

সঙ্গীত হিসেবে এ কবিতা গীতগোবিন্দের তুল্য। আর কাব্য হিসেবে তার অপেক্ষা শতগুণে শ্রেষ্ঠ। এখন আমার কথা এই যে, আজ আমার মনের ভিতর দিয়ে যেসব কথা আনাগোনা করছে সেসব এতই বিচ্ছিন্ন এতই এলোমেলো যে, সেসব যদি ভাষায় ধরে তার পর লেখায় পুরে দেওয়া যায়, তা হলে আমার প্রবন্ধ এতই বিশৃঙ্খল হবে যে পাঠক তার মধ্যে ভাবের গোলোক-ধাঁধায় পড়ে যাবেন। বাইরের ল এ্যান্ড অর্ডারকে আমরা যতই বিদ্রুপ করি, ভাবের ল এ্যান্ড অর্ডারকে অমান্য করে আমরা সাহিত্য তো মাথায় থাক সংবাদপত্র লিখতে পারিনে। আর যদি এমন পাঠকও থাকেন

যিনি বাংলাদেশের ছেলে ভুলানো ছড়া পাঁচালির অনুরূপ অসম্বদ্ধ গদ্যরচনা মনের সুখে পড়তে পারেন, তা হলেও আমি আজ মন খুলে লিখতে প্রস্তুত নই। আমার কথা যা আজ মনে পড়ছে, তার যা-কিছু মূল্য আছে তা আমার কাছেই আছে, অপর কারো কাছে নেই। বহুকাল-মৃত বহুকাল-বিস্মৃত কোনো শুকনো ফুলের পাপড়ি যদি হঠাৎ আবিষ্কার করা যায় তা হলে যে সেটিকে এককালে সজীব অবস্থায় সাদরে সঞ্চিত করে রেখেছিল, একমাত্র তারই কাছে সে শুষ্কপুষ্পের মূল্য আছে, অপরের কাছে তা বর্ণগন্ধহীন আবর্জনা মাত্র। মানুষের স্মৃতির ভিতরও এমন অনেক শুকনো ফুল সঞ্চিত থাকে যা অপরের কাছে বার করা যায় না। কিন্তু এমন দিনে তা আবিষ্কার করা যায়।

আবার ঘোর করে এল, বাতি না জ্বালিয়ে লেখা চলে না; আর কালির অপব্যয় করা যত সহজ বাতির অপব্যয় করা তত সহজ নয়। অতএব এইখানেই এ লেখা শেষ করি।

সংক্ষেপিত

(প্রমথ চৌধুরী,প্রবন্ধ সংগ্রহ)

লেখক পরিচিতি

প্রমথ চৌধুরী বিংশ শতাব্দীর ভারতের বিখ্যাত সম্পাদক ও সাহিত্যিক। তিনি বাংলা সাহিত্যে প্রথম বিদ্রূপাত্মক প্রবন্ধ রচনা করেন এবং তিনি বাংলা গদ্যে চলিতরীতির প্রবর্তক। প্রমথ চৌধুরী ১৮৬৮ খ্রিষ্টাব্দের ৭ই আগস্ট বাংলাদেশের পাবনা জেলার চাটমোহর উপজেলার হরিপুর গ্রামের অভিজাত বংশে জন্মগ্রহণ করেন। প্রেসিডেন্সি কলেজ থেকে ১৮৮৯খ্রি বি.এ(অনার্স) দর্শন, ১৮৯০ সালে কলকাতা বিশ্ববিদ্যালয় থেকে ইংরেজি সাহিত্যে প্রথম শ্রেণীতে এম.এ ডিগ্রি লাভ করেন এবং পরে ব্যারিস্টারি পড়ার জন্য বিলাত যান। বিলাত থেকে ফিরে এসে ব্যারিস্টারি পেশায় যোগদান না করে তিনি কিছুকাল ইংরেজি সাহিত্যে অধ্যাপনা করেন এবং পরে পুরোপুরি সাহিত্যকর্মে নিজেকে নিয়োজিত করেন। তিনি 'সবুজপত্র' নামক সুপ্রসিদ্ধ পত্রিকায় চলিত বাংলায় এক নতুন গদ্য-রীতির প্রবর্তন করেন। 'সবুজপত্র' পত্রিকাটি বাংলা সাহিত্যে চলিত ভাষারীতির প্রথম মুখপত্র। রবীন্দ্রনাথসহ

সমকালীন বিখ্যাত মননশীল লেখকদের অনেকেই ছিলেন এই পত্রিকার লেখক। প্রমথ চৌধুরী শুধু সম্পাদক নন, তিনি চিন্তাশীল, রুচিবান ও প্রতিভাশালী লেখক। লেখক হিসেবে তিনি 'বীরবল' ছদ্মনাম গ্রহণ করেছিলেন। তাঁর 'সনেট পঞ্চাশৎ'(১৯১৩) এবং 'পদচারণা'র(১৯১৯) কথা পাঠকসমাজের নিশ্চয় মনে পড়বে। বৈঠকি মেজাজে তিনি কয়েকটি অতি চমৎকার সনেট লিখেছেন। কয়েকটি অন্য ধরনের কবিতাও তাঁর বৈচিত্র্যময় প্রতিভার স্বাক্ষর বহন করে। তাঁর কয়েকটি ছোটগল্প ও বড়গল্প যেমন 'চার ইয়ারী কথা', 'নীললোহিত', 'আহুতি', 'ফার্স্টক্লাস ভূত', 'বড়বাবুর বড়দিন' ইত্যাদি গল্পসাহিত্যের আঙ্গিকের দিক থেকে নিখুঁত হলেও এর সূক্ষ্ম বিশ্লেষণাত্মক প্রকাশভঙ্গিমা ছোটগল্পের রূপ ও রীতিকে পূর্ণ শিল্পরূপ দিতে পারেনি। এই ধরনের গল্পে তাঁর প্রতিভার সবটা প্রমাণিত ও প্রতিষ্ঠিত হয়নি। তাঁর খ্যাতি ও প্রতিভার বৈশিষ্ট্য যথার্থ প্রকাশিত হয়েছে কয়েকখানি প্রবন্ধ-সংগ্রহে। 'তেল-নুন-লকড়ী'(১৯০৬), 'বীরবলের হালখাতা'(১৯১৭), 'নানা কথা'(১৯১৯), 'নানা চর্চা'(১৯৩২) প্রভৃতি প্রবন্ধ-সংকলনে তাঁর ঋজু, যুক্তিনিষ্ঠ ও সংস্কারমুক্ত মনের বহিঃপ্রকাশ ঘটেছে। আমাদের পাঠ 'বর্ষা' প্রবন্ধটি প্রমথ চৌধুরীর 'প্রবন্ধ সংগ্রহ'(১৯৫২) থেকে সংকলিত এবং ঈষৎ সংক্ষেপিত।

শব্দার্থ

সূক্ষ্ম	［形］	细微的；细致的；微妙的；精妙的
অবিরাম	［形］	不停的；无尽的
অবিরল	［形］	不间断的；密密的；不倦的
অবিচ্ছিন্ন	［形］	连续的；连贯的；整体的
স্থূল	［形］	厚重的；肥重的
কেননা	［连］	因为
অন্যমনস্ক	［形］	不专注的；走神的
প্রলেপ মাখানো/দেওয়া		涂上；敷上
আগাগোড়া	［副］	从头到尾；从上到下

মুড়ানো	[动]	修剪
মোলায়েম	[形]	轻柔的；柔嫩的
হিল্লোল	[名]	起伏；摆动
এলানো	[动]	松开；散开
ঢলা	[动]	倾斜；下降
ধারণ করা		持有；带有；怀有；穿上
বৃক্ষলতা	[名]	树木藤蔓
পত্রপুট	[名]	树叶杯
ফটিকজল	[名]	文中指纯净透明的水
খামখেয়ালি	[形]	古怪的；无常的
ছোঁয়া	[动]	触摸；触碰；触动
ছোঁড়া/ছুড়া/ছোড়া	[动]	扔；掷；挥动；射出
ব্যতিব্যস্ত	[形]	忙乱的；烦躁的
পুলক	[名]	喜悦；兴奋；激动
সমীরণ	[名]	微风
পাতা	[动]	展开；铺开；伸出；安放；建立
বিক্ষিপ্ত	[形]	分神的；分心的
বিষাদ	[名]	低落；悲伤；绝望
অনামিক অনুভূতি		莫可名状的情感
চরণ	[名]	一行诗句；脚；腿；散步；漫步
ব্যক্ত করা		表露；表达
ক্রমান্বয়ে	[副]	逐渐地；循序渐进地
ভরপুর	[形]	被……填满的；充满……的
ভীমমূর্তি	[名]	可怖相
কান্তমূর্তি	[名]	温柔可亲相
সাকার	[形]	有形的；具象的
আমল দেওয়া		注意；在意；关注
চণ্ডীদাস	[名]	钱迪达斯，15 世纪孟加拉毗湿奴派虔

		信文学的杰出诗人
বৈষ্ণব কবি		概指 15、16 世纪孟加拉毗湿奴派虔信文学的诗人
আনুষঙ্গিকভাবে	[副]	从属地；次要地
গীতিগোবিন্দ	[名]	古典梵文长诗《牧童歌》，为 12 世纪孟加拉梵文诗人胜天所作，以毗湿奴化身黑天与牧女拉妲的爱情故事为主要内容
আনাগোনা করা		往复来回
এলোমেলো	[形]	散乱的；无序的；不连贯的
বিশৃঙ্খল	[形]	混乱的；不守规则的；杂乱无章的
গোলোক	[名]	印度教三大主神之一毗湿奴的天宫居所；迷宫
ধাঁধা	[名]	错觉；谜团；困惑
বিদ্রুপ করা		嘲笑；奚落
অমান্য করা		不遵从；违背
পাঁচালি	[名]	一种配乐的以颂神为内容的孟加拉语诗歌；颂歌
ভুলানো	[动]	唬弄；哄骗
অনুরূপ	[形]	类似……的
অসম্বদ্ধ	[形]	不相关联的；不连贯的
বিস্মৃত	[形]	被遗忘的
শুকনো ফুলের পাপড়ি		干花瓣
সজীব অবস্থা		鲜活的状态；有生命力的状态
সাদরে	[副]	热忱地；诚挚地；亲切地
সঞ্চিত করা		收集；聚集
আবর্জনা	[名]	无用之物；垃圾
ঘোর করা		天色变黑

অপব্যয় করা　　　　　　　　　浪费；挥霍

অনুশীলনী

১। পাঠ অনুসরণে শূন্যস্থান পূরণ করুন।

১.(　　) (　　) (　　) বৃষ্টিধারা

২.এই চোখ (　　) আলোর দেশে

৩.(　　) স্নিগ্ধ প্রলেপ মাখিয়ে দেয়

৪.তার স্পর্শ আমাদের চোখে এত (　　), এত (　　)

৫.বৃষ্টি পল্লবের সঙ্গে সমীরণের এই(　　) (　　)

৬.চোখ (　　) দেখছি আর কান (　　) শুনছি

৭.এমন একটা (　　) যার কোন স্পষ্ট রূপ নেই, কোন নির্দিষ্ট নাম নেই

৮.আনন্দে-বিষাদে (　　) এই অনামিক অনুভূতি

৯.মনে পড়ে যাবে মনের কত (　　) কথা, কত (　　) ব্যথা

১০.বাংলাদেশর ছেলে-ভুলানো ছড়া পাঁচালীর (　　) অসম্বদ্ধ গদ্যরচনা

২। পাঠ অনুসরণে নিচের প্রশ্নাবলীর উত্তর দিন।

১.লেখকের চোখে বর্ষার ছবি কেমন? এই প্রবন্ধের মূল বক্তব্য নিজের ভাষায় লিখুন।

২.বর্ষার দিনে লেখকের অনুভূতি কী রকম হয় তা বর্ণনা করুন।

৩.মানবমনে বর্ষার প্রভাব সম্বন্ধে প্রবন্ধানুসারে আলোচনা করুন।

৪.বর্ষা এলে প্রকৃতিতে কী ধরনের পরিবর্তন ঘটে তা গুছিয়ে লিখুন।

৫.গান এবং কাব্য সম্পর্কে লেখক কী মন্তব্য করেছেন?

৬."কবি যা ব্যক্ত করেন তার ভিতর যদি এই অব্যক্তের ইঙ্গিত না থাকে তা হলে তাঁর কবিতার ভিতর কোনো Mystery থাকে না, আর যে কথার ভিতর Mystery নেই, তা কবিতা নয়" – কথাটি চীনা ভাষায় অনুবাদ করুন এবং উদাহরণসহ বুঝিয়ে দিন।

৭.আমাদের দৈনন্দিন জীবনে বর্ষা একটি সাধারণ বিষয়। এ সাধারণ বিষয়টিকে নিয়ে লেখক যে অসাধারণ সাহিত্যরস সৃষ্টি করেছেন, তা

বিশ্লেষণ করুন।

৮.এই প্রবন্ধ পড়ে শব্দ প্রয়োগ, ভাষা বিন্যাস, ও সাহিত্য রস সৃষ্টিতে কোন ধরনের আদর্শ অনুসরণযোগ্য বলে আপনার মনে হয়েছে?

৯."আনন্দে-বিষাদে মেশানো অনামিক অনুভূতি" বলতে কী বোঝানো হয়েছে?

৩। প্রসঙ্গ উল্লেখপূর্বক ব্যাখ্যা লিখুন।

১. কবি যা ব্যক্ত করেন তার ভিতর যদি এই অব্যক্তের ইঙ্গিত না থাকে তা হলে তার কবিতার ভিতর কোন Mystery থাকে না, আর যে কথার ভিতর Mystery নেই তা কবিতা নয়, পদ্য হতে পারে।

২. আনন্দে-বিষাদে মিশানো এই অনামিক অনুভূতির জমির ওপর অনেক ছোট-খাটো ভাব মুহূর্তের জন্য ফুটে উঠেছে, আবার মুহূর্তেই তা মিলিয়ে যাচ্ছে।

৩. বহুকাল মৃত, বহুকাল বিস্মৃত কোন শুকনো ফুলের পাপড়ি যদি হঠাৎ আবিষ্কার করা যায় তা হলে যে সেটিকে এককালে সজীব অবস্থায় সাদরে সঞ্চিত করে রেখেছিলো, একমাত্র তারই কাছে সে শুষ্ক পুষ্পের মূল্য আছে, অপরের কাছে তা বর্ণ গন্ধহীন আবর্জনা মাত্র।

পাঠ ৮

পদ্মা

পদ্মা! বাংলাদেশের সলিল-কন্যা পদ্মা! আমি তোমায় ভালবাসি। অনন্ত-যৌবনা চিরকৌতুকময়ী এ কোন্ দুরন্ত মেয়ে তুমি! বিচিত্র তোমার রূপ, অদ্ভুত তোমার প্রকৃতি! কখনো শান্ত, কখনো চঞ্চল, কখনো লাস্যময়ী, কখনো অশ্রুময়ী, কখনো সবল, কখনো অভিমানিনী, কখনো বা কল্যাণময়ী, কখনো বা ভয়ঙ্করী। ঋতুচক্রের আবর্তনের সঙ্গে সঙ্গে বদলে যায় তোমার মন, বদলে যায় তোমার রূপ।

শীত-গ্রীষ্ম, বর্ষা-হেমন্ত নানা ঋতুতে নানাবেশে দেখেছি তোমায়। শীতে তুমি হও সংকুচিতা, সংযত হয় তোমার উদ্দাম গতিবেগ। কুয়াশার স্বপ্ন-চাদর মুড়ি দিয়ে ঘুমাও তুমি সারা রাত। সূর্যোদয়ের অনেক পরে ভাঙে তোমার ঘুম, শুভ্র কুয়াশার আড়াল থেকে চাও তুমি বাহিরপানে। তখন তোমার তাপসী মূর্তি। বর্ষার দুরন্ত আবেগে হাত বাড়িয়ে যা তুমি নিয়েছ, হিম-শীর্ণা পৌষে তা তুমি ফিরিয়ে দাও।

আসে নব বসন্ত। ডাকে কোকিল। শাখায় শাখায় দোল দিয়ে যায় দখিন হাওয়া। নব কিশলয়ে পল্পবিত হয়ে ওঠে তরুলতা। তখন তোমারও মনে লাগে রং; চোখে জাগে রঙিন স্বপ্ন। দুই তীরে বনভূমিতে চৈতালী ঘূর্ণীহাওয়ার অশান্ত গতিবেগে তোমারও মন হয় উড়ু উড়ু চঞ্চল।

দৃপ্ত তেজে আসে বৈশাখ। আসে কাল-বৈশাখী দুরন্ত জলদস্যুর বেশে। সেদিন তুমিও হয়ে ওঠ ক্ষিপ্তা– তোমারও দেখি রণরঙ্গিণী বেশ। বৈশাখী ঝঞ্ঝা প্রচণ্ড বেগে এসে পড়ে যখন তোমার বুকে, নির্মম হস্তে ভাঙতে থাকে তোমার দুই তীরের তাল-নারিকেল ও আম-কাঁঠালের বাগিচা, সন্ত্রস্ত হয়ে ওঠে যখন চলন্ত নৌকার মাঝিরা তখন তুমিও হয়ে ওঠ দারুণ ক্রুদ্ধ। জেগে ওঠে তোমার ঘুমন্ত সেনাদল। বিপুল গর্জনে সমর রঙ্গে তরঙ্গে তরঙ্গে ধেয়ে চলে তারা সম্মুখের পানে। শুরু হয় মহাযুদ্ধ। অল্পক্ষণের মধ্যেই তাড়িয়ে দাও তুমি তাকে তোমার দিক-সীমানা থেকে। কিন্তু সেই যুদ্ধে ভেঙে যায় কত ঘরবাড়ি,

ভেঙে যায় কত তরুলতা, ডুবে যায় কত নৌকা-জাহাজ, মরে যায় কত লোক। তারপর প্রকৃতি যখন শান্ত হয়, তখন নিহত ও আহতদের প্রতি জানাও তুমি সমবেদনা, শান্ত হয় তোমার ক্রন্দন।

বর্ষায় হয়ে ওঠ তুমি পূর্ণ-যৌবনা। সেই তোমার প্রকৃত চেহারা। ঊর্ধ্বে আকাশজোড়া কাজল মেঘের মায়া, দিন-রজনী অবিশ্রান্ত বৃষ্টিধারার ঝরঝরানি গান; উত্তরে পর্বতমালার পঙ্কিল গৈরিক নিঃস্রাব, দক্ষিণে বঙ্গোপসাগরে জোয়ার-ভাটার টান মাঝখানে দুরন্ত পূবালী বাতাসের শন্ শন্ শব্দ, সবার সঙ্গে যোগ দিয়ে সৃষ্টি কর তুমি এক অপরূপ দৃশ্য। তখন শুনতে পাও তুমি যেন কোনো এক অসীমের আহ্বান। পৌষে দেখেছিলাম তোমার যে তাপসীর রূপ, শুনেছিলাম যে ত্যাগের বাউল সুর, আজ আর তা নেই। আজ শুনি তোমার কণ্ঠে মেঘমল্লারের রাগ। আকাশে-বাতাসে বাজে মাদল, বাজে বাঁশী। দিকে দিকে সে কী বিপুল সমারোহ! কী ব্যাকুল চঞ্চলতা! মেঘনা, যমুনা, ব্রহ্মপুত্র, সবাইকে দাও তুমি দাওয়াত। বালুচরে যারা বেঁধেছিল কুটির, তীরে তীরে বেঁধেছিল যারা ঘর, মাঠে যারা বুনেছিল ধান-পাট, সবাইকে জানিয়ে দাও তোমার প্রয়োজনের তাগিদ, হুঁশিয়ার করে দাও সবাইকে সরে যেতে। তারপর শুরু হয় মাটি, পানি ও হাওয়ার খেলা। কোথা থেকে দলে দলে আসে মেঘ, ঢালে বারিধারা, পর্বত পাঠায় তার এতদিনকার সঞ্চিত জলরাশি– সমুদ্রও পাঠায় তার জোয়ারের পানি। এতসব সম্মানিত অতিথিদের জায়গা দেবে তুমি কোথা থেকে? তোমার বিশাল বুক তাদের জন্য অতি ক্ষুদ্র। অধিকার করে নাও তাহা তুমি দুই পাশে যত আছে খাল-বিল ও মাঠ। মানুষেরে বল– ওগো মানুষ, তোমাদের রইল দাওয়াত। প্রস্তুত হও, বাঁধো দোতারা, বাঁধো গান; আসছে দিন; অস্তরবির রাঙা আভায়, জোছনা রাতের স্নিগ্ধ মায়ায় টানতে হবে দাঁড়, ধরতে হবে হাল, তুলতে হবে পাল, আর গাইতে হবে ভাটিয়াল সুরের গান।

শুরু হয় আয়োজন। এতদিন যে বিশাল দিগন্তবিস্তৃত চর ছেড়ে দিয়েছিলে, আবার তা করে নাও তুমি জবর-দখল। পাড় ভাঙতে থাকো ঝুপঝুপ দুমদুম শব্দে। এক-একবার প্রয়োজন তোমার এত বেশী হয় যে, বহুদিনের গ্রাম ও শহর-গঞ্জও ভেঙে দিয়ে বাড়াও তোমার পরিসর। গাছপালা, ঘরবাড়ি,

দালান-কোঠা কিছুই তুমি মানো না। অনিবার্য তোমার প্রয়োজনে– মানুষ, গরু, তরুলতার সুখ-দুঃখের কথা আর বড় হয়ে জাগে না। দু'চারখানা নৌকা, কয়েকখানা ঘরবাড়ি যদিই বা ভেসে যায়, ক্ষতি কি! বৃহত্তর কল্যাণের জন্য ছোটখাটো ক্ষয়ক্ষতি মেনে নিতে হয়– এই যেন তোমার যুক্তি।

এমনি মহিমময়ীর বেশে আমি তোমায় দেখি তুমি আমাদের বাংলাদেশের অন্যতম গৌরব। পর্বত পাইনি, সাগর পাইনি, দুঃখ নাই; পদ্মা, মেঘনা, যমুনা, ব্রহ্মপুত্র, কর্ণফুলি ইত্যাদি নদীসম্পদ লাভ করেছি, এ-ও আমাদের কম সৌভাগ্য নয়। আমাদের বুকে বাজে যে উদার শান্তির বাণী, যে ভাঙা-গড়া, হাসি-কান্নার সুর, যে সংগ্রাম ও সমন্বয়ের মনোভাব, তোমার মধ্যেও সেই সুর ও সেই মনোভঙ্গি; বাংলাদেশের আদর্শের সঙ্গে তোমার আছে চমৎকার মিল। ভাঙার দুর্জয় উন্মাদনা দিয়ে, নবসৃষ্টির উল্লাস দিয়ে, গতির ক্ষিপ্রতা দিয়ে, ছন্দ দিয়ে, সুর দিয়ে অনুপ্রাণিত করেছ তুমি বাংলাদেশের বীর সেনাবাহিনীকে। তুমি বুঝেছিলে– আমাদের মনের সঙ্গে মিলবে তোমার সুর। আমরা মাটির বুকে বাসা বাঁধতে জানি। কঠিন মাটি চাষ করে সোনার ফসল ফলাতে জানি; জলপথে বড় বড় নৌকা ও জাহাজ চালাতে জানি; ধরণীর সাথেও রাখি সংযোগ, আকাশের সাথেও করি মিতালি। এমন দুঃসাহসী কঠিন মানুষই হতে হবে পদ্মার দুই তীরের অধিবাসীদের। বোধ হয় এই কারণেই তোমাকে ধরতে হয়েছিল কীর্তিনাশার রূপ। কর্মবিমুখ ধন-বিলাসী যারা বাঁধতে চেয়েছিল তোমার তীরে সুখের নীড়, তাদের তুমি তাই বুঝি পছন্দ করনি, তাদের জায়গায় দেখছি আজ দুঃসাহসী, কর্মঠ ও বলিষ্ঠ আর এক জাতির অধিকার। পদ্মার দুই তীরের এই অধিবাসীরা পদ্মাকে ভয় করে না; পদ্মার ভাঙন ও তরঙ্গ-গর্জনকে অবহেলা করে তারা বাস করে তার দুই তীরে। ভেঙ্গে যায় তাদের সাজানো ঘরবাড়ি, দুঃখ নাই। নূতন চরে গিয়ে নূতন করে বাঁধে তারা ঘর। দূর দেশান্তরে চলে যায় তারা নৌকা বেয়ে, তরঙ্গের মাথায় মাথায় দোলে শিশু-সন্তান। কখনো বা প্রকৃতির সঙ্গে মিলেমিশে, কখনো বা প্রকৃতিকে জয় করে টিকে থাকে তারা।

অনাদিকালের বিশ্বসৃষ্টির ভাঙ্গাগড়ার জীবন্ত স্মৃতি পদ্মা। আমি তোমায়

ভালবাসি। ভাঙা ও গড়ার, সৃষ্টি ও ধ্বংসের তুমি এক সুন্দর প্রতীক। তোমার পানিতে পাই সৃষ্টির আদিম দিনের গন্ধ ও স্বাদ। জলের মধ্যে স্থলের জাগরণ এবং ভাঙাগড়ার মধ্য দিয়ে নবনব দেশ-রচনার খেয়াল ও কৌতুহল আজও জেগে আছে তোমার সফেন ঢেউয়ের বুকে। বর্ষে বর্ষে তাই বুঝি তুমি এক কূল ভাঙো, আর এক কূল গড়ো, আর জাগিয়ে তোলো নূতন নূতন চর। সৃষ্টির এই রহস্য ও প্রেরণা তোমার মধ্যে আছে বলেই তোমায় আমি আর সব নদীর চেয়ে বেশী করে ভালবাসি। শান্ত নদী চাই না; যে নদী ভাঙতেও জানে গড়তেও জানে, যার গতি আছে, ছন্দ আছে, সুর আছে, গান আছে– সমুদ্রের সাথে, আকাশের সাথে, মেঘের সাথে, বাতাসের সাথে আছে যার চিরদিনের যোগ– আমার চাই সেই নদী।

পদ্মা! তুমি আমাদের সেই নদী। তুমি আমাদের জাতীয় জীবনে চিরদিন জেগে থাকো।– এই আমাদের কামনা।

(গোলাম মোস্তফা)

লেখক পরিচিতি

গোলাম মোস্তফা বাংলা সাহিত্যে মুসলিম রেঁনেসার কবি নামে পরিচিত। তিনি ১৮৯৭ খ্রিস্টাব্দে যশোর জেলার শৈলকোপা থানার অন্তর্গত মনোহরপুর গ্রামে জন্মগ্রহণ করেন। তাঁর পিতা কাজী গোলাম রব্বানী, পিতামহ কাজী গোলাম সরওয়ার ছিলেন সাহিত্যানুরাগী, ফারসি ও আরবি ভাষায় সুপন্ডিত। ১৯১৬ সালে তিনি দৌলতপুর বি. এল কলেজ থেকে আই.এ এবং ১৯১৮ সালে কলকাতা রিপন কলেজ থেকে বি.এ পাশ করেন। পরে ডেভিড হেয়ার ট্রেনিং কলেজ থেকে বি.টি ডিগ্রিও লাভ করেন। কর্মময় জীবনে শিক্ষকতা পেশা হিসাবে থাকলেও, সাহিত্যচর্চাই ছিল তাঁর একমাত্র নেশা। তাঁর প্রথম কাব্যগ্রন্থ ‘রক্ত রাগ’ প্রকাশিত হলে বিশ্বকবি রবীন্দ্রনাথ ঠাকুর দু’লাইন কবিতার মাধ্যমে কবিকে অভিনন্দিত করেছিলেন– “তব নব প্রভাতের রক্তরাগখানি মধ্যাহ্নে জাগায় যেন জ্যোতির্ময়ী বাণী।” মুসলিম জাগরণের অগ্রদূত কবি গোলাম মোস্তফার অবদান বাংলা সাহিত্যে এক বিরল দৃষ্টান্ত।

তাঁর শ্রেষ্ঠ কাব্যগ্রন্থগুলি হচ্ছে: 'রক্তরাগ', 'হাস্নাহেনা', 'খোশরোজ', 'সাহারা', 'কাব্য-কাহিনী', ও 'বুলবুলিস্থান'। গদ্য-সাহিত্যেও তাঁর দান অসামান্য। 'ভাঙাবুক', 'রূপের নেশা' 'একমন একপ্রাণ' প্রভৃতি উপন্যাস ও 'আমার চিন্তাধারা' বইটি তাঁর সাহিত্যচিন্তার ফসল। অনুবাদক হিসেবেও তাঁর বিশেষ খ্যাতির পরিচয় পাওয়া যায়। ১৯৬৪ সালের ১৩ অক্টোবর বাংলা সাহিত্যের সাধক কবি গোলাম মোস্তফা ঢাকা মেডিকেল কলেজ হাসপাতালে শেষ নিঃশ্বাস ত্যাগ করেন।

শব্দার্থ

সলিল	[名]	水
কৌতুকময়ী	[形]	爱开玩笑的；有趣的
দুরন্ত	[形]	淘气的；顽皮的；可怕的；强大的
লাস্যময়ী	[形]	富于魅力的；迷人的
অভিমানিনী	[形]	敏感的；自尊心强的
কল্যাণময়ী	[形]	仁慈的；行善的
ভয়ঙ্করী	[形]	可怕的；恐怖的
ঋতুচক্রের আবর্তন		季节的轮转；季节的循环往复
মুড়ি দেওয়া		裹上；盖上
সংযত	[形]	被约束的；自律的；克制的；合宜的
উদ্দাম	[形]	不受控制的；不羁的；狂野的
গতিবেগ	[名]	速度
চাওয়া	[动]	看；望
তাপসী	[名]	修行者；皈依者；隐者
মূর্তি	[名]	形象；化身
দখিন	[形]	南方的
ঘূর্ণীহাওয়া	[名]	龙卷风
জলদস্যু	[名]	海盗
ক্ষিপ্তা	[名]	疯狂；狂暴

রণরঙ্গিণী	[形]	凶猛的；勇猛的
ঝঞ্ঝা	[名]	风暴
ধাওয়া	[动]	跑；奔腾；追逐
সন্ত্রস্ত	[形]	害怕的；吓得发抖的
তাড়িয়ে দেওয়া		驱赶；赶走
তরুলতা	[名]	树木蔓藤
সমবেদনা	[名]	同情
ক্রন্দন	[名]	哭泣
যৌবনা	[名]	青春；青春期
বঙ্গোপসাগর	[名]	孟加拉湾
দিন-রজনী	[名]	日夜
জোয়ার-ভাটা	[名]	潮涨潮落
বাউল	[名]	流行于孟加拉地区的巴乌尔民歌
মেঘমল্লার	[名]	印度斯坦古典音乐的曲调体系“拉格”中的一种
রাগ	[名]	拉格，印度古典音乐的基本调和旋律框架，每种拉格有特有的音阶、音程、旋律片断等
মাদল	[名]	流行于孟加拉少数民族地区的一种嗵嗵鼓
তাগিদ	[名]	提醒；催促；敦促
হুঁশিয়ার করা		告诫；警告
ঢালা	[动]	倾倒
জলরাশি	[名]	水体；水域
জোয়ার	[名]	潮汐
দোতারা	[名]	流行于孟加拉国、印度的西孟加拉邦、比哈尔邦及阿萨姆邦的一种乐器，一般为两弦、四弦、五弦，外观

		貌似沙乐琴
জোছনা রাত		月夜
হাল ধরা		掌舵；引申为领导之意
পাল তোলা		航行
ভাটিয়াল সুরের গান		流行于孟加拉民间的一种船歌
দিগন্তবিস্তৃত	［形］	辽阔的；宽广的
পরিসর	［名］	范围；界限
অনিবার্য	［形］	不可避免的
ক্ষয়ক্ষতি	［名］	损失
মহিমময়ী	［形］	宏伟的；壮丽的
সমন্বয়	［名］	调整；融合
মনোভাব	［名］	态度；意图；想法
মনোভঙ্গি	［名］	心绪；心境
দুর্জয়	［形］	难以征服的
উন্মাদনা	［名］	狂热
ক্ষিপ্রতা	［名］	快速；迅捷
অনুপ্রাণিত করা		激励；鼓舞
সেনাবাহিনী	［名］	军队
ধরণী	［名］	地球；世界
সংযোগ	［名］	联结；联系；交流
মিতালি করা		交好；结谊
কীর্তিনাশা	［名］	荣誉尽毁
কর্মবিমুখ	［形］	对工作或劳动麻木不仁的
দুঃসাহসী	［形］	不顾一切的；铤而走险的
কর্মঠ	［形］	勤劳的
বলিষ্ঠ	［形］	坚定的；有力的
অধিবাসী	［名］	居民；原住民
দেশান্তর	［名］	国外

টিকে থাকা		存续；得以生存；经得住考验
অনাদিকাল	［名］	史前时期
আদিম	［形］	原始的
সফেন	［形］	有泡沫的；起泡沫的
ঢেউ	［名］	波浪
কূল	［名］	（河、海等的）岸边；边缘
চর	［名］	小沙洲；淤积的河岸；冲积成的小岛

অনুশীলনী

১। পাঠ অনুসরণে শূন্যস্থান পূরণ করুন।

১. বিচিত্র তোমার (   ), অদ্ভুত তোমার (   )! কখনো শান্ত, কখনো চঞ্চল, কখনো লাস্যময়ী, কখনো অশ্রুময়ী, কখনো (   ), কখনো (   ), কখনো বা (   ), কখনো বা (   )।

২. মানুষেরে বল– ওগো মানুষ, তোমাদের রইল (   )। প্রস্তুত হও, বাঁধো দোতারা, বাঁধো গান; আসছে দিন; অস্তরবির রাঙা আভায়, জোছনা রাতের স্নিগ্ধ মায়ায় (   ) হবে দাঁড়, (   ) হবে হাল, (   ) হবে পাল, আর (   ) হবে ভাটিয়াল সুরের গান।

৩. দু-চারখানা নৌকা, কয়েকখানা ঘরবাড়ি যদিই বা ভেসে যায়, (   ) কি! বৃহত্তর (   ) জন্য ছোটখাটো ক্ষয়ক্ষতি মেনে নিতে হয়– এই যেন তোমার (   )।

৪. আমাদের বুকে বাজে যে উদার শান্তির (   ), যে ভাঙা-গড়া, হাসি-কান্নার (   ), যে সংগ্রাম ও সমন্বয়ের (   ), তোমার মধ্যেও সেই সুর ও সেই (   ) বাংলাদেশের আদর্শের সঙ্গে তোমার আছে চমৎকার মিল।

৫. তুমি বুঝেছিলে– আমাদের মনের সঙ্গে মিলবে তোমার সুর।আমরা মাটির বুকে বাসা (   ) জানি। কঠিন মাটি চাষ করে সোনার ফসল (   ) জানি; জলপথে বড় বড় নৌকা ও জাহাজ (   ) জানি; ধরণীর সাথেও রাখি সংযোগ, আকাশের সাথেও করি মিতালি।

৬. সৃষ্টির এই (   ) ও (   ) তোমার মধ্যে আছে বলেই তোমায় আমি আর সব নদীর চেয়ে বেশী করে ভালবাসি। শান্ত নদী চাই না; যে নদী ভাঙতেও জানে গড়তেও জানে, যার (   ) আছে, (   ) আছে, (   ) আছে, (   ) আছে– সমুদ্রের সাথে, মেঘের সাথে, বাতাসের সাথে আছে যার চিরদিনের যোগ– আমার চাই সেই নদী।

২। পাঠ অনুসরণে নিচের প্রশ্নাবলীর উত্তর দিন।

১.কেন পদ্মাকে অনন্ত-যৌবনা চিরকৌতুকময়ী এক দুরন্ত মেয়ে বলা হয়েছে? এই দুরন্ত মেয়ের চরিত্র কেমন?

২.বিভিন্ন ঋতুতে পদ্মার রূপ নিজ ভাষায় লিখুন।

৩.বর্ষাকালে পদ্মার বৈশিষ্ট্য বর্ণনা করুন।

৪.আমাদের পাঠ অনুসরণে বাংলাদেশের প্রকৃতির পরিচয় দিন।

৫.পদ্মা নদীর প্রতি লেখকের যে ভালবাসা ফুটে উঠেছে তা নিজ ভাষায় লিখুন।

৬.যারা পদ্মার দুই তীরে বসবাস করে তাদের মধ্যে কী গুণ আছে? তাদের জীবন কেমন?

৭.পদ্মার বৈশিষ্ট্যের সঙ্গে বাঙালি জাতির জীবনাদর্শের কোনো মিল লক্ষ্য করে থাকলে তা বর্ণনা করুন।

৮.পদ্মার বিচিত্র রূপের সঙ্গে আমাদের জীবনযাত্রার কোনো মিল লক্ষ্য করে থাকলে তা ব্যাখ্যা করুন।

৯.‘ভাঙা ও গড়ার, সৃষ্টি ও ধ্বংসের তুমি এক সুন্দর প্রতীক।’ – বাক্যটি নিজ ভাষায় বিশ্লেষণ করুন।

পাঠ ৯

বাংলাদেশের লোকশিল্প

খাদ্যশস্যের পরেই বাংলাদেশের মানুষের জীবনের সঙ্গে যে জিনিসটি অতি নিবিড়ভাবে জড়িয়ে আছে, তা হলো এখানকার কুটিরশিল্প। এক সময় ঘর-গৃহস্থলির নিত্য ব্যবহারের প্রায় সব পণ্যই এদেশের গ্রামের কুটিরে তৈরি হতো। আজও অনেক কিছুই হয়। এগুলো কুটিরশিল্পের মাধ্যমে তৈরি হলেও শিল্পগুণ বিচারে এ ধরণের সামগ্রী লোকশিল্পের মধ্যে গণ্য।

আমাদের দেশের বিভিন্ন লোকশিল্পের কতকগুলো এক সময়ে এমন উচ্চমানের ছিল যে, আজও আমরা সেসব জিনিসের কথা স্মরণ করে গর্ববোধ করি।

প্রথমে বলতে হয় ঢাকাই মসলিনের কথা। ঢাকা শহরের অদূরে ডেমরা এলাকার তাঁতিদের এ অমূল্য সৃষ্টি এক কালে দুনিয়া জুড়ে তুলেছিল প্রবল আলোড়ন। ঢাকার মসলিন তৎকালীন মোগল বাদশাহদের বিলাসের বস্তু ছিল। মসলিন কাপড় এত সূক্ষ্ম সুতা দিয়ে বোনা হতো যে, ছোট্ট একটি আংটির ভিতর দিয়ে অনায়াসে কয়েক শ গজ মসলিন কাপড় প্রবেশ করিয়ে দেয়া সম্ভব ছিল। শুধু কারিগরি দক্ষতায় নয়, এ ধরনের কাপড় বুনবার জন্য শিল্পীমন থাকাও প্রয়োজন। আজ সেই মসলিন নেই। তবে মসলিন যারা বুনত, তাদের বংশধররা যুগ যুগ ধরে এ শিল্পধারা বহন করে আসছে বলে জামদানি শাড়ি আমরা আজও দেখতে পাই। বর্তমান যুগে জামদানি শাড়ি দেশে-বিদেশে শুধু পরিচিতই নয়, গর্বের বস্তু।

এমনি আর একটি গ্রামীণ লোকশিল্প আজ লুপ্তপ্রায় হলেও কিছু কিছু নমুনা পাওয়া যায়। এটি হলো নকশিকাঁথা। এক সময় বাংলাদেশের গ্রামে গ্রামে এ নকশিকাঁথা তৈরির রেওয়াজ ছিল। এক একটি সাধারণ আকারের নকশিকাঁথা সেলাই করতেও কমপক্ষে ছয় মাস লাগত। বর্ষাকালে যখন চারদিকে পানি থৈ থৈ করে, ঘর থেকে বাইরে বের হওয়া যায় না, এমন মৌসুমই ছিল নকশিকাঁথা সেলাইয়ের উপযুক্ত সময়। মেয়েরা সংসারের

কাজ সাঙ্গ করে দুপুরের খাওয়া-দাওয়া সেরে পাটি বিছিয়ে পানের বাটাটি পাশে নিয়ে পা মেলে বসতেন এ বিচিত্র নকশা তোলা কাঁথা সেলাই করতে। পড়শিরাও সুযোগ পেলে আসত গল্প করতে। আপন পরিবেশ থেকেই মেয়েরা তাঁদের মনের মতো করে কাঁথা সেলাইয়ের অনুপ্রেরণা পেতেন। এমনি এক একটি কাঁথা সেলাই কত গল্প, কত হাসি, কত কান্নার মধ্যে দিয়ে শেষ হতো তা বলা যায় না। শুধু কতকগুলো সূক্ষ্ম সেলাই আর রং-বেরঙের নকশার জন্যই নকশিকাঁথা বলা হয় না বরং কাঁথার প্রতিটি সুচের ফোঁড়ের মধ্যে লুকিয়ে আছে এক-একটি পরিবারের কাহিনী, তাদের পরিবেশ, তাদের জীবনগাথা।

আমাদের দেশের লোকশিল্প অভিন্ন রূপে ভিন্ন ভিন্ন অঞ্চলে প্রাধান্য পেয়েছে। তাঁতশিল্প বাংলাদেশের সব এলাকাতেই আছে; তবে ঢাকা, টাঙ্গাইল, সাজাদপুর, কুমিল্লা, চট্টগ্রাম এলাকায় তাঁতশিল্পের মৌলিক বৈশিষ্ট্য দেখা যায়।

জামদানি শাড়ির কথা আমরা আলোচনা করেছি। নারায়ণগঞ্জ জেলার নওয়াপাড়া গ্রামেই জামদানি কারিগরদের বসবাস। শতাব্দীকাল ধরে এ তাঁতশিল্প বিস্তার লাভ করেছে শীতলক্ষ্যা নদীর তীরবর্তী এ এলাকায়। বৈজ্ঞানিক বিশ্লেষণে দেখা যায়, এ শীতলক্ষ্যা নদীর পানির বাষ্প থেকে যে আর্দ্রতার সৃষ্টি হয় তা জামদানি বোনার জন্য শুধু উপযোগীই নয়, বরং এক অপরিহার্য বস্তু বলা চলে। ভৌগোলিক অবস্থান, আবহাওয়া এবং পরিস্থিতির জন্য শুধু অতীতের তাঁতিদের তাঁতশিল্পই নয়, বর্তমানের বড় বড় কাপড়ের কারখানাও শীতলক্ষ্যা নদীর তীরে গড়ে উঠেছে।

কুমিল্লা, নোয়াখালী ও চট্টগ্রামে প্রস্তুত খাদি বা খদ্দরের সমাদর শুধু গ্রামজীবনেই নয়, শহরের আধুনিক সমাজেও যথেষ্ট রয়েছে। খাদি কাপড়ের বিশেষত্ব হচ্ছে, এর সবটাই হাতে প্রস্তুত। তুলা থেকে হাতে সুতা কাটা হয়। গ্রামবাসীরা অবসর সময়ে সুতা কাটে। এদের বলা হয় কাটুনি। গ্রামে বাড়ির আশেপাশে তুলার গাছ লাগানোর রীতি আছে। সেই গাছের তুলা দিয়ে সুতা কাটা ও হস্তচালিত তাঁতে এসব সুতায় যে কাপড় প্রস্তুত করা হয়, সেই কাপড়ই প্রকৃত খাদি বা খদ্দর। স্বদেশি আন্দোলনের যুগে বিদেশি কাপড়

বর্জন করে দেশি কাপড় ব্যবহারের যে আদর্শ প্রবর্তিত হয়েছিল তারই সাফল্যের সাক্ষর এই খাদি।

পার্বত্য চট্টগ্রামের রাঙামাটি, বান্দরবান, রামগড় এলাকার চাকমা, কুকি ও মুরং মেয়েরা এবং সিলেটের মাছিমপুর অঞ্চলের মণিপুরী মেয়েরা তাদের নিজেদের ও পুরুষদের পরিধেয় বস্ত্র বুনে থাকে। এ কাপড়গুলো সাধারণত মোটা ও টেকসই হয়। নকশা, রং ও বুননকৌশল সবই তাদের নিজস্ব ঐতিহ্য অনুযায়ী হয়।

বাংলাদেশের গ্রামে গ্রামে কাঁসা ও পিতলের বাসনপত্র এককালে বেশ প্রচলিত ছিল। আজও শত শত গ্রাম্য কারিগর তৈরি করে বিচিত্র ধরনের তৈজসপত্র। প্রথমে মাটির ছাঁচ করে তার মধ্যে ঢেলে দেয় গলিত কাঁসা। ধীরে ধীরে এ গলিত ধাতু ঠাণ্ডা হয়ে আসে। তখন ওপর থেকে মাটির ছাঁচটি ভেঙে ফেললেই ভেতর থেকে বেরিয়ে আসে বদনা, বাটি, গ্লাস, থালা ইত্যাদি। তারপর এগুলো পালিশ করা হয়। এ ধরনের বাসনে নানারকম ফুল পাতার নকশা বা ফরমাশকারীর নাম খোদাই করা থাকে। এমনকি আজকাল অতি আধুনিক গৃহসজ্জার সামগ্রী হিসেবে তামা-পিতলের ঘড়া, থালা, ফুলদানি ব্যবহৃত হতে দেখা যায়।

পোড়ামাটির কাজের ঐতিহ্য এদেশে বহু যুগের। মাটির কলস, হাঁড়ি, পাতিল, সানকি, ফুলদানি, দইয়ের ভাঁড়, রসের ঠিলা, সন্দেশ ও পিঠার ছাঁচ, টেপা পুতুল, হিন্দু সম্প্রদায়ের দুর্গা, সরস্বতী, লক্ষ্মী ইত্যাদির মূর্তি গড়বার কাজে বাংলাদেশের পালপাড়া ও কুমোরপাড়ার অধিবাসীরা সারা বছরই ব্যস্ত থাকে। আধুনিক রুচির ফুলদানি, ছাইদানি, চায়ের সেট, কৌটা, বাক্স বা ঘর সাজাবার নানা ধরনের শৌখিন সামগ্রী সব কিছুই মাটি দিয়ে তৈরি করা হচ্ছে। এ ছাড়া পুরাকালের মসজিদ বা মন্দিরের গায়ে যেসব নকশাদার ইট দেখা যায় তা এদেশের লোকশিল্পের এক অতুলনীয় নিদর্শন।

প্রতীকধর্মী মাটির টেপা পুতুলগুলোর মধ্যে শত শত বছর পূর্বের পাল বা কুমোরদের যে কারিগরিবিদ্যা এবং শিল্পীমনের পরিচয় পাওয়া যায়, তা অভাবনীয়।

কাঠের কাজের খুব বেশি শিল্পগুণ আজকাল দেখা না গেলেও অতীতের

কিছু কিছু নমুনা যা দেখতে পাওয়া যায় তা থেকে অনুমান করা যায় যে, এ দেশে এক সময় গৃহনির্মাণের কাজে কারুকার্যে ভূষিত কাঠের ব্যবহার ছিল। বিশেষ করে পুরাতন খাট-পালঙ্ক, খুঁটি-দরজা ইত্যাদির নমুনা আজও দেখা যায়। এ ধরনের কাজকে বলা হয় হাসিয়া। বরিশালের কাঠের নৌকার কাজও বেশ নিপুণতার দাবি রাখে।

খুলনার মাদুর এবং সিলেটের শীতলপাটি সকলের কাছে পরিচিত। গ্রীষ্মকালে ব্যবহারে আরামদায়ক বলেই নয়, শীতলপাটির নকশা একটি মৌলিক বৈশিষ্ট্যের পরিচায়ক। অতীতে শীতলপাটির বহু দক্ষ কারিগর ছিল। এ শিল্পীদের দিয়ে এককালে ঢাকার নবাব পরিবার হাতির দাঁতের শীতলপাটি তৈরি করিয়েছিলেন। ঢাকার জাদুঘরে তা সংরক্ষিত আছে। এটি আমাদের লোকশিল্পের এক অতুলনীয় নিদর্শন।

আমাদের গ্রামের ঘরে ঘরে যে শিকা, হাতপাখা, ফুলপিঠা তৈরি করা হয়, তা মোটেই অবহেলার জিনিস নয়। এদের বিচিত্র নকশা, রং এবং কারিগরি সৌন্দর্যের যে নিদর্শন চোখে পড়ে তা শুধু আমাদের অতি আপন বস্তুই নয়, সৌন্দর্যের দিক দিয়েও এদের স্থান বহু উচ্চ। সাধারণ সামগ্রী হলেও যাঁরা এগুলো তৈরি করেন তাঁদের সৌন্দর্য প্রিয়তার প্রকাশ ঘটে এসব জিনিসের মধ্য দিয়ে। শিকা গৃহস্থালির জিনিসপত্তর ঝুলিয়ে রাখার জন্য তৈরি, একথা সকলেই জানে। শুধু শুধু প্রয়োজন মিটলেই মন ভরে না বলে সৌন্দর্য প্রিয় মানুষ নানা নকশা জুড়ে দিয়ে তাকেও একটি বিশেষ শিল্পবস্তুতে পরিণত করেছে।

আমাদের দেশে বাঁশ অপ্রতুল নয়। বাঁশের নানারকম ব্যবহার ছাড়া আমাদের চলতেই পারে না। ছোটখাটো সামান্য হাতিয়ারের সাহায্যে আমাদের কারিগররা বাঁশ দিয়ে আজকাল আধুনিক রুচির নানা ব্যবহারিক সামগ্রী তৈরি করছে যা শুধু আমাদের নিজেদের দেশেই নয়, বিদেশেও বহুল পরিমাণে ব্যবহৃত হচ্ছে। এ ছাড়া শোলাশিল্পের উৎকৃষ্ট সৃজনশীল নমুনাও দেখা যায় পুতুল, টোপর ইত্যাদির মধ্যে।

কাপড়ের পুতুল তৈরি করা আমাদের দেশের মেয়েদের একটি সহজাত শিল্পগুণ। অনেকাংশে এসব পুতুল প্রতীকধর্মী। অবশ্য আজকাল বাস্তবধর্মী

কাপড়ের পুতুল তৈরিও শুরু হয়েছে। এগুলো যেমন আমাদের দেশের ঐতিহ্য ও জীবনের প্রতিনিধিত্ব করে, তেমনি বিদেশি পয়সাও উপার্জন করে।

লোকশিল্প সংরক্ষণ ও সম্প্রসারণের দায়িত্ব আমাদের সকলের। বাংলাদেশের বিভিন্ন শহর, শহরতলি এবং গ্রামের হাজার হাজার নারী-পুরুষ আছে, যারা কাজ করতে চায় অথচ কাজের অভাবে দিন দিন দারিদ্র্যের শিকার হচ্ছে। সুপরিকল্পিত উপায়ে এবং সুরুচিপূর্ণ লোকশিল্প প্রস্তুতির দিকে মনোযোগ দিলে তাদের সমস্যার কিছুটা সমাধান হবে।

আমাদের সকলকেই আজ আপন পরিবেশ এবং পরিস্থিতির দিকে শুধু চোখ দিয়ে তাকালে হবে না, হৃদয় দিয়েও তাকাতে হবে। লোকশিল্পের ভিতর দিয়ে হৃদয়-মনের প্রকাশ হলে তা বিদেশিদের হৃদয়ে সাড়া জাগাবে। এভাবে দেশে দেশে হৃদয়ের সম্পর্ক গড়ে তোলার কাজেও আমাদের লোকশিল্প সাহায্য করতে পারে।

(কামরুল হাসান,আমাদের লোককৃষ্টি)

লেখক পরিচিতি

চিত্রশিল্পী কামরুল হাসান ১৯২১ খ্রিষ্টাব্দে কলকাতায় জন্মগ্রহণ করেন। একজন খ্যাতিমান শিল্পী হিসেবে দেশে-বিদেশে তিনি সুনাম লাভ করেন। কামরুল হাসানকে সবাই শিল্পী বললেও তিনি নিজে ‘পটুয়া’ নামে পরিচিত হতে পছন্দ করতেন। তাঁর আঁকা ছবিতে বাংলাদেশের লোকজ জীবনের নানা উপাদান বাঙালিদের ঐতিহ্য-সচেতন করে। লোকশিল্প সংরক্ষণেও তাঁর প্রচেষ্টা ছিল প্রশংসনীয়। কর্মজীবনে তিনি দীর্ঘকাল ঢাকা চারু ও কারুকলা ইনস্টিটিউটে অধ্যাপনার কাজে নিয়োজিত ছিলেন। পরে তিনি বাংলাদেশের ক্ষুদ্র ও কুটির শিল্প ডিজাইন সেন্টারের প্রধান নিযুক্ত হন। এ সময় তিনি বাংলাদেশের বিভিন্ন অঞ্চল থেকে লোকশিল্পের নানা উপকরণ সংগ্রহ করেন। ছবি আঁকার বিচিত্র কলাকৌশল এবং লোকশিল্পের নানা দিক সম্পর্কে তাঁর লেখা পত্রপত্রিকায় প্রকাশিত হয়েছে। তাঁর একটি বইয়ের নাম ‘বাংলাদেশের শিল্প আন্দোলন ও আমার কথা’। ১৯৮৮ খ্রিষ্টাব্দের ২রা ফেব্রুয়ারি কামরুল হাসান ঢাকায় মৃত্যুবরণ করেন।

শব্দার্থ

লোকশিল্প	［名］	民间手工艺
কুটিরশিল্প	［名］	家庭手工业；家居手工艺
শিল্পগুণ	［名］	艺术水平
গণ্য	［形］	值得考虑的；值得深思的
উচ্চমান	［名］	高水平
গর্ববোধ করা		感到自豪
আলোড়ন	［名］	触动；反响
মোগল বাদশাহ		莫卧儿王朝的皇帝
শিল্পধারা	［名］	艺术源流；艺术风格
লুপ্তপ্রায়	［形］	几乎销声匿迹的
নকশিকাঁথা	［名］	重工刺绣的布艺
অনুপ্রেরণা পাওয়া		获得灵感
কারিগর	［名］	工匠；手工艺者
অপরিহার্য	［形］	不可省略的；必不可少的
খাদি	［名］	一种传统手工制成的粗棉布
বর্জন করা		放弃；抛弃；抵制
প্রবর্তিত হওয়া		被引进；被发起；被创制
নকশা	［名］	设计
পরিধেয় বস্তু		服装
টেকসই	［形］	经久耐用的
বুননকৌশল	［名］	编织技术
ঐতিহ্য	［名］	传统
পালিশ করা		磨光；抛光；擦亮
গৃহসজ্জা	［名］	家居装修；家具装饰
হিন্দু সম্প্রদায়		印度教群体
নিদর্শন	［名］	示例；例证；证明；标志
নিপুণতা	［名］	技艺娴熟；技术高超

শীতলপাটি	[名]	可供小憩和纳凉用的织毯
নকশাদার	[形]	富于艺术设计的
অতুলনীয়	[形]	无可比拟的；举世无双的
অবহেলা	[名]	忽视；疏忽
অপ্রতুল	[形]	短缺；匮乏
আধুনিক রুচি		现代的品味
উৎকৃষ্ট	[形]	上佳的；优秀的
সৃজনশীল	[形]	创造性的
সহজাত শিল্পগুণ		与生俱来的艺术品性
প্রতীকধর্মী	[形]	象征性的；具有象征意义的
বাস্তবধর্মী	[形]	写实的；真实的；先进的
সংরক্ষণ	[名]	保存；保护
সম্প্রসারণ	[名]	发展；扩展

অনুশীলনী

১। পাঠ অনুসরণে নিচের বাক্যগুলির পাশে 'হ্যাঁ' বা 'না' লিখুন।

১.লেখক এই প্রবন্ধে বাংলাদেশের লোকশিল্পের বর্ণনা দিয়েছেন। এ বর্ণনায় লেখক লোকশিল্পের প্রতি তাঁর গভীর ভালবাসা প্রকাশ করেছেন। (হ্যাঁ/না)

২.ঢাকাই মসলিন দেশে-বিদেশে সুপরিচিত, আজ সেই মসলিন ঢাকায় প্রচুর পাওয়া যায়। (হ্যাঁ/না)

৩.শিল্পগুণ বিচারে অধিকাংশ নিত্যব্যবহার্য জিনিসকে উচ্চমান লোকশিল্পের মধ্যে গণ্য করা যায় না। (হ্যাঁ/না)

৪.নকশিকাঁথা বাংলাদেশের একটি গ্রামীণ লোকশিল্প। আজকাল এ শিল্প লুপ্তপ্রায়। (হ্যাঁ/না)

৫.বাংলাদেশের অনেক গ্রামীণ লোকশিল্প হারিয়ে যাচ্ছে। বর্তমানে সেই লোকশিল্প সংরক্ষণ করা খুব প্রয়োজন। (হ্যাঁ/না)

৬.সিলেটের মাদুর এবং খুলনার শীতলপাটি বাংলাদেশের লোকশিল্পের উদাহরণ। (হ্যাঁ/না)

৭.বাংলাদেশের লোকশিল্প এই দেশের ঐতিহ্য, সংস্কৃতি ও জনসাধারণের জীবনকে অপরের সামনে তুলে ধরার একটি সুন্দর মাধ্যম। (হ্যাঁ/না)

২। সঠিক উত্তর বাছাই করুন।

১. নিচের কোনটি 'দক্ষতা' শব্দটির প্রতিশব্দ?

ক. নিপুণতা

খ. শিল্পগুণ

গ. নকশা

ঘ. বৈশিষ্ট্য

২. নিচের কোনটি 'রেওয়াজ' শব্দটির প্রতিশব্দ নয়?

ক. ঐতিহ্য

খ. পদ্ধতি

গ. ধরন

ঘ. রীতি

৩. কোনটি মোগল বাদশাহদের বিলাসের বস্তু ছিল?

ক. নকশিকাঁথা

খ. ঢাকাই মসলিন

গ. জামদানি শাড়ি

ঘ. শীতলপাটি

৪. জামদানি শাড়ির কারিগরেরা বর্তমানে কোথায় বসবাস করছেন?

ক. চট্টগ্রাম

খ. সিলেট

গ. নারায়ণগঞ্জ

ঘ. ঢাকা

৫. হাতে প্রস্তুত খদ্দরের কাপড় কোন কোন এলাকায় পাওয়া যায়?

ক. সাজাদপুর, ঢাকা,টাঙ্গাইল

খ. কুমিল্লা,ঢাকা,সিলেট

গ. কুমিল্লা,চট্টগ্রাম,নোয়াখালী

ঘ. নারায়ণগঞ্জ,টাঙ্গাইল,চট্টগ্রাম

৬. দক্ষ কারিগরদের দিয়ে এককালে ঢাকার নবাব পরিবার কী তৈরি করিয়েছিলেন?

ক. সূক্ষ্ম মসলিন কাপড়

খ. হাতির দাঁতের শীতলপাটি

গ. প্রতীকধর্মী মাটির টেপা পুতুল

ঘ. বাঁশের নানা ব্যবহারিক সামগ্রী

৭. স্বদেশি আন্দোলনের যুগে কোন কাপড় বর্জন করা হয়েছিল?

ক. মসলিন

খ. দেশি

গ. বিদেশি

ঘ. খাদি

৮. বরিশালের কাঠের তৈরি কোন বস্তুটি খুব নিপুণ ছিল?

ক. পুতুল

খ. দরজা

গ. খাট-পালঙ্ক

ঘ. নৌকা

৯. এমন একটি গ্রামীণ লোকশিল্প আজ লুপ্তপ্রায় হলেও কিছু কিছু নমুনা পাওয়া যায়। এটি হলো (   )।

ক. তামা-পিতলের ঘড়া, থালা, ফুলদানি

খ. পোড়ামাটির কলস, হাঁড়ি

গ. জামদানি শাড়ি

ঘ. নকশিকাঁথা

১০. মণিপুরিদের কাপড়গুলো–

ক. মোটা ও টেকসই

খ. পাতলা ও সূক্ষ্ম

গ. প্রতীকধর্মী

ঘ. আরামদায়ক

পাঠ ১০

বাঙালিবাবু:স্বদেশ ও বিদেশ

আমেরিকায় আমার এক বন্ধু একবার আফসোস করে বলেছিলেন, আমাদের এখানে সকাল বলে কিছু নেই। আমরা সকাল দেখতে পাই না। ভোরবেলা ঘুম থেকে উঠেই ছুটতে হয় বাথরুমে। কোন রকমে দাড়ি কামানো আর স্নান সেরে বেরিয়েই গরম কফিতে চুমুক দিতে দিতে গলায় টাই বাঁধতে হয়। তারপর এক-দেড় ঘণ্টা প্রতিদিনের একঘেয়ে পথে গাড়ি চালিয়ে গিয়ে অফিসে ঢুকে পড়া। রবিবারগুলোতে ঘুম উসুল করি, দশটা-এগারোটার আগে বিছানা ছাড়ি না, ওঠার পরই বাগানে গিয়ে ঘাস কাটতে হয়।

সেই তুলনায় কলকাতার বাঙালিবাবুরা রোজই লম্বা একটা সকাল উপভোগ করেন। বিছানায় শুয়ে শুয়েই তাঁরা চা খান। নিজের হাতে বানাতে হয় না, স্ত্রী কিংবা কাজের লোক চা এনে দেয়। সঙ্গে চাই নোনতা বিস্কিট, মিষ্টি বিস্কিট হলে চলবে না, তাতে চায়ের স্বাদ খারাপ হয়ে যায়। চা পান করতে করতে বাঙালিবাবু অন্তত দু'খানা খবরের কাগজ পড়বেন, ইংরেজি ও বাংলা। এরপর বাথরুমে যাবার আগে তাঁর দ্বিতীয় কাপ চা চাই। এরপর তিনি বাজার করতে যাবেন। আজকাল প্রায় সব বাঙালিই প্যান্ট-শার্ট পরেন, কিন্তু এখনও বাজারের পোশাক লুঙ্গি কিংবা পা-জামা পাঞ্জাবি। প্রথমেই মাছের বাজারে গিয়ে আগে সব কটি স্টল তিনি ঘুরে দেখবেন। মাছ কেনার চেয়েও মাছ দেখাতেই তাঁর আগ্রহ বেশি। বড় সাইজের চিংড়ি মাছ কেনার সাধ্য আজ অধিকাংশ বাঙালিরই নেই, তবু বাজারে গিয়ে চোখের দেখায় কিছুটা আশ মেটে। তরকারির বাজারে অতিরিক্ত ব্যয় করে ফেলবেন তিনি। পছন্দ হয়েছে বলেই হয়তো এত বড় একটা লাউ কিনে ফেললেন, যেটা তাঁর ছোট পরিবারের পক্ষে অনেক বেশি। মাছখেকো বলে বাঙালিদের নাম আছে, আসলে বাঙালিরা কিন্তু তরকারিও বেশি খায়। ভাত আর মাছের ঝোলের মাঝখানে ডালের সঙ্গে অন্তত একটা কিছু ভাজা ও একটা তরকারি অবশ্যই চাই, এবং শেষ পাতে টক বা চাটনি।

বাজার করার সময় আসল মজা হচ্ছে চেনা-পরিচিত লোকদের সঙ্গে দু'চার মিনিট দাঁড়িয়ে গল্প করা। এই সময় অনেক খবর ও গুজবের বিনিময় হয়। কোনদিন তেমন কোন চেনা লোকের সঙ্গে দেখা না হলে বাঙালিবাবু কোন মাছওয়ালা কিংবা তরকারিওয়ালার সঙ্গেই কিছুক্ষণ রাজনীতির আলোচনা সেরে নেন। বাড়িতে ফেরার পর স্ত্রী ও ছেলে মেয়েদের সঙ্গে কথাবার্তার জন্য আধ ঘণ্টা বরাদ্দ থাকে। কোন কোন দিন বিনা অ্যাপয়েন্টমেন্টে দর্শনার্থীরাও আসে। এই সব সারা হলে বাঙালিবাবুটি বাথরুম খালি করে দেবার হুকুম জানাবেন, অর্থাৎ এইবার শুরু হবে অফিসে যাবার জন্য প্রস্তুতি।

কানাডায় আমার এক অধ্যাপক বন্ধু একটি মজার গল্প শুনিয়েছিলেন। একদিন তাঁর বাড়িতে জলের কল খারাপ হয়ে যায়, বাথ-টাব উছলে জল মেঝেতে গড়াতে থাকে। সেই জল যদি বাড়ির বাইরে রাস্তায় গিয়ে পড়ে তাহলে মিউনিসিপ্যালিটি অনেক টাকা ফাইন করে দেবে। বন্ধুটি ভয় পেয়ে তাড়াতাড়ি একটি কলের মিস্তিরিকে ফোন করেন। মিস্তিরিটি আসতে রাজি হলেন এবং জানালেন, এখন সময় নটা চল্লিশ, নোট করে রাখুন। অর্থাৎ ঐ সময় থেকে মিস্তিরিটিকে কাজে নিযুক্ত করা হল। মিস্তিরিটি অবশ্য নিজের গাড়ি চালিয়ে এসে পড়লেন এগারো মিনিটের মধ্যে। তারপর চটপট নিপুণ হাতে অনেক কিছু খুলে ফেলে এবং জোড়া লাগিয়েও ফেললেন, সব ঠিক হয়ে গেল। পকেট থেকে একটা ক্যালকুলেটর বার করে হিসেব করে বললেন, সাঁইত্রিশ মিনিট লেগেছে, আমার মজুরি তিনশ সত্তর ডলার। বন্ধুটি ব্যাজার মুখে চেক কাটতে কাটতে মিস্তিরিটিকে বললেন, দ্যাখো ভাই, তোমাদের কত সুবিধে। আমি কলেজে সারা মাস পড়িয়ে মাত্র তিন হাজার ডলার মাইনে পাই, আর তুমি এইটুকু সময়ে কত টাকা রোজগার করে ফেললে। মিস্তিরিটি হাসতে হাসতে বললেন, তা তো আমি জানিই। আমিও ফিজিক্সের অধ্যাপক ছিলাম। এই জন্যই অধ্যাপনা ছেড়ে কলের মিস্তিরি হয়েছি।

আমার বন্ধুটি তারপর থেকে বই পড়ে কল সারাবার কাজ, ফ্রিজ সারাবার কাজ, বাড়ি রং করার কাজ ইত্যাদি অনেক কিছু শিখে নিয়েছে। একদিন

দেখি সে প্যান্ট গুটিয়ে, খালি গায়ে, বাড়ির তিনকোনা ছাদে উঠে হাতুড়ি দিয়ে পেরেক ঠুকছে।

কলকাতায় ঐ বন্ধুটির সমপর্যায়ের কোন বাঙালিবাবু নিজের হাতে এক গেলাস জলও গড়িয়ে খান না। একটা বালব খারাপ হয়ে গেলে, বদলাবার জন্য লোক ডাকতে হয়। ফিউজ তার কেটে গেলে তো মিস্তিরি লাগবেই। খাওয়ার পর নিজের হাতে থালা-গেলাস তুলে নিয়ে যাওয়া এবং নিজের বাসন মাজা তো অকল্পনীয় ব্যাপার। অথচ এই বাঙালিরাই বিদেশে গেলে সব কিছুতে অভ্যস্ত হয়ে ওঠে। এদেশে জীবনে যে কখনও রান্নাঘরে ঢোকেনি, বিদেশে থাকতে গিয়ে সে-ই দিব্যি খিচুড়ি ও ইলিশ মাছের ঝোল রাঁধতে শিখে যায়। এদেশে কারুর বাড়িতে অতিথি এলে বাঙালিবাবু তাদের সঙ্গে বসে গল্প করবেন, ভেতর থেকে কাজের লোকেরা মিষ্টির প্লেট আর চা-কফি দিয়ে যাবে। বাড়ির কর্তা অতিথির মতনই বসে থাকবেন। নিজে একটা প্লেট এগিয়ে দিয়েও সাহায্য করবেন না।

এর ব্যতিক্রম দেখেছিলাম অক্সফোর্ডে নীরোদ সি চৌধুরীর বাড়িতে। আমাদের সঙ্গে কিছুক্ষণ গল্প করার পর তিনি উঠে গিয়ে কয়েকটি প্লেটে কেক-পেস্ট্রি সাজিয়ে নিয়ে এলেন। তাঁর বয়স তখন চুরানব্বই বছর, তাঁকে সাহায্য করার জন্য আমরা শশব্যস্ত হয়ে ছুটে যেতেই তিনি ধমক দিয়ে বললেন, বসুন তো গিয়ে। অতিথিরা নিজেরাই খাবার তুলে নেবে, নিজেরাই বাসন মেজে দিয়ে যাবে। এসব বিলিতি বাঁদরামি আমি পছন্দ করি না। বাড়িতে অতিথি এলে গৃহস্বামী কিংবা গৃহকর্ত্রী নিজের হাতে খাবার পরিবেশন করবেন, এটাই বাঙালি ভদ্রতা। আমার স্ত্রী অসুস্থ, তাই তিনি আসতে পারছেন না।

নীরোদ সি চৌধুরী অন্য সময় পাক্কা সাহেব। বিভিন্ন ধরনের ওয়াইন সম্পর্কে একজন বিশেষজ্ঞ। শুনেছি, বাড়িতে একা একা ডিনার খাবার সময়েও তিনি থ্রি পিস সুট পরে থাকেন। বিলিতি আদব-কায়দা খাস বিলেতের অনেক সাহেবই ভুলে গেছে, তারা নীরোদ সি চৌধুরীর কাছে শিখতে পারে। কিন্তু বহুকাল প্রবাসী হয়েও বাড়িতে বাঙালি অতিথি এলে তিনি ধুতি-পাঞ্জাবী পরে দেখা করেন এবং কথাবার্তায় বাংলা ছাড়া একটিও

ইংরেজি শব্দ ব্যবহার করেন না।

ওয়াইনের প্রসঙ্গে মনে পড়ল, কলকাতার মদের দোকানগুলিকে ‘ওয়াইন শপ’ বলা হয় বটে, কিন্তু এখানে ওয়াইন কালচারের বিশেষ চল নেই। বাঙালিবাবুদের মধ্যে মদ্যপানের রীতি গত শতাব্দী থেকেই চলে আসছে। দু’এক দশক আগেও মধ্যবিত্ত বাঙালিরা নিজের বাড়িতে মদ্যপান করত না, বার কিংবা ক্লাব থেকে পান করে ঈষৎ ফুরফুরে অবস্থায় বাড়িতে ফিরত। এখন সেই রাখা-ঢাকাও দূর হয়ে গেছে, এখন অনেক বাড়িতেই সন্ধ্যায় সাতটার পর কোন অতিথি এলে আর চা-কফির প্রস্তাব দেওয়া হয় না, মদের বোতল বেরিয়ে আসে। বাঙালিরা কোন অদ্ভুত কারণে বাংলা মদ শব্দটা উচ্চারণ করে না, বলে ড্রিঙ্কস। ড্রিঙ্কস বলতে বোঝায় হুইস্কি বা রাম। এত বেশি হার্ড ড্রিঙ্কস আর কোন শহরে পান করা হয় কিনা তাতে সন্দেহ আছে। এদেশের হুইস্কি-ব্র্যান্ডি-রাম জাতীয় পানীয়কে বলা হয় ‘ইন্ডিয়ান মেড ফরেন লিকার’। যেটা আসল ফরেন লিকার, সেই স্কচ হুইস্কির প্রতি বাঙালিবাবুদের দারুণ দুর্বলতা। প্রিমিয়াম স্কচ হুইস্কি এদেশে সুলভ নয়, দৈবাৎ কেউ এক বোতল জোগাড় করলে সে কথা গর্বের সঙ্গে বন্ধুদের বলে। এমনও দেখেছি, কেউ অর্ধেক খালি হওয়া একটা স্কচের বোতলে দিশি মদ মিশিয়ে সবটাই স্কচ হিসেবে অতিথিদের পরিবেশন করে। অবশ্য এই ধরেনের ভণ্ডামি আমাদের জাতীয় চরিত্রেই মিশে আছে। ন্যাশনাল প্যাস্টাইম-ও বলা যেতে পারে।

বাঙালিদের পোশাকের খুবই পরিবর্তন ঘটে গেছে গত কয়েক দশকে। মেয়েদের শাড়ির বদলে এসে গেছে শালোয়ার-কামিজ। পুরুষদের ধুতি প্রায় অদৃশ্য। বিবাহ কিংবা বিশেষ বিশেষ উৎসবে এখনও মেয়েদের শাড়ি ও পুরুষদের ধুতি-পাঞ্জাবীর প্রচলন টিকে আছে। শুধু এদেশে নয়, বিদেশেও। আয়ওয়া শহরে এক জোড়া বাঙালি ছেলেমেয়ের এক চার্চে বিয়ের অনুষ্ঠানেও অন্য বাঙালিরা ধুতি ও শাড়ি পরেছিল। সুভাষ বসুর ভাইয়ের ছেলে, ডক্টর শিশির বসুর মেয়ে শর্মিলার বিয়ে হয় একটি ইংরেজ ছেলের সঙ্গে, এই কলকাতায়, হিন্দু মতে। সেখানে বরের বন্ধু কয়েকজন ইংরেজ যুবকও অনেকের দেখাদেখি ধুতি-পাঞ্জাবী পরে এসেছিল। টরেন্টো শহরে একবার

বঙ্গ সংস্কৃতি সম্মেলনে চার-পাঁচ হাজার বাঙালিকে দেখেছি। সম্মেলন অনুষ্ঠিত হচ্ছিল একটা বড় হোটেলে। দূর দূর থেকে গাড়ি চালিয়ে জিনস ও টি শার্ট পরা বাঙালি নারী-পুরুষ এসেছিল। প্রায় প্রত্যেকেই সঙ্গে করে ধুতি ও শাড়ি নিয়ে এসেছে।এক সঙ্গে অত ধুতি পরা বাঙালি আমি কলকাতাতেও ইদানীং দেখিনি।

উৎসব ছাড়া অন্য সময় পুরুষরা এখন প্যান্ট কিংবা কুর্তা-পাজামা পরে। কিন্তু গায়ক-গায়িকাদের এখনও ধুতি ও শাড়ি ছাড়া অন্য পোশাক নিষিদ্ধ। বিখ্যাত রবীন্দ্রসঙ্গীত গায়ক সুবিনয় রায় গ্রীষ্মে প্যান্ট-শার্ট ও শীতকালে সুট পরেন কিন্তু মঞ্চে গান গাইবার সময় তাঁকে ধুতি পরতেই হবে। এ ব্যাপারে আমার একটা অজ্ঞতার অভিজ্ঞতার কথা বলি। রবীন্দ্রনাথের জন্মশতবার্ষিকীর সময় মহাজাতি সদনের একটি অনুষ্ঠানে তরুণ কবিদের দিয়ে রবীন্দ্রসঙ্গীত গাওয়াবার একটা ব্যবস্থা হয়েছিল। একলা গাইবার সাহস নেই, আমরা পাঁচ ছ'জন একসঙ্গে কোরাস গান শুরু করেছিলাম। দু'এক লাইন গাইবার পরই দর্শকদের মধ্যে একটা গুঞ্জন শোনা গেল, ক্রমে সেটা গোলমালে পরিণত হল। শ্রোতারা আপত্তি জানাচ্ছে। আমরা বেশ বিস্মিত হয়েছিলাম, খুব একটা খারাপ তো গাই না, সুর এবং কথা ঠিকই আছে, তবু লোকে শুনতে চাইছে না কেন? শেষ পর্যন্ত শ্রোতারা গালাগালি দিতে লাগল এবং কেউ কেউ উত্তেজিত হয়ে চেয়ার ভাঙল। তাড়াতাড়ি পর্দা ফেলে দিয়ে উদ্যোক্তারা আমাদের পেছনের দরজা দিয়ে বার করে দিয়ে মার খাওয়ার হাত থেকে বাঁচালেন।

পরে শুনেছি, আমরা সবাই প্যান্ট-শার্ট পরে ছিলাম বলেই শ্রোতারা আমাদের গান সহ্য করতে পারেনি। ওরকম পোশাকে রবীন্দ্রসঙ্গীত গাওয়া নাকি দারুণ অপরাধ! শ্রোতারা অনেকেই কিন্তু প্যান্ট-শার্ট পরে থাকে। অর্থাৎ ঐ পোশাকে রবীন্দ্রসঙ্গীত শোনা যায়, কিন্তু গাওয়া চলবে না।

আজকাল পূজো-আচার নিয়ে অনেক বাঙালিবাবুই মাথা ঘামান না। পূজো প্যান্ডেলের কর্তাব্যক্তিরা ছাড়া অধিকাংশ কলকাতার বাঙালিরা এই সময়টা বাইরে বেড়াতে যাবার পরিকল্পনা করেন। এক সময় সপরিবারে দেওঘর-মধুপুর-পুরীতে গিয়ে মাসখানেক কাটিয়ে আসার চল ছিল। বাঙালির প্রিয় কাশ্মীর উপত্যকাও এখন অগম্য। এখন সবাই যায় কাঠমণ্ডু, ভুটান,

কুলু-মানালি, কিংবা আরও দূরে, প্যারিস, লন্ডন, নিউইয়র্কে। অনেকেরই ছেলে বা মেয়ে, ভাই বা বোন, কাকা বা মামা কেউ একজন ওসব দেশে থাকে, বিনা পয়সায় থাকার জায়গা জোগাড় করতে পারলে ভাড়াটা খুব একটা সমস্যা নয়। আর ঐ সব দেশে যে-সব বাঙালিরা বহু বছর ধরে আছে, তারা কিন্তু পূজো-আচার সম্পর্কে খুবই আগ্রহী। এখানে পশ্চিম বাংলার হিন্দু বাঙালিদের কথাই বলা হচ্ছে, মুসলমান বাঙালিরা ধুমধাম করে পালন করে ঈদ ও নববর্ষ।

ইওরোপ-আমেরিকায় দুর্গাপূজো হয় খুব নিষ্ঠার সঙ্গে, তবে পূজোর তারিখ কেউ মানে না। শনিবার ও রবিবার ছাড়া যে সে উৎসবে যোগ দেওয়া সম্ভব নয়। কোন কোন জায়গায় একই দিনে চারদিনের পূজো সেরে দেওয়া হয়, শেষে এক শনিবারে প্রতি ঘণ্টায় ঘণ্টায় সপ্তমী, অষ্টমী, নবমী, দশমী– চার ঘণ্টা পরে পূজো শেষ, ক্যাসেটে বাজানো হয় বিসর্জনের বাজনা। মেয়েরা ভক্তি ভরে বেনারসি শাড়ি পরে খিচুড়ি ভোগ রান্না করে।

আমেরিকার একটি ছোট শহরের বাঙালিরা একবার দুর্গাপূজা শুরু করার প্রস্তাব নিয়ে কিছুটা মুশকিলে পড়েছিল। পুরুত কোথায় পাওয়া যাবে? ঘোষ-দাস-মজুমদার-বসু-মিত্র-সেনগুপ্ত অনেক আছে, একজনও ব্রাহ্মণ নেই। অনেক খোঁজ নিয়ে জানা গেল, একটা কম্পিউটার ফার্মে এসে সদ্য যোগ দিয়েছে এক চক্রবর্তী। ধরা হল গিয়ে তাকে। সে বেচারির জন্ম এবং পড়াশুনো পাঞ্জাবে। বাংলা জানে ভাঙা ভাঙা, জীবনে একটি সংস্কৃত অক্ষর উচ্চারণ করে নি, তার বাবা-কাকারাও ধুতি পরেননি কখনও। নামেই বাঙালি, আসলে পাক্কা সাহেব। তাকেই জোর করে পুরুত সাজানো হল। নিউ ইয়র্ক থেকে ফ্যাক্স মারফত আনানো হল পূজোর মন্ত্র, টোন সুতো দিয়ে বানানো হল পইতে, বউদি স্থানীয় মহিলারা সেই চক্রবর্তী সাহেবকে ধুতি পরিয়ে দিলেন, কোথা থেকে একটা নামাবলিও জোগাড় হয়ে গেল। সেই অবস্থায় ছবি তুললে চক্রবর্তীর মাও বোধহয় তাকে চিনতে পারবেন না।

ওদেশে অনেকে বাড়িতে সরস্বতী পূজো করেন, সত্যনারায়ণের সিন্নিও দেন। কলকাতার বাঙালিরা যা পরিত্যাগ করেছে, বিদেশের বাঙালিরা এখনও তার অনেক কিছু ধরে রাখতে চায়। মুশকিল হয় ছেলেমেয়েদের নিয়ে।

সরস্বতী পূজোর সময় উপোস করে অঞ্জলি দিতে বাধ্য করলে তারা নাকি সুরে আপত্তি জানাতে জানাতে মেনে নিলেও তারা পূজোর প্রসাদ কিছুতেই খেতে চায় না। অতি কষ্টে সংগ্রহ করা বাতাসা, ফুটকড়াই ও শুকনো খেজুর মুখে দিয়ে তারা থু-থু করে ফেলে দেয়। তারা হ্যামবার্গার, হ্যামবার্গার বলে চ্যাঁচায়। সারা সকাল না খেয়ে থেকেছে। তাদের হ্যামবার্গার দিতেই হবে। সুতরাং বসবার ঘরে সরস্বতী পূজো চলতে থাকে। পাশের রান্না ঘরে হ্যামবার্গার ভাজা হতে থাকে। ধূপের গন্ধ ছড়িয়ে সেই গন্ধই মৌ মৌ করে।

পূজো করতে করতে পুরুত মশাইটিও উতলা হয়ে পড়েন। কারণ, অন্য ঘরে তার বন্ধুরা কারুর একটি নতুন কেনা বি এম ডব্লু গাড়ি সম্পর্কে আলোচনায় মেতে উঠেছে। ঐ রকম লোভনীয় আলোচনা ছেড়ে সংস্কৃত মন্ত্র পড়তে কার ভাল লাগে? তাড়াতাড়ি পূজো শেষ করে ঘণ্টা নাড়িয়ে দিলে তিনি শ্রান্ত কণ্ঠে বলে ওঠেন, গলা শুকিয়ে গেছে, আমাকে একটা বিয়ারের বোতল দাও।

একটু বাদেই ঘর ফাঁকা হয়ে যায়, সরস্বতী মূর্তি ফ্যালফ্যাল করে তাকিয়ে থাকে।

(সুনীল গঙ্গোপাধ্যায়,পঞ্চাশ বছর)

লেখক পরিচিতি

সুনীল গঙ্গোপাধ্যায় (৭ সেপ্টেম্বর ১৯৩৪-২৩ অক্টোবর ২০১২) ভারত তথা পশ্চিমবঙ্গের একজন জনপ্রিয় বাঙালি লেখক এবং কবি। বিংশ শতকের শেষার্ধে আবিভূর্ত একজন প্রথিতযশা বাঙালি সাহিত্যিক। ২০১২ খ্রিস্টাব্দে মৃত্যুর পূর্ববর্তী চার দশক তিনি বাংলা সাহিত্যের অন্যতম পুরোধা-ব্যক্তিত্ব হিসাবে সর্ববৈশ্বিক বাংলাভাষী জনগোষ্ঠীর কাছে ব্যাপকভাবে পরিচিত ছিলেন। তাঁর জন্ম ফরিদপুর জেলায়, বর্তমানে যা বাংলাদেশের অন্তর্গত। তিনি প্রথমে টিউশনি দিয়ে কর্মজীবন শুরু করেন, পরে সাংবাদিকতার বৃত্তি গ্রহণ করে ‘কৃত্তিবাস’ পত্রের প্রতিষ্ঠাতা সম্পাদক হন। তিনি ‘নীললোহিত’, ‘নীল উপাধ্যায়’ এবং ‘সনাতন পাঠক’ ছদ্মনামেও অনেক লেখা লিখেছেন। এ ছাড়া, তিনি ছোটদের জন্যও নিয়মিত লিখেছেন। পেয়েছেন আকাদেমি, আনন্দ, বিদ্যাসাগর ও বঙ্কিম পুরস্কার। তাঁর উল্লেখযোগ্য গ্রন্থগুলো হচ্ছে:

'একা এবং কয়েকজন', 'যুগলবন্দী', 'এসেছি দৈব পিকনিকে', 'হঠাৎ নীরার জন্য', 'নবীন যৌবন', 'মহাপৃথিবী', 'প্রথম আলো', 'শ্যামসাহেব'। সুনীল গঙ্গোপাধ্যায়ের একাধিক উপন্যাস অবলম্বনে চলচ্চিত্র নির্মিত হয়েছে। এগুলোর মধ্যে সত্যজিৎ রায় পরিচালিত 'অরণ্যের দিনরাত্রি' এবং 'প্রতিদ্বন্দ্বী' উল্লেখযোগ্য। তা ছাড়া, তার 'সবুজ দ্বীপের রাজা' এবং 'কাকাবাবু হেরে গেলেন' অবলম্বনেও চলচ্চিত্র নির্মিত হয়েছে।

শব্দার্থ

উসুল করা	［名］	实现；补偿
সাধ্য	［名/形］	能力；在能力范围内的；能够实现的
আশ মেটা		愿望或欲望被满足
গুজব	［名］	传闻；谣言
বরাদ্দ	［形/名］	被预算的；被分配的；预算；分配
হুকুম জানানো		命令
উছলানো	［动］	溢出；漫出
গড়ানো	［动］	倾倒；使…滚动；流下；滚落
মিস্তিরি	［名］	技工
নিপুণ	［名］	熟练的；灵巧的
মজুরি	［名］	苦力费；杂役劳酬
ব্যাজার/বেজার	［形］	不开心的；闷闷不乐的
অকল্পনীয়	［形］	不可想象的
খিচুড়ি	［名］	一种用各种咖喱香料做成的豆饭
ধমক দেওয়া		拒绝；斥责
বাঁদরামি	［名］	恶作剧；胡闹
মধ্যবিত্ত	［形］	中产阶级的
মদ্যপান করা		饮酒
দৈবাৎ	［副］	偶然；偶尔
ভণ্ডামি	［名］	虚伪；伪装

জাতীয় চরিত্র		民族性格
টিকা/টেকা	[动]	持续存在；继续生存
ইদানীং	[副]	近来；最近
অজ্ঞতা	[名]	无知；愚蠢
জন্মশতবার্ষিকী	[名]	诞辰一百周年纪念日
গুঞ্জন	[名]	低语；低吟；低声哼唱；嗡嗡声
গোলমাল	[名]	混乱；紊乱
উত্তেজিত	[形]	激动的；兴奋的
মাথা ঘামানো		费神；操心
পূজো প্যান্ডেল		印度教各类节日中用于置放神像供民众祭拜的神棚
পরিকল্পনা করা		计划
চল	[名]	流行
অগম্য	[形]	达不到的；不可及的
ধুমধাম করে		热闹地；隆重地
দুর্গাপূজো	[名]	杜尔迦女神节（印度教重要节日）
নিষ্ঠা	[名]	信仰；虔诚
বিসর্জন	[名]	杜尔迦女神节最后一天将神像投入河中的告别仪式
ব্রাহ্মণ	[名]	婆罗门，印度教种姓制度中的最高种姓阶层
পুরুত	[名]	祭司
মারফত	[介]	经；由；通过
পইতে/পইতা	[名]	印度教高种姓（尤其是婆罗门）男性佩戴的圣线
নামাবলি	[名]	一种印有印度教神祇名字的轻质黄色围巾
সরস্বতী পূজো		智慧女神节（印度教重要节日）

উপোস করা	禁食；斋戒
অঞ্জলি দেওয়া	印度教的向神祭拜祈祷的仪式
বাধ্য করা	强迫；使. . . 不得不
ফ্যালফ্যাল করে তাকানো	茫然困惑地注视

অনুশীলনী

পাঠ অনুসরণে নিচের প্রশ্নাবলীর উত্তর দিন।

১.বিদেশে প্রবাসী বাঙালিবাবু কেমন করে সকাল কাটায়? কলকাতার বাঙালিবাবুরা রোজ সকালে কী করেন?

২.কানাডায় লেখকের এক অধ্যাপক বন্ধু যে মজার গল্প শুনিয়েছিলেন, তা থেকে আমরা বিদেশের জীবনধারা সম্পর্কে কী জানতে পারি?

৩.কলকাতার বাঙালিবাবুরা সাধারণত বাজার করার সময়ে কী কী করেন?

৪.বাঙালিদের প্রিয় খাবার কী কী?

৫.বাড়িতে অতিথি এলে কলকাতার বাঙালিবাবুরা কী করেন? বিদেশের প্রবাসী বাঙালিবাবু কীভাবে অতিথিদের আপ্যায়ন করেন?

৬.‘ওয়াইন কালচার’ কীভাবে পশ্চিমবঙ্গের বাঙালিদের জীবনধারায় মিশে গেছে?

৭.পূজা হিন্দুদের একটি ধর্মীয় অনুষ্ঠান। হিন্দু ধর্মে দেবতার পূজা করার রীতি প্রচলিত। পূজা নিয়ে লেখক কী কী মজার গল্প শেয়ার করেছেন?

৮.পূজো-আচার ব্যাপারে কলকাতার বাঙালি ও প্রবাসী বাঙালির মনোভাবের মধ্যে পার্থক্য কী?

৯.ভারতবর্ষের পশ্চিমবঙ্গের সংস্কৃতিতে নারী-পুরুষদের প্রধান পোশাক কী কী? বর্তমানে বাঙালি নারী-পুরুষদের পোশাকে অনেকটা পাশ্চাত্য প্রভাব আছে তা কীভাবে বোঝা যায়? কোন্ কোন্ ক্ষেত্রে এখনও বাঙালি পুরুষেরা ঐতিহ্যবাহী ধুতি-পাঞ্জাবি আর নারীরা শাড়ি পরিধান করে থাকেন?

১০.এই পাঠটি পড়ে আপনি বাঙালিদের কোন্ কোন্ সাংস্কৃতিক অভ্যাস ও আচার সম্পর্কে জানতে পেরেছেন?

দ্বিতীয় অংশ:ছোট গল্প,উপন্যাস ও বিবিধ প্রসঙ্গ

পাঠ ১১

রূপা

'ভাই, আপনি কি একটা ইন্টারেস্টিং গল্প শুনতে চান?'

আমি ভদ্রলোকের দিকে অবাক হয়ে তাকালাম। কিছুক্ষণ আগে তাঁর সঙ্গে আলাপ হয়েছে– তাও এমন কোনো আলাপ না। আমি ট্রেনের জন্যে অপেক্ষা করছি কি না জানতে চাইলেন। আমি বললাম, 'হ্যাঁ,' এবং ভদ্রতা করে জানতে চাইলাম, 'আপনি কোথায় যাচ্ছেন?'

ভদ্রলোক হাসিমুখে বললেন, 'আমি কোথাও যাচ্ছি না। আমি আমার স্ত্রীকে রিসিভ করতে এসেছি। ও চিটাগাং থেকে আসছে। ট্রেন দু'ঘণ্টা লেট। ফিরে যেতে ইচ্ছা করছে না। বাসায় যাবো আবার আসবো, ভাবলাম অপেক্ষা করি।'

তাঁর সঙ্গে এইটুকুই আমার আলাপ। এই আলাপের সূত্র ধরে কেউ যখন বলে, ভাই আপনি কি একটা ইন্টারেস্টিং গল্প শুনতে চান, তখন খানিকটা হলেও বিস্মিত হতে হয়। অপরিচিত লোকের কাছ থেকে গল্প শোনার আগ্রহ আমার কম। তা ছাড়া, আমি আমার দীর্ঘদিনের অভিজ্ঞতায় লক্ষ করেছি– ইন্টারেস্টিং গল্প বলে যে-গল্প শুরু হয়, সে-গল্প কখনোই ইন্টারেস্টিং হয় না।

আমি কিছু না বলে চুপ করে রইলাম। ভদ্রলোক বুদ্ধিমান হলে আমার চুপ করে থাকার অর্থ বুঝতে পারবেন। বুদ্ধিমান না হলে এই গল্প আমার শুনতেই হবে।

দেখা গেল ভদ্রলোক মোটেই বুদ্ধিমান নন। পকেট থেকে পানের কৌটা বের করে পান সাজাতে সাজাতে গল্প শুরু করলেন–

'আপনি নিশ্চয়ই খুব বিরক্ত হয়ে আমার কথা শুনছেন। নিতান্তই অপরিচিত একজন মানুষ হড়বড় করে গল্প বলা শুরু করেছে, বিরক্ত হবারই কথা। কিন্তু সমস্যাটা কি জানেন? আজ আমার জন্যে একটা বিশেষ দিন। এই বিশেষ দিনে আমার মজার গল্পটা কাউকে-না-কাউকে বলতে ইচ্ছা করে। যদি অনুমতি দেন– গল্পটা বলি।'

'বলুন।'

'আপনি কি পান খান?'

'জি-না।'

'একটা খেয়ে দেখুন, মিষ্টি পান। খারাপ লাগবে না।'

'আপনি কি বিশেষ দিনে গল্পের সঙ্গে সঙ্গে সবাইকে পানও খাওয়ান?'

ভদ্রলোক হেসে ফেললেন। আন্তরিক ভঙ্গিতেই হাসলেন। ভদ্রলোকের বয়স চল্লিশের মতো হবে। অত্যন্ত সুপুরুষ। ধবধবে সাদা পায়জামা-পাঞ্জাবিতে তাঁকে চমৎকার মানিয়েছে। মনে হচ্ছে তিনি স্ত্রীর জন্যে খুব সেজেগুজেই এসেছেন।

'প্রায় কুড়ি বছর আগের কথা। আমি তখন ঢাকা বিশ্ববিদ্যালয়ে অনার্স করছি– পদার্থবিদ্যায়। এখানে অন্ধকার বলে আপনি সম্ভবত আমাকে পরিষ্কার দেখতে পাচ্ছেন না। আলো থাকলে বুঝতেন, আমি বেশ সুপুরুষ। কুড়ি বছর আগে দেখতে রাজপুত্রের মতো ছিলাম। ছাত্রমহলে আমার নাম ছিল– 'দ্যা প্রিন্স।' মজার ব্যাপার হচ্ছে, মেয়েমহলে আমার কোনো পাত্তা ছিল না। আপনি ব্যাপারটা লক্ষ করেছেন কি না জানি না– পুরুষদের রূপের প্রতি মেয়েরা কখনো আকৃষ্ট হয় না। পুরুষদের সবকিছুই তাদের চোখে পড়ে– রূপ চোখে পড়ে না। বিশ্ববিদ্যালয়জীবনে কোনো মেয়ে আমার সঙ্গে ভাব করার জন্যে কিংবা কথা বলার জন্যে এগিয়ে আসেনি। আমিও নিজ থেকে এগিয়ে যাইনি। কারণ, আমার তোতলামি আছে। কথা আটকে যায়।'

আমি ভদ্রলোককে থামিয়ে দিয়ে বললাম, 'আমি তো কোনো তোতলামি দেখছি না । আপনি চমৎকার কথা বলে যাচ্ছেন ।'

'বিয়ের পর আমার তোতলামি সেরে যায়। বিয়ের আগে প্রচণ্ড-রকম ছিল। অনেক চিকিৎসা করেছি– মারবেল মুখে নিয়ে কথা বলা থেকে শুরু করে হোমিওপ্যাথি ওষুধ, পীর সাহেবের তাবিজ। কিছুই বাদ দেইনি। যাই হোক– গল্পে ফিরে যাই, আমার সাবসিডিয়ারি ছিল ম্যাথ এবং কেমিস্ট্রি। কেমিস্ট্রি সাবসিডিয়ারিতে একটি মেয়েকে দেখে আমার প্রায় দম বন্ধ হয়ে যাবার মতো অবস্থা হলো। কী মিষ্টি চেহারা! দীর্ঘ পল্লব, মায়াময় চোখ। সেই চোখ সব সময় হাসছে । ভাই, আপনি কি কখনো প্রেমে পড়েছেন ?'

'জি-না।'

'প্রেমে না পড়লে আমার সেই সময়কার মানসিকতা আপনাকে বুঝাতে পারব না। আমি প্রথম দিন মেয়েটিকে দেখেই পুরোপুরি অসুস্থ হয়ে পড়লাম। সারারাত ঘুম হলো না। প্রচণ্ড পানির পিপাসায় একটু পরপর গলা শুকিয়ে যায়। পানি খাই আর মহসিন হলের বারান্দায় হাঁটাহাঁটি করি।'

'সপ্তাহে আমাদের দু'টা মাত্র সাবসিডিয়ারি ক্লাস। রাগে-দুঃখে আমার কাঁদতে ইচ্ছা করে। প্রতিদিন একটা করে সাবসিডিয়ারি ক্লাস থাকলে কী ক্ষতি হতো? সপ্তাহের দু'টা ক্লাস মানে পঞ্চাশ মিনিট করে একশ মিনিট। এই একশ মিনিট চোখের পলকে শেষ হয়ে যায়। তা ছাড়া, মেয়েটা খুব ক্লাস ফাঁকি দেয়। এমনও হয়েছে, সে পরপর দু'সপ্তাহ কোনো ক্লাস করল না। তখন আমার ইচ্ছা করতো লাফ দিয়ে মহসিন হলের ছাদ থেকে নিচে পড়ে সমস্ত জ্বালা-যন্ত্রণার অবসান ঘটাই। সে যে কী ভয়াবহ কষ্ট আপনি বুঝবেন না! কারণ, আপনি কখনো প্রেমে পড়েননি।'

'মেয়েটার নাম তো বললেন না, তার নাম কী?'

'তার নাম রূপা। সেই সময় আমি অবিশ্যি তার নাম জানতাম না। নাম কেন– কিছুই জানতাম না। কোন ডিপার্টমেন্টের ছাত্রী, তাও জানতাম না। শুধু জানতাম, তার সাবসিডিয়ারিতে কেমিস্ট্রি আছে এবং সে কালো রঙের একটা মরিস মাইনর গাড়িতে করে আসে। গাড়ির নাম্বার– ভ ৮৭৮১।'

'আপনি তার সম্পর্কে কোনো-রকম খোঁজ নেননি ?'

'না। খোঁজ নেইনি। কারণ, আমার সব সময় ভয় হতো খোঁজ নিতে গেলেই জানব– মেয়েটির হয়তো-বা কারো সঙ্গে ভাব আছে। একদিনের একটা ঘটনা বললেই আপনি বুঝতে পারবেন– সাবসিডিয়ারি ক্লাসের শেষে আমি হঠাৎ লক্ষ করলাম, মেয়েটা হেসে হেসে একটা ছেলের সঙ্গে গল্প করছে। আমার সমস্ত শরীর কাঁপতে লাগল। মনে হলো, আমি অজ্ঞান হয়ে পড়ে যাবো। সব ক্লাস বাদ দিয়ে হলে চলে এলাম এবং কিছুক্ষণের মধ্যেই সমস্ত শরীর কাঁপিয়ে আমার জ্বর এসে গেল।'

'আশ্চর্য তো!'

'আশ্চর্য তো বটেই! পুরো দু'বছর আমার এইভাবেই কাটলো। পড়াশোনা মাথায় উঠল। তারপর একদিন অসীম সাহসের কাজ করে ফেললাম। মরিস

মাইনর গাড়ির ড্রাইভারের কাছ থেকে বাড়ির ঠিকানা জেনে নিলাম। তারপর মেয়েটিকে সম্বোধনহীন একটা চিঠি লিখলাম। কী লিখেছিলাম এখন আর মনে নেই। তবে চিঠির বিষয়বস্তু হচ্ছে – আমি তাকে বিয়ে করতে চাই। তাকে রাজি হতেই হবে। রাজি না-হওয়া পর্যন্ত আমি তাদের বাড়ির সামনে না খেয়ে পড়ে থাকব। যাকে পত্রিকার ভাষায় বলে "আমরণ অনশন"। গল্পটা কি আপনার কাছে ইন্টারেস্টিং মনে হচ্ছে?'

'হ্যাঁ হচ্ছে। তারপর কী হলো বলুন। চিঠি ডাকে পাঠিয়ে দিলেন?'

'না। নিজেই হাতে করে নিয়ে গেলাম। ওদের বাড়ির দারোয়ানের হাতে দিয়ে বললাম, 'এ বাড়ির একজন আপা আছেন না, ইউনিভার্সিটিতে পড়েন– তাঁর হাতে দিয়ে এসো।' দারোয়ান লক্ষ্মী ছেলের মতো চিঠি নিয়ে চলে গেল এবং কিছুক্ষণের মধ্যেই ফিরে এসে বলল, 'আপা বলেছেন তিনি আপনারে চিনেন না।' আমি বললাম, 'তিনি ঠিকই বলেছেন, তবে আমি তাঁকে চিনি। এটাই যথেষ্ট।'

এই বলে আমি গেটের বাইরে খুঁটি গেড়ে দাঁড়িয়ে গেলাম। বুঝতেই পারছেন– নিতান্তই পাগলের কাণ্ড। সেই সময় মাথা আসলেই বেঠিক ছিল। লজিক নষ্ট হয় গিয়েছিল । যাই হোক, সকাল ন'টা থেকে বিকেল চারটা পর্যন্ত কোনো-রকম ঘটনা ছাড়াই গেটের সামনে দাঁড়িয়ে রইলাম। লক্ষ করলাম দোতলার জানালা থেকে মাঝে-মধ্যে কিছু কৌতূহলী চোখ আমাকে দেখছে। বিকেল চারটায় এক ভদ্রলোক বাড়ি থেকে বের হয়ে কঠিন গলায় বললেন, 'যথেষ্ট পাগলামি করা হয়েছে। এখন বাড়ি যাও।'

আমি তাঁর চেয়েও কঠিন গলায় বললাম, 'যাবো না।'

'পুলিশে খবর দিচ্ছি। পুলিশ এসে তোমাকে ধরে নিয়ে যাবে।'

'কোনো অসুবিধা নেই, খবর দিন।'

'ইউ রাস্কেল, মাতলামি করার জায়গা পাও না?'

'গালাগালি করছেন কেন? আমি তো আপনাকে গালি দিচ্ছি না।'

ভদ্রলোক রাগে জ্বলতে জ্বলতে বাড়ির ভেতর চলে গেলেন। তার পরপরই শুরু হলো বৃষ্টি। ঢালাও বর্ষণ। আমি ভিজছি নির্বিকার ভঙ্গিতে। সঙ্গে সঙ্গে বুঝছি যে জ্বর এসে যাচ্ছে। সারা দিন রোদে পোড়ার পর এই ঠাণ্ডা বৃষ্টি সহ্য

হবে না। তখন একটা বেপরোয়া ভাব চলে এসেছে– যা হবার হবে। ক্ষুধায়, ক্লান্তিতে শরীর অবসন্ন। মাঝে মাঝেই মনে হচ্ছে, এই বুঝি মাথা ঘুরে পড়ে গেলাম।

ইতিমধ্যে আমি আশপাশের মানুষদের কৌতূহলী দৃষ্টি আকর্ষণ করতে সমর্থ হয়েছি। বেশ কয়েকজন আমাকে জিজ্ঞেস করলেন, 'কী হয়েছে? এখানে দাঁড়িয়ে দাঁড়িয়ে ভিজছেন কেন?' আমি তাঁদের সবাইকে বলেছি, 'আমাকে নিয়ে মাথা ঘামাবেন না। আমি একজন পাগল-মানুষ ।'

মেয়েটির বাড়ি থেকেও হয়তো টেলিফোনে এই বিচিত্র ঘটনার কথা কাউকে কাউকে জানানো হয়েছে। তিনটি গাড়ি তাদের বাড়িতে এলো। গাড়ির আরোহীরা রাগী ভঙ্গিতে আমার দিকে অনেকক্ষণ তাকিয়ে বাড়ির ভেতর ঢুকলেন।

রাত ন'টা বাজলো। বৃষ্টি এক মুহূর্তের জন্যে থামল না। জ্বরে তখন আমার গা পুড়ে যাচ্ছে। দাঁড়িয়ে থাকতে পারছিলাম না। পা ছড়িয়ে বসে পড়লাম। দারোয়ান এসে আমাকে ফিসফিস করে বলল, 'সাহেব পুলিশ আনতে চাইতেছে, বড় আফা রাজি না। বড় আফা আপনার অবস্থা দেইখ্যা খুব কানতাছে। টাইট হইয়া বসিয়া থাকেন ।'

আমি টাইট হয়ে বসে রইলাম ।

রাত এগারোটা বাজলো। ওদের বাড়ির বারান্দায় বাতি জ্বলে উঠল। বসার ঘরের দরজা খুলে মেয়েটি বের হয়ে এলো। মেয়েটির পেছনে পেছনে ওদের বাড়ির সব ক'জন মানুষ। ওরা কেউ বারান্দা থেকে নামল না। মেয়েটি একা এগিয়ে এলো। আমার সামনে এসে দাঁড়াল এবং অসম্ভব কোমল গলায় বলল, 'কেন এমন পাগলামি করছেন ?'

আমি হতভম্ব হয়ে তাকিয়ে রইলাম। কারণ, এই মেয়ে সেই মেয়ে নয়। অন্য একটি মেয়ে। একে আমি কোনোদিন দেখিনি। মরিস মাইনর গাড়ির ড্রাইভার আমাকে ভুল ঠিকানা দিয়েছে। হয়তো ইচ্ছা করেই দিয়েছে ।

মেয়েটি নরম গলায় বলল, 'আসুন, ভেতরে আসুন। টেবিলে খাবার দেয়া হয়েছে। আসুন তো ।'

আমি উঠে দাঁড়ালাম। বলতে চেষ্টা করলাম, 'কিছু মনে করবেন না।

আমার ভুল হয়ে গেছে। আপনি সেই মেয়ে নন। আপনি অন্য একজন। ' মেয়েটির মমতায় ডুবানো চোখের দিকে তাকিয়ে এই কথা বলা সম্ভব হলো না। এত মমতা নিয়ে কোনো নারী আমার দিকে তাকায়নি ।

জ্বরের ঘোরে আমি ঠিকমতো পা ফেলতে পারছিলাম না। মেয়েটি বলল, 'আপনার বোধহয় শরীর খারাপ। আপনি আমার হাত ধরে হাঁটুন। কোনো অসুবিধা নেই ।'

'বাসার সবাই বারান্দায় দাঁড়িয়ে কঠিন চোখে আমাদের দিকে তাকিয়ে আছে। তাদের সবার কঠিন দৃষ্টি উপেক্ষা করে মেয়েটি হাত বাড়িয়ে দিলো। যে-গভীর ভালবাসায় হাত বাড়ালো, সে-ভালোবাসাকে উপেক্ষা করার ক্ষমতা ঈশ্বর মানুষকে দেননি। আমি তার হাত ধরলাম। এই কুড়ি বছর ধরেই ধরে আছি। মাঝে মাঝে এক ধরনের অস্থিরতা বোধ করি। ভ্রান্তির এই গল্প আমার স্ত্রীকে বলতে ইচ্ছা করে। বলতে পারি না। তখন আপনার মতো অপরিচিত একজন কাউকে খুঁজে বের করি। গল্পটা বলি। কারণ, আমি জানি– এই গল্প কোনোদিন আমার স্ত্রীর কানে পৌঁছাবে না। আচ্ছা ভাই, উঠি। আমার ট্রেন এসে গেল।'

ভদ্রলোক উঠে দাঁড়ালেন। দূরে ট্রেনের আলো দেখা যাচ্ছে। রেললাইনে ঘড়ঘড় শব্দ উঠছে। ট্রেন সত্যি সত্যি এসে গেল।

(হুমায়ূন আহমেদ)

লেখক পরিচিতি

হুমায়ূন আহমেদ বিংশ শতাব্দীর বাঙালি জনপ্রিয় কথাসাহিত্যিকদের মধ্যে অন্যতম। তাঁকে বাংলাদেশের স্বাধীনতা-পরবর্তী জনপ্রিয়তম লেখক গণ্য করা হয়। তিনি একাধারে ঔপন্যাসিক, ছোট গল্পকার, নাট্যকার, গীতিকার, এবং চলচ্চিত্র পরিচালক ও নির্মাতা। ১৯৪৮ সালের ১৩ নভেম্বর হুমায়ূন আহমেদের জন্ম নেত্রকোনা জেলার মোহনগঞ্জে। তিনি ১৯৭২ সালে ঢাকা বিশ্ববিদ্যালয় থেকে রসায়ন বিষয়ে এম.এস.সি ডিগ্রি লাভ করেন এবং ১৯৮২ সালে আমেরিকার নর্থ ডাকোটা বিশ্ববিদ্যালয় থেকে পি.এইচ.ডি ডিগ্রি অর্জন করেন। তিনি ঢাকা বিশ্ববিদ্যালয়ের রসায়ন বিভাগের অধ্যাপক হিসাবে দীর্ঘকাল

কর্মরত ছিলেন। কথাসাহিত্যিক হিসেবে বিশেষ কৃতিত্ব দেখিয়ে তিনি যে জনপ্রিয়তা অর্জন করেছেন, তার তুলনা নেই। বাংলা কথাসাহিত্যে তিনি সংলাপপ্রধান নতুন শৈলীর জনক। সৃষ্টির সংখ্যার আধিক্যে, বিষয়বস্তুর বৈচিত্র্যে, কাহিনীর চমৎকারিত্বে, প্রকাশভঙ্গি ও ভাষার মাধুর্যে তাঁর অনন্য অবস্থান সম্পর্কে বিতর্কের কোনো অবকাশ নেই। সত্তর দশকের শেষভাগ থেকে শুরু করে মৃত্যু অবধি তিনি ছিলেন বাংলা গল্প-উপন্যাসের অপ্রতিদ্বন্দ্বী কারিগর। তাঁর প্রকাশিত গ্রন্থের সংখ্যা তিন শতাধিক। তাঁর সৃষ্ট হিমু, মিসির আলি ও শুভ্র চরিত্রগুলি বাংলাদেশের যুবকশ্রেণিকে গভীরভাবে উদ্বেলিত করেছে। তাঁর বেশকিছু গ্রন্থ পৃথিবীর নানা ভাষায় অনূদিত হয়েছে, বেশকিছু গ্রন্থ স্কুল-কলেজ বিশ্ববিদ্যালয়ের পাঠ্যসূচির অন্তর্ভুক্ত হয়েছে। তা ছাড়া, বলা যায় তিনি আধুনিক বাংলা কল্পবিজ্ঞান সাহিত্যের পথিকৃৎ, নাটক ও চলচ্চিত্র পরিচালক হিসাবেও তিনি সমান সমাদৃত। ২০১২ সালের ১৯ জুলাই যুক্তরাষ্ট্রের নিউইয়র্কের বেলেভ্যু হাসপাতালে হুমায়ূন আহমেদ মৃত্যুবরণ করেন।

শব্দার্থ

আলাপ	［名］	谈话；问候
ভদ্রলোক	［名］	绅士；先生；君子；有修养的人
খানিকটা	［副］	有些；稍微
লক্ষ করা		注意
বুদ্ধিমান	［形］	有智慧的；聪明的
পানের কৌটা		装蒟酱叶的小盒
মানানো	［动］	相称；合适；搭配
হড়বড় করে		草率地；仓促地；急忙地
অনার্স করা		攻读荣誉学士学位
সুপুরুষ	［名］	美男子
আকৃষ্ট	［形］	被吸引的；着迷的
বিশ্ববিদ্যালয়জীবন	［名］	大学生活

তোতলামি	[名]	口吃；结巴
হোমিওপ্যাথি	[名]	顺势疗法
তাবিজ	[名]	孟加拉人臂上佩戴的一种护身符
পানির পিপাসা		口渴
ক্লাস ফাঁকি দেওয়া		旷课；缺勤
জ্বালা-যন্ত্রণা	[名]	痛苦；折磨
সাবসিডিয়ারি	[名]	辅修科目
মরিস মাইনর		英国的莫里斯·迈诺老爷车
কাঁপা	[动]	颤抖；抖动
অজ্ঞান	[形]	无知觉的；无知的；愚昧的
সম্বোধনহীন	[形]	没有称呼的
লক্ষ্মী ছেলে		乖孩子
খুঁটি গাড়া		立个柱子；引申义为永远呆在一个地方
পাগলামি করা		做出疯狂的事；举止疯癫
মাতলামি করা		耍酒疯；举止疯癫
ঢালাও বর্ষণ		倾盆大雨
নির্বিকার	[形]	冷漠的；无动于衷的；无所谓的
বেপরোয়া	[形]	不计后果的；鲁莽的
অবসন্ন	[形]	精疲力竭的
আকর্ষণ করা		吸引
সমর্থ	[形]	能够……的；有能力的
আরোহী	[名]	乘客；爬行者；骑行者
হতভম্ব	[形]	目瞪口呆的；不知所措的；糊涂的
হাঁটা	[动]	走路；行走
ভ্রান্তি	[名]	错误；错觉；幻想；虚妄

অনুশীলনী

পাঠ অনুসরণে নিচের প্রশ্নাবলীর উত্তর দিন।

১.ভদ্রলোকের সঙ্গে লেখকের কোথায় এবং কীভাবে আলাপ হয়েছিল? ভদ্রলোক পরিচয়ের শুরুতেই লেখককে কী বললেন? শুনে লেখকের মনে কী প্রতিক্রিয়া হয়?
২.ভদ্রলোকের গল্প কি সত্যিকার অর্থেই ইন্টারেস্টিং ছিল?
৩.বিয়ের আগে ভদ্রলোকের কোন ধরনের শারীরিক সমস্যা ছিল? হোমিওপ্যাথি কী ধরনের ওষুধ? 'পীর সাহেব' কাকে বলে?
৪.রূপা কে? রূপার প্রেমে পড়ার পর ছেলেটার মানসিক অবস্থা কেমন হয়েছিল?
৫.বিশ্ববিদ্যালয়জীবনে ভদ্রলোক একসময় রূপার প্রেমে হাবুডুবু খাচ্ছিলেন। তার তখনকার মানসিক অবস্থা তিনি কীভাবে প্রকাশ করেছেন?
৬.ভদ্রলোক রূপাকে যে-চিঠি লিখেছিলেন তার বিষয়বস্তু কী? 'আমরণ অনশন' বলতে কী বোঝানো হয়েছে?
৭.রূপাকে পাবার জন্য ছেলেটা শেষ পর্যন্ত কী করেছিল?
৮.শেষমেষ ছেলেটা কার প্রেমে পড়েছিল?
৯.ভদ্রলোকের ভাগ্যে কি যথার্থ সুখ জুটেছে? আপনার কী মনে হয়?
১০.এই ভ্রান্তির প্রেমকাহিনী পড়ে আপনার কেমন লেগেছে?

পাঠ ১২

কিছু দুঃখ

ক্লাস থেকে বেরিয়ে সামনের রেলিংয়ে দেখি লোক দুটো দাঁড়িয়ে। কাল বাড়ি থেকে বেরুনোর সময়ও দেখেছি। পান-দোকানের সামনে দাঁড়িয়ে সিগারেট খাচ্ছে। দুজনই। একজন একটু লম্বা-মতন, আরেকজন তার তুলনায় ইঞ্চিখানেক ছোট। সুন্দর জামাকাপড় পরা। দেখতে বেশ। আমি রিকশা ঠিক করার ফাঁকে ফাঁকে দেখি দুজনেই আমার দিকে তাকিয়ে। লম্বাজন কি বললো, সঙ্গের লোকটা আমার দিকে তাকিয়ে একটু হাসে। দেখে আমি চমকে উঠি। কী ব্যাপার, ওরা কি আমাকে ফলো করছে !

বুকের ভেতরটা বড় কাঁপে। রিকশা করে সোজা চলে আসি। একটা ভয়, একটা উৎকণ্ঠা বুকের ভেতর লেগে থাকে। আমার বিয়ে-টিয়ের কথা হচ্ছে। এ সময় কিছু একটা ঘটে গেলে মান যাবে। আমাদের ফ্যামিলিটা খুব ব্যাকডেটেড। প্রেম-ফ্রেমের কথা শুনলে বাবা হার্ট ফেল করবে। মা ঝাড়ু দিয়ে পেটাবে ।

আমি ফ্যামিলির একমাত্র মেয়ে। দুভাইয়ের একজন প্রেম করে বিয়ে করেছে। বাবা তাকে বাড়ী থেকে তাড়িয়ে দিলো। সে এখন বউ নিয়ে রাজশাহী থাকে। কি চাকরি-বাকরি করে কে জানে! চিঠিপত্রের যোগাযোগও নেই। ওর জন্য আমার খুব কষ্ট হয়। আমার ইমিডিয়েট বড়। পিঠেপিঠি ভাইবোন। আর একটা তো আমার অনেক ছোট। ফার্স্ট ইয়ারে পড়ে। আর্টস। ড্রেসফ্রেস দেখে ওকে কেউ ইয়াং ছেলে বলবে না। আজকালকার ছেলেরা সব লম্বা চুল রাখে। জিনসের জামা-কাপড় পরে। প্যান্ট-শার্টে স্টিকার লাগায়। খোকা ওসবের ধারে কাছে নেই।

একবার খোকার চুল একটু লম্বা হয়েছিল। দেখে বাবার সেকি গালাগাল! মা বলল, “এক্ষুণি চুল কেটে আয়।” টাকা গুঁজে দিলো হাতে। খোকা মাত্র কলেজে ভর্তি হয়েছে। সব ছেলেদের লম্বা চুল দেখে ওরও ইচ্ছে হয়েছে। আমি বুঝতে পারি। কিন্তু বুঝতে পেরে কী লাভ ! টুঁ শব্দটি করার জো নেই। কিছু বললে

আমার ওপরও আসবে ঝড়। ইউনিভার্সিটিতে পড়া বন্ধ হয়ে যাবে। এসময় পড়া বন্ধ হোক আমি চাই না। খোকাকে ডেকে বলি, "যা চুল কেটে আয়।"

খোকা মন খারাপ করে চলে যায়।

আমার ইউনিভার্সিটিতে পড়া নিয়েও কী কম কথা হয়! মেয়েমানুষের অত লেখাপড়ার কী দরকার! কোন জজ ব্যারিস্টার হবে! কথাগুলো রোজই একবার দুবার বলে মা। লেখাপড়া বাদ দিয়ে ঘরকন্নার কাজ করো। রান্নাবান্নাটা শেখো ভালো করে। কাজের কাজ হবে, পয়সাও বাঁচবে।

আমি সব শুনে যাই। কথা বলি না।

বাড়ি থাকলে মায়ের সঙ্গে কাজটাজ করি। মেয়েদের আবার রান্নাবান্না শিখতে হয় নাকি! পারিই তো সব। ঈদে, শবেবরাতে আমিই তো রান্নাবান্না করি। গেস্টটেস্ট এলেও তো। হাতের কাজও পারি। উল বোনা, জামা কাপড় বানানো। কোরান শরিফ পড়া শিখেছি সাত-আট বছর বয়সে। নামাজও।

লেখাপড়ায় মোটামুটি ছিলাম বলে স্কুল-কলেজ ডিঙিয়ে এসেছি সহজে। ম্যাট্রিক পাশের পর থেকেই বিয়ের চেষ্টা হচ্ছে আমার। পাত্রটাত্র বাবার পছন্দ হয় না। বংশ পছন্দ হয় তো চাকরি পছন্দ হয় না। এক জায়গায় আবার পাত্রের মা-বাবা প্রেম করে বিয়ে করেছিল শুনে বাবা এগুলো না। এই-রকম।

আমি বেকার বসে থাকবো দেখে বাবা কলেজে ভর্তি করিয়ে দিলো। মা অবশ্য মানা করেছিলো। কিন্তু বাবা তবুও। আমি হাঁপ ছেড়ে বাঁচি।

কলেজে যখন সেকেন্ড ইয়ারে পড়ি, এক জায়গায় বিয়ের কথা পাকাপাকি হয়ে গেলো । দেখাটেখা শেষ, শুধু দিন-তারিখটা হবে। এসময় বড় ভাই কাণ্ডটা ঘটালো। গোপনে বিয়ে করে এসে মাকে বললো। মেয়েটাকে আমি দেখেছি। ভারি মিষ্টি চেহারার। ভাইয়া আগেই মাকে বলেছিলো। মা কথাটা নিশ্চয় বাবাকে জানিয়েছিলো। কিন্তু দুজনের একজনও রাজি হয়নি। ভাইয়া আর কী করে? সাহস করে কাজটা করে ফেললো। পুরুষ মানুষ, ভাল চাকরি করে। মা বাবাকে পরোয়া করার ওর এমন কী দরকার!

কিন্তু বাসায় কথাটা জানাজানি হতেই বিচ্ছিরি কাণ্ড। মা-বাবা সামনে গালাগাল করে বাড়ি থেকে বের করে দিলো। এসব কথা তো আর চাপা থাকে না। আমার পাত্রপক্ষও শুনলো। শুনে কেটে পড়লো। সে একটা ঝড় গেছে,

ভাইয়াকে কাছে না পেয়ে আমার আর খোকার ওপর দিয়ে। বাবা এক অফিসের মেজো কর্তা। অফিসে যাওয়ার মুখে পুরো একঘণ্টা আমাদের দুজনকে গালাগাল, ফিরে এসে আবার। আর মা তো আছেই। এক মিনিটের জন্যেও থামে না তার মুখ। আল্লাহ্ যে কোত্থেকে এ-দুজনকে একত্রে মিলিয়েছিলো!

খোকা সারাদিন মন খারাপ করে থাকে। মরার মতো স্কুলে যায়, ফিরে আসে। বাড়ি ফিরে একটাও কথা বলে না। আর আমার তো কলেজ যাওয়াই বন্ধ। বাড়ি বসে মার গালাগাল শুনি, আর লুকিয়েচুরিয়ে কাঁদি।

মাস-দুয়েক পরে ব্যাপারটা মিইয়ে যায় । আমি আবার কলেজ যেতে থাকি। পরীক্ষা দিয়ে পাশও করে ফেলি। ভাইয়ার কথা ভুলে উচ্চারণ করে না কেউ। এর মধ্যে বাবা একদিন কোর্টে গিয়ে আমাদের জায়গা সম্পত্তি থেকে ভাইয়া যাতে কিছু না পায় সে ব্যবস্থা করে এলো। মা বললো, “ঠিক করেছো।” শুনে সারারাত আমি কেঁদেছিলাম।

আমার ইউনিভার্সিটি ভর্তি হওয়া নিয়ে আরেক বিচ্ছিরি ব্যাপার হল। মা-বাবা কিছুতেই রাজি নয়। বিয়েটাও ঠিক হচ্ছে না, আমি কি এখন বসে বসে ঘাস কাটবো?

ছোট চাচার বাসায় বেড়াতে গিয়ে চাচা-চাচীকে খুব করে পটালাম। এদের দুজনকে বাবা-মা খুব দাম দেয়। পরের রোববার চাচা-চাচী দুজনে এসে মা-বাবাকে রাজি করিয়ে গেল।

ইউনিভার্সিটিতে ভর্তি হয়ে আমি বুক ভরে শ্বাস নিই। আবার একটা কোনো কাজ পাওয়া গেল। তখন মা-বাবা পাগল হয়ে আমার বিয়ের চেষ্টা শুরু করছে। রোজ সকাল-বিকাল ঘটক আসে। কী যে সুরৎ চেহারা একেক জনের! গা জ্বলে যায়। কিন্তু কী করা! বলার উপায় নেই। চায়ের পর চা করে খাওয়াতে হয় আমাকেই।

কদিন হলো শুনছি, এক জায়গায় কথাটথা পাকা হয়ে গেছে। আমার ছবি দেখে পাত্রপক্ষ পছন্দ করেছে। ওরা আগামী রোববার আসবে। কাল রাতে মা বললো, “তোকে দেখেই পাকা কথা দিয়ে যাবে ।”

শুনে আমার বুক কাঁপে। কাল রাতে একটুও ঘুম হয়নি। কতো কী যেন মনে হয়। লোকটা কেমন হবে দেখতে! মনটা কেমন! আমাকে ভালবাসবে তো!

এর আগে আমি কখনো এমন করে ভাবিনি। আরো তো কতবার দেখাশুনা হল। পাকা কথা হতে হতে হয় না। এবার কেন যে মনে হয়, আর পার পাওয়া যাবে না!

বুকটা কাঁপে।

মা বললো, “ছেলেটা ভালো। দেখতে শুনতেও ভালো। এম এ পাশ। ভালো চাকরি করে। দেড় হাজার টাকা মাইনে। চার ভাইবোনদের মধ্যে এই সবচে ছোট। কোনো ডিমান্ড নাই।” ডিমান্ড নেই শুনে আমি বুঝি, এবার হবেই। ডিমান্ড থাকলে মা-বাবা দুজনেই খুব চিন্তাভাবনা করতো। আমাদের যে-অবস্থা খুব খারাপ এমন নয়। বাবা ভালো চাকরি করে, ঢাকায় নিজের বাড়ি। গ্রামের বাড়িতে ম্যালা জায়গা-জমি। বছরের খাওয়ার ধান আসে। পাট, গোল আলু বেচে আট-দশ হাজার আসে নগদ। কিন্তু মা-বাবা দুজনেই হাড়কিপ্টে। টিপে টিপে পয়সা খরচ করে। রিকশা ভাড়ার বাইরে এক পয়সাও দেয় না আমাকে। খোকাকেও। একটা বাড়তি শার্ট নেই খোকার, একটা বাড়তি শাড়ী নেই আমার।

এসব ভাবছি, তখুনি চমকে উঠি। কালকের দেখা লোক দুটো রেলিংয়ে দাঁড়িয়ে আছে। কী চায় ওরা? আমার পিছু নিয়েছে কেন ?

বুকের ভেতরটা কাঁপে। লোক দুটোর দিকে একপলক তাকিয়ে সিঁড়ি ভেঙ্গে দ্রুত নেমে যাই। লম্বা মতন লোকটা দেখতে বেশ। পুরুষালী চেহারা, ফিগার। চুলগুলো কোঁকড়ানো, লম্বা। সিগারেট খাচ্ছিল, কী সুন্দর যে লাগে দেখতে! একপলকে আমি সব দেখে নিয়েছি। মেয়েরা খুব দ্রুত একজনকে পুরোপুরি দেখে নিতে পারে। লোকটা কিন্তু আমার দিকে বেশী একটা তাকাচ্ছিল না। সঙ্গেরটা তাকিয়ে ছিল হাঁ করে। দেখে আমার খুব ভয় লাগে। সিঁড়ি দিয়ে নামতে নামতে ভাবি, আমার বর যদি ঐ লম্বা লোকটার মতো দেখতে, তাহলে আমি খুব খুশী হবো।

ফেরার পথে রিকশায় বসে আমি আবার লোক দুটোর কথা ভাবি। কী চায় ওরা? প্রেম? ভেবে একা একাই হেসে ফেলি। হবে না। আমার সাহস নেই। বাবা জবাই করে ফেলবে। সম্ভব হলে আমি লম্বা লোকটাকে ভালোবাসতাম। বিয়ে করতাম ।

স্কুলে পড়ার সময়ও একটা ছেলে আমার পিছু নিয়েছিলো। স্কুল টাইমে

রাস্তায় খুব ঘোরাঘুরি করতো। আমার পছন্দ হতো না। পুরো এক বছর ঘুরে ছেলেটা আমার আশা ছাড়লো। পরে প্রেম করলো আমার এক ক্লাসমেটের সঙ্গে। মেয়েটা যখন ক্লাস টেনে পড়ে তখন ওদের বিয়ে হয়। দুবাড়ি থেকেই মেনে নিয়েছিলো। কতোকাল ওদের সঙ্গে দেখা হয় না। ওরা এখন কেমন আছে ?

কলেজ পড়ার সময় এক বান্ধবীর ভাইয়ের সঙ্গে আমার খানিকটা জমে উঠেছিলো। ছেলেটা একদিন স্ট্রেট বললো, 'ভালবাসি।'

শুনে আমার বুকের ভিতরটা কেঁপে উঠেছিলো। সেই প্রথম এবং শেষ আমি পুরুষ মানুষের গলায় শুনেছিলাম, 'ভালোবাসি ।'

আমিও ওকে ভালোবাসতে পারতাম। ছেলেটা মন্দ ছিলো না। বি এ ফেল। দুবার পরীক্ষা দিয়েছে। তখন বেকার। বাড়ির অবস্থাও ভালো নয়। মা-বাবা তো রাজি হবেই না। শুনলে আমাকে কতল করে ফেলবে ।

সেই ছেলেটা, ফরিদ, ওর সঙ্গে আমি আর কখনো দেখা করিনি। পরে শুনেছি, ফরিদ এখন ওয়েস্ট জার্মানিতে। হোটেলে চাকরি করে। আমার জন্য কি ও দেশ ছেড়ে গেলো! আর কখনো ফিরবে না! ফরিদের জন্য আমার একটু কষ্ট হয়।

ইউনিভার্সিটিতে আমার সব বন্ধুরাই প্রেম-ফ্রেম করে। ছেলে-বন্ধুদের সঙ্গে ঘুরে বেড়ায়। সিনেমা দেখে, আড্ডা মারে। দু-একজন গোপনে বিয়ে করে ফেলেছে। শুনে আমি কেঁপে উঠি। ভালোও লাগে। ওদের স্বাধীনতা আমাকে জ্বালায়। আমি কেন এমন ফ্যামিলিতে জন্মালাম? ইচ্ছে-মতন কাউকে ভালোবাসার, বিয়ে করার ক্ষমতা আমার নেই । এসব ভেবে আমি ঐ লোক দুটোর উদ্দেশ্যে মনে মনে বলি, 'তোমরা ভুল জায়গায় এসেছো। ভুল ঠিকানায়।'

রোববার বিকেলবেলা পাত্রপক্ষের লোক আসে। ছেলের বাবা আর দুচারজন আত্মীয়স্বজন। ছোট চাচী আমাকে টুকটুকে লাল একটা শাড়ি পরিয়ে সুন্দর করে সাজিয়ে দিয়েছে। ড্রয়িংরুমে ঢুকে আমি হাত তুলে নরম ভঙ্গিতে সালাম জানাই। এখানেই বসেছিলো সবাই।

আমাকে দেখেই ছেলের মা উঠে এলেন। কাছে এসে আমার চিবুক তুলে

বললেন, “তাকাও তো মা ।”

আমি মাথা নিচু করে বসেছিলাম। ঘোমটা দেয়া। ঘোমটা দিতে আমার বিচ্ছিরি লাগে। তবুও দিতে হয়। নিয়ম। তা ছাড়া আমি তো এমনিতেই ঘোমটাঢোমটা দিয়ে চলি। বন্ধুরা এই নিয়ে কতো কথা বলে! কিন্তু উপায় কী! ঘোমটা না দিয়ে বাড়ি থেকে বেরুলে মা খুব গালি দেবে ।

আজকাল আজান শুনেও অনেক মেয়ে ঘোমটা দেয় না। ফ্যাশান হয়ে গেছে! আর কতো রকমের যে ড্রেস পরে। শার্ট-প্যান্ট-জ্যাকেট-পাঞ্জাবী। অনেকে ছেলের মতো চুল কাটায়। ভ্রু তোলে । আমারও ইচ্ছে করে। কিন্তু ঐ ইচ্ছে পর্যন্তই।

ভদ্রমহিলা জিজ্ঞেস করলেন, “তোমার নাম কী মা ?”

আমি আস্তে করে বলি, “শায়লা ।”

বুড়ো মতন ভদ্রলোক, ছেলের বাবা নিশ্চয়, বললেন, “শায়লা কী ? ”

“শায়লা খোন্দকার ।”

এসব কি ওঁরা আগে জানেননি! জেনেছেন নিশ্চয়ই। তবুও জিজ্ঞেস করেন। আমি চুপচাপ বসে থাকি। হঠাৎ করে চোখ যায় সামনের সোফায়। একজন বসে আছে। দেখেই চমকে উঠি। লম্বা মতন সেই লোকটা। একদিন আমাদের বাড়ির সামনে দেখেছি। আর একদিন ইউনিভার্সিটিতে রেলিংয়ে ভর দিয়ে দাঁড়িয়েছিলেন।

কে, লোকটা কে ?

আমার ভীষণ জানতে ইচ্ছে করে। তারপর একটা কথা ভেবে বুকের ভেতরটা দুলে ওঠে। বর কি নিজেও মা-বাবার সঙ্গে আমাকে দেখতে এসেছে !

কদিন ধরে দুজন লোক আমাকে ফলো করছে। তার একজন এই লোক। লোকটাকে দেখে আমার ভালো লেগেছিলো। দেখতে বেশ। মনে মনে চেয়েছি আমার বর যেন এরকম হয়। এখন দেখছি, যা চেয়েছি, জীবনে এই প্রথম তা পেতে যাচ্ছি। আঃ কী যে ভালো লাগে! কিন্তু সে একবারও আমার দিকে তাকাচ্ছে না কেন? কি ভাবছে? আমাকে কি তার পছন্দ নয়!

সন্ধ্যের মুখে ওরা ওঠে। যাওয়ার আগে বাবার সঙ্গে বিয়ের দিন ঠিক করে যায়। শুনে আমি হাঁপ ছেড়ে বাঁচি।

রাতের বেলা বিছানায় শুয়ে কিছুতেই আমার ঘুম আসে না। কতো কী যে মনে পড়ে! লোকটাকে আমার খুব পছন্দ। একপলক দেখেই মুগ্ধ হয়েছিলাম। এখন বুঝতে পারি, কদিন ধরে ওরা আমাকে ফলো করছিলো কেন। আসলে দেখে নিলো স্নো-পাউডার না মেখে আমি কেমন দেখতে। আমার কোথাও লাইন-টাইন আছে কি না। ভেবে হাসি পায়। তারপর মনে হয়, লোকটার কি আমাকে পছন্দ হয়েছে? তাহলে এমন উদাস ছিলো কেন? একবারও তো ভালো করে আমার দিকে তাকায়নি। ইউনিভার্সিটিতেও দেখেছি, সঙ্গের লোকটা হাঁ করে তাকিয়ে আছে। সে তাকায়নি একবারও। অন্যদিকে তাকিয়ে সিগারেট টেনেছে। কী সুন্দর যে লাগছিলো দেখতে!

মনের ভেতর একটা কাঁটা বিঁধে থাকে। ঘুম আসে না। বাসররাতে লোকটা আমাকে প্রথম কী কথা বলবে? সিনেমায় দেখা দৃশ্যের মতো ঘরে ঢুকেই কি দুহাত বাড়িয়ে দেবে! জড়িয়ে ধরে প্রথমে কী করবে? চুমু ?

সারাটা শরীর অবশ হয়ে আসে আমার। আবেশে চোখ বুজে আসে । কী লজ্জা !

ঘুমিয়ে পড়ার আগে আমি মনে মনে বলি, 'ওগো, তোমাকে যেন একবার স্বপ্নে দেখি।'

বিয়ের দিন সানাই বাজে না। বড় রকমের কোনো উৎসব নয়। খুব ঘরোয়াভাবে বিয়ে হচ্ছে। বাবা টাকা খরচ করতে চান না। আমি ভেবেছিলাম খুব জাঁকজমক হবে। বড় ছেলের বিয়ে তো বাবাকে দিতে হয়নি! খোকার বিয়ে, সে তো অনেক দিনের ব্যাপার। আমি একমাত্র মেয়ে। বাবার টাকা-পয়সা আছে। কিন্তু খরচ করবে না। হাড়কিপ্টে! আমার বর এসব ব্যাপারে কেমন হবে! বাবার মতো! ইস্, তাহলে আমি মরে যাবো।

লোকটাকে দেখে কিন্তু কিপ্টে মনে হয়নি। দামি সিগারেট খায়। কাপড় চোপড় দেখে মনে হয় খরচের হাত। আল্লাহ্, তাই যেন হয় ।

বিয়েতে আমার বন্ধু এসেছে দুজন। মুনিয়া আর কোয়েল। আর কাউকে বলিনি। বিয়ের পর বরকে নিয়ে ঘুরে ঘুরে সবার সঙ্গে দেখা করবো। তখন তো আর কোনো বাধা থাকবে না। ওকে আমি আমার ইচ্ছেমতো তৈরি করে নেবো।

শুভদৃষ্টির সময় আমি চমকে উঠি। এ তো সেই লোক নয়! সঙ্গের লোকটা!

বেটে মতো । দেখতে বিচ্ছিরি। ওমা, কেমন হাঁ করে তাকিয়ে আছে! এর জন্য তো আমি আমাকে প্রস্তুত করিনি ।

এর কথা তো ভুলে একবারও ভাবিনি। তাহলে? আমার ইচ্ছে করে লাফিয়ে উঠে চলে যেতে। লাথি মেরে ভেঙ্গে দিই সব আয়োজন। গয়না-টয়না খুলে ছুড়ে ফেলে দিই। চিৎকার করে বলি, ‘তোমাকে আমি চাই না।’ কিন্তু এসবের কিছুই করা হয় না। সম্ভব নয়। তাহলে আমার আর কখনো বিয়েই হবে না। মা এক্ষুণি ঝাড়ু নিয়ে আসবে পেটাতে। বাবা আসবে গরু জবাই করার ছুরি নিয়ে।

না, জীবনটাই নষ্ট হয়ে গেলো। আমি আমার ভালো লাগার শেষ জিনিসটাও পেলাম না। আমার কান্না পেতে থাকে। সামলে নিয়ে বরের পাশে বসা লোকটার দিকে তাকাই। ঐ তো সে বসে আছে। আমার স্বপ্নের মানুষ। লোকটা কে? বরের বন্ধু? মুহূর্তে সম্পূর্ণ ব্যাপারটা ক্লিয়ার হয়ে যায়। বন্ধুকে নিয়ে বর আমাকে গোপনে দেখতে আসতো। আমি ভুল বুঝি! কী যে হলো! তবুও আমি সব ভুলে যাই। ভুলে ঐ লোকটার দিকেই তাকিয়ে থাকি। বাসর-ঘরটা সাজানো হয়েছে খুব সুন্দর করে। খাট, ড্রেসিং টেবিল, সোফা, টেবিলের ওপর ঝকঝকে নতুন জগ, গ্লাস। ফুলে ফুলে ছেয়ে আছে চারদিক। আমাকে ঘিরে বরপক্ষের সব ছেলেমেয়েরা। কতো রকমের কথা যে বলছে! বেশিরভাগই হাসির। কিন্তু আমার হাসি পায় না। বুকের ভেতরটা কেমন করে। কী যেন একটা ঘটে গেলো।

আমার খাটের ওপরই একপাশে বসে আছে লোকটা। কথা বলছে খুব কম। সিগারেট খাচ্ছে। টিউব-লাইটের সাদা আলোয় তাকে বড় সুন্দর দেখায়। আমি আড়চোখে বারবার দেখি। সে আমাকে একবারও না। সে কি কিছু ভাবছে? সে কি একটু উদাস! কেন? কথাটা ভেবে বুকের ভেতরটা হু হু করে ওঠে।

দরজায় খুটখাট শব্দ। তাকিয়ে দেখি বর। পাজামা-পাঞ্জাবী পরা। আমার দিকে পেছন ফিরে দরজা আটকাচ্ছে। ঘরটা কখন খালি হয়ে গেছে আমি বুঝতেই পারিনি! এতোক্ষণ কী ভেবেছি! ঐ লোকটার কথা!

খানিক পর বর এসে আমার পাশে বসে। একটা দীর্ঘশ্বাস পড়ে তার। লোকটা টায়ার্ড বোঝা যায়। তার দীর্ঘশ্বাসে আমি একটু কেঁপে উঠি। লোকটা আস্তে করে আমার কাঁধে হাত রাখে । আমি কেঁপে উঠি। এই প্রথম একজন

পুরুষ আমার কাঁধে হাত রাখলো। পুরুষের প্রথম ছোঁয়া।

সে আস্তে করে আমার চিবুকে হাত দেয়। আলতো করে মুখ তোলে। আমি তার দিকে তাকাতে পারি না। চোখ বুজে থাকি। সে বললো, "তুমি সুখী হয়েছো ?"

শুনে আমি আবার কেঁপে উঠি। একথার আমি কী জবাব দেবো!

আমি কি সুখী ?

একটা অচেনা লোকের সামনে, জীবনে প্রথম আমি তারপর হু হু করে কাঁদতে থাকি।

সংক্ষেপিত

(ইমদাদুল হক মিলন)

লেখক পরিচিতি

কথাসাহিত্যিক ইমদাদুল হক মিলন ১৯৫৫ সালের ৮ সেপ্টেম্বর বাংলাদেশের বিক্রমপুরের মেদিনীমণ্ডল গ্রামে নানার বাড়িতে জন্মগ্রহণ করেন। তিনি ১৯৭২ সালে পুরনো ঢাকার কাজীর পাগলা হাই স্কুল থেকে মাধ্যমিক এবং ১৯৭৪ সালে তৎকালীন জগন্নাথ কলেজ, বর্তমান জগন্নাথ বিশ্ববিদ্যালয় থেকে উচ্চমাধ্যমিক পরীক্ষায় উত্তীর্ণ হন। ১৯৭৯ সালে জগন্নাথ কলেজ থেকেই স্নাতক সম্মান ডিগ্রি অর্জন করেন। পেশা হিসেবে সাহিত্য-সাধনাকে অবলম্বন করে তিনি বাংলাদেশের কথাসাহিত্যে একটি বিশেষ জনপ্রিয় আসন লাভ করেছেন। তাঁর সাহিত্য-সৃষ্টিতে আছে প্রাচুর্য আর কাহিনীবর্ণনায় আছে আকর্ষণীয়তা। তিনি প্রধানত উপন্যাস ও ছোট গল্পের রচয়িতা। এ ছাড়া তিনি কিছু ব্যক্তিগত প্রবন্ধ লিখেছেন। শিশুসাহিত্যেও তাঁর দক্ষতা রয়েছে। তিনি ছোটগল্প রচনায় বিশেষ কৃতিত্ব দেখিয়েছেন। তাঁর ছোট গল্পে নাগরিক জীবনের কথা যেমন বলা হয়েছে, তেমনি গ্রামীণ মানুষের কথাও উপেক্ষা করা হয়নি। তাঁর বর্ণনাভঙ্গি আকর্ষণীয়, উপস্থাপনা-রীতিও পাঠকের হৃদয়কে সহজে নাড়া দেয়।

শব্দার্থ

বেরুনো	[动]	出去
উৎকণ্ঠা	[名]	不安；焦虑；担心
মান	[名]	名誉；荣誉；尊严
ব্যাকডেটেড	[形]	保守的
ঝাড়ু	[名]	扫帚
পেটানো	[动]	打
গোঁজা	[动]	塞入，放入
টুঁ শব্দ করা		发出微弱的抗议声
জো	[名]	机会；有利条件
শবেবরাত	[动]	白拉台夜；忏悔（解脱罪孽）之夜
উল বোনা		编织毛衣
ডিঙানো	[动]	跳过；爬过
এগোনো	[动]	继续；前行；进展
মানা করা		阻止
পরোয়া করা		顾及；在乎；害怕
লুকিয়েচুরিয়ে	[副]	偷偷地；暗地里
মিইয়ে যাওয়া		势头减弱；变得和缓；变得疲软
পটানো	[动]	使同意；说服
ঘটক	[名]	媒人
সুরৎ	[名]	外表；面貌
মাইনে	[名]	月薪
হাড়কিপ্টে	[形]	吝啬的；一毛不拔的
বাড়তি	[形]	多余的
হাঁ করে তাকানো		张着嘴注视着
কতল করা		砍头；杀死
ঢোক গিলে বলা		咽口唾沫说
থতমত খাওয়া		难为情；不好意思

ঘোমটা	[名]	（披在头上的）纱丽的一端
হাঁপ ছেড়ে বাঁচা		得以喘息；解脱
ঘেরা	[动]	围绕；包围；环绕
স্নো-পাউডার মাখা		涂脂抹粉
আবেশ	[名]	沉迷；陶醉
ঘরোয়াভাবে	[副]	非正式地；没有仪式地；私密而仅限于小范围地
জাঁকজমক	[名]	华丽；气派
ইচ্ছেমতো	[副]	按照自己的意愿
শুভদৃষ্টি	[名]	孟加拉传统婚礼中新郎和新娘的对望仪式
লাথি মারা		踢；踹
জবাই করা		宰牲（献祭）；杀死
বাসর-ঘর		新婚洞房
আড়চোখে দেখা		斜着眼看
দরজা আটকানো		闩上门
আলতো	[副]	小心翼翼地；轻轻地

অনুশীলনী

পাঠ অনুসরণে নিচের প্রশ্নাবলীর উত্তর দিন।

১.শায়লার পরিবারে কে কে আছে? শায়লার পরিবারের পরিবেশ ও অবস্থা কেমন? তার বাবা-মা কেমন মানুষ? নিজের ভাষায় বর্ণনা করুন।

২.কলেজে সেকেন্ড ইয়ারে পড়ার সময়ে এক জায়গায় শায়লার বিয়ের কথা পাকাপাকি হয়ে গেলো,পরে কিসের কারণে বিয়ে হয়নি?

৩.ছোট ভাইয়ের জন্য শায়লার কেন কষ্ট লাগে?

৪.বড় ভাই যে প্রেম করে নিজের ইচ্ছায় বিয়ে করে ফেলেছে, তা নিয়ে পরিবারে কেমন অশান্তি হয়েছিল?

৫.মেয়ের ইউনিভার্সিটিতে পড়ার ব্যাপারে বাবা-মায়ের কী দৃষ্টিভঙ্গি? অবশেষে

কীভাবে ইউনিভার্সিটিতে ভর্তি হয়েছে?

৬.বাংলাদেশের পাত্রী দেখার প্রথা সম্পর্কে আপনি কি কিছু জানেন? "পাত্রী দেখা" প্রথা নিয়ে আপনার কী মন্তব্য?

৭.শায়লার ইউনিভার্সিটির বন্ধুদের লাইফস্টাইল কী রকম?

৮.কদিন ধরে যে দু'জন লোক শায়েলাকে ফলো করেছে তারা কে কে? আসলে কীজন্য ফলো করেছে?

৯.বিয়ের অনুষ্ঠানে শায়লার কেন কান্না পেতে থাকে? তার মনের যন্ত্রণা ও নিরাশার মূল কারণ ব্যাখ্যা করুন।

১০."জীবনটাই নষ্ট হয়ে গেলো। আমি আমার ভালো লাগার শেষ জিনিসটাও পেলাম না।" – কথাটি কার? এজন্য দায়ী কে?

পাঠ ১৩

ময়নামতী

১

রাজার ছেলে মোহনলাল স্বপ্ন দেখে ঘুম থেকে উঠেছে, কৃষ্ণপুর রাজ্যের রাজকন্যা ময়নামতী যেন তাকে বিয়ে করেছে। কৃষ্ণপুর রাজ্য যে কোথায় তা-ই তো সে জানে না, তায় আবার সেই দেশের রাজকুমারী ময়নামতী– যার রূপের গরবে মাটিতে পা পড়ে না – তাকে সে দেখবে কি করে! ভাবলে, তাকে যখন সে স্বপ্নে দেখেছে আর তার সাথে তার বিয়েও হয়েছে , কাজেই তাকে যে করে হোক খোঁজখবর করে বের করা চাই-ই,– আর তাকে ছাড়া অন্য কাউকে সে জীবনে বিয়েই করবে না।

হরিণ শিকারের নাম করে একদিন রাজা আর রাণীর কাছ থেকে বিদায় নিয়ে সে একটা বনের মধ্যে এসে ঘোড়াটা ছেড়ে দিল। দিয়ে, রাজপোষাক খুলে একটা পোঁটলা বেঁধে নিয়ে সাধুর বেশ পরে পথ চলতে লাগলো।

দুপুরের রোদ মাথার ওপরে ঝাঁ ঝাঁ করছে, কাক-পক্ষীরা নেই। যেতে যেতে এক রাজার রাজ্য ছেড়ে আর এক রাজার রাজ্য। বনের মধ্যে মস্ত একটা বটগাছ,– সেই গাছের ছায়ায় মোহনলাল ক্ষিদে-তেষ্টায় কাতর হয়ে শুয়ে পড়লো। পড়তেই অঘোরে ঘুম।

যখন প্রায় বেলা ডোবে ডোবে, এমনি সময়ে তার ঘুম ভাঙলে। ঘুম ভাঙতেই সে শুনতে পেলো, গাছের ওপরে এক শুক পাখী শারীকে বলছে, "আজ এই রাজপুত্রের নিশ্চয় মরণ হবে।" শারী জিজ্ঞেস করলে, "কেন ?"

সে বললে, "এক্ষুণি একটা বাঘ আসবে, এসেই রাজপুত্রকে খেয়ে ফেলবে।"

"আহা , তবে তো খুব দুঃখের কথা ! তা এঁকে কোন রকমে বাঁচানো যায় না ?"

"নাঃ, তা কি করে হবে; তবে একটা উপায় হতে পারে। বাঘটা আসতেই যদি রাজপুত্র তাকে 'মামা' বলে ডেকে কাছে যায় তা'হলে সে আর কিছু বলবে না ।"

২

নীচে থেকে রাজপুত্র সব শুনতে পেয়ে আগে থেকেই তৈরি হয়ে বসে রইলো। এদিকে খানিক পরে বন-বাদাড় কাঁপিয়ে 'হালুম' 'হালুম' করে একটা বাঘ ঝোপের মধ্যে আসতেই রাজপুত্র উঠে তাকে একটা প্রণাম করলো। বললে, "কি মামা কেমন আছো ?"

বাঘ তো ভ্যাবাচ্যাকা খেয়ে গেল। এ বলে কি! মানুষ আবার তার বোনপো হবে কি করে! বেচারী খানিকক্ষণ অবাক হয়ে দাঁড়িয়ে থেকে আমতা আমতা করে বললে, "তা ভাগ্নে কেমন আছো? আমাদের বাড়ী চলো ।"

বাঘ তাকে সাথে করে নিজের বাড়ীতে নিয়ে গেল। বাঘের ছেলেপুলেরা একজন মানুষ ভাই পেয়ে তার গা চেটে আনন্দ জানাতে লাগলে। বাঘিনী তাকে আদর করে মরা গরুর একটা ঠ্যাং তাকে খেতে দিলে।

রাজপুত্র দু'একদিন তাদের কাছে থেকে বাঘ-বাঘিনী আর তার ছেলেপুলেদের কাছে বিদায় নিতে গেল।

তারা বললে , "যদি কোনো বিপদ আপদ হয়– 'মামা' 'মামা' বলে ডেকো– তাহলেই আমরা গিয়ে হাজির হবো।"

রাজপুত্র স্বীকার করে তাদের সবাইকে নমস্কার জানিয়ে আবার পথ চলতে শুরু করলে। দিনের পর রাত আসে– রাতের পর দিন; এমনি করে কত মাস যে যায় তার ঠিক নেই। অবশেষে একদিন সে কৃষ্ণপুর রাজ্যে এসে হাজির হলো।

৩

রাজার বাড়ীতে সেদিন খুব ধুমধাম– লোকজনের হৈ চৈ বাদ্যিভান্ডে রাজ্যিটা সরগরম। এক গয়লানী দুধের ভাঁড় মাথায় করে সেই পথে যায়। রাজপুত্র তাকে জিজ্ঞেস করে খোঁজ পেলে যে, সেই দেশের রাজকন্যা ময়নামতীর সেইদিন রাত্রিকালে দক্ষিণ দেশের রাজপুত্রের সাথে বিয়ে হবে। শুনে তার মুখ শুকিয়ে গেল, কিন্তু সে ভাবটা গয়লানীকে সে জানতে দিলে না। হেসে বললে, "তাই নাকি, তা বেশ, বেশ, আমরা গরীব লোক, দু'দিন খেয়ে বাঁচবো।" তারপর গয়লানীর কাছ থেকে দুধসুদ্ধ ভাঁড়টা কিনে নিয়ে একটা ঝোঁপের মধ্যে

গিয়ে কাপড়চোপড় বদলিয়ে নিজে গয়লানী সেজে দুধের ভাঁড় মাথায় করে রাজার বাড়ীতে দুধ বিক্রী করতে গেল। মহলে ঢুকে ভাঁড়টা একদিকে নামিয়ে রেখে সে দাসীর কাছে খবর নিয়ে যে ঘরে রাজকন্যা ছিলো– তাড়াতাড়ি সেই ঘরে এসে হাজির হলো। রাজকন্যাকে দেখামাত্রই সে চিনতে পারলে, ঠিক একেই তো সে স্বপ্নে দেখেছিল।

রাজকন্যাকে এককোণে ডেকে নিয়ে সে নিজের পরিচয় দিলে– আরও কত সব কথা বললে। রাজকন্যাও যেন নিজের প্রাণের কথা এতদিন পরে তার কাছে বলতে পেরে হাঁফ ছেড়ে বাঁচলে।

তারপর তাকে বিদায় দেবার সময় সে বললে, "একপ্রহর রাতে তুমি নদীর ঘাটে কাঙালী জেলের রূপোর নৌকা আর সোনার বৈঠা নিয়ে বসে থেকো; আমি তোমার কাছে যেমন করে হোক যাবো– তারপর দু'জনে এ রাজ্য ছেড়ে পালিয়ে যাবো।"

রূপোর নৌকো আর সোনার বৈঠার এমন গুণ যে, যে দেশে যে মানুষ যেতে চায়, সে দেশের কথা মনে করলে আর বৈঠা বাইতে হয় না। নৌকো সেখানে আপনা আপনি যায়। রাজপুত্র মোহনলাল রাজার বাড়ী থেকে বাইরে এসে গয়লানীর পোষাক ছেড়ে নিজের পোষাক পরলে। তারপর তার ভাবনা হলো, সে কাঙালী জেলের রূপোর নৌকো আর সোনার বৈঠা কি করে পাবে! হঠাৎ তার মনে হলো যে বাঘমামা তো তাকে বলেছিলো, বিপদে আপদে তাকে ডাকতে। কথাটা যেই মনে পড়া, অমনি সে হাঁটু পেতে বসে চোখ বুজে এক মনে 'বাঘমামা' 'বাঘমামা' বলে ডাকতে লাগলো। আর দেখতে না দেখতে বন-বাদাড় ভেঙে 'হালুম' 'হালুম' করতে করতে বাঘমামা তো তার ছেলেপুলে সব নিয়ে এসে হাজির। বললে, "ভাগ্নে ব্যাপার কি? কি বিপদ তোমার?"

রাজপুত্র বললে, "মামা, রূপোর নৌকা আর সোনার বৈঠা কাঙালী জেলের ঘরে আছে– সেই আমার দরকার।"

আর যায় কোথা,– 'হালুম' 'হালুম' করতে করতে বাঘ তো সদলবলে গিয়ে পড়লো জেলের বাড়ী। আচমকা এমন বিপদ দেখে তারা ভয়ে তরাসে কেঁপেই অস্থির। বাঘ বললে, "তোমার রূপোর নৌকা আর সোনার বৈঠা শিগ্‌গির বের করে দাও, নইলে সবাইকে আমরা খেয়ে ফেলবো।"

তারা আর কি করে, জিনিসের চেয়ে প্রাণের মায়াই ঢের বেশি। ভয়ে ভয়ে রূপোর নৌকা আর সোনার বৈঠাটা তারা বের করে দিলে।

বাঘ সেটা নিয়ে রাজপুত্রকে দিয়ে তার কাছ থেকে বিদায় নিয়ে নিজের দেশে ফিরে গেল।

৪

নিঝুম রাত। জ্যোৎস্নায় যেন যুঁইফুল ঝরছে। নদীর ডাক তার সাথে মিশে চারদিক মাতিয়ে তুলেছে। নৌকার ওপরে বসে রাজপুত্রের আর সময় কাটতে চায় না। এক প্রহর গেল, দুই প্রহর যায়– তবু রাজকুমারী এলো না দেখে তার মনটা যেন কেমন কেমন করতে লাগলো। ভাবলে কি বা বিপদ হয়েছে। নৌকাটা বেশ করে বেঁধে রেখে ময়নামতীর খোঁজ নিতে সে রাজবাড়ীতে চলে গেল।

এদিকে সেই কাঙালী জেলের মনে সুখ নেই। তার অত সাধের অমন রূপোর নৌকাখানা আর সোনার বৈঠাটা হাতছাড়া হয়েছে, সে কি আর স্থির থাকতে পারে! যে ঘাটে ঐ নৌকোটা বাঁধা ছিলো– সে তারই কিছু দূরে ঝোপের মধ্যে ঢুকে মনে মনে ফন্দি আঁটতে বসেছিলো। রাজপুত্রকে নৌকো থেকে নেমে যেতে দেখে সে ভাবলে– এইতো সুযোগ। সে দুই লাফে এসে নৌকোয় উঠে বসে তার বাঁধন যেই খুলে দিতে যাচ্ছে, ঠিক সেই সময়ে রাজকুমারী ময়নামতী এসে তাড়াতাড়ি নৌকোয় উঠে বসলে! এদিকে নৌকো স্রোতের মুখে আলগা পেয়ে তরতর করে ছুটে যেতে লাগলো।

ময়নামতী কাঙালী জেলেকে তাড়াতাড়িতে লক্ষ্য করেনি! তারপর ধীরে সুস্থে তার কাছে গিয়ে তার মুখের দিকে চেয়েই চমকে উঠলো। বললো, "তুমি কে ?"

কাঙালী বললে, "আমার নাম কাঙালী– তোমাকে আমি বিয়ে করবো।"

অন্য সময় হলে রাজকুমারী তার এই বেয়াদপির জন্যে তার মুখে হয়তো জুতো মারতো, – কিন্তু অকূল দরিয়ায় চারদিকে ভয়ে তার সে সাহস হলো না। মনের দুঃখ মনে চেপে রেখে বললে, "বেশ, এ আর হবে না কেন! তবে দেখ, ছ'মাস আমার একটা ব্রত আছে। এই সময়টা তোমার সাথে আমার বাপ আর

মেয়ের সম্বন্ধ। ছ'মাস পরে যদি বিয়ে করতে চাও– আমি রাজি আছি।"

কাঙালী বেচারী আর কি করে, ভাবলে, রাজকুমারীকে বেশী ঘাঁটাঘাঁটি করলে শেষে হিতে বিপরীত হতে পারে; সে অগত্যা তাতেই স্বীকার হয়ে নিজের বাড়িতে এনে তাকে লুকিয়ে রাখলে।

৫

ওদিকে রাজপুত্র রাজবাড়ীতে গিয়ে শুনতে পেলে রাজকুমারী ময়নামতীকে আর খুঁজে পাওয়া যাচ্ছে না। তার মনটা খুশিতে ভরে উঠলে, সে নিশ্চয়ই এতক্ষণ নৌকাতে গিয়ে তার জন্য অপেক্ষা করছে। সে তাড়াতাড়ি নদীর ঘাটে এসে হাজির। কিন্তু তার নৌকোই বা কোথায়, আর ময়নামতীই বা কোথায়!

রাজপুত্র পাগলের মতন হয়ে নদীর কূলে কূলে ছুটাছুটি করে বেড়াতে লাগল– ততক্ষণে হয়তো স্রোতের টানে ময়নামতী আর জেলেকে নিয়ে রূপোর নৌকো এক রাজার দেশ ছেড়ে আর এক রাজার দেশে হাজির হয়েছে। চারদিকে খুঁজে খুঁজে যখন কিছুতেই ময়নামতীকে পাওয়া গেল না, তখন হতাশ হয়ে নদীর কিনারে এসে মাথায় হাত দিয়ে 'হায়' 'হায়' করতে লাগলে।

৬

সাত সমুদ্দুর তেরো নদীর ওপারে যে দৈত্যপুরী আছে– সেই দেশের রাজার মৃত্যু হয়েছে। রাজ্যে হাহাকার দোকান পাঠ বন্ধ, পথে লোক চলে না, কাক চিলেরা ওড়ে না। রাজার শোকে সবাই পাগল। রাজার ছেলে সন্তান নেই সেইজন্যে সিংহাসন খালি– বিচার বন্ধ। দৈত্যপুরী থেকে সিপাই সান্ত্রী ছেড়ে দেওয়া হয়েছে সুলক্ষণযুক্ত কোন ছেলে পাওয়া গেলেই তাকে ধরে নিয়ে এসে শূন্য সিংহাসনে বসিয়ে দেওয়া হবে। দেশের সিপাই, সান্ত্রী, পাইক, বরকন্দাজেরা একেবারে হয়রান হয়ে উঠেছে; তেমন রাজপুত্র আর খুঁজে পাওয়া যায় না। বিরক্ত হয়ে একদম তারা আশাই ছেড়ে দিল। অবশেষে সেই নদীর ধারে এসে এক রাজকুমারকে দেখেই তাদের আর আনন্দ ধরে না। যেমনটি তারা খুঁজছিলো ঠিক তেমনটিই মিলে গিয়েছে। তারা সকলে মিলে তাকে ধরাধরি করে নিজেদের রাজ্যে এনে তাকে শূন্য সিংহাসনে বসিয়ে রাজা

করলে।

রাজপুত্র মোহনলাল দৈত্যদের দেশের রাজা হয়েও মনে সুখ পেলে না। সব সময়েই তার শুধু ময়নামতীর চিন্তা। ময়নামতীর অভাবে তার কাছে পৃথিবীই যে মিথ্যা! নিজের মনের দুঃখ মনে চেপে তার দিন কাটে!

দৈত্যদের দেশে হাজার রকমের আমোদ আহ্লাদ, হরেক রকমের আজব তামাশা। সেই দেশের মন্ত্রী, পাত্র মিত্রেরা গোপনে গোপনে লক্ষ্য করলেন যে, এসবে কিছুই রাজার মন নেই– এখানে এসে পর্যন্ত তিনি একদিনও হাসেননি। এর কারণ কি! কেউ কিছু বুঝে উঠতে পারলে না। একদিন তারা পরস্পর একসঙ্গে রাজার কাছে এসে প্রণাম জানিয়ে, তাঁর মনের দুঃখের কারণ জিজ্ঞাসা করলে। রাজপুত্র তখন নিজের মনের সব কথা তাদের কাছে খুলে বললে। আরো বললে যে, সেই রাজকুমারী ময়নামতীকে কে যে নিয়ে গেছে– তার কিছুই সে জানে না। কিন্তু তাকে না পাওয়া পর্যন্ত তার মনে আর শান্তি নেই।

সব শুনে উজির নাজিরেরা তক্ষুনি একটা উপায় করবার জন্যে উঠে পড়ে লেগে গেল। সিপাই বরকন্দাজ ছুটলো। খোঁজ-খোঁজ রাজ্যিময় একটা সোরগোল পড়ে গেল। কোথায় বা সে ময়নামতী– কোথায় বা সে রূপোর নৌকো আর সোনার বৈঠা! তিন দিনের মধ্যে রাজকুমারীকে খুঁজে না পাওয়া গেলে তাদের সবার ছেলেপুলে শুদ্ধ গর্দান যাবে– কোটালের হুকুম।

৭

এদিকে ছ'মাস পূর্ণ হতে আর মাত্র একটা দিন বাকি। কাঙালী ভাবছে আর একটা দিন পরেই রাজকুমারীর সাথে তার বিয়ে হবে। মন তার আনন্দে ভরে উঠেছে সত্যি সত্যি ।

ময়নামতীর মনেও দিন রাত চিতার আগুন। বেচারী স্নান করে না– খায় না– রাজপুত্রের ভাবনায় শুকিয়ে আধমরা হয়েছে। আর তো একদিন মাত্র– তারপর এ মূর্খ জেলে তাকে বিয়ে করবে। হায়রে কপাল!!

কিন্তু তা হবে না–

ভাবলে আজ রাত ভোর হলেই সে বিষ খেয়ে নিজের প্রাণ নিজে দেবে, তবু একজন জেলের ঘরের বউ হতে সে কিছুতেই পারবে না।

ঠিক এমনি সময়ে দৈত্যদেশের সিপাই সান্ত্রীরা ময়নামতীকে খুঁজতে খুঁজতে জেলের ঘরে এসে হাজির। তারা অনেক খোঁজ খবর নিয়ে জানতে পেরেছিলো যে এইখানেই ময়নামতীকে লুকিয়ে রাখা হয়েছে।

তারা দরজায় গিয়ে হাঁক দিলে, "হেঁইও জেলে,– কৃষ্ণপুরের রাজকন্যা তোমার ঘরে আছে?"

জেলে রেগে খুন। চটেমটে বাইরে এসে তাদের সবাইকে লাঠি নিয়ে তাড়া করলে। আর যায় কোথা! সিপাই-সান্ত্রীরা তার লাঠিটা কেড়ে নিয়ে তাকে পিঠমোড়া করে বেঁধে আচ্ছা ঘা কতক দিলে। তারা তারপর রাজকন্যা, রূপোর নৌকো সোনার বৈঠা আর কাঙালী জেলেকে নিয়ে দৈত্যপুরীতে ফিরে এল। ময়নামতীকে ফিরে পেয়ে রাজপুত্র মোহনলাল আনন্দে প্রায় বেহুঁশ হয়ে পড়লো। রাজকুমারীর অবস্থাও অনেকটা সেই রকম।

কাঙালী জেলেকে তার বেয়াদপি আর অপরাধের জন্যে চিরজীবন কারাগারে আটকে রাখা হলো।

৮

কিছুদিন যায় ।

তারপর একদিন দৈত্যপুরীর সবাইয়ের কাছ থেকে বিদায় নিয়ে রাজকুমার আর রাজকুমারী রূপোর নৌকোয় উঠে নিজের দেশে ফিরে চললো।

ঝম ঝম ঝম রূপোর নৌকো সাত সমুদ্দুর আর তেরো নদীর পথ ছুটে চলেছে রাজপুত্র মোহনলাল আর রাজকন্যা ময়নামতীকে নিয়ে।

মাত্র অর্ধেক পথ গিয়েছে কি যায় নি– এমনি সময় আওয়াজ উঠলো– রূপোর নৌকো আর সোনার বৈঠা নিয়ে কে পালায়– নৌকো বাঁধো– থামাও নৌকো– নইলে –

নইলে কি– কি কথা আর শেষ হতে পেলো না।

এদিকে ব্যাপার হয়েছে কি– কাঙালী জেলেকে দৈত্য রাজার লোকেরা ধরে নিয়ে যাবার পর থেকেই তার লোকজনেরা তাকে খুঁজে খুঁজে বেড়াচ্ছে তাকে উদ্ধার করে আনবার জন্যে! কারণ কাঙালী ছিল জেলেদের দলের সর্দার। কিন্তু খোঁজ পায়নি। এবার নদীতে রূপোর নৌকো দেখে তারা ভাবলে– বোধহয়

দৈত্য রাজার লোকেরা এই নৌকোতেই জেলেকে ধরে নিয়ে যাচ্ছে! তাই হাঁক দিলে নৌকো থামাবার জন্যে ।

হাঁক শুনে রাজপুত্র ভেতর থেকে বেরিয়ে এলেন। এসে দেখে নদীর পারে বহু লোকের ভিড়। এর মধ্যে কয়েকজন একটা নৌকোতে উঠতে যাচ্ছে। উদ্দেশ্য তারা নৌকোতে করে এসে তাদের নৌকোকে আটকাবে।

রাজপুত্র দেখলে বিপদ– সে তখনই স্মরণ করলে– বাঘ মামাকে।

আর যায় কোথা! অমনি বাঘমামা সদলবলে এসে নদীর পারে হাজির! বাঘের দল দেখে সবাই ছুটোছুটি করে পালাতে লাগলো আর যারা নৌকোতে উঠতে যাচ্ছিল তারা ভয়ে নদীর মধ্যে লাফিয়ে পড়ে ডুবে গেলো।

একদিকে রাজপুত্র সেই রাজ্য ছাড়িয়ে অন্য রাজ্যে চলে এসেছে। এখন বেশ শান্তিতে তাঁরা পথ চলতে চলতে দেশে এসে পৌঁছলেন।

রাজপুত্র মোহনলালকে হারিয়ে বুড়ো রাজা আর রাণী মনের দুঃখে দিন কাটাচ্ছিলেন। এতদিন পরে তাকে ফিরে পেয়ে তাঁদের আর খুশি ধরে না। তাঁরা কাঁদতে কাঁদতে তাকে আর ময়নামতীকে বুকে জড়িয়ে ধরলেন।

তারপর– রাজপুত্রের সাথে ময়নামতীর বিয়ে। সাতদিন সাতরাত্তির আমোদ আহ্লাদ, মিঠাইমন্ডার ছড়াছড়ি– লুচির পাহাড়– ক্ষীরের দীঘি– দধির পুকুর– নাচ-গানের বাদ্যিভান্ডের তুফান।

বাঘমামা আর বাঘমামী, আর তাদের ছেলেপুলেরা এসে তাজা ছাগল ভেড়া খেয়ে ভাগ্নে আর ভাগ্নেবউকে আশীর্বাদ করে বনে ফিরে গেলো।

রাজপুত্র মোহনলাল তখন রাজা হয়ে ময়নামতীকে নিয়ে মনের সুখে রাজত্ব করতে লাগলেন।

(জসীম উদ্দীন)

টীকা: এই পাঠে পুরনো দিনের বাংলা ভাষা অনুযায়ী কিছু কিছু ক্রিয়াপদের রূপ ব্যবহার করা হয়েছে। বর্তমান প্রমিত বাংলা ভাষায় এসব ক্রিয়াবাচক শব্দের রূপ প্রচলিত নয়। তা ছাড়া, অনেক শব্দের বানান এবং যতিচিহ্নের ব্যবহারও আধুনিক বাংলা থেকে ভিন্ন। এ বিষয়ে শিক্ষার্থীদের প্রমিত বাংলা ভাষার ব্যাকরণ অনুসরণ করা উচিত।

লেখক পরিচিতি

জসীম উদ্দীন (জানুয়ারি ১, ১৯০৩-১৩ মার্চ, ১৯৭৬) শুধু বাংলাদেশের সাহিত্যেই নয়, সমগ্র বাংলা সাহিত্যে একটি স্বতন্ত্র আসন অলঙ্কৃত করেছেন। পুরো নাম জসীম উদ্দীন মোল্লা হলেও, তিনি জসীম উদ্দীন নামেই পরিচিত। ১৯০৩ সালে জসীম উদ্দীনের জন্ম মামার বাড়িতে, ফরিদপুর জেলার তাম্বুলখানা গ্রামে। বাবার বাড়ি ছিল একই জেলার গোবিন্দপুর গ্রামে। বাবার নাম আনসার উদ্দীন মোল্লা। তিনি কলকাতা বিশ্ববিদ্যালয় থেকে বাংলায় বি. এ. এবং এম. এ. পাশ করেন যথাক্রমে ১৯২৯ এবং ১৯৩১ সনে। ১৯৩৩ সনে তিনি কলকাতা বিশ্ববিদ্যালয়ের ড. দীনেশ চন্দ্র সেনের অধীনে রামতনু লাহিড়ী গবেষণা সহকারী পদে যোগ দেন। এরপর তিনি ঢাকা বিশ্ববিদ্যালয়ের বাংলা বিভাগের প্রভাষক হিসেবে যোগ দেন এবং শেষে সরকারের প্রচার বিভাগের উপপরিচালক হিসেবে নিযুক্ত হন। ১৯৬৯ সনে রবীন্দ্র ভারতী বিশ্ববিদ্যালয় কবিকে সম্মানসূচক ডি লিট উপাধিতে ভূষিত করে। ‘পল্লীকবি’ নামে খ্যাতি লাভকারী এই কবি গতানুগতিক কাব্যপ্রবাহে ব্যতিক্রমের সৃষ্টি করেছিলেন। ময়মনসিংহ গীতিকা ও অপরাপর লোকসাহিত্যের সঙ্গে তাঁর কাব্যাদর্শের নিবিড় ঐক্য পরিলক্ষিত হয়। ‘নকশী কাঁথার মাঠ’ ও ‘সোজন বাদিয়ার ঘাট’ কবির শ্রেষ্ঠ দুইটি কাব্যগ্রন্থ। তাঁর লেখা ‘কবর’ কবিতাটি বাংলা সাহিত্যে এক অবিস্মরণীয় অবদান। জসীম উদ্দীনের কবিতা বিভিন্ন ভাষায় অনূদিত হয়েছে।

শব্দার্থ

গরব/গর্ব	［名］	荣耀；荣誉；自豪
খোঁজখবর	［名］	音讯；消息
যে/যেমন করে হোক		无论如何；不管怎样
পোঁটলা বাঁধা		绑上行李；系住行囊
তেষ্টা	［名］	口渴
বাঁচানো	［动］	救；使……活
ভ্যাবাচ্যাকা খাওয়া		愣住；不知所措
চাটা	［动］	舔舐

স্বীকার করা		承认；坦白；接受
বাদ্যিভান্ড	[名]	乐器
সরগরম	[形]	热闹的；情绪高涨的
বদলানো	[动]	使……变化；变换
প্রহর	[名]	一种时间计量单位，相当于三个小时
হাঁটু পাতা		屈膝
চোখ বোজা		闭眼
বাওয়া	[动]	划（船桨）
আপনা আপনি		自然而然地；自动地
সদলবলে	[副]	带领队伍；率领众人
আচমকা	[副]	突然
তরাস	[名]	惊慌；恐惧
শিগ্‌গির/শীঘ্র	[副/形]	迅速地（的）
নইলে	[连]	否则；不然的话
হাতছাড়া	[形]	失去……的；失去对……的控制的
ফন্দি আঁটা		谋划；谋算
আলগা	[形]	解开的；松了的；孤立的
ধীরে সুস্থে		慢慢地；沉稳地；从容不迫地
বেয়াদপি/বেআদবি	[名]	无礼
অকূল দরিয়া		无边无际的大海
ব্রত	[名]	修行；苦行；斋戒；立誓
বেচারী	[名]	可怜的人
ঘাঁটাঘাঁটি করা		折磨；烦扰；软磨硬泡
অগত্যা	[副]	别无选择地
স্বীকার হওয়া		接受；同意
হায় হায় করা		（由于后悔）长吁短叹；捶胸顿足
সুলক্ষণযুক্ত	[形]	带福相的；吉人天相的

সিংহাসন	［名］	王位
সোরগোল/শোরগোল	［名］	喧叫声；骚动声
শুদ্ধ	［形］	只是；简单地
গর্দান যাওয়া		被砍头
বিষ খাওয়া		喝毒药；引申义为自杀
হাঁক দেওয়া		大叫；大喊
কাড়া	［动］	攫取；强夺
আচ্ছা ঘা কতক দেওয়া		暴打一通
বেহুঁশ	［形］	无知觉的
উদ্ধার করা		营救；援救
সর্দার/সরদার	［名］	头目；领导人
উদ্দেশ্য	［名］	目标；目的
আটকানো	［动］	阻止
স্মরণ করা		记住；想起
বুকে জড়িয়ে ধরা		拥抱；拥入怀中
আশীর্বাদ করা		祝福；赐福；保佑
রাজত্ব করা		统治

অনুশীলনী

১। পাঠ অনুসরণে নিচের প্রশ্নাবলীর উত্তর দিন।

১.রাজপুত্র মোহনলাল একদিন কী স্বপ্ন দেখল? এ স্বপ্ন দেখে সে কী সিদ্ধান্ত নিল? এ গল্পের নায়িকা কে?

২.রাজপুত্র মোহনলাল কিসের জন্যে বনের ভিতর গেল? বনে গিয়ে কী করল?

৩.রাজপুত্র মোহনলাল কী বিপদে পড়েছিল? সে কীভাবে বাঘের খপ্পর থেকে নিজেকে বাঁচিয়েছিল?

৪.যেদিন মোহনলাল কৃষ্ণপুর রাজ্যে হাজির হল, সেদিন সেই দেশে কিসের জন্য ধুমধাম?

৫.রাজা কীভাবে রাজকন্যা ময়নামতির সঙ্গে দেখা করতে পেরেছিল?

৬.বিদায়ের সময়ে রাজকন্যা ময়নামতি মোহনলালকে কী কথা বলেছিল?

৭.মোহনলাল রুপোর নৌকো সোনার বৈঠা কী উপায়ে জোগাড় করল?

৮.একপ্রহর রাতে কি দুজনের দেখা হল? কাঙালী জেলে ফন্দি এঁটে কী সুযোগ নিয়েছিল? অবশেষে কে কে রুপোর নৌকায় উঠে বসল?

৯.কাঙালী জেলে রাজকুমারী ময়নামতির কাছে কী আপত্তিকর প্রস্তাব দিয়েছিল? ময়নামতি কী জবাব দিয়েছিল?

১০.দৈত্যপুরী কোথায়? মোহনলাল কেমন করে দৈত্যদের দেশের রাজা হয়েছিল?

১১.ময়নামতীকে খুঁজে পেয়েছিল কারা? কাঙালী জেলে কী শাস্তি পেয়েছিল?

১২.রাজকুমার আর রাজকুমারী রূপোর নৌকোয় নিজের দেশে ফিরবার পথে কী ঘটেছিল? কাঙালী জেলের লোকজনদেরকে জব্দ করেছিল কে?

২। বিশিষ্টার্থক বাক্যাংশ ব্যাখ্যা করুন।

১.যার রূপের গরবে মাটিতে পা পড়ে না

২.যে করে হোক

৩.হাঁফ ছেড়ে বাঁচা

৪.দেখতে না দেখতে

৫.ভয়ে তরাসে কেঁপেই অস্থির

৬.মনে মনে ফন্দি আঁটতে বসেছিলো

৭.হিতে বিপরীত হতে পারে

৮.সাত সমুদ্দুর তেরো নদী

৯.মনে দিন রাত চিতার আগুন

১০.পিঠমোড়া করে বেঁধে আচ্ছা ঘা কতক দিলে

১১.আনন্দে প্রায় বেহুঁশ হয়ে পড়া

১২.পথ চলতে চলতে দেশে এসে পৌঁছলেন

পাঠ ১৪

সত্যপ্রিয়ের কাহিনী

এক ছিলেন রাজা। মহারাজাধিরাজ চক্রবর্তী ছিলেন তিনি। বহু রাজা তাঁকে কর দিত। সসাগরা ধরণীর অধীশ্বর বললেও চলে। রাজাকোষ মণি-মুক্তা হীরা-জহরৎ সোনা-রুপায় পরিপূর্ণ, সৈন্যশালায় রাজভক্ত সুশিক্ষিত বিক্রমশালী বুদ্ধিমান বিচক্ষণ সেনাপতি– হাতিশালায় ঐরাবতের মত হাতি,– অশ্বশালায় উচ্চৈশ্রবার মত ঘোড়া, অসংখ্য দাস-দাসী নিয়ে রাজার সৌভাগ্য বর্ষার মত কানায় কানায় পরিপূর্ণ। রাজা নিজেও খুব বিক্রমশালী পুরুষ। প্রজা থেকে, কর্মচারী থেকে মন্ত্রী পর্যন্ত কেউই রাজার মুখের দিকে চাইতে সাহস করেন না। সূর্যের দিকে যেমন চাওয়া যায় না, অমিততেজী সেই রাজাধিরাজ, তাঁর মুখের দিকেও তেমনি চাওয়া যায় না।

কিন্তু রাজার একমাত্র দোষ– রাজা ঐশ্বর্যের অহঙ্কারে মহা অহঙ্কারী। তিনি যখন চলে যান, তখন পায়ের শব্দে তাঁর দম্ভ লোকে অনুভব করে, রাজপ্রাসাদ যেন কাঁপে। রাজার পুত্রসন্তান নাই, আছে দুটি কন্যা। বড়টির নাম মুক্তামালা, ছোটটির নাম কাজলরেখা। রাজার রানী নাই। মেয়েদুটির শৈশবেই তিনি মারা গিয়েছেন। রাজা আর বিবাহ করেন নাই। মেয়েদুটিকে তিনি প্রাণের চেয়ে ভালবাসেন। তারা যা চায়, তাই দেন। মেয়েদের ধাইমা মেয়েদের মানুষ করে। তারা আপন মনে নিজের নিজের খুশিমত খেলা করে, গান গায়, হাসে খায়-দায়। রাজপণ্ডিত আসেন, তাঁর কাছে পাঠ নেয়। দিনে দিনে কুঁড়ি থেকে যেমন একটু একটু করে পাপড়ি মেলে ফুল ফোটে, তেমনই করে তারা বড় হয়ে ওঠে।

এক বাপ-মায়ের দুই মেয়ে,– কিন্তু আশ্চর্য, রূপে গুণে দুই মেয়ে ঠিক বিপরীত। বড় মেয়ের রূপ দেখলে চোখ যেন ঝলসে যায়। আয়নাতে রোদের ছটা পড়ে তার আভা যেমন ঝকমক করে, তেমনই রূপ তাঁর। গুণেও ঠিক তাই। শাণিত অস্ত্রের মত তাঁর স্বভাব। দাসদাসী সকলে তাঁর কাছে জোড়হাতে সশঙ্কিত হয়ে থাকে। আর ছোট রাজকুমারী কাজলরেখার রূপ শান্ত স্নিগ্ধ,

দেখলে চোখ জুড়িয়ে যায়, পূর্ণিমারাত্রির জ্যোৎস্নার মত; স্বভাবও ঠিক তেমনই মধুভরা। ফল যেমন মধুর ভারে নুয়ে পড়ে, মিষ্ট গন্ধে বুক ভরিয়ে দেয়, তেমনই ধারা মধুর প্রকৃতি তাঁর। ঠোঁটের ডগায় হাসি লেগেই আছে, কৃষ্ণপক্ষের প্রতিপদের চাঁদের মত সে হাসিটুকু।

বড় রাজকন্যা মুক্তামালা মেয়ে হলেও অস্ত্রশিক্ষা করেছেন; তিনি ঘোড়ায় চড়েন, শিকার করতে যান, তাঁর তীর ছোটে উল্কার মত। আকাশের বুক থেকে মনের আনন্দে উড়ে বেড়ায় যে-সব পাখি, তাঁর তীর তাদের বিঁধে মাটির দিকে নামিয়ে আনে । ঝরে-পড়া ফুলের মত। কাজলরেখাও রাজকন্যা, সেই হিসাবে তিনিও অস্ত্রশিক্ষা করেছেন, কিন্তু অস্ত্রের চেয়ে শাস্ত্রে তাঁর অনুরাগ বেশি। তিনি ঘরে বসে নানা শাস্ত্র পাঠ করেন। পড়তে পড়তেই দিন শেষ হয়ে যায়, ঘরের আলো কমে যায়, তিনি গিয়ে বসেন জানালার ধারে। আকাশের বুকে পাখির ঝাঁক উড়ে যায় গান করে– তাদের গান শুনে তিনি মুগ্ধ হয়ে তাদের দিকে চেয়ে থাকেন। আঁচলে করে নিয়ে যান পঞ্চশস্য, ছাদের উপর অঞ্জলি ভরে ছিটিয়ে দেন, ডাকেন তাদের,– আয়-আয়-আয়! ওরে পাখিরা, তোদের আমি ভালবাসি, তোরা খেয়ে যা। তারা শন্ শন্ শব্দে পাক দিয়ে নেমে আসে, কেউ বসে তাঁর মাথায়, কেউ বসে কাঁধে, কেউ বসে হাতে– বসবার জায়গা যারা না পায় তারা পাক দিয়ে উড়তে থাকে, যেমন ভ্রমর ওড়ে ফুলের চারিদিকে, মাছেরা ঘোরে জলবালীর চারিদিকে, তারার দল ঘোরে চাঁদের চারিদিকে, তেমনি ভাবে তারাও কাজলরেখাকে প্রদক্ষিণ করে উড়তে থাকে।

এইভাবে দিন যায়।

ক্রমে মেয়েরা বড় হয়ে উঠলেন। একদিন রাজবাড়ির বৃদ্ধ কঞ্চুকী রাজাকে বললেন,– কন্যাদের এইবার বিবাহের কাল হয়েছে। মহারানী নাই, থাকলে তিনিই রাজাধিরাজকে একথা বলতেন। তাঁর অভাবে কর্তব্য আমার, আমিই আপনাকে মনে করিয়ে দিচ্ছি। রাজা সচেতন হয়ে উঠলেন। মনে মনে হিসাব করে দেখলেন, হ্যাঁ তাই তো, মুক্তামালার বয়স হল আঠারো, আর কাজলরেখার ষোল।

তিনি ডাকলেন মেয়েদের। দেখলেন, দেখে চোখ জুড়িয়ে গেল। যেন সদ্য-ফোঁটা দুটি পদ্মফুল। বড় মেয়ে প্রণাম করে বাপের বিছানার পাশে

বসলেন। কাজলরেখা বাপকে প্রণাম করে তাঁর পায়ের কাছে বসলেন।

রাজা ভ্রুকুঞ্চিত করে কাজলরেখাকে বললেন, – একি, তুমি মাটিতে বসলে কেন? উঠে বস।

কাজল বললেন,– বাবা, শাস্ত্রে আছে– পিতা দেবতা, তাঁর সঙ্গে সমাসনে বসা উচিত নয়, তাঁর পায়ের তলাতেই বসা কর্তব্য। আর আসন হিসাবে মৃত্তিকাই হল শ্রেষ্ঠ আসন। তবে আপনি যখন আদেশ করছেন, তখন তাই বসছি।

এই উত্তরে রাজা সন্তুষ্ট হলেন।

তারপর কন্যাদের পিঠে হাত বুলিয়ে সস্নেহে প্রশ্ন করলেন,– মা, তোমরা এইবার বড় হয়েছ। বিবাহের বয়স হয়েছে। বিবাহ দিতে হবে কিন্তু পাত্র সন্ধান করবার পূর্বে আমি জানতে চাই, তোমাদের কার কিরূপ আকাঙ্ক্ষা, কে কেমন স্বামী প্রার্থনা কর।– মুক্তামালা, তুমি বড়, তুমিই বল আগে।

মুক্তামালা বললেন,– আমার আকাঙক্ষা, আমার স্বামী হবেন তিনি, যিনি শৌর্যে বীর্যে তেজস্বিতায় হবেন আপনার যোগ্য জামাতা। রূপে হবেন তিনি কন্দর্পের মত, বীর্যে হবেন তিনি ঝড়ের সদৃশ– পবন দেবতার মত।

রাজা হেসে কন্যার কথায় বাধা দিয়ে রহস্য করলেন, বললেন,– তাহলে তোমার ছেলের প্রকাণ্ড লেজ থাকবে মা। কেননা পবননন্দন হলেন হনুমান। পিঠের উপর লেজ তুলে দিয়ে ‘জয় রাম’ বলে একলাফে সাগর ডিঙিয়ে ছিলেন জান তো?

মুক্তামালা একটু লজ্জিত হলেন।

রাজা হেসে বললেন,– বল, বল।

মুক্তামালা বললেন,– তিনি বীর্যে পবনের মত হবেন এইজন্য যে শত্রুকুল তাঁর বীরত্বের সম্মুখে বড় বড় গাছের মত ভেঙে পড়বে। তেজে তিনি হবেন অগ্নির মত,– তাঁর রক্তচক্ষুর দৃষ্টির উত্তাপে যারা দুষ্ট, যারা হবে তাঁর প্রতি ঈর্ষাপরায়ণ, তারা অগ্নির সম্মুখে তৃণের মত ম্লান হয়ে শুকিয়ে যাবে; তাতেও যারা সংযত না হবে, তারা সেই তেজে হবে ভস্মীভূত। তাঁকে হতে হবে খ্যাতিমান প্রাচীন রাজবংশের সন্তান। যেহেতু সকল গুণের আকরই হল বীজ, – অমৃতফলের বীজ হতে জন্মায় যে গাছ সে গাছের ফল কখনও বিস্বাদ অথবা

বিষাক্ত হয় না। সংসারে জন্মগুণই শ্রেষ্ঠ।

রাজা মুগ্ধ হয়ে গেলেন কন্যার কথা শুনে। হ্যাঁ, তাঁর মত রাজাধিরাজের উপযুক্ত কন্যা! রাজকন্যার উপযুক্ত কথা বলেছে সে।

কন্যার মাথায় হাত দিয়ে বাপ আশীর্বাদ করলেন। বললেন,– তুমি ইন্দ্রাণীর মত ভাগ্য লাভ কর। তোমাকে আমি আশীর্বাদ করছি। তোমার মনোমত স্বামীই আমি অনুসন্ধান করব। পৃথিবীতে না পাই, দেবলোক, গন্ধর্বলোক পর্যন্ত অনুসন্ধান করে অবশ্যই নিয়ে আসব।

মুক্তামালার মুখে হাসি ফুটে উঠল।

তারপর রাজা ছোট মেয়ের দিকে ফিরে হাসি মুখে, অত্যন্ত আদরের সঙ্গে পিঠে হাত দিয়ে বললেন,– মা এবার তুমি বল তোমার মনের কথা।

কাজলরেখা চুপ করে রইলেন। বাপকে নিজের বিয়ের কথা– বরের কথা বলতে লজ্জা হল তাঁর।

রাজা হেসে পিঠে হাত বুলিয়ে বললেন,– লজ্জা বোধ করছ? আচ্ছা, থাক; আমি বুঝেছি– তোমার দিদি যা বলেছেন, তাঁর যেমন আকাঙক্ষা তোমারও কল্পনা তাই, তোমার বক্তব্য তাই।

কঞ্চুকী বিনয় করে বলল,– আজ্ঞে হ্যাঁ, মহারাজ, অন্য প্রকার বাসনা বা বক্তব্য থাকবে কেন? পর্বতের কন্যা হল নদী। নানা ধারার, নানা দেশের মধ্য দিয়ে তারা স্বয়ংবর হবার জন্য ছুটে চলে। তাদের গুণও এক– দেশকে করে উর্বর, আর তাদের লক্ষ্যও এক– মহাসাগরে মিলিত হওয়াই তাদের একমাত্র কামনা। সুতরাং মা কাজলরেখার বক্তব্যও ঐ এক।

এবার কাজলরেখা ধীরে ধীরে ঘাড় নেড়ে বললেন,– না।

রাজা বিস্মিত হলেন। বললেন, তবে বল, শুনি তোমার কামনার কথা।

কাজলরেখা মৃদুস্বরে বললেন, – আমার যিনি স্বামী হবেন, তিনি যেন হন সর্বশ্রেষ্ঠ মানুষ। তিনি রাজপুত হতে পারেন, আবার অতি সাধারণ, এমনকি দীন দরিদ্রের সন্তানও হতে পারেন। কান্তিতে তিনি কন্দর্পতুল্যও হতে পারেন, আবার মহর্ষি অষ্টাবক্রের মত রূপহীনও হতে পারেন। তিনি গুণে হবেন মহাজ্ঞানী। যেহেতু জ্ঞানই হল প্রশান্তির একমাত্র আকর এবং যেহেতু অন্তরের প্রশান্তি ভস্মীভূত সৌম্যতা, সেই হেতু তিনি রূপহীন যদি হন, তবুও হবেন

সৌম্যদর্শন এবং শান্তপ্রকৃতি। পূণ্যকর্মই তবে তাঁর অস্ত্র, ক্ষমাই হবে তাঁর ধর্ম। মানুষকে তিনি জয় করবেন না। মানুষের সেবায় তিনি তাঁদের সেবক হবেন, মানুষই তাঁকে স্বেচ্ছায় বরণ করবে বিজয়ী বলে। সাম্রাজ্য তিনি কামনা করবেন না, রাজপ্রাসাদের ঐশ্বর্যে তিনি মোহগ্রস্ত হবেন না। সাম্রাজ্য উথলে উঠবে তাঁর পদক্ষেপে, রাজপ্রাসাদ কাঁদবে তাঁর পদধূলির জন্য। তাঁর রক্ষী থাকবে না কেউ, যেহেতু জীবন তাঁর কাছে বড় নয়, এবং সেই হেতুই তিনি হবেন অসামান্য।

রাজা এবার অসহিষ্ণু হয়ে উঠলেন। তার কন্যা হয়ে এ কী বলছে কাজলরেখা! তার কথার মধ্যে যে বারবার রাজত্বকে তুচ্ছ করছে, রাজাকে হেয় করছে! তিনি বাধা দিয়ে বললেন,– তোমার মস্তিষ্কের বোধ হয় ঠিক নেই কাজলরেখা। তাই বারবার তুমি অসম্ভব কথা বলছ, রাজপুত্রকে কামনা না করে সাধারণ মানুষকে বরণ করবার কথা বলছ।

কাজলরেখা বললেন– কন্যার ঔদ্ধত্য মার্জনা করবেন। আমি কিন্তু মনে করি অন্যরূপ। জন্ম থেকেও কর্মকে শ্রেষ্ঠ বলে মনে করি। কর্ম থেকেই মানুষের প্রতিষ্ঠা, মানুষের প্রতিষ্ঠা থেকেই হয় এক বংশের প্রতিষ্ঠা। আবার সেই বংশের বংশধরের অপকর্মে হয় সেই বংশের অধঃপতন। আপনার এই মহৎ বংশ– এই বংশের মহিমা এবং স্থায়িত্ব নির্ভর করছে পুণ্যকর্মী উত্তরাধিকারীর উপর। ঔদ্ধত্য উগ্র ক্ষমাহীন প্রেমহীন উত্তরাধিকারী আপনার দৌহিত্র– হোক না কেন মাতৃকুলের দিকে তার আপনার বংশে জন্ম, হোক না কেন পিতার থেকে অন্য কোন বড় রাজবংশে জন্ম, সে কখনও আপনার বংশমহিমা এবং কুলগরিমাকে অক্ষুণ্ণ অটুট রাখতে পারবে না! বিধাতার লিপিও খণ্ডিত হয় মানুষের কর্মফলে, সুতরাং আপনার ইচ্ছা এবং আশীর্বাদই আপনার উত্তরাধিকারীকে ভাবীকালে রক্ষা করতে পারবে না।

এই কথায় রাজা অত্যন্ত রুষ্ট হলেন কাজলরেখার উপর। কেননা তাঁর মনে হল কাজলরেখা তাঁকে অপমান করেছে। রাজার পুত্রকে কামনা না করে সাধারণ মানুষকে কামনা করে সে বংশের অপমান করেছে। তাঁর আশীর্বাদ, তাঁর ইচ্ছা উত্তরাধিকারীকে রক্ষা করতে পারবে না বলে, সে তাঁকে অপমান করেছে।

একবার তাঁর ইচ্ছা প্রহরীকে ডেকে এখুনি এই হীনমতি কন্যাকে বন্দিনী

করে কারাগারে পাঠিয়ে দেন।

তারপর একটা কথা তাঁর বিদ্যুতের মত মাথায় খেলে গেল। ভাল তাই হবে। কাজলরেখা রাজাকে উপেক্ষা করে, সাধারণ মানুষকে বিবাহ করতে তার প্রবৃত্তি। তাই তিনি করবেন। সেই বিবাহই হবে তাঁর উপযুক্ত শাস্তি। রাজকন্যা হয়ে সে গরীবের বউ হবে! দাস থাকবে না, দাসী থাকবে না, রাজভোগ পাবে না, মোটা কাপড় পরবে, নিজে ভাত রাঁধবে, ঘুঁটে দেবে, নিজের হাতে কাঁটা ধরবে– এই তো উপযুক্ত শাস্তি।

তিনি তাই স্থির করে দুই কন্যার পাত্র সন্ধান করতে লাগলেন। মুক্তামালার বর খুঁজতে চারিদিকে রাজ্যে রাজ্যে রাজ-ঘটক গেল; আর গরীবদের ঘটকালি করে যারা, তাদের কয়েকজনকে ডেকে কাজলরেখার পাত্র সন্ধান করতে বললেন।

এই ঘটকের মধ্যে একজন বৃদ্ধ তিনি বললেন– যদি অনুমতি করেন তবে ছোটকন্যার মুখ থেকে একবার তাঁর কথা শুনতে চাই।

রাজা অনুমতি দিলেন। বুড়ো ঘটক রাজকন্যাকে বললেন– মা, কয়েকটি প্রশ্ন করব। মহাদেবের বয়সের গাছপাথর ছিল না– জান তো? তিনি শ্মশানে বাস করেন– জান তো? দেবতারা যখন অমৃত পান করেন, তখন তিনি বিষ পান করেন– জান তো? দক্ষরাজার কন্যা তাঁকে বিবাহ করার ফলে দক্ষযজ্ঞ হয়েছিল– জান তো?

কাজলরেখা বললেন– জানি!

বৃদ্ধ বললেন– তবে?

– তবে? কাজলরেখা বললেন– আমি সতী কন্যা, আমার সঙ্কল্প কখনও ভঙ্গ হয় না।

হ্যাঁ। বুঝলাম। তুমি সমস্ত কিছু সহ্য করতে প্রস্তুত।

– নিশ্চয়।

তারপর রাজ্যে এক মহা উৎসব আরম্ভ হল। মুক্তামালার বিবাহ। মহা সমারোহ করে মুক্তামালার বিয়ে হল এক রাজকুমারের সঙ্গে। যেমন বর চেয়েছিলেন মুক্তামালা, তেমনই বর।

আর কাজলরেখা?

হ্যাঁ। তারপর একদিন সেই বৃদ্ধ ব্রাহ্মণ-ঘটক নিয়ে এল এক বর। সাধারণ একটি লোক। এক দেশের এক কবি। গরীব কিন্তু খুব পণ্ডিত। দেখতে মোটেই সুন্দর নন, কিন্তু মুখের হাসিটি বড় শান্ত। দেখলেও মানুষ শান্তি পায়।

রাজা কন্যা দান করবার সময় ভেবেছিলেন মুখ ঘুরিয়ে থাকবেন মুখ দেখবেন না।

হঠাৎ একবার দৃষ্টি পড়ল ছেলেটির মুখের দিকে। তার মুখের হাসিটি বড় ভাল লাগল। তিনি একবার ভাল করে দেখলেন। আবার দেখলেন। কন্যাদান শেষ করে উঠে একবার ভাবলেন, তাদের ডেকে ধনরত্ন দিয়ে তাদের আদর করে নিজের কাছেই রাখবেন। কিন্তু না। নিজেকে কঠোর করে তুললেন। কর্তব্য করতেই হবে। মুখ ঘুরিয়ে বললেন– আজই রাত্রে তোমরা আমার রাজ্য থেকে চলে যাও। প্রভাতে যেন দেখতে না পাই। কেউ যেন জানতে না পারে।

কাজলরেখার বিয়ের কথা কাউকে জানান নি তিনি। আলো জ্বলে নাই, বাজনা বাজে নাই, শুধু দু-বার চারবার শাঁখ বেজেছিল। দুটি প্রদীপ জ্বলেছিল, তাও ঘর বন্ধ করে।

অন্ধকারের মধ্যে বর আর কনে– কবি আর কাজলরেখা হাত ধরাধরি করে পায়ে হেঁটে, রাজ্য থেকে চলে গেলেন। যাবার সময় রাজা বিছু ধনরত্ন দিতে চাইলেন জামাইকে। জামাই বললেন– আমাকে ওসবের বদলে কিছু চাল দিন, যা রান্না করে দশজনকে ভোজন করিয়ে, অবশিষ্টাংশ আমরা ভোজন করে তৃপ্তি পাব। ধনরত্ন অলঙ্কার– এর মূল্য আমি বুঝি না।

কন্যা কাজলরেখা তাঁর গায়ের সমস্ত অলঙ্কার খুলে বাপের পায়ের কাছে নামিয়ে দিলেন।

তারপর কবি আর কাজলরেখা এলেন কবির ঘরে।

গরীবের ঘর। কাজলরেখার তাতে কোন দুঃখ নাই, কষ্ট নাই। প্রসন্ন মনে সমস্ত করেন, ঝাঁট দেওয়া থেকে রান্নাবান্না, বিছানা পাতা জল আনা– সমস্ত।

কবি কাব্য লেখেন। রাত্রে কাজলরেখাকে শোনান। কাব্যে কবি ভগবানকে স্তব করেন, প্রার্থনা করেন– হে ভগবান, তুমি মঙ্গলময়, তুমি দীনদরিদ্রের বন্ধু, তাদের দুঃখ দূর কর। সকল বিপদে তুমি তাদের রক্ষা কর। তাদের বড় কষ্ট, তুমি তাদের দিকে তাকাও।

শুনতে শুনতে কাজলরেখার চোখ জলে ভরে ওঠে।

কবি সকালে বার হন একতারা নিয়ে। গ্রামের পথে-পথে গান গেয়ে চলেন, – ধনী, তুমি অহঙ্কার করো না, ধন সম্পদ হল পদ্মপত্রের জল। দরিদ্র, তুমি দারিদ্র্য-দুঃখে পরের হিংসা কোরো না, অসৎ উপায়ে উপার্জনের চেষ্টা করো না; হিংসা হল নিজের কাপড়ে ধরানো আগুন, তাতে তুমিই পুড়ে মরবে। অসৎ উপায়ে উপার্জন করা হল পাপ, – পাপ তোমাকে ধ্বংস করবে। উপরের দিকে চাও, যেখানে আছেন সকল মানুষের পরম বন্ধু এবং সকল রাজার রাজা, তিনি তোমাকে রক্ষা করবার জন্য, তোমাদের দুঃখ কষ্ট দূর করবার জন্য, ব্যগ্র হয়ে বসে আছেন, সকল অবিচারের বিচার করবার জন্য ন্যায়দন্ড নিয়ে অপেক্ষা করছেন। তাঁর দ্বারস্থ না হলে তিনি কি করবেন! তাঁর শরণ নাও, তাঁর শরণ নাও, তোমরা সকলে তাঁর শরণ নাও।

এদিকে রাজা মুক্তামালার বরকে তাঁর প্রতিনিধি করে সিংহাসনে বসিয়ে দিলেন। মুক্তামালার বর মহাবীর, মহা-যোদ্ধা; তিনি মৃগয়ায় যান, পশু-পক্ষী বধ করেন, সৈন্য সামন্ত নিয়ে দেশ জয় করেন, রাজাদের বন্দী করে এনে দাস করেন, রানী আর রাজকন্যাদের এনে মুক্তামালার দাসী করে দেন।

আবার তিনি কঠোর শাসক। সামান্য দোষও কেউ করলে তার নিষ্কৃতি নাই। চারিদিকে গুপ্তচর নিযুক্ত করেছেন। কে কোথায় রাজার নিন্দা করছে, সন্ধান রাখে গুপ্তচরেরা। কে কোথায় রাজার বিপক্ষে ষড়যন্ত্র করছে, সে-সন্ধান রাখে তারা। জামাই রাজা কঠোর শাস্তি দেন।

প্রজারা সভয়ে সশঙ্কিত হয়ে দিন যাপন করে। কার কোনদিন কী হয়! শস্য উঠলে সর্বাগ্রে রাজার কর আদায় দেয়, শস্য যদি নাও হয়, তবুও ঋণ করে অথবা কিছু বিক্রি করে যেমন করেই হোক, রাজার কর দিয়ে আসে।

ক্রমে দুটি কন্যারই দুটি ছেলে হল। ছেলে দুটি আপন আপন বাপ-মায়ের কাছে বড় হতে লাগল।

মুক্তামালার ছেলে, ভবিষ্যৎ রাজা, রাজপ্রাসাদের সোনার ভাঁটা নিয়ে খেলা করে। তীর ধনুক নিয়ে পোষা-পাখি বিঁধে লক্ষ্যভেদ শেখে।

আর কাজলরেখার ছেলে ভোরে উঠে জোড়হাত করে বসে, কাজলরেখার সঙ্গে তার বাপের রচনা-করা ভগবানের গান স্তব করে, আঙিনায় খেলা করে,

পাথর নুড়ি কুড়িয়ে আনে। যেগুলো ময়লা, মাটি লেগে থাকে, সেগুলিকে বলে, – মা, এরা গরীব দুঃখী, নয়? গায়ে ময়লাটি লেগে রয়েছে।

তাদের সে স্নান করায়। বলে, – এদের সেবা করছি। সন্ধ্যায় সে শাস্ত্র পড়ে বাপের কাছে– নানা শাস্ত্র।

এমন সময়, সেবার একবার দেশে এল মহা হাহাকার। একেবারেই বৃষ্টি হল না। দারুণ অনাবৃষ্টি। বর্ষা না হলে শস্য হয় না। শস্য না হলেই দেশে হয় দুর্ভিক্ষ। দেশে দুর্ভিক্ষ উপস্থিত হল। লোকে অন্নের অভাবে গাছের পাতা খেতে আরম্ভ করল। স্ত্রী-পুত্র বেচতে আরম্ভ করলে।

জামাই রাজার কঠোর শাসন। রাজকর আদায়ের জন্য নায়েব গোমস্তার সঙ্গে সৈন্য সামন্ত দেওয়া হল।

কাজলরেখার স্বামী কবি, মানুষের দুঃখ দেখে অবিরাম কাঁদেন আর ভগবানকে ডাকেন– উপায় কর প্রভু। তুমি উপায় কর। মানুষকে তুমি রক্ষা কর।

কাজলরেখা জোড় হাত করে বসে থাকেন স্বামীর পাশে। ছেলেটিও থাকে।

রাত্রে কবিকে স্বপ্নাদেশ হল। এক জ্যোতির্ময় দিব্যকান্তি পুরুষ এসে স্বপ্নে দেখা দিয়ে বললেন– আমার অতিথি স্বরূপ দেশে রাজা রয়েছে! তুমি প্রজাদের সঙ্গে করে তাঁর দরবারে যাও– জানাও তাঁকে তোমাদের দুঃখের কথা। তিনি যদি প্রতিকার না করেন, তখন আমার কাছে নালিশ জানালে তার প্রতিকার আমি করব।

সকালে উঠেই কবি কাজলরেখাকে সব বললেন। বলে তারপর বললেন– দেখ, তোমার দিদি মুক্তামালার স্বামীর যে প্রকৃতির কথা আমি শুনেছি, তাতে ভগবানের অভিপ্রায় যে কি তা আমি বুঝতে পারছি না। তবু আমাকে যেতে হবে। সত্যপ্রিয় (ছেলের নাম সত্যপ্রিয়) তোমার কাছে রইল। আমি যদি না ফিরি তবে তার ভার তোমার উপর রইল।

তারপর তিনি দুঃখীদের নিয়ে রাজদরবারে গেলেন। যত যান, তত দলে দলে লোক তাঁর পাশে জমা হয়। এমনি ভাবে তারা প্রাসাদের সম্মুখে গিয়ে জোড় হাত করে ডাকল– হে মহারাজ। আমাদের দয়া করুন আমাদের অন্ন দিন।

মুক্তামালার স্বামী ঘুমুচ্ছিলেন।

চিৎকারে তাঁর ঘুম ভেঙে গেল। তিনি বেরিয়ে এলেন বারান্দায় রক্তচক্ষু হয়ে ক্রোধে কাঁপতে কাঁপতে। বিছানা থেকে তরবারি হাতে নিতেই কিন্তু চিৎকার স্তব্ধ হয়ে গেল। তিনি বুঝলেন, সম্ভবত তারা তাঁর তরবারি হাতে নেওয়া জানতে পেরেছে। কিন্তু তিনি বারান্দায় এসে দেখলেন, শক্তিপ্রিয় (তাঁর ছেলের নাম শক্তিপ্রিয়)– তারই ভয়ে প্রজাদের চিৎকার স্তব্ধ হয়ে গেছে। শক্তিপ্রিয় ধনুক হাতে দাঁড়িয়ে আছে বুক ফুলিয়ে, আর নিচে প্রজাদের সামনে, সর্বাগ্রে একটি মানুষের দেহ পড়ে আছে। তার বুকে একটা তীর বসে রয়েছে! দেখেই ছেলেকে তিনি মহা গৌরবের সঙ্গে বুকে তুলে নিলেন। উপযুক্ত পুত্র। উদ্ধত প্রজার বিদ্রোহ দমন করতে সে পারবে।

এদিকে খবর পেয়ে মাতাপুত্রে হাত জোড় করে ভগবানকে ডাকলেন, বললেন– প্রভু, তোমার আদেশে সে গিয়েছিল। তাকে রাজা বধ করেছে। তার প্রতিহিংসা আমরা চাইনা। আমরা চাই, তুমি বলেছিলে রাজা প্রতিকার না করলে তখন তোমার কাছে নালিশ জানাতে। রাজা প্রতিকার করে নাই। তুমি এইবার প্রতিকার কর, দুঃখীদের বাঁচাও, ত্রাণ কর।

এইবার ভগবানের আসন টলে উঠল। তিনি ডাকলেন ক্ষোভকে। বায়ুর মধ্যে যে ক্ষোভ থাকে, সে এল। বললে– আমার অন্তরের সকল রস যখন সূর্য হরণ করে তখন আমি জেগে উঠি। বাতাসকে করে তুলি ঝড়। মেঘ আসে আমার সঙ্গে– সে সূর্যকে ঢেকে ফেলে। জলের মধ্যে যে ক্ষোভ থাকে সে এল। বললে, – ঝড় যখন আমাকে আঘাত করে তখন তাকে প্রতিহত করবার জন্য আমি জাগি সমুদ্রের তরঙ্গে। মাটির মধ্যে থাকে যে ক্ষোভ, সেও এল। সে বললে, মৃত্তিকাকে যখন উত্তপ্ত করে তোলে, আর যখন সহ্য হয় না, তখন আমি জাগি। আমার সঞ্চরণে মাটি তখন কাঁপে ভূমিকম্পে।

ভগবান বললেন,– তোমাদেরই আমি চাই। অন্যায়ের ঔদ্ধত্যের প্রতিকারের জন্যই তোমাদের সৃষ্টি হয়েছে। ঈর্ষার অন্যায় তোমাদের মধ্যে নাই।

– যাও, তুমি গিয়ে প্রজাদের বুকের মধ্যে অধিষ্ঠিত হও, দাউদাউ করে জ্বলে ওঠ, তারা মৃত্যুকেও তুচ্ছ করতে পারে, এমন ভাবে তাদের ক্ষুব্ধ করে তোল!

ক্ষোভ এল। অনাহারে মানুষ পাগল হয়ে ছুটে বেড়াচ্ছিল। পেটের জ্বালায়। অপমান-বোধ ছিল না। পশুর মত উচ্ছিষ্ট খুঁজে, অখাদ্য খুঁজে ঘুরে বেড়াচ্ছিল ধনীর দুয়ারে, নগরের পথে পথে, বনে প্রান্তরে পথেই পড়ে তারা মরছিল। সেই সব মড়ার মাংস খাচ্ছিল অপর সকলে। তাদের অন্তরে ক্ষোভ এসে জাগল। মনের মধ্যে প্রশ্ন উদিত হল, কেন আমরা এমন ভাবে না খেয়ে মরব?

উত্তর দিলে সত্যপ্রিয়– বললে,– প্রশ্ন কর রাজাকে, যিনি প্রজাকে রক্ষা করার দায়িত্ব নিয়েছেন, যিনি এর জন্য কর নিয়ে থাকেন।

দলে দলে মানুষ এসে সঙ্ঘবদ্ধ হয়ে এক বিরাট জনসমুদ্রের সৃষ্টি করলে। তারা দেখতে দেখতে অন্যরকম হয়ে উঠল। দক্ষ-যজ্ঞের সময় শিবের জটা থেকে জন্ম নিয়েছিলেন বিরুপাক্ষ, তেমনই মূর্তি হল তাদের। তারা ছুটল দলে-দলে, মার মার শব্দে। মার ঐ রাজাকে মার! রাজার পাপেই হয় রাজ্যে অনাবৃষ্টি, রাজার পাপেই হয় দুর্ভিক্ষ, রাজার অত্যাচারেই আমাদের এই দশা! রাজাকে মার!

সত্যপ্রিয় পেছনে পেছনে ছুটল,– না না না। এরূপ নয়। এরূপ নয়। শান্ত হও শান্ত হও। শান্ত, ধীর পদক্ষেপে চল। অশান্ত, অধীর হিংস্র হয়ে উঠো না তোমরা।

কিন্তু সেকথা তাদের কানে ঢুকল না। জনতার কোলাহলের মধ্যে তার কণ্ঠস্বর হারিয়ে গেল।

তারা ছুটে গিয়ে পড়ল দলে দলে, হাজারে হাজারে লাখে লাখে রাজধানীতে, রাজপ্রাসাদের উপর। সঙ্গে সঙ্গে সৈন্যরা ক্ষেপে উঠল, হাতি ক্ষেপে উঠল, ঘোড়া ক্ষেপে উঠল। আকাশে পাক দিয়ে ঘুরতে লাগল বাজপক্ষী, শকুনী, গৃধিনী। সে এক প্রলয়ের ব্যাপার। ভেঙ্গে পড়ল রাজার সিংহদ্বার। ছিঁড়ে পড়ল ঝাড়-লণ্ঠন। দাউ দাউ করে জ্বলতে লাগল কাঠের আসবাব। প্রজারা হুঙ্কার দিয়ে উঠতে লাগল। মুক্তামালার বর কিন্তু মহাবীর, শক্তিপ্রিয়ও বীর,– মুক্তামালাও যুদ্ধ করতে জানেন। তাঁরা পালালেন না, যুদ্ধ করতে এলেন। কিন্তু এত মানুষের কাছে তাঁরা কি করবেন! কিছুক্ষণের মধ্যেই তিনজন লুটিয়ে পড়লেন মাটিতে।

প্রজারা তাঁদের দেহ মাড়িয়ে এর পর ছুটল– কোথায় সেই বুড়ো রাজা!

এইবার তাঁকে আমরা বধ করব! কোথায় সে?

অথর্ব বৃদ্ধ রাজা বসেছিলেন আপনার ঘরে। তিনি ইষ্ট নাম স্মরণ করতে লাগলেন। কোলাহল এগিয়ে আসতে লাগল।

কিন্তু রাজা আশ্চর্য হলেন, হঠাৎ কোলাহল স্তব্ধ হয়ে গেল। বাঁশির আওয়াজের মত একটি মিষ্টি আওয়াজ তাঁর কানে এল– ক্ষান্ত হও, ক্ষান্ত হও! হিংসাকে সংবরণ কর! বাঁশির আওয়াজ শুনে দংশনোদ্যত অজগর যেমন থমকে দাঁড়িয়ে যায়, পাগলা হাতি যেমন শান্ত হয়ে দাঁড়ায়, তেমনি পাগল লোকেরা থেমে গেল। রাজার ঘরে এসে ঢুকল ষোল সতের বৎসরের একটি ছোট ছেলে, সে যেন কুমার কার্তিক। কিন্তু তার হাতে ধনুর্বাণ নাই, অঙ্গে রাজবেশ নাই। পিছনে-পিছনে এসে ঢুকলেন বিধবা কাজলরেখা।

– বাবা!

রাজা চমকে উঠলেন।– মা কাজলরেখা।

– হাঁ বাবা। এই আপনার দৌহিত্র।

– জামাই?

– তাঁকে তো বধ করেছে শক্তিপ্রিয়।

রাজা কাঁদতে লাগলেন।

কাজলরেখা বললে,– বাবা, জন্ম থেকে শ্রেষ্ঠ হল কর্ম, তাই সেই কর্ম-পুণ্যবলে মানুষের সেবার পুণ্যে উন্মত্ত মানুষও আজ সত্যপ্রিয়ের অনুগত। সেই পুণ্যে আপনাকে আজ রক্ষা করতে পেরেছি, এই আমার মহাভাগ্য।

রাজা উঠলেন। নিজের মাথার মুকুট খুলে পরিয়ে দিলেন সত্যপ্রিয়ের মাথায়।

প্রজারা জয়ধ্বনি করে উঠল। রাজা বললেন,– আমার রাজকোষ, রাজভান্ডার তোমাদের খুলে দিলাম।

সত্যপ্রিয় মাথার মুকুট খুলে প্রজাদের পায়ের তলায় রেখে দিয়ে বলল,– এও তোমাদের।

(তারাশঙ্কর বন্দ্যোপাধ্যায়)

টীকা: এই পাঠে পুরনো দিনের বাংলা ভাষা অনুযায়ী কিছু কিছু ক্রিয়াপদের

রূপ ব্যবহার করা হয়েছে। বর্তমান প্রমিত বাংলা ভাষায় এসব ক্রিয়াবাচক শব্দের রূপ প্রচলিত নয়। তা ছাড়া, অনেক শব্দের বানান এবং যতিচিহ্নের ব্যবহারও আধুনিক বাংলা থেকে ভিন্ন। এ বিষয়ে শিক্ষার্থীদের প্রমিত বাংলা ভাষার ব্যাকরণ অনুসরণ করা উচিত।

লেখক পরিচিতি

তারাশঙ্কর বন্দ্যোপাধ্যায় ১৮৯৮ সালের ২৩ অগাস্ট পশ্চিমবঙ্গের বীরভূম জেলার লাভপুর গ্রামে জমিদার-পরিবারে জন্মগ্রহণ করেন। বাংলা ভাষার একজন অন্যতম শ্রেষ্ঠ কথাসাহিত্যিক, ঔপন্যাসিক ও গল্পলেখক। উত্তর-শরৎচন্দ্র যুগের অন্যতম কথাশিল্পী। তাঁর লেখায় বিশেষভাবে পাওয়া যায় বীরভূম-বর্ধমান অঞ্চলের সাঁওতাল, বাগদি, বোষ্টম, বাউরি, ডোম, গ্রাম্য কবিয়াল সম্প্রদায়ের কথা। ছোট বা বড় যে-ধরনের মানুষই হোক না কেন, তারাশঙ্কর তাঁর সব লেখায় মানুষের মহত্ত্ব ফুটিয়ে তুলেছেন, যা তাঁর লেখার সবচেয়ে বড় গুণ। সামাজিক পরিবর্তনের বিভিন্ন চিত্র তাঁর অনেক গল্প ও উপন্যাসের বিষয়। সেখানে আরও আছে গ্রাম-জীবনের ভাঙনের কথা, নগর জীবনের বিকাশের কথা। সামাজিক মূল্যমানের পরিবর্তন তারাশঙ্কর অপূর্ব দক্ষতার সঙ্গে ফুটিয়েছেন তাঁর লেখায়। তাঁর উপন্যাস ও গল্পে যে দুর্লভ বলিষ্ঠতা ও তীব্র অন্তর্দৃষ্টির পরিচয় রয়েছে, যে বিশাল মানববোধের চিত্র উদ্ঘাটিত হয়েছে, সমসাময়িক দেশ-কালের ঐতিহাসিক জীবনচিত্র যে-ভাবে জীবন্ত হয়ে উঠেছে, তা পাঠকদের মনে এখনও দাগ কাটে। কাহিনীর বিশাল পটভূমিকা ও আঞ্চলিকতা, চরিত্রের নানান বৈচিত্র্য, ব্যক্তির মনোদ্বন্দ্ব, এবং সমাজপরিবেশ ও মূল্যমানের সঙ্গে ব্যক্তি-জীবনের স্বাতন্ত্র্যের দ্বন্দ্ব, অনতিক্রান্ত যুগের সঙ্গে চলমান যুগের সংঘাত প্রভৃতি গভীর ব্যাপার তাঁর উপন্যাসে যেভাবে উপস্থাপিত হয়েছে, তাতে শুধু কথাকার বলেই তাঁকে বিদায় করা যায় না, তিনি অধুনাতন বাঙালিজীবন ও সাধনার শ্রেষ্ঠ ভাষ্যকাররূপেই প্রতিভাত হয়েছেন। তাঁর কয়েকটি স্মরণীয় গ্রন্থ: 'গণদেবতা', 'হাঁসুলীবাকের উপকথা', 'ধাত্রীদেবতা', 'সন্দীপন পাঠশালা', 'কবি'।

শব্দার্থ

চক্রবর্তী	[名]	皇帝；国王；藩王
কর দেওয়া		缴税
অধীশ্বর	[名]	国王；统治者
বিক্রমশালী	[形]	强大的；有力的
বিচক্ষণ	[形]	明智的；英明的
উচ্চৈঃশ্রবাঃ	[名]	印度教天神因陀罗的坐骑马
দম্ভ	[名]	傲慢；骄横
কুঁড়ি	[名]	蓓蕾；嫩芽
পাপড়ি	[名]	花瓣
শাণিত অস্ত্র		锋利的武器
পূর্ণিমারাত্রি	[名]	满月之夜
শাস্ত্র	[名]	经文；圣典；宗教典籍
অনুরাগ	[名]	热爱；感情；虔诚
প্রদক্ষিণ করা		绕圈
মৃত্তিকা	[名]	土地
শৌর্য	[名]	胆识；勇气；力量
বীর্য	[名]	威力；力量
তেজস্বিতা	[名]	威力；权力；体力
কন্দর্প	[名]	印度教的爱神
সদৃশ	[形/介]	像……一样的；像……一样
পবন দেবতা		印度教的风神
হনুমান	[名]	印度教的猴神哈努曼，为风神之子
অগ্নি	[名]	印度教的火神；火
ঈর্ষাপরায়ণ	[形]	嫉妒的；嫉恨的
ভস্মীভূত	[形]	被彻底毁灭的
আকর	[名]	源头
বিস্বাদ	[形]	无味的

বিষাক্ত	［形］	有毒的
ইন্দ্রাণী	［名］	印度教天神因陀罗之妻
কঞ্চুকী	［名］	皇室中的内侍；太监
বিনয় করা		顺从；恭敬
স্বয়ংবর হওয়া		自择佳婿
উর্বর করা		使丰产；使富饶
মহর্ষি অষ্টাবক্র		身有八处残疾的古贤人
সৌম্যদর্শন	［形］	英俊的；心志宁静的；淡然的
পুণ্যকর্ম	［名］	虔诚；积善；潜心向神
অসহিষ্ণু	［形］	不耐烦
হেয় করা		轻蔑；怠慢
মস্তিষ্ক	［名］	头部
ঔদ্ধত্য	［名］	高傲；自大
মার্জনা করা		宽容；宽恕
বংশধর	［名］	子孙后代
অপকর্ম	［名］	劣行；恶业
উত্তরাধিকারী	［名］	继承者
দৌহিত্র	［名］	外孙
বংশমহিমা	［名］	家族荣誉
কুলগরিমা	［名］	家族荣耀
অক্ষুণ্ণ	［形］	安然无恙的；未受影响的
অটুট	［形］	原封不动的；完整无损的
বিধাতার লিপি		神的旨意
হীনমতি	［形］	低劣的；卑贱的
প্রবৃত্তি	［名］	倾向；爱好；愿望
দক্ষরাজা	［名］	萨蒂（湿婆神之妻）之父
দক্ষযজ্ঞ	［名］	萨蒂之父举办的神宴
সঙ্কল্প	［名］	决定；决心；誓言

ভগবানকে স্তব করা		歌颂神灵
ন্যায়দন্ড	［名］	公理之天枰
দ্বারস্থ	［形］	立门乞求的；寻求帮助的
শরণ	［名］	庇护；避难所
নিষ্কৃতি	［名］	拯救；解脱；释放
ষড়যন্ত্র করা		密谋；谋划
প্রভু	［名］	神灵；上主
জ্যোতির্ময়	［形］	灿烂的；光芒四射的
দিব্যকান্তি	［形］	光彩照人的；优美的
প্রজা	［名］	臣民
বিদ্রোহ	［名］	叛乱；叛变
দমন করা		镇压
বধ করা		屠杀；杀戮
প্রতিহিংসা	［名］	报复；报仇
প্রতিকার করা		解决；解救
ত্রাণ করা		拯救
হরণ করা		掳走；掠夺
প্রতিহত করা		阻止；制止
সঞ্চরণ	［名］	运动；活动；漫游
অধিষ্ঠিত হওয়া		居住；定居
উচ্ছিষ্ট	［名］	残羹冷炙
সঙ্ঘবদ্ধ হওয়া		团结；合并；联合
কোলাহল	［名］	喧闹声；嘈杂声
প্রলয়	［名］	灾难；宇宙的毁灭
হুঙ্কার দেওয়া		吼叫；咆哮
অথর্ব	［形］	年老体衰的；瘫痪的
ইষ্ট নাম		神的名字
ক্ষান্ত হওয়া		容忍；克制

দংশনোদ্যত অজগর　　准备咬人的蛇
কার্তিক　［名］　印度教的战神卡尔迪克（又称鸠摩罗、室建陀）
ধনুর্বাণ　［名］　弓箭
উন্মত্ত　［形］　痴狂的；疯癫的
অনুগত　［形］　忠诚的；追随的；顺从的

অনুশীলনী

১। পাঠ অনুসরণে নিচের প্রশ্নাবলীর উত্তর দিন।

১.দুজন রাজকুমারি কীভাবে বড় হয়েছে? এদেরকে বড় করেছে কে?

২.রূপে-গুণে দুই রাজকুমারি কেমন বিপরীত হয়েছে তার বিস্তারিত বিবরণ দিন।

৩.রাজকুমারি মুক্তামালা এবং রাজকুমারি কাজলরেখার স্বভাব-চরিত্রের তুলনা করুন।

৪.মুক্তামালা কীরূপ পাত্র চায়? তার মনের মতো স্বামী মিলেছে?

৫.কাজলরেখা কেমন স্বামী প্রার্থনা করে? রাজা কি কাজলরেখার ইচ্ছামতো তার আদর্শ স্বামী সন্ধান করতে পেরেছেন?

৬.রাজা মুক্তামালার বরকে সিংহাসনে বসিয়ে দেবার পর মুক্তামালার বর কীভাবে রাজ্য শাসন করেছে? পরিণামে দেশের দশা কেমন হলো?

৮.সত্যপ্রিয় কে? রাজা যখন তাকে সিংহাসনে বসালেন, তখন সে কেন মাথার মুকুট খুলে প্রজাদের পায়ের তলায় রেখে দিয়ে সবাইকে বলল "এও তোমাদের"?

৯.এই কাহিনীর মধ্যে কী ধরনের চিন্তাধারা ও জীবন-দর্শন ফুটে উঠেছে, তা ব্যাখ্যা করুন।

২। প্রসঙ্গ উল্লেখ করে নিচের বাক্যগুলো ব্যাখ্যা করুন।

১.ঠোঁটের ডগায় হাসি লেগেই আছে, কৃষ্ণপক্ষের প্রতিপদের চাঁদের মত সে হাসিটুকু।

২.তাহলে তোমার ছেলের প্রকাণ্ড লেজ থাকবে মা। কেননা পবননন্দন হলেন হনুমান। পিঠের উপর লেজ তুলে দিয়ে ‘জয় রাম’ বলে একলাফে সাগর ডিঙিয়ে ছিলেন জান তো?

৩.তুমি ইন্দ্রাণীর মত ভাগ্য লাভ কর। তোমাকে আমি আশীর্বাদ করছি।

৪.মহাদেবের বয়সের গাছপাথর ছিল না– জান তো? তিনি শ্মশানে বাস করেন– জান তো? দেবতারা যখন অমৃত পান করেন, তখন তিনি বিষ পান করেন– জান তো? দক্ষরাজার কন্যা তাঁকে বিবাহ করার ফলে দক্ষযজ্ঞ হয়েছিল– জান তো?

৫.কাজলরেখা বললেন– আমি সতী কন্যা, আমার সঙ্কল্প কখনও ভঙ্গ হয় না।

পাঠ ১৫

শকুন্তলা

১ শকুন্তলা

এক নিবিড় অরণ্য ছিল। তাতে ছিল বড়-বড় বট, সারি সারি তাল, তমাল, পাহাড় পর্বত, আর ছিল– ছোট নদী মালিনী।

মালিনীর জল বড় স্থির– আয়নার মত। তাতে গাছের ছায়া, নীল আকাশের ছায়া, রাঙা মেঘের ছায়া– সকলি দেখা যেত। আর দেখা যেত গাছের তলায় কতকগুলি কুটিরের ছায়া। নদীতীরে যে নিবিড় বন ছিল তাতে অনেক জীবজন্তু ছিল। কত হাঁস, কত বক, সারাদিন খালের ধারে বিলের জলে ঘুরে বেড়াত। কত ছোট-ছোট পাখি, কত টিয়াপাখির ঝাঁক গাছের ডালে-ডালে গান গাইত, কোটরে-কোটরে বাসা বাঁধত। দলে-দলে হরিণ, ছোট-ছোট হরিণ-শিশু কুশের বনে, ধানের খেতে, কচি ঘাসের মাঠে খেলা করত। বসন্তে কোকিল গাইত, বর্ষায় ময়ূর নাচত।

এই বনে তিন হাজার বছরের এক প্রকাণ্ড বটগাছের তলায় মহর্ষি কণ্বদেবের আশ্রম ছিল। সেই আশ্রমে জটাধারী তপস্বী-কণ্ব আর মা-গৌতমী ছিলেন, তাঁদের পাতার কুটির ছিল, পরনে বাকল ছিল, গোয়াল-ভরা গাই ছিল, চঞ্চল বাছুর ছিল, আর ছিল বাকল-পরা কতকগুলি ঋষি-কুমার। তারা কণ্বদেবের কাছে বেদ পড়ত, মালিনীর জলে তর্পণ করত, গাছের ফলে অতিথিসেবা করত, বনের ফুলে দেবতাদের অঞ্জলি দিত।

আর কি করত?

বনে-বনে হোমের কাঠ কুড়িয়ে বেড়াত, কালো-গাই ধলো-গাই মাঠে চরাতে যেত। সবুজ মাঠ ছিল তাতে গাই-বাছুর চরে বেড়াত, বনে ছায়া ছিল তাতে রাখাল-ঋষিরা খেলে বেড়াত। তাদের ঘর গড়ার বালি ছিল, ময়ূর গড়বার মাটি ছিল, বেণু বাঁশের বাঁশি ছিল, বটপাতার ভেলা ছিল; আর ছিল– খেলবার সাথী বনের হরিণ, গাছের ময়ূর; আর ছিল– মা-গৌতমীর মুখে দেবদানবের যুদ্ধ-কথা, তাত-কণ্বের মুখে মধুর সামবেদ গান।

সকলি ছিল, ছিল না কেবল আঁধার ঘরের মাণিক ছোট মেয়ে– শকুন্তলা। একদিন নিশুতি রাতে অপ্সরী মেনকা তার রূপের ডালি– দুধের বাছা– শকুন্তলা মেয়েকে সেই তপোবনে ফেলে রেখে গেল। বনের পাখিরা তাকে ডানায় ঢেকে বুকে নিয়ে সারা রাত বসে রইল। বনের পাখিদেরও দয়ামায়া আছে, কিন্তু সেই মেনকা পাষাণীর কি কিছু দয়া হল!

খুব ভোরবেলায় তপোবনের যত ঋষিকুমার বনে-বনে ফল ফুল কুড়তে গিয়েছিল। তারা আমলকী বনে আমলকী, হরীতকী বনে হরীতকী, ইংলী ফলের বনে ইংলী কুড়িয়ে নিলে; তারপরে ফুলের বনে পূজার ফুল তুলতে-তুলতে পাখিদের মাঝে ফুলের মতো সুন্দর শকুন্তলা মেয়েকে কুড়িয়ে পেলে। সবাই মিলে তাকে কোলে করে তাত-কণ্বের কাছে নিয়ে এল। তখন সেই সঙ্গে বনের কত পাখি, কত হরিণ, সেই তপোবনে এসে বাসা বাঁধলে।

শকুন্তলা সেই তপোবনে, সেই বটের ছায়ায় পাতার কুটিরে মা-গৌতমীর কোলে-পিঠে মানুষ হতে লাগল।

তারপর শকুন্তলার যখন বয়স হল তখন তাত-কণ্ব পৃথিবী খুঁজে শকুন্তলার বর আনতে চলে গেলেন। শকুন্তলার হাতে তপোবনের ভার দিয়ে গেলেন।

শকুন্তলার আপনার মা-বাপ তাকে পর করলে, কিন্তু যারা পর ছিল তারা তার আপনার হল। তাত-কণ্ব তার আপনার, মা-গৌতমী তার আপনার, ঋষি বালকেরা তার আপনার ভাইয়ের মতো। গোয়ালের গাইবাছুর– সে-ও তার আপনার, এমন-কি– লতাপাতা তারাও তার আপনার ছিল। আর ছিল– তার বড়ই আপনার দুই প্রিয়সখী অনসূয়া, প্রিয়ম্বদা; আর ছিল একটি মা-হারা হরিণ শিশু– বড়ই ছোট– বড়ই চঞ্চল। তিন সখীর আজকাল অনেক কাজ– ঘরের কাজ, অতিথি-সেবার কাজ, সকালে-সন্ধ্যায় গাছে জল দেবার কাজ, সহকারে মল্লিকালতার বিয়ে দেবার কাজ; আর শকুন্তলার দুই সখীর আর একটি কাজ ছিল– তারা প্রতিদিন মাধবী-লতায় জল দিত আর ভাবত, কবে ওই মাধবী-লতায় ফুল ফুটবে, সেই দিন সখী শকুন্তলার বর আসবে।

এ-ছাড়া আর কি কাজ ছিল? – হরিণ-শিশুর মতো নির্ভয়ে এ-বনে সে-বনে খেলা করা, ভ্রমরের মতো লতা-বিতানে গুন্-গুন্ গল্প করা, নয়তো মরালীর মতো মালিনীর হিম জলে গা ভাসানো; আর প্রতিদিন সন্ধ্যার আঁধারে বনপথে

বনদেবীর মতো তিন সখীতে ঘরে ফিরে আসা– এই কাজ।

একদিন দক্ষিণ বাতাসে সেই কুসুমবনে দেখতে-দেখতে প্রিয় মাধবীলতার সর্বাঙ্গ ফুলে ভরে উঠল। আজ সখীর বর আসবে বলে চঞ্চল হরিণীর মতো চঞ্চল অনসূয়া প্রিয়ম্বদা আরও চঞ্চল হয়ে উঠল।

২ দুষ্মন্ত

যে-দেশে ঋষির তপোবন ছিল, সেই দেশের রাজার নাম ছিল– দুষ্মন্ত।

সেকালে এত বড় রাজা কেউ ছিল না। তিনি পুব-দেশের রাজা, পশ্চিম-দেশের রাজা, উত্তর-দেশের রাজা, দক্ষিণ-দেশের রাজা– সব রাজার রাজা ছিলেন। সাত-সমুদ্র-তের-নদী সব তাঁর রাজ্য। পৃথিবীর এক রাজা– রাজা দুষ্মন্ত। তাঁর কত সৈন্যসামন্ত ছিল, হাতিশালে কত হাতি ছিল, ঘোড়াশালে কত ঘোড়া ছিল, গাড়িখানায় কত সোনা রুপোর রথ ছিল, রাজমহলে কত দাস-দাসী ছিল; দেশ জুড়ে তাঁর সুনাম ছিল, ক্রোশ জুড়ে সোনার রাজপুরী ছিল, আর ব্রাহ্মণকুমার মাধব্য সেই রাজার প্রিয় সখা ছিল। যেদিন তপোবনে মল্লিকার ফুল ফুটল সেই দিন সাত-সমুদ্র তের-নদীর রাজা, দুষ্মন্ত, প্রিয়সখা মাধব্যকে বললেন– 'চল বন্ধু, আজ মৃগয়ায় যাই।'

মৃগয়ার নামে মাধব্যের যেন জ্বর এল। গরিব ব্রাহ্মণ রাজবাড়িতে রাজার হালে থাকে, দুবেলা থাল-থাল লুচি-মণ্ডা, ভার-ভার ক্ষীর দই দিয়ে মোটা পেট ঠাণ্ডা রাখে, মৃগয়ার নামে বেচারার মুখ এতটুকু হয়ে গেল, বাঘ ভালুকের ভয়ে প্রাণ কেঁপে উঠল।

'না' বলবার যো কি, রাজার আজ্ঞা!

অমনি হাতিশালে হাতি সাজল, ঘোড়াশালে ঘোড়া সাজল, কোমর বেঁধে পালোয়ান এল, বর্শা হাতে শিকারী এল, ধনুক হাতে ব্যাধ এল, জাল ঘাড়ে জেলে এল। তারপর সারথি রাজার সোনার রথ নিয়ে এল, সিংহদ্বারের সোনার কপাট ঝনঝনা দিয়ে খুলে গেল।

রাজা সোনার রথে শিকারে চললেন।

দুপাশে দুই রাজহস্তী চামর ঢোলাতে-ঢোলাতে চলল, ছত্রধর রাজছত্র ধরে চলল, জয়ঢাক বাজতে-বাজতে চলল, আর সর্বশেষে প্রিয়সখা মাধব্য এক

খোঁড়া ঘোড়ায় হটহট করে চললেন। ক্রমে রাজা এ-বন সে-বন ঘুরে শেষে মহাবনে এসে পড়লেন। গাছে-গাছে ব্যাধ ফাঁদ পাততে লাগল, খালে-বিলে জেলে জাল ফেলতে লাগল, সৈন্যসামন্ত বন ঘিরতে লাগল– বনে সাড়া পড়ে গেল!

গাছে-গাছে কত পাখি, কত পাখির ছানা পাতার ফাঁকে-ফাঁকে কচি পাতার মতো ছোট ডানা নাড়ছিল, রাঙা ফুলের মতো ডালে দুলছিল, আকাশে উড়ে যাচ্ছিল, কোটরে ফিরে আসছিল, কিচমিচ করছিল। ব্যাধের সাড়া পেয়ে, বাসা ফেলে, কোটর ছেড়ে, কে কোথায় পালাতে লাগল।

মোষ গরমের দিনে ভিজে কাদায় পড়ে ঠাণ্ডা হচ্ছিল, তাড়া পেয়ে– শিং উঁচিয়ে ঘাড় বেঁকিয়ে গহন বনে পালাতে লাগল। হাতি শুঁড়ে করে জল ছিটিয়ে গা ধুচ্ছিল, শালগাছে গা ঘষছিল, গাছের ডাল ঘুরিয়ে মশা তাড়াচ্ছিল, ভয় পেয়ে– শুঁড় তুলে, পদ্মবন দলে, ব্যাধের জাল ছিঁড়ে পালাতে আরম্ভ করলে। বনে বাঘ হাঁকার দিয়ে উঠল, পর্বতে সিংহ গর্জন করে উঠল, সারা বন কেঁপে উঠল।

কত পাখি, কত বরা, কত বাঘ, কত ভাল্লুক, কেউ জালে ধরা পড়ল, কেউ ফাঁদে বাঁধা পড়ল, কেউ বা তলোয়ারে কাটা গেল; বনে হাহাকার পড়ে গেল। বনের বাঘ বন দিয়ে, জলের কুমির জল দিয়ে, আকাশের পাখি আকাশ ছেয়ে পালাতে আরম্ভ করলে।

ফাঁদ নিয়ে ব্যাধ পাখির সঙ্গে ছুটল, তীর নিয়ে বীর বাঘের সঙ্গে গেল, জাল ঘাড়ে জেলে মাছের সঙ্গে চলল, রাজা সোনার রথে এক হরিণের সঙ্গে ছুটলেন। হরিণ প্রাণভয়ে হাওয়ার মতো রথের আগে দৌড়িয়েছে, সোনার রথ তার পিছনে বিদ্যুতের বেগে চলেছে। রাজার সৈন্য-সামন্ত, হাতি-ঘোড়া, প্রিয়সখা মাধব্য, কতদূরে কোথায় পড়ে রইল। কেবল রাজার রথ আর বনের হরিণ নদীর ধার দিয়ে, বনের ভিতর দিয়ে, মাঠের উপর দিয়ে ছুটে চলল।

যখন গহন বনে এই শিকার চলছিল তখন সেই তপোবনে সকলে নির্ভয় ছিল। গাছের ডালে টিয়াপাখি লাল-ঠোঁটে ধান খুঁটছিল, নদীর জলে মনের সুখে হাঁস ভাসছিল, কুশবনে পোষা-হরিণ নির্ভয়ে খেলা করছিল: আর শকুন্তলা, অনসূয়া, প্রিয়ম্বদা– তিন সখী কুঞ্জবনে গুন্-গুন্ গল্প করছিল। এই তপোবনে

সকলে নির্ভয়, কেউ কারো হিংসা করে না। মহাযোগী কণ্বের তপোবনে বাঘে-গরুতে এক ঘাটে জল খায়। হরিণ-শিশু ও সিংহশাবক এক বনে খেলা করে। এ-বনে রাজাদেরও শিকার করা নিষেধ। রাজার শিকার– সেই হরিণ– ঊর্ধ্বশ্বাসে এই তপোবনের ভিতর চলে গেল। রাজা অমনি ধনুঃশর ফেলে ঋষিদর্শনে চললেন।

সেই তপোবনে সোনার রথে পৃথিবীর রাজা, আর মাধবীকুঞ্জে রূপসী শকুন্তলা– দুজনে দেখা হল।

এদিকে মাধব্য কি বিপদেই পড়েছে! আর সে পারে না! রাজভোগ না হলে তার চলে না, নরম বিছানা ছাড়া ঘুম হয় না, পালকি ছাড়া সে এক-পা চলে না, তার কি সারাদিন ঘোড়ার পিঠে চড়ে 'ওই বরা যায়, ওই বাঘ পালায়' করে এ-বন সে-বন ঘুরে বেড়ানো পোষায়! পল্বলের পাতা-পচা কষা জলে কি তার তৃষ্ণা ভাঙে? ঠিক সময় রাজভোগ না পেলে সে অন্ধকার দেখে, তার কি সারাদিনের পর একটু আধপোড়া মাংসে পেট ভরে? পাতার বিছানায় মশার কামড়ে তার কি ঘুম হয়? বনে এসে ব্রাহ্মণ মহা মুশকিলে পড়েছে! সমস্ত দিন ঘোড়ার পিঠে ফিরে সর্বাঙ্গে দারুণ ব্যথা, মশার জ্বালায় রাত্রে নিদ্রা নেই, মনে সর্বদা ভয়– ওই ভাল্লুক এল, ওই বুঝি বাঘে ধরলে! ভয়ে-ভয়ে বেচারা আধখানা হয়ে গেছে।

রাজাকে কত বোঝাচ্ছে– 'মহারাজ, রাজ্য ছারখারে যায়, শরীর মাটি হল, আর কেন? রাজ্যে চলুন। '

রাজা তবু শুনলেন না, শকুন্তলাকে দেখা অবধি রাজকার্য ছেড়ে, মৃগয়া ছেড়ে তপস্বীর মতো সেই তপোবনে রইলেন। রাজ্যের রাজার মা ব্রত করছেন, রাজাকে ডেকে পাঠালেন, তবু রাজ্যে ফিরলেন না, কত ওজর-আপত্তি করে মাধব্যকে সব সৈন্যসামন্ত সঙ্গে মা-র কাছে পাঠিয়ে দিয়ে একলা সেই তপোবনে রইলেন।

মাধব্য রাজবাড়িতে মনের আনন্দে রাজার হালে আছে, আর এদিকে পৃথিবীর রাজা বনবাসীর মতো বনে-বনে 'হা শকুন্তলা! যো শকুন্তলা!' বলে ফিরছে। হাতের ধনুক, তূণের বাণ কোন বনে পড়ে আছে! রাজবেশ নদীর জলে ভেসে গেছে, সোনার অঙ্গ কালি হয়েছে, দেশের রাজা বনে ফিরছে।

আর শকুন্তলা কি করছে? –

নিকুঞ্জবনে পদ্মের বিছানায় বসে পদ্ম-পাতায় মহারাজাকে মনের কথা লিখছে। রাজাকে দেখে কে জানে তার মন কেমন হল! একদণ্ড না দেখলে প্রাণ কাঁদে, চোখের জলে বুক ভেসে যায়। দুই সখী তাকে পদ্মফুলে বাতাস করছে, গলা ধরে কত আদর করছে, আঁচলে চোখ মোছাচ্ছে আর ভাবছে– এইবার ভোর হল, বুঝি সখীর রাজা ফিরে এল।

তারপর কি হল?

দুঃখের নিশি প্রভাত হল, মাধবীর পাতায়-পাতায় ফুল ফুটল, নিকুঞ্জের গাছে-গাছে পাখি ডাকল, সখীদের পোষা হরিণ কাছে এল।

আর কি হল?

বনপথে রাজা-বর কুঞ্জে এল।

আর কি হল?

পৃথিবীর রাজা আর বনের শকুন্তলা– দুজনে মালা-বদল হল। দুই সখীর মনোবাঞ্ছা পূর্ণ হল।

তারপর কি হল?

তারপর কতদিন পরে সোনার সাঁঝে সোনার রথ রাজাকে নিয়ে রাজ্যে গেল, আর আঁধার বনপথে দুই প্রিয়সখী শকুন্তলাকে নিয়ে ঘরে গেল।

৩ তপোবনে

রাজা রাজ্যে চলে গেলেন, আর শকুন্তলা সেই বনে দিন গুনতে লাগল।

যাবার সময় রাজা নিজে মোহর-আংটি শকুন্তলাকে দিয়ে গেলেন, বলে গেলেন– 'সুন্দরী, তুমি প্রতিদিন আমার নামের একটি করে অক্ষর পড়বে, নামও শেষ হবে আর বনপথে সোনার রথ তোমাকে নিতে আসবে।'

কিন্তু হায়, সোনার রথ কই এল?

কতদিন গেল, কত রাত গেল, দুষ্মন্ত নাম কতবার পড়া হয়ে গেল তবু সোনার রথ কই এল? হায় হায়, সোনার সাঁঝে সোনার রথ সেই যে গেল আর ফিরল না! পৃথিবীর রাজা সোনার সিংহাসনে, আর বনের রানী কুটির-দুয়ারে– দুজনে দুইখানে।

রাজার শোকে শকুন্তলার মন ভেঙে পড়ল। কোথায় রইল অতিথি-সেবা, কোথা রইল পোষা-হরিণ, কোথা রইল সাধের নিকুঞ্জবনে প্রাণের দুই প্রিয়সখী! শকুন্তলার মুখে হাসি নেই, চোখে ঘুম নেই! রাজার ভাবনা নিয়ে কুটির-দুয়ারে পাষাণ-প্রতিমা বসে রইল।

রাজার রথ কেন এল না?

কেন রাজা ভুলে রইলেন?

রাজা রাজ্যে গেলে একদিন শকুন্তলা কুটির-দুয়ারে গালে হাত দিয়ে বসে-বসে রাজার কথা ভাবছে– ভাবছে আর কাঁদছে, এমন সময় মহর্ষি দুর্বাসা দুয়ারে অতিথি এলেন, শকুন্তলা জানতেও পারলে না, ফিরেও দেখলে না। একে দুর্বাসা মহা অভিমানী, একটুতেই মহা রাগ হয়, কথায়-কথায় যাকে-তাকে ভস্ম করে ফেলেন, তার উপর শকুন্তলার এই অনাদর– তাঁকে প্রণাম করলে না, বসতে আসন দিলে না, পা ধোবার জল দিলে না!

দুর্বাসার সর্বাঙ্গে যেন আগুন ছুটল, রাগে কাঁপতে কাঁপতে কললেন– ‘কী! অতিথির অপমান? পাপীয়সী, এই অভিসম্পাত করছি– যার জন্য আমার অপমান করলি সে যেন তোকে কিছুতেই না চিনতে পারে।’

হায়, শকুন্তলার কি তখন জ্ঞান ছিল– যে দেখবে, কে এল, কে গেল! দুর্বাসার একটি কথাও তার কানে গেল না। মহামানী মহর্ষি দুর্বাসা ঘোর অভিসম্পাত করে চলে গেলেন– সে কিছুই জানতে পারলে না, কুটির-দুয়ারে আনমনে যেমন ছিল তেমনি রইল।

অনসূয়া প্রিয়ম্বদা দুই সখী উপবনে ফুল তুলছিল, ছুটে এসে দুর্বাসার পায়ে লুটিয়ে পড়ল। কত সাধ্য-সাধনা করে, কত কাকুতি-মিনতি করে, কত হাতে-পায়ে ধরে দুর্বাসাকে শান্ত করলে!

শেষে এই শাপান্ত হল– ‘রাজা যাবার সময় শকুন্তলাকে যে-আংটি দিয়ে গেছেন সেই আংটি যদি রাজাকে দেখাতে পারে তবেই রাজা শকুন্তলাকে চিনবে; যতদিন সেই আংটি রাজার হাতে না পড়বে ততদিন রাজা সব ভুলে থাকবেন।’ দুর্বাসার অভিশাপে তাই পৃথিবীর রাজা সব ভুলে রইলেন। বনপথে সোনার রথ আর ফিরে এল না।

এদিকে দুর্বাসাও চলে গেলেন আর তাত-কণ্বও তপোবনে ফিরে এলেন।

সারা পৃথিবী খুঁজে শকুন্তলার বর মেলেনি। তিনি ফিরে এসে শুনলেন সারা পৃথিবীর রাজা বনে এসে তার গলায় মালা দিয়েছেন। তাত-কণ্বের আনন্দের আর সীমা রইল না, তখনি শকুন্তলাকে রাজার কাছে পাঠাবার উদ্যোগ করতে লাগলেন। দুঃখে অভিমানে শকুন্তলা মাটিতে মিশে ছিল, তাকে কত আদর করলেন, কত আশীর্বাদ করলেন। উপবনে দুই সখী যখন শুনলে শকুন্তলা শ্বশুরবাড়ি চলল, তখন তাদের আহ্লাদের সীমা রইল না।

প্রিয়ম্বদা কেশর ফুলের হার দিলে, অনসূয়া গন্ধ ফুলের তেল নিলে; দুই সখীতে শকুন্তলাকে সাজাতে বসল। তার মাথায় তেল দিলে, খোঁপায় ফুল দিলে, কপালে সিঁদুর দিলে, পায়ে আলতা দিলে, নতুন বাকল দিলে; তবু তো মন উঠল না। সখীর এ কি বেশ করে দিলে? প্রিয়সখী শকুন্তলা পৃথিবীর রানী, তার কি এই সাজ? – হাতে মৃণালের বালা, গলায় কেশরের মালা, খোঁপায় মল্লিকার ফুল, পরনে বাকল! – হায়, হায়, মতির মালা কোথায়? হীরের বালা কোথায়? সোনার মল কোথায়? পরনে শাড়ি কোথায়?

বনের দেবতারা সখীদের মনোবাঞ্ছা পূর্ণ করলেন। বনের গাছ থেকে সোনার শাড়ি উড়ে পড়ল, পায়ের মল বেজে পড়ল। বনদেবতারা পলকে বনবাসিনী শকুন্তলাকে রাজ্যেশ্বরী মহারানীর সাজে সাজিয়ে দিলেন।

তারপর যাবার সময় হল। হায়, যেতে কি পা সরে, মন কি চায়?

শকুন্তলা কোনদিকে যাবে– সোনার পুরীতে রানীর মতো রাজার কাছে চলে যাবে? – না, তিন সখীতে বনপথে আজন্মকালের তপোবনে ফিরে যাবে?

এদিকে শুভলগ্ন বয়ে যায়, ওদিকে বিদায় আর শেষ হয় না। কুঞ্জবনে মল্লিকা মাধবী কচি-কচি পাতা নেড়ে ফিরে ডাকছে, মা-হারা হরিণ-শিশু সোনার আঁচল ধরে বনের দিকে টানছে, প্রাণের দুই প্রিয়সখী গলা ধরে কাঁদছে। একদণ্ডে এত মায়া এত ভালোবাসা কাটানো কি সহজ?

মা-হারা হরিণ-শিশুকে তাত-কণ্বের হাতে, প্রিয় তরুলতাদের প্রিয়সখীদের হাতে সঁপে দিতে কত বেলাই হয়ে গেল। তপোবনের শেষে বটগাছ, সেখান থেকে তাত-কণ্ব ফিরলেন! দুই সখী কেঁদে ফিরে এল। আসবার সময় শকুন্তলার আঁচলে রাজার সেই আংটি বেঁধে দিলে, বলে দিলে– ‘দেখিস ভাই, যত্ন করে রাখিস।’ তারপর বনের দেবতাদের প্রণাম করে, তাত-কণ্বকে প্রণাম

করে শকুন্তলা রাজপুরীর দিকে চলে গেল। পরের মেয়ে পর হয়ে পরের দেশে চলে গেল– বনখানা আঁধার করে গেল!

ঋষির অভিশাপ কখনো মিথ্যে হয় না। রাজপুরে যাবার পথে শকুন্তলা একদিন শচীতীর্থের জলে গা ধুতে গেল। সাঁতার জলে গা ভাসিয়ে, নদীর জলে ঢেউ নাচিয়ে শকুন্তলা গা ধুলে। রঙ্গভরে অঙ্গের শাড়ি জলের উপর বিছিয়ে দিলে; জলের মতো চিকণ আঁচল জলের সঙ্গে মিশে গেল, ঢেউয়ের সঙ্গে গড়িয়ে গেল। সেই সময়ে দুর্বাসার শাপে রাজার সেই আংটি শকুন্তলার চিকণ আঁচলের এক-কোণ থেকে অগাধ জলে পড়ে গেল, শকুন্তলা জানতেও পারল না।

তারপর ভিজে কাপড়ে তীরে উঠে, কালো চুল এলো করে, হাসিমুখে শকুন্তলা বনের ভিতর দিয়ে রাজার কথা ভাবতে-ভাবতে শূন্য আঁচল নিয়ে রাজপুরে চলে গেল, আংটির কথা মনেই পড়ল না।

4 রাজপুরে

দুর্বাসার শাপে রাজা শকুন্তলাকে একেবারে ভুলে বেশ সুখে আছেন। সাত-ক্রোশ জুড়ে রাজার সাতমহল বাড়ি, তার এক-এক মহলে এক-এক রকম কাজ চলছে!

প্রথম মহলে রাজসভা– সেখানে সোনার থামে সোনার ছাদ, তার তলায় সোনার সিংহাসন; সেখানে দোষী-নির্দোষের বিচার চলছে।

তারপর, দেবমন্দির– সেখানে সোনার দেয়ালে মানিকের পাখি, মুক্তোর ফল, পান্নার পাতা! মাঝখানে প্রকাণ্ড হোমকুণ্ড, সেখানে দিবারাত্রি হোম হচ্ছে। তারপর অথিতিশালা– সেখানে সোনার থালায় দু-সন্ধ্যা লক্ষ লক্ষ অতিথি খাচ্ছে। তারপর, নৃত্যশালা– সেখানে নাচ চলছে, শানের উপর সোনার নূপুর রুনুঝুনু বাজছে, স্ফটিকের দেয়ালে অঙ্গের ছায়া তালে-তালে নাচছে।

সঙ্গীতশালায় গান চলছে, সোনার পালঙ্কে পৃথিবীর রাজা রাজা-দুষ্মন্ত বসে আছেন, দক্ষিণ-দুয়ারি ঘরে দক্ষিণের বাতাস আসছে; শকুন্তলার কথা তাঁর মনেই নেই। হায় দুর্বাসার শাপে, সুখের অন্তঃপুরে সোনার পালঙ্কে রাজা সব ভুলে রইলেন।

আর শকুন্তলা কত ঝড়-বৃষ্টিতে, কত পথ চলে, রাজার কাছে এল, রাজা চিনতেও পারলেন না; বললেন– 'কন্যে, তুমি কেন এসেছ? কি চাও? টাকা-কড়ি চাও না ঘর-বাড়ি চাও? কি চাও?'

শকুন্তলা বললে– 'মহারাজ, আমি টাকা চাই না, কড়িও চাই না, ঘর-বাড়ি কিছুই চাই না, আমি চাই তোমায়। তুমি আমার রাজা, আমার গলায় মালা দিয়েছ, আমি তোমায় চাই।'

রাজা বললেন– 'ছি ছি, কন্যে, এ কি কথা? তুমি হলে বনবাসিনী তপস্বিনী, আমি হলেম রাজ্যেশ্বর মহারাজা, আমি তোমায় কেন মালা দেব? টাকা চাও টাকা নাও, ঘর-বাড়ি চাও তাই নাও, গায়ের গহনা চাও তাও নাও। রাজ্যেশ্বরী হতে চাও– এ কেমন কথা?'

রাজার কথায় শকুন্তলার প্রাণ কেঁপে উঠল, কাঁদতে কাঁদতে বললে– 'মহারাজ, সে কি কথা? আমি যে সেই শকুন্তলা– আমায় ভুলে গেলে? মনে নেই, মহারাজ, সেই মাধবীর বনে একদিন আমরা তিন সখীতে গুনগুন গল্প করছিলুম, এমন সময় তুমি অতিথি এলে; সখীরা তোমায় পা-ধোবার জল দিলে, আমি আঁচলে ফল এনে দিলেম, তুমি হাসিমুখে তাই খেলে। তারপর একটা পদ্মপাতায় জল নিয়ে আমার হরিণশিশুকে খাওয়াতে গেলে, সে ছুটে পালাল, তুমি কত ডাকলে, কত মিষ্টি কথা বললে, কিছুতেই এল না। তারপর আমি ডাকতেই আমার কাছে এল, আমার হাতে জল খেল, তুমি আদর করে বললে– দুইজনেই বনের প্রাণী কিনা তাই এত ভাব! – শুনে সখীরা হেসে উঠল, আমি লজ্জায় মরে গেলাম। তারপর, মহারাজ, তুমি কতদিন তপস্বীর মতো সে-বনে রইলে। বনের ফল খেয়ে, নদীর জল খেয়ে কতদিন কাটালে। তারপর একদিন পূর্ণিমা রাতে মালিনীর তীরে নিকুঞ্জবনে আমার কাছে এলে, আমার গলায় মালা দিলে– মহারাজ, সে-কথা কি ভুলে গেলে?

'যাবার সময় তুমি মহারাজ, আমার হাতে তোমার আংটি পরিয়ে দিলে; প্রতিদিন তোমার নামের একটি করে অক্ষর পড়তে বলে দিলে, বলে গেলে– নামও শেষ হবে আর আমায় নিতে সোনার রথ পাঠাবে। কিন্তু মহারাজ, সোনার রথ কই পাঠালে, সব ভুলে রইলে? মহারাজ, এমনি করে কি কথা রাখলে?'

বনবাসিনী শকুন্তলা রাজার কাছে কত অভিমান করলে, রাজাকে কত

অনুযোগ করলে, সেই কুঞ্জবনের কথা, সেই দুই সখীর কথা, সেই হরিণ-শিশুর কথা– কত কথাই মনে করিয়ে দিলে, তবু রাজার মনে পড়ল না। শেষে রাজা বললেন– 'কই, কন্যা, দেখি তোমার সেই আংটি? তুমি যে বললে আমি তোমায় আংটি দিয়েছি, কই দেখাও দেখি কেমন আংটি?'

শকুন্তলা তাড়াতাড়ি আঁচল খুলে আংটি দেখাতে গেল, কিন্তু হায়, আঁচল শূন্য!

রাজার সেই সাত রাজার ধন এক-মানিকের বরণ-আংটি কোথায় গেল!

এতদিনে দুর্বাসার শাপ ফলল। হায়, রাজাও তার পর হলেন, পৃথিবীতে আপনার লোক কেউ রইল না!

'মা-গো!'– বলে শকুন্তলা রাজসভায় শানের উপর ঘুরে পড়ল; তার কপাল ফুটে রক্ত ছুটল, রাজসভায় হাহাকার পড়ে গেল।

সেই সময় শকুন্তলার সেই পাষাণী-মা মেনকা স্বর্গপুরে ইন্দ্রসভায় বীণা বাজিয়ে গান গাইছিল। হঠাৎ তার বীণার তার ছিঁড়ে গেল, গানের সুর হারিয়ে গেল, শকুন্তলার জন্য প্রাণ কেঁদে উঠল। অমনি সে বিদ্যুতের মতো মেঘের রথে এসে রাজার সভা থেকে শকুন্তলাকে কোলে তুলে একেবারে হেমকূট পর্বতে নিয়ে গেল।

সেই হেমকূট পর্বতে কশ্যপের আশ্রমের স্বর্গের অপ্সরাদের মাঝে কতদিনে শকুন্তলার একটি রাজচক্রবর্তী রাজকুমার হল। সেই কোল-ভরা ছেলে পেয়ে শকুন্তলার বুক জুড়ল।

শকুন্তলা তো চলে গেল। এদিকে রাজবাড়ির জেলেরা একদিন শচীতীর্থের জলে জাল ফেলতে আরম্ভ করলে। রুপোলি রঙের সরলপুঁটি, চাঁদের মতো পায়রাচাঁদা, সাপের মতো বানমাছ, দাঁড়াওয়ালা চিংড়ি, কাঁটাভরা বাটা কত কি জালে পড়ল। সোনালি রুপোলি মাছে নদীর পাড়, মাছের ঝুড়ি যেন সোনায় রুপোয় ভরে গেল। সারাদিন জেলেদের জালে কত রকমের কত যে মাছ পড়ল, তার আর ঠিকানা নেই। শেষে ক্রমে বেলা পড়ে এল; নীল আকাশ নদীর জল, নগরের পথ আঁধার হয়ে এল, জাল গুটিয়ে জেলেরা ঘরে চলল।

এমন সময় এক জেলে জাল ঘাড়ে নদীতীরে দেখা দিল। প্রকাণ্ড জালখানা মাথার উপর ঘুরিয়ে নদীর উপর উড়িয়ে দিলে; মেঘের মতো কালো জাল

আকাশে ঘুরে, নদীর এ-পার ও-পার দু-পার জুড়ে জলে পড়ল। সেই সময় মাছের সর্দার, নদীর রাজা, বুড়ো মাছ রুই অন্ধকারে সন্ধ্যার সময় সেই নদী-ঘেরা কালো জালে ধরা পড়ল। জেলে পাড়ায় রব উঠল– জাল কাটবার গুরু, মাছের সর্দার, বুড়ো রুই এতদিনে জালে পড়েছে। যে যেখানে ছিল নদীতীরে ছুটে এল। তারপর অনেক কষ্টে মাছ ডাঙায় উঠল। এত বড় মাছ কেউ কখনো দেখেনি। আবার যখন সেই মাছের পেট চিরতে সাতরাজার ধন এক মানিকের আংটি জ্বলন্ত আগুনের মতো ঠিকরে পড়ল তখন সবাই অবাক হয়ে রইল। যার মাছ তার আনন্দের সীমা রইল না।

গরীব জেলে যেন আকাশের চাঁদ হাতে পেলে। মাছের ঝুড়ি, ছেঁড়া-জাল জলে ফেলে মানিকের আংটি সেকরার দোকানে বেচতে চলল। রাজা শকুন্তলাকে যে আংটি দিয়েছিলেন– এ সেই আংটি। শচীতীর্থে গা ধোবার সময় তার আঁচল থেকে যখন জলে পড়ে যায় তখন রুইমাছটা খাবার ভেবে গিলে ফেলেছিল।

জেলের হাতে রাজার মোহর আংটি দেখে সেকরা কোটালকে খবর দিল। কোটাল জেলেকে মারতে-মারতে রাজসভায় হাজির করলে। বেচারা জেলে রাজদরবারে দাঁড়িয়ে কাঁপতে-কাঁপতে, কেমন করে মাছের পেটে আংটি পেয়েছে নিবেদন করলে।

রাজমন্ত্রী দেখলেন সত্যিই আংটিতে মাছের গন্ধ। জেলে ছাড়া পেয়ে মোহরের তোড়া বখশিশ নিয়ে নাচতে-নাচতে বাড়ি গেল।

এদিকে আংটি হাতে পড়তেই রাজার তপোবনের কথা সব মনে পড়ে গেল।

শকুন্তলার শোকে রাজা যেন পাগল হয়ে উঠলেন। বিনা দোষে তাকে দূর করে দিয়ে প্রাণ যেন তুষের আগুনে পুড়তে লাগল। মুখে অন্য কথা নেই, কেবল– 'হা শকুন্তলা।– হা শকুন্তলা।' আহারে, বিহারে, শয়নে, স্বপ্নে, কিছুতেই সুখ নেই; রাজকার্যে সুখ নেই, অন্তঃপুরে সুখ নেই, উপবনে সুখ নেই– কোথাও সুখ নেই।

সঙ্গীতশালায় গান বন্ধ হল, নৃত্যশালায় নাচ বন্ধ হল, উপবনে উৎসব বন্ধ হল।

রাজার দুঃখের সীমা রইল না।

একদিকে বনবাসিনী শকুন্তলা কোল-ভরা ছেলে নিয়ে হেমকূটের সোনার শিখরে বসে রইল, আর একদিকে জগতের রাজা, রাজা-দুষ্মন্ত জগৎজোড়া শোক নিয়ে ধূলায় ধূসর পড়ে রইলেন।

কতদিন পরে দেবতার কৃপা হল।

স্বর্গ থেকে ইন্দ্রদেবের রথ এসে রাজাকে দৈত্যদের সঙ্গে যুদ্ধ করবার জন্যে স্বর্গপুরে নিয়ে গেল। সেখানে নন্দনবনে কত দিন কাটিয়ে, দৈত্যদের সঙ্গে কত যুদ্ধ করে, মন্দারের মালা গলায় পরে, রাজা রাজ্যে ফিরলেন– এমন সময় দেখলেন, পথে হেমকূট পর্বত, মহর্ষি কশ্যপের আশ্রম। রাজা মহর্ষিকে প্রণাম করবার জন্য সেই আশ্রমে চললেন।

এই আশ্রমে অনেক তাপস, অনেক তপস্বিনী থাকতেন, অনেক অপ্সর, অনেক অপ্সরা থাকত। আর থাকত– শকুন্তলা আর তার পুত্র রাজপুত্র সর্বদমন।

রাজা দুষ্মন্ত যেমন দেশের রাজা ছিলেন, তাঁর সেই রাজপুত্র তেমনি বনের রাজা ছিল। বনের যত জীবজন্তু তাকে বড়ই ভালোবাসত।

সেই বনে সাত-ক্রোশ জুড়ে একটা প্রকাণ্ড বটগাছ ছিল, তার তলায় একটা প্রকাণ্ড অজগর দিনরাত্রি পড়ে থাকত। এই গাছতলায় সর্বদমনের রাজসভা বসত।

হাতিরা তাকে মাথায় করে নদীতে নিয়ে যেত, শুঁড়ে করে জল ছিটিয়ে গা ধুইয়ে দিত, তারপর তাকে সেই সাপের পিঠে বসিয়ে দিত– এই তার রাজসিংহাসন। দুদিকে দুই হাতি পদ্মফুলের চামর দোলাত, অজগর ফণা মেলে মাথায় ছাতা ধরত। ভালুক ছিল মন্ত্রী, সিংহ ছিল সেনাপতি, বাঘ চৌকিদার, শেয়াল ছিল কোটাল; আর ছিল– শুক-পাখি তার প্রিয়সখা, কত মজার-মজার কথা বলত, দেশ-বিদেশের গল্প করত। সে পাখির বাসায় পাখির ছানা নিয়ে খেলা করত, বাঘের বাসায় বাঘের কাছে বসে থাকত– কেউ তাকে কিছু বলত না। সবাই তাকে ভয়ও করত, ভালোও বাসত।

রাজা যখন সেই বনে এলেন তখন রাজপুত্র একটা সিংহশিশুকে নিয়ে খেলা করছিল, তার মুখে হাত পুরে দাঁত গুনছিল, তাকে কোলে-পিঠে করছিল, তার জটা ধরে টানছিল। বনের তপস্বিনীরা কত ছেড়ে দিতে বলছিলেন, কত মাটির ময়ূরের লোভ দেখাচ্ছিলেন, শিশু কিছুতেই শুনছিল না।

এমন সময় রাজা সেখানে এলেন, সিংহ-শিশুকে ছাড়িয়ে সেই রাজ-শিশুকে কোলে নিলেন; দুষ্টু শিশু রাজার কোলে শান্ত হল।

সেই রাজ-শিশুকে কোলে করে রাজার বুক যেন জুড়িয়ে গেল। রাজা তো জানেন না যে এ-শিশু তাঁরই পুত্র।

ভাবছেন– পরের ছেলেকে কোলে করে মন কেন এমন হল, এর উপরে কেন এত মায়া হল?

এমন সময় শকুন্তলা অঞ্চলের নিধি কোলের বাছাকে খুঁজতে-খুঁজতে সেখানে এলেন।

রাজারানীতে দেখা হল, রাজা আবার শকুন্তলাকে আদর করলেন, তার কাছে ক্ষমা চাইলেন। দেবতার কৃপায় এতদিনে আবার মিলন হল, দুর্বাসার শাপান্ত হল। কশ্যপ-অদিতিকে প্রণাম করে রাজারানী রাজপুত্র কোলে রাজ্যে ফিরলেন। তারপর কতদিন সুখে রাজত্ব করে রাজপুত্রকে রাজ্য দিয়ে, রাজারানী সেই তপোবনে তাত-কণ্বের কাছে, সেই দুই সখীর কাছে, সেই হরিণ-শিশুর কাছে, সেই সহকার এবং মাধবীলতার কাছে ফিরে গেলেন এবং তাপস-তাপসীদের সঙ্গে সুখে জীবন কাটিয়ে দিলেন।

(অবনীন্দ্রনাথ ঠাকুর)

টীকা: এই পাঠে পুরনো দিনের বাংলা ভাষা অনুযায়ী কিছু কিছু ক্রিয়াপদের রূপ ব্যবহার করা হয়েছে। বর্তমান প্রমিত বাংলা ভাষায় এসব ক্রিয়াবাচক শব্দের রূপ প্রচলিত নয়। তা ছাড়া, অনেক শব্দের বানানও স্বাভাবিকভাবেই আধুনিক বানানরীতি অনুসরণ করে লেখা হয়নি। এ বিষয়ে শিক্ষার্থীদের প্রমিত বাংলা ভাষার ব্যাকরণ অনুসরণ করা উচিত।

লেখক পরিচিতি

অবনীন্দ্রনাথ ঠাকুর (১৮৭১-১৯৫১) ভারতের শিল্পাকাশে উজ্জ্বলতম জ্যোতিষ্ক, তারও চেয়ে বেশি– গ্রহসনাথ সূর্যের মতো তিনি ভারত শিল্পচক্রের মণ্ডলপতি। তবে শিল্পি তাঁর একমাত্র পরিচয় নয়– বিধাতা তাঁর হাতে তুলি ও বর্ণের ভাণ্ডার দিয়ে পাঠিয়ে দিয়েছিলেন, তাঁর প্রবন্ধ-নিবন্ধেও সেই রঙের স্পর্শ

লেগেছে। শিল্পবিচার প্রসঙ্গে তিনি যেভাবে প্রাচীন ও মধ্যযুগের ভারতবর্ষে পদচারণা করেছেন, যে ভাষায় তার পরিক্রমা ও ক্রমবিকাশের ইতিহাস লিখেছেন, তাতে তাঁর গদ্যরচনায় একাধারে তথ্য, তত্ত্ব-রস ও চিত্ররূপ ফুটে উঠেছে। তাঁর গদ্যের সরস বাণীভঙ্গিমায় কখনও নীলাঞ্জন মেঘচ্ছায়া প্রসারিত হয়েছে, কখনও ফেনশুভ্র হংসবলাকার পক্ষবিস্তার দেখা গেছে, কখনও মাটির শ্যামলিমা আর নগাধিরাজের ধূসরগৈরিক নর্ণবাভা তাঁর গদ্যরচনাকে যেমন কাব্যরূপ দান করেছে, তেমনি তাঁর রচনায় প্রতীকীধরনের রূপকথার আমেজ সৃষ্টি করেছে। তাঁর 'ক্ষীরের পুতুল' ও 'শকুন্তলা' ঊনবিংশ শতাব্দীতে প্রকাশিত হয়েছিল। কিন্তু বিংশ শতকে প্রকাশিত হয় 'বাংলার ব্রত' (১৯০৯), 'রাজকাহিনী' (১৯০৯), 'ভূতপতরীর দেশ' (১৩২২ বঙ্গাব্দ), 'খাতাঞ্জির খাতা' (১৩২৩) প্রভৃতি পুস্তক-পুস্তিকা। এর কোনোটি ইতিহাসশ্রয়ী, কোনোটি বা শিশু-মনের রূপকথার রসে রহস্যময় হয়েছে। গুরুতর চিন্তামূলক ব্যাপারকেও যে তিনি কত চমৎকার করে বলতে পারেন তার প্রধান দৃষ্টান্ত হল 'বাগীশ্বরী শিল্পপ্রবন্ধলী' (১৯৪৯), 'জোড়াসাঁকোর ধারে' (১৩৫০ বঙ্গাব্দ), 'ঘরোয়া' (১৩৪৮ বঙ্গাব্দ), 'আপনকথা' (১৩৫০ বঙ্গাব্দ)।

শব্দার্থ

অরণ্য	［名］	森林
জীবজন্তু	［名］	动物
মহর্ষি	［名］	圣人；隐者
আশ্রম	［名］	庇护所；静修林
জটাধারী	［形］	头顶盘着发髻的
তপস্বী-কণ্ব	［名］	苦修的高僧；隐者圣人
কুটির	［名］	茅草房
বাকল	［名］	草
ঋষি-কুমার	［名］	静修童子
বেদ	［名］	吠陀,婆罗门教和现代印度教最根本的经典,吠陀本身意为知识、启示，广义

		的“吠陀”文献包括四部吠陀本集、梵书、森林书和奥义书
তর্পণ করা		用水祭神
অঞ্জলি দেয়া		献祭；祭神
হোম	［名］	火祭
দেবদানবের যুদ্ধ		印度教传说中的诸神之战
সামবেদ গান		古印度吠陀时代的歌曲，内容通常是吠陀诗文经咒，配以音乐曲调在吠陀时代的祭祀仪式上唱诵
নিশুতি রাত		深夜
অপ্সরী	［名］	天仙;仙女
তপোবন	［名］	静修林
দয়ামায়া	［名］	怜悯；恻隐之心
কুড়ানো	［动］	捡；拾
পর	［形］	无亲缘关系的
ভাসানো	［动］	使……漂浮
প্রিয়সখী	［名］	闺中好友
সৈন্যসামন্ত	［名］	侍臣
রথ	［名］	古代的马车；战车；印度教之神乔格纳特的御驾
মৃগয়ায় যাওয়া		狩猎；猎鹿
রাজহস্তী	［名］	御用大象
চামর	［名］	拂尘
রাজছত্র	［名］	御用华盖
জয়ঢাক	［名］	战鼓
ফাঁদ পাতা		布下陷阱
গহন বন		幽深的森林
কুঞ্জবন	［名］	小树林；小花园

গুন্-গুন্ গল্প করা		窃窃私语
রাজভোগ	[名]	御用膳食
অবধি	[介]	直到；至
রাজকার্য	[名]	政务；国家大事
ব্রত করা		苦修；修炼
ওজর-আপত্তি করা		反对
একদণ্ড	[名]	一种时间单位，合二十四分钟；很短的时间
নিকুঞ্জবন	[名]	森林中的蔓藤荫蔽之处
মালা-বদল	[名]	印度教婚礼的互换花环仪式；代指结婚
মনোবাঞ্ছা	[名]	心愿；渴望
পূর্ণ	[形]	完整的；完满的；被实现的；被满足的
মোহর-আংটি	[名]	皇帝的印章戒指
পাষাণ-প্রতিমা	[名]	石像
ভস্ম করা		毁灭
প্রণাম করা		双手合十行礼
পাপীয়সী	[名]	女罪人
অভিসম্পাত করা		诅咒
অপমান করা		侮辱；轻蔑
আনমনে	[副]	心不在焉地
লুটিয়ে পড়া		瘫倒
সাধ্য-সাধনা করা		恳求；央求
কাকুতি-মিনতি করা		反复恳求；纠缠乞求
শাপান্ত	[名]	符咒；解咒
অভিশাপ	[名]	诅咒
উদ্যোগ করা		正要做……；准备做……
খোঁপা	[名]	女子盘成的圆形发髻

সিঁদুর	［名］	发际红；朱砂红（印度教妇女已婚的标志）
মতির মালা		珍珠项链
হীরের বালা		钻石手镯
সোনার মল		装饰脚趾用的金制脚环
আলতা	［名］	印度教妇女彩绘足部用的红颜料
শুভলগ্ন	［名］	吉时
অগাধ	［形］	松开的；不受拘束的；高深莫测的
সিংহাসন	［名］	皇帝的宝座
হোমকুণ্ড	［名］	燃烧祭火用的火坑
পালঙ্ক	［名］	床；矮沙发
তপস্বিনী	［名］	女修道者
রাজ্যেশ্বরী	［名］	皇后
পূর্ণিমা রাত		满月之夜
অভিমান করা		赌气；怄气
অনুযোগ করা		责备；埋怨
ফলা	［动］	结果实；实现；成真
পাষাণী	［名］	铁石心肠的女人；冷酷无情的女人
স্বর্গপুর	［名］	天宫
ইন্দ্রসভা	［名］	印度教天神因陀罗的宫殿
বীণার তার		维那琴的琴弦
ছেঁড়া/ছিঁড়া	［动］	撕开；断开；掐断；扯断
জাল গুটানো		收网
জেলে	［名］	渔夫
ডাঙা	［名］	河岸
চেরা/চিরা	［动］	裂开；被割开
গেলা/গিলা	［动］	吞；咽下
নিবেদন করা		呈请；上交；请愿

শোক	［名］	悲恸；哀悼
অন্তঃপুর	［名］	闺房；厢房
উপবন	［名］	花园；园中之园
কৃপা	［名］	善良；恩慈；怜悯
দৈত্য	［名］	印度神话中的恶魔；巨人

অনুশীলনী

১। পাঠ অনুসরণে নিচের প্রশ্নাবলীর উত্তর দিন।

১.নিবিড় অরণ্যে কী কী ছিল? ছোট নদীটার নাম কী? নদীতে কী কী দেখা যেত? নদীতীরে কী কী জীবজন্তু ছিল?

২.তিন হাজার বছরের সেই বটগাছের তলায় কার আশ্রম ছিল? সেই আশ্রমে আর কে কে ছিল? তারা কী কী করত?

৩.কে শকুন্তলাকে তপোবনে ফেলে রেখে গিয়েছিল? কে কোথায় শকুন্তলাকে কুড়িয়ে পেয়েছিল?

৪.শকুন্তলা কীভাবে মানুষ হতে লাগল তপোবনে? 'শকুন্তলার আপনার মা-বাপ তাকে পর করলে, কিন্তু যারা পর ছিল, তারা তার আপনার হলো' — বাক্যটি ব্যাখ্যা করুন।

৫.শকুন্তলার দুই প্রিয়সখী কে কে? প্রতিদিন তিন সখীর কী কী কাজ ছিল?

৬.রাজা দুষ্মন্ত আর রূপসী শকুন্তলার দেখা কীভাবে হয়েছিল? তারপর কী হলো?

৭.রাজ্যে ফিরে যাবার সময় রাজা দুষ্মন্ত শকুন্তলাকে কী দিয়েছিলেন এবং কী কথা দিয়েছিলেন?

৮.রাজা দুষ্মন্ত চলে যাওয়ার পর শকুন্তলার দিনগুলি কেমন কাটল?

৯.মহর্ষি দুর্বাসা কেন শকুন্তলাকে অভিশাপ দিয়েছিলেন? দুই সখীর সাধ্য-সাধনা ও কাকুতি-মিনতিতে দুর্বাসা শেষে কী শাপান্ত দিয়েছিলেন?

১০.দুই সখী যখন শুনল শকুন্তলা রাজার কাছে চলে যাবে তখন তারা কেমন করে শকুন্তলাকে সাজিয়ে দিয়েছিল? বনের দেবতারা শকুন্তলাকে কী কী দিয়েছিল?

১১.শচীতীর্থের জলে স্নান করবার সময়ে শকুন্তলা কী হারিয়েছিল? এর পরিণামে কী হয়েছিল?

১২.রাজবাড়িতে রাজা দুষ্মন্ত শকুন্তলাকে চিনতে পারলেন না কেন? তিনি কী বলেছিলেন শকুন্তলাকে?

১৩.রাজার কথায় শকুন্তলা কী অভিমান এবং অনুযোগের কথা বলেছিল? রাজার কাছে শকুন্তলা কেন একেবারে ভেঙে পড়েছিল?

১৪.কে শকুন্তলাকে রাজার সভা থেকে বাঁচাল? কোথায় শকুন্তলার ছেলে-সন্তান হয়েছিল?

১৫.কে কোথায় সেই মানিকের আংটি উদ্ধার করল? আংটিটি হাতে পড়তেই রাজার মনে কীসের কথা পড়ল এবং তাঁর কেমন লাগল?

১৬.দৈত্যদের সঙ্গে যুদ্ধ করার পর রাজ্যে ফিরে যাওয়ার পথে রাজা কোথায় চললেন? সেখানে তিনি কাকে কোলে নিলেন?

১৭.অবশেষে রাজা-রানীর দেখা হওয়ার পর কী হল?

২। কোনো বিস্তারিত বিষয় থেকে অনাবশ্যক কথাগুলি বর্জন করে সংক্ষেপে সার বা মূল কথাটি লেখার নামই সারাংশ লিখন। এই অর্থে ইংরেজিতে Summary, Substance ও Precis – এই তিনটি ভিন্ন শব্দ আছে, তাদের ভাবানুসঙ্গও ভিন্ন। এই শব্দ তিনটির যথার্থ বাংলা প্রতিশব্দ নেই। ইংরেজিতে Summary লিখতে বললে মূল অংশের অর্ধেক পরিমাণ লেখা হয়, Substance-এর জন্য মূলের এক তৃতীয়াংশ এবং Precis লিখতে মূলের এক চতুর্থাংশ ও তৎসহ একটি শিরোনাম লিখি। সাধারণত Summary লেখার রীতিতে মূলের এক তৃতীয়াংশ পরিমাণ রক্ষা করে অবশিষ্টাংশ বর্জন করাই ভালো। সারাংশের মধ্যে মূল ভাবটি যথাযথ ও সংক্ষিপ্তভাবে উপস্থাপিত হওয়া উচিত। বাহুল্য অংশ বাদ দিয়ে আসল কথাটি খুঁজে বের করাই সারাংশ লেখার প্রকৃত উদ্দেশ্য। **নিজ ভাষায় শকুন্তলার গল্পের সারাংশ লিখুন।**

৩। শকুন্তলা ছিলেন হিন্দু পুরাণে বর্ণিত দুষ্মন্তের স্ত্রী ও সম্রাট ভরতের মা। তাঁর উপাখ্যান বর্ণিত হয়েছে মহাভারত মহাকাব্যে। মহাভারতের কথা অমৃতসমান।

মহাভারতের অন্তর্গত শকুন্তলার কথা এক অসাধারণ কাহিনী। এমন বেদনামধুর উপাখ্যান পৃথিবীতে কম লেখা হয়েছে। শকুন্তলার এই অসামান্য কাহিনীকেই ছোটদের জন্য নতুন করে লিখেছেন অবনীন্দ্রনাথ ঠাকুর। **আপনি কি মহাভারত মহাকাব্যটির মূল উপজীব্য বিষয় সম্পর্কে কিছু জানেন? মহাভারতের কাহিনী বৃহৎ, ঘটনাবহুল ও প্রাসঙ্গিক কাহিনীসমূহ দ্বারা পূর্ণ। সময় পেলে তার অন্তর্গত কয়েকটি কাহিনী পড়ে দেখুন।**

পাঠ ১৬

একটি ভ্রমণকাহিনী

আপিসে পানের আর জর্দার কৌটো দুই-ই ফেলে এসেছেন গোপীকৃষ্ণবাবু।

বৌবাজারের মোড়ে এসে মনে পড়ল। ছাতিটা আজ আবার আনেন নি, বৃষ্টি হবে না ধারণা ছিল, কিন্তু এখন দেখা যাচ্ছে ছাতি না এনে ভুল করেছেন, মেঘ জমে আছে সেন্ট্রাল এভেনিউর বড় বড় বাড়িগুলোর মাথায়। পানের কৌটো ফেলা চলে না, টেবিল থেকে কে উঠিয়ে নিয়ে যাবে। আবার আপিসে ফিরলেন, ইনচার্জ বাবু তখনও কাজ করছেন একমনে, অথচ কেউ নেই ডিপার্টমেন্টে, খোশামুদে কোথাকার, মরুক খেটে! দেড়শো টাকা মাইনের মতো কাজ দেখানো চাই তো সাহেবদের, নইলে যদি তাড়িয়ে দেয়? দিনকাল ভালো না। তাঁদের যে পঞ্চাশটি টাকা সেই পঞ্চাশটি টাকা। কেউ নেবে না, কেউ বাড়তি দেবেও না। এই যুদ্ধের বাজার। চালানো যে কত দায় হয়ে উঠেছে, সে বোঝে যে চালায়। পঞ্চাশটি টাকা মাইনে, এক পয়সা উপরি নেই। ওভারটাইম খাটলে এক টাকা দৈনিক পাওয়া যায় বটে, কিন্তু ওভারটাইম ক'দিন হয় মাসে? আপিস থেকে রেশন দেয় তাই রক্ষে, নইলে না খেয়ে মরতে হত সপরিবারে। খিদে পেয়েছে বড়। মোড়ের এই দোকানখানায় এবার পানের কৌটো নিতে আসবার সময় দেখে এসেছেন বেশ বড় বড় কচুরী ভাজছে। নিশ্চয় চার পয়সায় একখানা। খেতে ইচ্ছে তো হয়, পয়সায় কুলোয় কই? একটা দোকানে বসে আধ পেয়ালা চা দু পয়সা দিয়ে কিনে খেয়ে একটা বিড়ি ধরিয়েই আপাতত খিদের শান্তি করলেন গোপীকৃষ্ণবাবু।

পাশেই ওই লাল বাড়িটা তখন মেস ছিল, পঞ্চাশের দুই ধন্বন্তরি বোসের লেন। গোপীকৃষ্ণবাবু মনে মনে হিসেব করলেন। তেত্রিশ বছর আগের কথা। বঙ্গবাসী কলেজে থার্ড ইয়ারে পড়েন উনি তখন। সে-সব দিনের কথা– হায়রে হায়, সেই বিপিন, কানু, বিনোদবাবু, শীল, মতি, ক্যাঙলা, ট্যারা শম্ভু, সুশোভন মিত্তির, কত বন্ধুত্ব, কত গলাগলি, কত ভাবের আদান-প্রদান! কত বড় বড় আশা ছিল মনে, বোম্বেতে গিয়ে চাকরি করব, দেশের সঙ্গে সম্পর্ক রাখব না,

সাহেব হয়ে যাব, এমন কি পার্শী মেয়েকে বিয়ে করব। পার্শী মেয়েকে বিয়ে করবার বড় শখ ছিল তখন, কে জানে কেন! প্রথম যৌবনের নেশায় ইডেন গর্ডেনে দু-চারটি সুন্দরী পার্শী তরুণীকে বেড়াতে দেখবার ফলেই বোধ হয়। আর একটা বড় শখ ছিল, বিলেতে যাবার। সেটা অবিশ্যি তখনই একটু দুরাশার মতই ছিল, তবুও নিতান্ত দুরাশা ছিল না। সম্মুখে বিস্তৃত জীবন পড়ে আছে। কেন হবে না, হলেও তো হতে পারে। এখন কিন্তু তার আকাশকুসুমত্ব যতটা ফুটে বেরিয়েছে তখন ততটা হয়নি।

ট্যারা শম্ভু (শম্ভু চক্রবর্তী এম.বি.– হোমিও– স্বর্ণপদকপ্রাপ্ত, বিনামূল্যে সমাগত দরিদ্র রোগীগণের চিকিৎসা করেন) বৌবাজারের মোড়ে একটা ছোট্ট ঘরে ডিসপেনসারি ফেঁদে বসে আছেন আজ বহু বৎসর– বিশেষ কিছু হয় বলে মনে হয় না!

গোপীকৃষ্ণবাবু মাঝে মাঝে আপিস ফেরতা সেখানে বসে চা খান, চায়ের পয়সা বাঁচে। আজও গেলেন। শম্ভু ডাক্তারের ডাক্তারখানায় রোগীর ভিড় নেই এই একটা সুবিধে। শম্ভু বসে বসে খবরের কাগজ পড়ছে, গোপীবাবুকে দেখে কাগজ রেখে বললে– এসো, এসো একটা খবর দেখেছ– জাপানীরা আবার ছ মাইল...

– আরে ভাই, ওসব রেখে দাও। নিজেরা মরছি নানান্ তালে, আবার পরের খবর রাখতে গেলে বাঁচি কেমন করে? চা খাওয়া ফিনিশ?

– না, বোসো, চা আনাই।

– কেন, স্টোভ কি হল?

– পিন পাচ্ছি নে, স্টোভটার কি যে হয়েছে কাল থেকে– চা আনাই। ও মধু– । ডিসপেনসারির চাকর মধু পাশের দোকান থেকে দু-পেয়ালা চা নিয়ে এল ঘরের কেটলি নিয়ে। দু-পেয়ালা ভর্তি করে কেটলিতে একটু বাড়তি চা রইল, পরে সেটুকু আবার ঢেলে দিলে। চা খেতে খেতে শম্ভু ডাক্তার ও গোপীকৃষ্ণবাবু বিদেশ-ভ্রমণের গল্প করেন– অর্থাৎ ভ্রমণ করবার ইচ্ছা প্রকাশ করেন, করা উচিত বা করলে ভাল হয় সেকথা বলেন। এটা এঁরা দুজনে প্রায়ই করে থাকেন, দুই বন্ধুরই খুব বেড়ানোর শখ কিন্তু সংসার নিয়ে জড়িয়ে পড়েছেন, টাকা পয়সায় কুলোয় না, কোথাও কখনও যাওয়া ঘটে না, বলেই সুখ। শম্ভু ডাক্তার

পশ্চিমে গিয়েছে মগরা পর্যন্ত, তাও অনেক কাল আগে, সেখানে ছিল মাসীর বাড়ি। গোপীকৃষ্ণ তার চেয়ে একটু বেশি, বর্ধমান পর্যন্ত! দুই বন্ধুর পশ্চিম ভ্রমণের এই পর্যন্ত ইতি।

তবে প্রতি বৎসর পূজোর আগে দুজনে বসে বিদেশ ভ্রমণের প্ল্যান আঁটেন নানারকম– এবার কোথাও যাওয়া যাক– বুঝলে? কত পয়সা তো কতদিকে খরচ হচ্ছে। টাকা চল্লিশ হলে একবার কাশীটা ঘুরে আসা হয়। তখন তর্ক বাধে দুজনে। কাশী না গয়া কিংবা সাঁওতাল পরগণা। অবশেষে সেদিন ব্যাপার মুলতুবি থাকে। পরদিন আবার শুরু হয় আলোচনা– কি বল, তা হলে ভাগলপুরেই ঠিক করা যাক্। পাহাড় কখনও দেখা হয়নি। ভাগলপুরে কি পাহাড় আছে? ঠিক সংবাদ দুজনের কেউ জানেন না। এমনিভাবে পুজো এসে পড়ে, এই একমাসে বহু নাম উচ্চারিত হয় ভ্রমণ সম্পর্কে– পেশোয়ার, কাশ্মীর থেকে শুরু করে দিল্লি, জয়পুর, বৃন্দাবন, শিলং, এমন কি বীরভূম জেলার নলহাটি পর্যন্ত। শেষ পর্যন্ত কোনও বার কোথাও যাওয়া ঘটে না, শম্ভু ডাক্তারের তিন মাসের দোকান ভাড়া বাকি পড়তে বাড়িওয়ালা নালিশের ভয় দেখায়, গোপীকৃষ্ণবাবুর ছোট ছেলে টাইফয়েডে পড়ে– যায় সব ভেস্তে।

বহু বৎসর ধরেই এমন চলেছে। তবুও এঁরা ছাড়বার বা দমবার পাত্র নন। শ্রাবণ মাসের শেষ থেকে শুরু করে পূজোর সময় পর্যন্ত ভ্রমণের সম্বন্ধে আলোচনা এঁদের কামাই নেই। এতে তো পয়সা খরচ হয় না, অথচ টাইমটেবিল ঘেঁটে পাঁচটা দূরের নাম পড়ে বেশ আনন্দ পাওয়া যায়।

আজও গোপীকৃষ্ণবাবু চা খেতে খেতে বললেন– আর মাসখানেক বাকি পূজোর। এবার কিন্তু কোথাও যাওয়া নিতান্ত দরকার! ঠিক করে ফেলা যাক্ আজই, বুঝলে? টাইমটেবিল আছে তো?

টাইমটেবিল তৈরি। যারা কখনও কোথাও বেড়ায় না, তাদের টেবিলে সর্বদা টাইমটেবিল মজুত থাকে। শম্ভু ডাক্তার খাপ থেকে চশমা খুলে টাইমটেবিলের পাতা ওলটান।

– আচ্ছা, চিত্রকূট জায়গাটা নাকি খুব ভালো! তুমি জানো কিছু?

এক অন্ধ আর এক অন্ধকে পথ দেখায়। গোপীকৃষ্ণবাবু বলেন– হ্যাঁ– তা বেশ ভাল জায়গা।

– ভাড়াটা দেখ হে– আবার ভাই আর অমত কোরো না। চলো চিত্রকূটই যাওয়া যাক্।

গোপীকৃষ্ণবাবু ন্যায্যপক্ষেই বলতে পারতেন, তাঁর মতামতের অভাবেই যে এতকাল ভ্রমণ বন্ধ আছে একথা সত্যি নয়। কিন্তু তিনি কোন প্রতিবাদ করেন না। চিত্রকূটের ভাড়া বেরুল টাইমটেবিল খুঁজে। শম্ভু ডাক্তার বললেন– ওর ওপর ধরো আরও কুড়িটে টাকা– খাওয়া-দাওয়া– পান-সিগারেট– যুদ্ধের বাজার, বুঝলে না?

সে তো বটেই।

– তা হলে এবার আর অমত কোরো না। এখন থেকে রেডি হওয়া যাক, কী বলো?

পূজো তো এলো। দুই বন্ধুতে আরও ঘণ্টা দুই বসে ভ্রমণের নানা পরামর্শ করেন। বাড়ি থেকে খাবার তৈরি করে নেওয়া উচিত। সব জিনিস আক্রা। বেডিং কি কি সঙ্গে নেওয়া যায়? শম্ভু ডাক্তার মুখে মুখে বলতে লেগে গেলেন– ধরো একটা মশারি, বালিশ–

গোপীকৃষ্ণবাবু অধীর ভাবে বললেন– আহা– আহা– মুখে কেন, কাগজে লিখে ফেল না? কাজ পাকা করা দরকার। মশারি, বালিশ– তারপর? গায়ে দেবার কম্বল–

– কম্বল।

– সুজনি।

একজন লোক ফুটপাথে দাঁড়িয়ে বলল– এটা কি ডাক্তারখানা?

শম্ভু ডাক্তার হাতের কলম ফেলে ব্যস্ত-সমস্তভাবে উঠে দাঁড়িয়ে বলে উঠলেন– হ্যাঁ, হ্যাঁ– ডাক্তারখানা– ডাক্তারখানা–

– কি দরকার?

লোকটা বললে– হোমিওপ্যাথিক?

– হ্যাঁ, হ্যাঁ– হোমিওপ্যাথিক– ভাল হোমিওপ্যাথিক– কার অসুখ?

– অসুখ কারও না– এমনি জিজ্ঞেস করছি–

সে চলে গেল। শম্ভুবাবু আবার এসে টেবিলে বসে কলম ধরলেন, বিরক্তির সুরে বললেন– মিছিমিছি জ্বালায়! যেমন সব কাণ্ড– হ্যাঁ– তারপর বলো,

সুজনি–

রাত দশটার সময় ব্যাপারটি অমীমাংসিত ও মুলতুবি রেখে দুই বন্ধু বাড়ি রওনা হন। কথা হয় আগামীকাল আবার বিকেলে একত্র হয়ে পুনরায় আজকার খেই ধরা হবে। চলবে পরামর্শ। বাড়ি ফিরে গোপীকৃষ্ণবাবু আহারাদি করে শয়ন করেন, কিন্তু উত্তেজনায় ঘুম আসে না। চিত্রকূট কতদূর না জানি। কত পাহাড় জঙ্গল দিয়ে যাওয়া। অনেক দূরের ট্রেন-জার্নি। কত মজা হবে রাস্তায়! ভাল কথা, এক টিন ভাল সিগারেট নিতে হবে সঙ্গে। কত পয়সা তো কত দিকে যাচ্ছে। জীবনের একটা সুখ। বড় বড় পাহাড় দেখা যাবে পথে। পাহাড়ই কখনও দেখা হয়নি। ছুটির আর কতদিন দেরি? গোপীকৃষ্ণবাবু ক্যালেন্ডার দেখলেন উঠে। ছাব্বিশ দিন বাকি মোটে। টাকার যোগাড় দেখতে হয় এখন থেকেই।

গোপীকৃষ্ণবাবুর স্ত্রীর পিত্রালয় কোলাঘাটের কাছে। তাঁর এক শ্যালক মিলিটারিতে কি চাকরি পেয়ে কানপুর চলে গিয়েছিল, আজ দুদিন যাবৎ চিঠি এসেছে যে সে শ্যালকটি বাড়ি এসেছে। তার সঙ্গে একবার দেখা করতে যাওয়া দরকার! গোপীবাবুর স্ত্রী স্বামীকে তাগাদা দিতে লাগলেন। কবে সেখানে যাওয়া হচ্ছে? এবার পূজোর সময়ে কোলাঘাট নিয়ে চল। কতদিন তো যাওয়া হয়নি। ভাইটার সঙ্গেও দেখা হবে।

গোপীকৃষ্ণবাবু বিরক্ত হয়ে বললেন– হ্যাঁ, যাচ্ছি এখন তোমার সেই অজ গণ্ডমুখখু ভাইয়ের সঙ্গে দেখা করতে সেই ধপধপি জায়গায়–

গোপীকৃষ্ণবাবুর স্ত্রী ঝাঁঝালো সুরে বলে উঠলেন– হোক গণ্ডমুখখু, তোমার চেয়ে আর তোমার সেই হোমাপ্যাথি জল-বেচা ডাক্তার বন্ধুর চেয়ে অনেক ভাল। সে তবুও আছে কানপুরে– দেড়শো টাকা রোজগার করছে। তুমি বি.এ. পাস করে ষাট টাকায় ঘষছো, আজ সেই আমার বিয়ে হয়ে পর্যন্ত! বেলুড়ের ওদিকে কখনও মাড়ালে না দুজনে। তোমাদের চেয়ে সে অনেক ভাল।

মেয়েমানুষের সঙ্গে তর্ক করে কোন লাভ নেই। গোপীকৃষ্ণবাবু চুপ করে শুয়ে পড়লেন।

পরদিন আবার আপিস থেকে ফিরবার পথে তিনি গেলেন শম্ভু ডাক্তারের ওখানে। চা পানের পর আবার দুজনে নিবিড় পরামর্শ শুরু করল। কত টাকা সঙ্গে নিয়ে যাওয়া, তার একটা নিট হিসেব করে ফেলতে হবে। শম্ভু ডাক্তার

বলেন– আশু সান্ডেল কাল এসেছিল তুমি যাওয়ার পরে। তার মুখে শুনলাম পথে নিমিয়াঘাট বলে একটা স্টেশনে নেমে পরেশনাথ পাহাড় ওঠা যাবে। চলো না কেন এক ঢিলে দুই পাখি মারা যাক্।

– পরেশনাথ পাহাড়।

– হ্যাঁ! হাইয়েস্ট হিল অন দি বেঙ্গল প্লেন। সেটা দেখা–

– হ্যাঁ- হ্যাঁ– খুব ভাল। তাই যাওয়া যাবে।

– টাকাটার হিসেব ধরো এবার। যাতায়াতে ধরো– রেলভাড়া, খোরাকি–

– টুকিটাকি জিনিসপত্তর কেনা–

– কিনতে গেলে হাতি কেনা যায়– জিনিস কেনা বাদ দ্যাও। শুধু নিট খরচা যেটা–

এইভাবে সেদিনও কেটে গেল। পরদিন আবার পরামর্শ-সভা বসে। এদিন কথা ওঠে কি কি জিনিস সঙ্গে নেওয়া যাবে। মশারি নেওয়া যাবে কি না এ তর্কের সেদিন কোনও মীমাংসা হল না। শম্ভু ডাক্তার বলেন– যেখানেই যাও, মশা থাক না থাক মশারি সঙ্গে থাকাই ভাল। মশা কামড়ালেই ম্যালেরিয়া হয়, ফাইলেরিয়া হয়, আরও কত কি। মশারি নেওয়াটা এসেনশিয়াল। গোপীবাবুর মতে অতদূর পশ্চিমে পাহাড়ের দেশে মশা-ফশা নেই– এ কি আর বাঙলাদেশের খানাডোবাভরা পাড়াগাঁ? মিছিমিছি ভারবোঝা বাড়ানো। ট্রাভেল লাইট। একগাদা বোঁচকা-বুঁচকি ঘাড়ে করে বেড়ানোর কোনও মানে হয় না।

রাত দশটা। দুই বন্ধু সভা ভঙ্গ করে সেদিনের মতো যে যার বাড়ি চলে গেলেন।

আবার পরদিন দুজনে মিললেন। আজকাল তর্কের বিষয় খাবার জিনিস কী কী সঙ্গে নেওয়া যাবে। বাড়িতে লুচি-পরোটা করে নেওয়াই ভাল। খাওয়ার জিনিসের আগুন দর। এক টাকার খাবার খেলেও পেট ভরে না। কী কী খাবার নেওয়া যায়? লুচি না পরোটা? আলুর তরকারি নেওয়া দরকার নেই, বড্ড দাম আলুর। কুমড়োর ছোঁকা আর কচুর ঘণ্ট দিব্যি তরকারি।

আরও কয়েক দিন এই ভাবে কাটবার পরে পূজো নিকটে এসে পড়ল। গোপীকৃষ্ণবাবুর মনে আনন্দ আর ধরে না। স্ত্রীকে বললেন– সব ঠিক যেন থাকে। ছোট মশারিটা সেলাই করে দাও। আর একটা ছোট ঘটি–

দিন সাতেক পরে পূজোর ছুটি হবে। গোপীকৃষ্ণবাবুর ডাক পড়ল একদিন বড়বাবুর ঘরে। বড়বাবু বললেন– একটা কথা বলি। পূজোর বোনাসের লিস্ট হয়েছে, তাতে কিন্তু আপনার নাম নেই।

– আজ্ঞে কেন?

– আর-বছর আপনারা ক'জন লিফট পেয়েছিলেন। এ বছর আবার তাদের বোনাস দিলে অন্য সবার ওপর অবিচার করা হয়। তাই ঠিক হয়েছে–

– স্যার, এ কেমন যুক্তি হল? কাজে সন্তুষ্ট হয়েই তো আপনারা লিফট দিয়েছিলেন, এ বছর তবে এমন কি অপরাধ হল আমাদের–

বাঙালির আপিস। যা মনিবের রায়, সেই অনুসারে কাজ হবে। মনিব যা ভাল বোঝেন। যুক্তি-টুক্তি এখানে খাটবে না। হলও তাই। অন্য সকলে দেড় মাসের মাইনে বোনাস পেয়ে গেল, গোপীকৃষ্ণবাবুর অদৃষ্টে জুটল শুধু মাইনেটি। সেইদিনই গোপীবাবু অগ্রিম কিছু টাকার দরখাস্ত করলেন, মঞ্জুর হল মাত্র পনেরোটি টাকা। তাও বজায় রাখা গেল না, দেশের বাড়ি থেকে চিঠি এসে হাজির, বৃদ্ধা পিসিমা লিখেছেন– চৌকিদারি ট্যাক্স বাকি পড়েছে অনেক দিনের, এবার না দিলে ঘরবাড়ি ক্রোক হবে। পত্রপাঠ আট টাকা তেরো আনা ছ'কোয়ার্টারের ট্যাক্স বাবদ যেন পাঠানো হয়। গোপীকৃষ্ণবাবু প্রথমে রাগ করেছিলেন, যায় যাকগে ক্রোক হয়ে। ভারি তো ভাঙা পৈতৃক বাড়ি, মশা আর জঙ্গলে ভর্তি। কেন, পিসিমা বাঁশ, আম, কাঁঠালের উপস্বত্ব ভোগ করেছেন, চৌকিদারি ট্যাক্সটা তিনি দিতে পারেন না? আমার ঘাড়ে কেন চাপিয়েছেন? আমি কি সেখানে বাস করি? পাঠাব না টাকা।

পরে তাঁর স্ত্রী বোঝালেন চোরের ওপর রাগ করে মাটিতে ভাত খেয়ে কি লাভ? তাঁর দুটি ছেলে, বেঁচে থাকলে ও-সম্পত্তি তাদেরই থাকবে। বুড়ি পিসিমা চোখ বুজবেন আজ বাদে কাল, বাড়িঘর বজায় রাখবার গরজ তাঁর তত থাকবার কথাও নয়।

শম্ভু ডাক্তারের বৈঠকখানায় গোপীকৃষ্ণবাবু ঢুকলেন একটু মন-মরা ভাবে। দেখলেন শম্ভু ডাক্তারের মনের অবস্থাও তেমন সুবিধে নয়। চা এল, ভ্রমণ বিষয়ে কোনও কথাই ওঠে না, অন্যান্য কথাই চলে। গোপীবাবু সাহসে ভর করে বললেন– তারপর যাওয়া সম্বন্ধে কি ঠিক করলে?

শম্ভু ডাক্তার বললেন– ভাই, এ মাসে যা কিছু পেয়েছিলাম, সব গেল ছেলেমেয়েদের কাপড়-চোপড় কিনতে। আগে তো ভাবিনি অত টাকা কাপড়ে খরচ হবে, একখানা করে কাপড় কিনতে তেতাল্লিশ টাকা খরচ হয়ে গেল। আর হাতে টাকা নেই। তবে পাঁচদিন এখনও বাকি, দেখি যদি এর মধ্যে কোনও শক্ত কেস্-টেস্ এসে যায় ভগবানের দয়ায়–

গোপীকৃষ্ণবাবুও নিজের টানাটানির কথা ব্যক্ত করেন। তবে এখনও পাঁচদিন বাকি ঐ যা ভরসা। যদিও এটা মনকে চোখ ঠারা মাত্র, পাঁচ দিনে গোপীকৃষ্ণবাবু কি আর ত্রিশ হাজার টাকা লটারিতে পাবেন, তা কিছু নয়।

শম্ভু ডাক্তার বললেন– আচ্ছা, চিত্রকূট যদি না-ও হয়– অতদূর–

– টাইমটেবিলে একটা জায়গা বলছে ঋষ্যশৃঙ্গ মুনির আশ্রম, লুপ লাইনের কাজরা

স্টেশন থেকে ছ'মাইল। সিনারি বেশ বলে লিখছে–

– আজ আমার শালীও বলছিল, গ্র্যান্ডকর্ড লাইনের নিমিয়াঘাট বলে একটা স্টেশন

থেকে পরেশনাথ পাহাড় যাওয়া যায়। তাই যাবে? খরচ কম হয়।

আবার রাত দশটা পর্যন্ত আলোচনা। ঋষ্যশৃঙ্গ মুনির আশ্রম, না পরেশনাথ পাহাড়? কোনটা সস্তা? হিসেব করে টাইমটেবিল পড়ে দেখা গেল তাতেও পঁচিশ থেকে ত্রিশ টাকা খরচ পড়বে জন পিছু। তার কমে হবে না!

– ও একরকম করে যোগাড় হয়ে যাবে এখন, বললেন শম্ভুবাবু।

আশ্চর্যের বিষয়, রোগী এবং রোগ দুই-ই হঠাৎ কলকাতা শহরে বড্ড কমে গেল। সারাদিনে আগে তবুও দুটো টাকাও হত, এখন পাঁচ আনার নক্স-ভূমিকাও বিক্রি হয় না। রোগী দেখা দূরের কথা, ওষুধ বিক্রি পর্যন্ত বন্ধ। তার ওপর শম্ভু ডাক্তারের মামাতো ভাই বিধু এসে হাজির, সঙ্গে তার স্ত্রী। দেশে চলছে না আদৌ, এতবড় ডাক্তার পিসতুতো ভাই থাকতে তারা কি না খেয়ে মরবে?

গোপীকৃষ্ণবাবুর অবস্থাও যে ভাল তা নয়। ইতিমধ্যে একদিন তাঁর ভাইঝি-জামাই দুই ইলিশ মাছ পাঁচ টাকা দিয়ে কিনে নিয়ে হাজির। গোপীবাবুর স্ত্রী এসে বললেন– ওগো শুনছো, জামাইয়ের ও-মাছের টাকা দিয়ে দিয়ো

যাবার সময়।

গোপীবাবু রেগে উঠে বললেন– কেন? আমি কি বলেছিলাম আমার বাসায় মাছ কিনে না আনলে আমরা সবাই না খেয়ে মরতে বসেছি? পাঁচ টাকা খরচ করে একজোড়া মাছ না আনলে চলছিল না?

– ছিঃ ও-কথা বলতে নেই। জামাই মানুষ, এনে ফেলেছেন যখন, তখন সে দাম দিতেই হবে। সবাই মিলে মাছটা তো খাওয়া হয়েছে? জামাই একা খাননি।

– খাননি তাই কি? আমার সংসারে এক পো খয়রা মাছ কিনলে চলে যায় ছ'আনা দিয়ে। পাঁচ টাকার মাছ কিনে একদিন খেয়ে আমার লাভটা কি হল বলতে পার?

যতই উলটো তর্ক করুন, তাঁকে শেষ পর্যন্ত সুবোধের মতো মাছের দামটা জামাতা বাবাজির হাতে গুঁজে দিতে হল যখন তিনি যাচ্ছেন। মিটে গেল ব্যাপার। আটটা টাকা বুক করে রাখা ছিল, তার মধ্যে ইলিশ মাছের ঠ্যালায় গেল পাঁচটা টাকা অকারণে বেরিয়ে।

শম্ভু ডাক্তারের ডিসপেনসারিতে বসে দুই বন্ধু কথা বলছেন। এবার কিন্তু ভ্রমণের আলোচনা নয়, কোথাও যাওয়া তাঁদের হবে না দুজনেই বুঝেছেন। বোটানিক্যাল গার্ডেনের বস্তাপচা আটা ময়দার কথা উঠেছে। ভ্রমণের সম্বন্ধে একটা কথাও কেউ বলেননি আজ। কাল ষষ্ঠী।

হঠাৎ গোপীকৃষ্ণবাবু উসখুস করতে করতে পকেট থেকে একখানা রঙিন কার্ড বের করে বললেন– হ্যাঁ– এই বলছিলাম কি, আমাদের আপিসের বঙ্কু সরকার কাল আপিস বন্ধর দিন এখানা দিয়ে গেল। ওদের গ্রাম লাঙলপোতায় সর্বজনীন দুর্গোৎসব হবে তারই নেমন্তন্ন। রামায়ণ-গান হবে, চণ্ডী হবে দু'রাত। যাবে? বেশি দূর নয়, বারাসাত স্টেশনে নেমে দু মাইল। চলো, পূজোর ছুটিটা তবুও কলকাতার বাইরে– আর সে বেশ জায়গা, ছেলেছোকরাদের দল মিলে রাস্তা করেচে, ঘাট করেচে, জঙ্গল কেটেচে। একটা পুরোনো শিবমন্দির আছে নাকি অনেককালের। তাহলে কাল সকাল সাতটায় শেয়ালদা থেকে দত্তপুকুর লোক্যাল ছাড়বে– ওতেই চলো যাওয়া যাক্। দেখবার মতো জায়গা।

শম্ভু ডাক্তার উৎসাহের সঙ্গে বললেন– বেশ, বেশ, সে বেশ বেড়ানো হবে এখন! চলো তাই, আমি ঠিক সময়ে রেডি হয়ে স্টেশনে হাজির হব কাল।

পরবর্তী তিনদিন দুই বন্ধুর পরম আনন্দে লাঙলপোতায় কাটে।

সত্যি বেশ জায়গা। অনেক কিছু দেখবার আছে। একটা পুরোনো শিবমন্দির। চৌধুরীদের বড় মজা দীঘি। গাঁয়ের ছেলে-ছোকরাদের নিজেদের তৈরি মেটে রাস্তা। শনিবারে-সোমবারে হাট বসে– বেগুন-কুমড়ো-ঝিঙে রাঙা আলু বিক্রি হয়। রামায়ণ-গান হল নবমীর রাত্রে। পরদিন হল গ্রামের দলের কেষ্ট যাত্রা। খাওয়া-দাওয়াও কদিন বেশ হল। বঙ্কু সরকার অতিথি-বৎসল লোক।

খুব খুশি গোপীকৃষ্ণবাবু ও শম্ভু ডাক্তার।

(বিভূতিভূষণ বন্দ্যোপাধ্যায়)

টীকা: এই পাঠে পুরনো দিনের বাংলা ভাষা অনুযায়ী কিছু কিছু ক্রিয়াপদের রূপ ব্যবহার করা হয়েছে। বর্তমান প্রমিত বাংলা ভাষায় এসব ক্রিয়াবাচক শব্দের রূপ প্রচলিত নয়। তা ছাড়া, অনেক শব্দের বানান এবং যতিচিহ্নের ব্যবহারও আধুনিক বাংলা থেকে ভিন্ন। এ বিষয়ে শিক্ষার্থীদের প্রমিত বাংলা ভাষার ব্যাকরণ অনুসরণ করা উচিত।

লেখক পরিচিতি

বিভূতিভূষণ বন্দ্যোপাধ্যায় ১৮৯৪ সালে ২৪ পরগনার মুরারিপুর গ্রামে জন্মগ্রহণ করেন। স্থানীয় বনগ্রাম স্কুল থেকে ১৯১৪ সালে তিনি ম্যাট্রিক পাশ করেন এবং কলকাতা রিপন কলেজ থেকে আই.এ এবং বি.এ ডিগ্রি লাভ করেন। কর্মজীবনে তিনি হুগলী, কলকাতা ও ব্যারাকপুরের বিভিন্ন স্কুলে শিক্ষকতা করেন। শরৎচন্দ্রের পরে তিনি বাংলা কথাসাহিত্যের সবচেয়ে জনপ্রিয় শিল্পী। তিনি লিখেছেন পল্লী বাংলার সাধারণ মানুষের আনন্দ, বেদনা, স্নেহ, ভালোবাসা, দুঃখ, দারিদ্র্যময় জীবনের কাহিনী। বাংলার এই বিশেষ অংশের সরল মানুষগুলিই তাঁর অধিকাংশ কাহিনীর পাত্রপাত্রী। মানুষকে যেমন তিনি ঘনিষ্ঠভাবে দেখেছেন– তেমনি দু'চোখ ভরে দেখেছেন প্রকৃতিকেও। তিনি একজন প্রকৃতিপ্রেমিক মানবদরদী সাহিত্যিক। তাঁর মধ্যে কথাশিল্পী ও কবির এই অপূর্ব সমন্বয়ই তাঁর অসাধারণ সাফল্যের মূল কারণ। তিনি সবচেয়ে বেশী

দক্ষতা দেখিয়েছেন উপন্যাসের জগতে। প্রায় সব ধরনের উপন্যাসেই তার জনপ্রিয়তা বেশি। অধিকাংশের মতে ‘পথের পাঁচালি’ তার শ্রেষ্ঠ উপন্যাস। কিন্তু উপন্যাসই শুধু নয়, তাঁর গল্পগুলিরও একটি অসামান্যতা আছে, তা কোনদিনই গতানুগতিক পথ দিয়ে চলে না। তাঁর এক-একটি গল্প পাঠক-সমাজে প্রবাদের মতো বিখ্যাত হয়ে আছে।

শব্দার্থ

জর্দা	［名］	和槟榔一起吃的带香料的烟叶
কৌটো	［名］	小盒
খোশামুদে	［形］	阿谀奉承的；谄媚的
রেশন	［名］	（食物、汽油等物资的）定量配给
সপরিবারে	［副］	全家；举家；携家室
কচুরী	［名］	一种包有咖喱豆泥的油饼
আপাতত	［副］	暂时
গলাগলি	［形］	很亲密的
অবিশ্যি	［副］	当然
দুরাশা	［名］	遥不可及的愿望
বিস্তৃত	［形］	延伸的；展开的
আকাশকুসুমত্ব	［名］	白日梦；痴心妄想
স্বর্ণপদকপ্রাপ্ত	［形］	得到金牌的
সমাগত	［形］	到达的；聚集的
ফাঁদা	［动］	奠定基础；开始建造；创办；开设
পেয়ালা	［名］	装印度奶茶用的陶土制小茶杯
কেট্‌লি	［名］	水壶；烧水壶
প্ল্যান আঁটা		筹划
মুলতুবি	［形］	被拖延的；被耽搁的
নালিশ	［名］	诉讼；控诉
কামাই	［名］	中断；缺席；旷工

টাইমটেবিল	[名]	时间表；日程表
ভেস্তে যাওয়া		落空；失败
ঘাঁটা	[动]	翻找
মজুত	[形]	存储好（以备不时之需）的
ওলটানো/উলটানো	[动]	翻转；反过来；颠倒；颠覆
ন্যায্যপক্ষে	[副]	理应；合理地
আক্রা	[形]	价格贵的
অধীর ভাবে		不安地；不耐烦地；担心地
মিছিমিছি	[副]	徒劳无功地；无聊地
জ্বালানো	[动]	烦扰；折磨；使恼怒
অমীমাংসিত	[形]	未解决的
আহারাদি করা		吃饭
যাবৎ	[介]	直到
তাগাদা দেওয়া		反复提醒；不断要求；敦促
অজ	[形]	纯粹的
গণ্ডমুখখু	[形]	愚昧无知的；没头脑的
ঝাঁঝালো সুরে বলা		用刺耳的音调说；厉声说
খোরাকি	[名]	吃饭的费用
মীমাংসা	[名]	解决；决定
বোঁচকা-বুঁচকি	[名]	包裹；行李
লুচি	[名]	一种用酥油炸成的圆形小薄饼
পরোটা	[名]	一种油煎的烙饼
সেলাই করা		缝纫；针织
বোনাস	[名]	奖金；分红
আজ্ঞে		敬语,意为“是的,先生”或“遵命,阁下”
যুক্তি-টুক্তি	[名]	道理；逻辑
অদৃষ্ট	[名]	运气；命运

দরখাস্ত করা		提交；申请
ক্রোক হওয়া		财物被扣押
বাবদ	[介]	为了；由于
উপস্বত্ব	[名]	收入；收益
গরজ	[名]	必要；需要；兴趣
ভগবানের দয়ায়		在神的怜悯下；由于神的眷顾
টানাটানি	[名]	经济的窘迫；情感的困境；相互争夺
ব্যক্ত করা		表达
উসখুস করা		不安；局促
সর্বজনীন	[形]	面向公众的；公益的
নেমন্তন্ন	[名]	邀请
রামায়ণ-গান	[名]	以史诗《罗摩衍那》的故事为内容的颂神歌曲
চণ্ডী	[名]	印度教沙克蒂女神的可怖化身,亦被认为是迦梨、拉克什米、萨拉斯瓦蒂三女神的合体
অতিথি-বৎসল	[形]	好客的

অনুশীলনী

পাঠ অনুসরণে নিচের প্রশ্নাবলীর উত্তর দিন।

১.পাঠের কাহিনীতে কোন কোন শহরের কথা বলা হয়েছে? উল্লেখিত স্থানগুলো মানচিত্রের কোথায়?

২.এ গল্পের সামাজিক ও আর্থিক পটভূমি ব্যাখ্যা করুন।

৩.গোপীকৃষ্ণবাবু এবং শম্ভু চক্রবর্তীর পেশা কী? তাঁদের আর্থিক অবস্থা কেমন? আপনি কীভাবে বুঝলেন?

৪.গোপীকৃষ্ণবাবুর যৌবনের স্বপ্ন কী ছিল? 'এখন কিন্তু তার আকাশকুসুমত্ব যতটা ফুটে বেরিয়েছে তখন ততটা হয়নি।' – আকাশকুসুমত্ব মানে কী? কথাটি এখানে কী ইঙ্গিত দিয়েছে, তা ব্যাখ্যা করুন।

৫.প্রতিবছর পূজোর আগে দুই বন্ধুর মধ্যে কী আলোচনা চলে? তাঁরা কী কী পরিকল্পনা করেন?

৬.বছরের পর বছর দুই বন্ধু ভ্রমণ নিয়ে অনেক আলোচনা করেছেন। কিন্তু তাঁদের সে স্বপ্ন বাস্তবায়িত হয়নি কেন?

৭.এবার পূজোর আগে দুই বন্ধু ভ্রমণ নিয়ে কী পরামর্শ করেছেন? কোন বিষয়ে তাঁদের তর্ক হয়েছে?

৯.এ বছর গোপীকৃষ্ণবাবু অফিস থেকে বোনাস পাননি কেন? তারপর পরিবারে কী নিয়ে তিনি রাগারাগি করেছেন?

১০.ইতোমধ্যে একদিন গোপীকৃষ্ণবাবুর ভাইঝি-জামাই কী নিয়ে তাঁর বাড়িতে হাজির? এজন্য গোপীকৃষ্ণবাবুকে কী কষ্টে পড়তে হলো?

১১.গল্পের শেষে দুই বন্ধুর দীর্ঘ দিনের ইচ্ছা কেমন করে পূরণ হলো?

পাঠ ১৭

আদুভাই

১

আদুভাই ক্লাস সেভেনে পড়তেন। ঠিক পড়তেন না বলে পড়ে থাকতেন বলাই ভালো। কারণ ঐ বিশেষ শ্রেণি ব্যতীত আর কোনো শ্রেণিতে তিনি কখনো পড়েছেন কিনা, পড়ে থাকলে ঠিক কবে পড়েছেন, সে-কথা ছাত্ররা কেউ জানত না। শিক্ষকরাও অনেকে জানতেন না বলেই বোধ হতো।

শিক্ষকরাও অনেকে তাঁকে 'আদুভাই' বলে ডাকতেন। কারণ নাকি এই যে, তাঁরাও এককালে আদুভাইয়ের সহপাঠী ছিলেন এবং সবাই নাকি ক্লাস-সেভেনেই আদুভাইয়ের সঙ্গে পড়েছেন। আমি যখন ক্লাস সেভেনে আদুভাইয়ের সহপাঠী হলাম ততদিনে আদুভাই ঐ শ্রেণির পুরাতন টেবিল ব্ল্যাকবোর্ডের মতোই নিতান্ত অবিচ্ছেদ্য এবং অত্যন্ত স্বাভাবিক অঙ্গে পরিণত হয়ে গিয়েছেন।

আদুভাইয়ের এই অসাফল্যে আর যে-ই যত হতাশ হোক, আদুভাইকে কেউ কখনো বিষণ্ণ দেখেনি। কিম্বা নম্বর বাড়িয়ে দেবার জন্য তিনি কখনো কোনো শিক্ষক বা পরীক্ষককে অনুরোধ করেননি। যদি কখনো কোনো বন্ধু বলেছে: যান না আদুভাই, যে কয় সাবজেক্টে শর্ট আছে, শিক্ষকদের বলে কয়ে নম্বরটা নিন না বাড়িয়ে। তখন গম্ভীরভাবে আদুভাই জবাব দিয়েছেন, সব সাবজেক্টে পাকা হয়ে ওঠাই ভালো।

কোন কোন সাবজেক্টে শর্ট, সুতরাং পাকা হওয়ার প্রয়োজন আছে, তা কেউ জানতো না। আদুভাইও জানতেন না; জানবার কোনো চেষ্টাও করেননি; জানবার আগ্রহও যে তাঁর আছে, তাও বোঝবার উপায় ছিল না। বরং তিনি যেন মনে করতেন, ওরকম আগ্রহ প্রকাশ করাই অন্যায় ও অসঙ্গত। তিনি বলতেন, যেদিন তিনি সব সাবজেক্টে পাকা হবেন, প্রমোশন সেদিন তাঁর কেউ ঠেকিয়ে রাখতে পারবে না। সে শুভ দিন যে একদিন আসবেই সে-বিষয়ে আদুভাইয়ের এতটুকু সন্দেহ কেউ কখনো দেখেনি।

কত খারাপ শিক্ষার্থী প্রশ্নপত্র চুরি করে অপরের খাতা নকল করে আদুভাইয়ের ঘাড়ের উপর দিয়ে প্রমোশন নিয়ে চলে গিয়েছে, এ–ধরনের ইঙ্গিত আদুভাইয়ের কাছে কেউ করলে, তিনি গর্জে উঠে বলতেন, জ্ঞানলাভের জন্যই আমরা স্কুলে পড়ি, প্রমোশন লাভের জন্য পড়ি না।

সেজন্য অনেক সন্দেহবাদী বন্ধু আদুভাইকে জিজ্ঞেস করেছে, আদুভাই, আপনার কী সত্যিই প্রমোশনের আশা আছে?

নিশ্চিত বিজয়গৌরবে আদুভাইয়ের মুখ উজ্জ্বল হয়ে উঠেছে। তিনি তাচ্ছিল্যভরে বলেছেন, আজ হোক, কাল হোক, প্রমোশন আমাকে দিতেই হবে। তবে হ্যাঁ, উন্নতি আস্তে আস্তে হওয়াই ভালো। যে গাছ লকলক করে বেড়েছে, সামান্য বাতাসেই তার ডগা ভেঙেছে।

সেজন্য আদুভাইকে কেউ কখনো পিছনের বেঞ্চিতে বসতে দেখেনি। সামনের বেঞ্চিতে বসে তিনি শিক্ষকদের প্রত্যেকটি কথা মনোযোগ দিয়ে শুনতেন, হা করে গিলতেন, মাথা নাড়তেন ও প্রয়োজনমতো নোট করতেন। খাতার সংখ্যা ও সাইজে আদুভাই ছিলেন ক্লাসের একজন অন্যতম ভালো ছাত্র।

শুধু ক্লাসের নয়, স্কুলের মধ্যে তিনি সবার আগে পৌঁছুতেন। এ ব্যাপারে শিক্ষক কি ছাত্র– কেউ তাঁকে কোনোদিন হারাতে পেরেছে বলে শোনা যায়নি।

স্কুলের বার্ষিক পুরস্কার বিতরণী সভায় আদুভাইকে আমরা বরাবর দুটো পুরস্কার পেতে দেখেছি। আমরা শুনেছি, আদুভাই কোন অনাদিকাল থেকে ঐ দুটো পুরস্কার পেয়ে আসছেন। তার একটি, স্কুল কামাই না করার জন্য; অপরটি সচ্চরিত্রতার জন্য। শহরতলির পাড়া– গাঁ থেকে রোজ রোজ পাঁচ মাইল রাস্তা তিনি হেঁটে আসতেন বটে; কিন্তু ঝড়-তুফান, অসুখ-বিসুখ কিছুই তাঁর এ কাজের অসুবিধে সৃষ্টি করে উঠতে পারেনি। চৈত্রের কালবৈশেখী বা শ্রাবণের ঝড়ঝঞ্ঝায় যেদিন পশুপক্ষীও ঘর থেকে বেরোয়নি, সেদিনও ছাতার নিচে নুড়িমুড়ি হয়ে, বাতাসের সঙ্গে যুদ্ধ করতে করতে আদুভাইকে স্কুলের পথে এগোতে দেখা গিয়েছে। মাইনের মমতায় শিক্ষকরা অবশ্য স্কুলে আসতেন। তেমন দুর্যোগে ছাত্ররা কেউ আসেনি নিশ্চিত জেনেও নিয়ম রক্ষার জন্য তাঁরা ক্লাসে একটি উঁকি মারতেন। কিন্তু তেমন দিনেও অন্ধকার কোণ থেকে 'আদাব, স্যার' বলে যে-একটি শিক্ষার্থী শিক্ষকদের চমকিয়ে দিতেন তিনি ছিলেন

আদুভাই। আর চরিত্র? আদুভাইকে কেউ কখনো রাগ কিম্বা অভদ্রতা করতে কিম্বা মিছে কথা বলতে দেখেনি।

স্কুলে ভর্তি হবার পর প্রথম পরীক্ষাতেই আমি ফার্স্ট হলাম। সুতরাং আইনত আমি ক্লাসের মধ্যে সবচাইতে ভালো শিক্ষার্থী এবং আদুভাই সবার চাইতে খারাপ শিক্ষার্থী ছিলেন। কিন্তু কী জানি কেন, আমাদের দুজনের মধ্যে একটা বন্ধন সৃষ্টি হলো। আদুভাই প্রথম থেকেই আমাকে যেন নিতান্ত আপনার লোক বলে ধরে নিলেন। আমার ওপর যেন তাঁর কতকালের দাবি।

আদুভাই মনে করতেন, তিনি কবি ও বক্তা। স্কুলের সাপ্তাহিক সভায় তিনি বক্তৃতা ও স্বরচিত কবিতা পাঠ করতেন। তাঁর কবিতা শুনে সবাই হাসতো। সে হাসিতে আদুভাই লজ্জাবোধ করতেন না, নিরুৎসাহও হতেন না। বরঞ্চ তাকে তিনি প্রশংসাসূচক হাসিই মনে করতেন। তাঁর উৎসাহ দ্বিগুণ বেড়ে যেত।

অন্যসব ব্যাপারে আদুভাইকে বুদ্ধিমান বলেই মনে হতো। কিন্তু এই একটি ব্যাপারে তাঁর নির্বুদ্ধিতা দেখে আমি দুঃখিত হতাম। তাঁর নির্বুদ্ধিতা নিয়ে ছাত্র-শিক্ষক সবাই তামাশা করছেন, অথচ তিনি তা বুঝতে পারছেন না, দেখে আমার মন আদুভাইয়ের পক্ষপাতী হয়ে উঠত।

গেল এইভাবে চার বছর। আমি ম্যাট্রিকের জন্য টেস্ট পরীক্ষা দিলাম। আদুভাই কিন্তু সেবারও যথারীতি ক্লাস সেভেনেই অবস্থান করেছিলেন।

২

ডিসেম্বর মাস।

সব ক্লাসের পরীক্ষা ও প্রমোশন হয়ে গিয়েছে। প্রথম বিবেচনা, দ্বিতীয় বিবেচনা, তৃতীয় বিবেচনা ও বিশেষ বিবেচনা ইত্যাদি সকল প্রকারের বিবেচনা হয়ে গিয়েছে। বিবেচিত প্রমোশন-প্রাপ্তের সংখ্যা অন্যান্য-বারের ন্যায় সেবারও পাস-করা প্রমোশন-প্রাপ্তের সংখ্যার দ্বিগুণেরও ঊর্ধ্বে উঠেছে।

কিন্তু আদুভাই এসব বিবেচনার বাইরে। কাজেই তাঁর কথা প্রায় ভুলেই গিয়েছিলাম। টেস্ট পরীক্ষা দিয়ে আমরা টিউটরিয়েল ক্লাস করছিলাম। ছাত্ররা শুধু শুধু স্কুলপ্রাঙ্গণে জটলা করছিল– প্রমোশন পাওয়া ছেলেরা নিজেদের

কীর্তি-উজ্জ্বল চেহারা দেখাবার জন্য, আর না-পাওয়া ছেলেরা প্রমোশনের কোনো প্রকার অতিরিক্ত বিশেষ বিবেচনার দাবি জানাবার জন্য।

এমন দিনে একটু নিরালা জায়গায় পেয়ে হঠাৎ আদুভাই আমার পা জড়িয়ে ধরে কেঁদে ফেললেন। আমি চমকে উঠলাম। আদুভাইকে আমরা সবাই মুরুব্বি মানতাম। তাই তাঁকে ক্ষিপ্রহস্তে টেনে তুলে প্রতিদানে তাঁর পা ছুঁয়ে বললাম, কী হয়েছে আদুভাই, অমন পাগলামি করলেন কেন?

আদুভাই কম্পিত কণ্ঠে বললেন, প্রমোশন।

আমি বিস্মিত হলাম; বললাম, প্রমোশন? প্রমোশন কী? আপনি প্রমোশন পেয়েছেন?

না, আমি প্রমোশন পেতে চাই।

ও, পেতে চান? সে তো সবাই চায়।

আদুভাই অপরাধীর ন্যায় উদ্বেগ-কম্পিত ও সংকোচ-জড়িত প্যাঁচ-মোচড় দিয়ে যেটি বললেন, তার মর্ম এই যে, প্রমোশনের জন্য এতদিন তিনি কারও কাছে কিছু বলেননি; কারণ, প্রমোশন জিনিসটাকে যথাসময়ের পূর্বে এগিয়ে আনাটা তিনি পছন্দ করেন না। কিন্তু একটা বিশেষ কারণে এবার তাঁকে প্রমোশন পেতেই হবে।

সে নির্জনতায়ও তিনি আমার কানের কাছে মুখ এনে সেই কারণটি বললেন। তা এই যে, আদুভাইর ছেলে সেবার ক্লাস সেভেনে প্রমোশন পেয়েছে। নিজের ছেলের প্রতি আদুভাইয়ের কোনো ঈর্ষা নেই। কাজেই ছেলের সঙ্গে এক শ্রেণিতে পড়ার তাঁর আপত্তি ছিল না। কিন্তু আদুভাইয়ের স্ত্রীর তাতে ঘোরতর আপত্তি আছে। ফলে, হয় আদুভাইকে এবার প্রমোশন পেতে হবে, নয়তো পড়াশোনা ছেড়ে দিতে হবে। পড়াশোনা ছেড়ে দিয়ে আদুভাই বাঁচবেন কী নিয়ে?

আমি আদুভাইয়ের বিপদের গুরুত্ব বুঝতে পারলাম। তাঁর অনুরোধে আমি শিক্ষকদের কাছে সুপারিশ করতে যেতে রাজি হলাম।

প্রথমে ফারসি-শিক্ষকের কাছে যাওয়া স্থির করলাম। কারণ, তিনি একদা আমাকে মোট একশত নম্বরের মধ্যে একশত পাঁচ নম্বর দিয়েছিলেন। বিস্মিত হেডমাস্টার তার কারণ জিজ্ঞেস করায় মৌলবি সাব বলেছিলেন, 'ছেলে সমস্ত প্রশ্নের শুদ্ধ উত্তর দেওয়ায় সে পূর্ণ নম্বর পেয়েছে। পূর্ণ নম্বর পাওয়ার পুরস্কার

স্বরূপ আমি খুশি হয়ে তাকে পাঁচ নম্বর বখশিশ দিয়েছি।' অনেক তর্ক করেও হেডমাস্টার মৌলবি সাবকে এই কাজের অসঙ্গতি বুঝাতে পারেননি।

মৌলবি সাব আদুভাইয়ের নাম শুনে জ্বলে উঠলেন। অমন বেতমিজ তিনি কখনো দেখেননি বলে আস্ফালন করলেন এবং অবশেষে টিনের বাক্স থেকে অনেক খুঁজে আদুভাইয়ের খাতা বের করে আমার সামনে ফেলে দিয়ে বললেন, দেখ।

আমি দেখলাম, আদুভাই মোটে তিন নম্বর পেয়েছে। তবু হতাশ হলাম না। পাসের নম্বর দেয়ার জন্য তাঁকে চেপে ধরলাম।

বড় দেরি হয়ে গিয়েছে, নম্বর সাবমিট করে ফেলেছেন, বিবেচনার স্তর পার হয়ে গিয়েছে ইত্যাদি সমস্ত যুক্তির আমি সন্তোষজনক জবাব দিলাম। তিনি বললেন, তুমি কার জন্য, কী অন্যায় অনুরোধ করছ; খাতাটা খুলেই একবার দেখ না।

আমি মৌলবি সাবকে খুশি করবার জন্য অনিচ্ছা সত্ত্বেও এবং অনাবশ্যক বোধেও খাতাটা খুললাম। দেখলাম: ফারসি পরীক্ষা বটে, কিন্তু খাতার কোথাও একটি ফারসি হরফ নেই। তার বদলে ঠাস-বুনানো বাংলা হরফে অনেক কিছু লেখা আছে। কৌতূহলবশে পড়ে দেখলাম: এই বঙ্গদেশে ফারসি ভাষা আমদানির অনাবশ্যকতা ও ছেলেদের তা শিখবার চেষ্টার মূর্খতা সম্বন্ধে আদুভাই যুক্তিপূর্ণ একটি 'থিসিস' লিখে ফেলেছেন।

পড়া শেষ করে মৌলবি সাবের মুখের দিকে চাইতেই বিজয়ের ভঙ্গিতে বললেন, দেখেছ বাবা বেতমিজের কাজ? আমি নিতান্ত ভালো মানুষ বলেই তিনটে নম্বর দিয়েছি।

যা হোক, শেষ পর্যন্ত মৌলবি সাব আমার অনুরোধ এড়াতে পারলেন না। খাতার উপর ৩-এর পৃষ্ঠে ৩ বসিয়ে ৩৩ করে দিলেন।

আমি বিপুল আনন্দে অঙ্কের পরীক্ষকের বাড়ি ছুটলাম।

সেখানে আদুভাইয়ের খাতার উপর লাল পেন্সিলের একটি প্রকান্ড ভূমন্ডল আঁকা রয়েছে। ব্যাপারের গুরুত্ব বুঝেও আমার উদ্দেশ্য বললাম। অঙ্কের মাস্টার তো হেসেই খুন। হাসতে-হাসতে তিনি আদুভাইয়ের খাতা বের করে আমাকে অংশবিশেষ পড়ে শোনালেন।

তাতে আদুভাই লিখেছেন যে, প্রশ্নকর্তা ভালো-ভালো অঙ্কের প্রশ্ন ফেলে কতকগুলো বাজে ও অনাবশ্যক প্রশ্ন করেছেন। সেজন্য এবং প্রশ্নকর্তার ত্রুটি সংশোধনের উদ্দেশ্যে আদুভাই নিজেই কতিপয় উৎকৃষ্ট প্রশ্ন লিখে তার বিশুদ্ধ উত্তর দিচ্ছে– এইরূপ ভূমিকা করে আদুভাই যে-সমস্ত অঙ্ক করেছেন, শিক্ষক মহাশয় প্রশ্নপত্র ও খাতা মিলিয়ে আমাকে দেখালেন যে, প্রশ্নের সঙ্গে আদুভাইর উত্তরের সত্যিই কোনো সংস্রব নেই।

প্রশ্নপত্রের সঙ্গে মিল থাক, আর না থাক; খাতায় লেখা অঙ্ক শুদ্ধ হলেই নম্বর পাওয়া উচিত বলে আমি শিক্ষকের সঙ্গে অনেক ধস্তাধস্তি করলাম। শিক্ষক মশায়, যা হোক, প্রমাণ করে দিলেন যে, তাও শুদ্ধ হয়নি।

সুতরাং পাসের নম্বর দিতে তিনি রাজি হলেন না। তবে তিনি আমাকে এই আশ্বাস দিলেন যে, অন্য সব সাবজেক্টের শিক্ষকদের রাজি করাতে পারলে তিনি আদুভাইয়ের প্রমোশনে সুপারিশ করতে প্রস্তুত আছেন।

নিতান্ত বিষণ্নমনে অন্যান্য পরীক্ষকদের নিকটে গেলাম। সর্বত্র অবস্থা প্রায় একরূপ। ভূগোলের খাতায় তিনি লিখেছেন যে, পৃথিবী গোলাকার এবং সূর্যের চারিদিকে ঘুরছে, এমন গাঁজাখুরি গল্প তিনি বিশ্বাস করেন না। ইতিহাসের খাতায় লিখেছেন যে, কোন রাজা কোন সম্রাটের পুত্র এসব কথার কোনো প্রমাণ নেই। ইংরেজীর খাতায় তিনি নবাব সিরাজউদ্দৌলা ও লর্ড ক্লাইভের ছবি পাশাপাশি আঁকবার চেষ্টা করেছেন– অবশ্য কে যে সিরাজ, কে যে ক্লাইভ, নিচে লেখা না থাকলে তা বোঝা যেতো না।

হতাশ হয়ে হোস্টেলে ফিরে এলাম। আদুভাই আগ্রহ-ব্যাকুল চোখে আমার পথপানে চেয়ে অপেক্ষা করছিলেন।

আমি ফিরে এসে নিষ্ফলতার খবর দিতেই তাঁর মুখটি ফ্যাকাশে হয়ে গেল।

তবে আমার কী হবে ভাই? বলে তিনি মাথায় হাত দিয়ে বসে পড়লেন।

কিছু একটা করবার জন্য আমার প্রাণও ব্যাকুল হয়ে উঠলো। বললাম, তবে কী আদুভাই, আমি হেডমাস্টারের কাছে যাব?

আদুভাই ক্ষণিক আমার দিকে একদৃষ্টে তাকিয়ে থেকে হঠাৎ বললেন, তুমি আমার জন্য যেটি করেছ, সেজন্য ধন্যবাদ। হেডমাস্টারের কাছে তোমার গিয়ে কাজ নেই। সেখানে যেতে হয় আমিই যাব। হেডমাস্টারের কাছে জীবনে আমি

কিছু চাইনি। এই প্রার্থনা তিনি আমার ফেলতে পারবেন না।

বলেই তিনি হনহন করে বেরিয়ে গেলেন।

আমি একদৃষ্টে দ্রুতগমনশীল আদুভাইয়ের দিকে চেয়ে রইলাম। তিনি দৃষ্টির আড়াল হলে একটি দীর্ঘ নিঃশ্বাস ফেলে নিজের কাজে মন দিলাম।

৩

সেদিন বড়দিনের ছুটি আরম্ভ। শুধু হাজিরা লিখেই স্কুল ছুটি দেয়া হলো।

আমি বাইরে এসে দেখলাম: স্কুলের গেটের সামনে একটি পোস্তার উপর একটি উঁচু টুল চেপে তার উপর দাঁড়িয়ে আদুভাই হাত-পা নেড়ে বক্তৃতা করছেন। ছাত্ররা ভিড় করে তাঁর বক্তৃতা শুনছে এবং মাঝে মাঝে তালি দিচ্ছে।

আমি শ্রোতৃমন্ডলীর ভিড়ের মধ্যে ঢুকে পড়লাম।

আদুভাই বলছিলেন, হাঁ, প্রমোশন আমি মুখফুটে কখনো চাইনি। কিন্তু সেজন্যই কী আমাকে প্রমোশন না-দেয়া এঁদের উচিত হয়েছে? মুখফুটে না চেয়ে এতদিন আমি এঁদের আক্কেল পরীক্ষা করলাম। এঁদের মধ্যে দানাই বলে কোনো জিনিস আছে কী না, আমি তা যাচাই করলাম। দেখলাম, বিবেচনা বলে কোনো জিনিস এঁদের মধ্যে নেই। এঁরা নির্মম, হৃদয়হীন। একটি মানুষ যে চোখ বুজে এঁদের বিবেচনার উপর নিজের জীবন ছেড়ে দিয়ে বসে আছে, এঁদের প্রাণ বলে কোনো জিনিস থাকলে সে কথা কী এঁরা এতদিন ভুলে থাকতে পারতেন?

আদুভাইয়ের চোখ ছলছল করে উঠলো। তিনি বাম হাতের পিঠ দিয়ে চোখ মুছে আবার বলতে লাগলেন, আমি এঁদের কাছে কী আর বিশেষ চেয়েছিলাম? শুধুমাত্র একটি প্রমোশন। তা দিলে এঁদের কী এমন লোকসান হতো? মনে করবেন না, প্রমোশন না-দেয়ায় আমি রেগে গেছি। রাগ আমি করিনি। আমি শুধু ভাবছি, যাঁদের বুদ্ধি-বিবেচনার উপর হাজার হাজার ছেলের বাপ-মা ছেলেদের জীবনের ভার দিয়ে নিশ্চিত থাকেন, তাঁদের আক্কেল কত কম। তাঁদের প্রাণের পরিসর কত অল্প!

একটু দম নিয়ে আদুভাই আরম্ভ করলেন, আমি বহুকাল এই স্কুলে পড়ছি। একদিন এক পয়সা মাইনে কম দেইনি। বছর-বছর নতুন-নতুন পুস্তক ও খাতা কিনতে আপত্তি করিনি। ভাবুন, আমার কতগুলো টাকা গিয়েছে। আমি যদি

প্রমোশনের এতই অযোগ্য ছিলাম, তবে এই দীর্ঘদিনের মধ্যে একজন শিক্ষকও আমায় কেন বললেন না, 'আদুমিঞা, তোমার প্রমোশনের কোনো চান্স নেই, তোমার মাইনেটা আমরা নেব না।' মাইনে দেবার সময় কেউ বারণ করলেন না, পুস্তক কেনবার সময় কেউ নিষেধ করলেন না। শুধু প্রমোশনের বেলাতেই তাঁদের যত নিয়মকানুন এসে বাঁধল? আমি ক্লাস সেভেন পাস করতে পারলাম না বলে ক্লাস এইটেও পাস করতে পারতাম না, এই কথা এঁদের কে বলেছে? অনেকে ম্যাট্রিক-আইএ-তে কোনোমতে পাস করে বিএ এমএ-তে ফার্স্টক্লাস পেয়েছে, দৃষ্টান্ত আমি অনেক দেখাতে পারি। কোনো কুগ্রহের ফেরেই আমি ক্লাস সেভেনে আটকে পড়েছি। একবার কোনোমতে এই ক্লাসটা ডিঙোতে পারলেই আমি ভালো করতে পারতাম, এটা বুঝা মাস্টারবাবুদের উচিত ছিল। আমাকে একবার ক্লাস এইটে প্রমোশন দিয়ে আমার লাইফের একটা চান্স এঁরা দিলেন না!

আদুভাইয়ের কণ্ঠরোধ হয়ে এল। তিনি খানিক থেমে ধুতির খুঁটে নাক-চোখ মুছে নিলেন। দেখলাম, শ্রোতাগণের অনেকের গাল বেয়ে পানি গড়িয়ে পড়ছে।

গলা পরিষ্কার করে আদুভাই আবার শুরু করলেন, আমি কখনো এতসব কথা বলিনি, আজো বলতাম না। বললাম শুধু এইজন্য যে, আমার বড়ছেলে এবার ক্লাস সেভেনে প্রমোশন পেয়েছে। সে-ও এই স্কুলেই পড়তো। এই স্কুলের শিক্ষকদের বিবেচনায় আমার আস্থা নেই বলেই আমি গতবারই আমার ছেলেকে অন্য স্কুলে ট্রান্সফার করে দিয়েছিলাম। যথাসময়ে এই সতর্কতা অবলম্বন না করলে, আজ আমাকে কী অপমানের মুখে পড়তে হতো, তা আপনারাই বিচার করুন।

আদুভাইয়ের শরীর কাঁটা দিয়ে উঠলো। তিনি গলায় দৃঢ়তা এনে আবার বলতে শুরু করলেন, কিন্তু আমি সত্যকে জয়যুক্ত করবই। আমি একদিন ক্লাস এইটে...

এই সময় স্কুলের দারোয়ান এসে সভা ভেঙে দিল। আমি আদুভাইয়ের দৃষ্টি এড়িয়ে চুপেচুপে সরে পড়লাম। তারপর যেমন হয়ে থাকে-সংসার-সাগরের প্রবল স্রোতে কে কোথায় ভেসে গেলাম, কেউ জানলাম না।

৪

আমি সেবার বিএ পরীক্ষা দেব। খুব মন দিয়ে পড়ছিলাম। হঠাৎ লাল লেফাফার এক পত্র পেলাম। কারও বিয়ের নিমন্ত্রণপত্র হবে মনে করে খুললাম। ঝরঝরে তকতকে সোনালি হরফে ছাপা পত্র। পত্রলেখক আদুভাই। তিনি লিখেছেন, তিনি সেবার ক্লাস সেভেন থেকে ক্লাস এইটে প্রমোশন পেয়েছেন বলে বন্ধুবান্ধবদের জন্য কিছু ডালভাতের ব্যবস্থা করেছেন।

দেখলাম, তারিখ অনেক আগেই চলে গিয়েছে। বাড়ি ঘুরে এসেছে বলে পত্র দেরিতে পেয়েছি। ছাপাচিঠির সঙ্গে হাতের লেখা একটি পত্র। আদুভাইর পুত্র লিখেছে, বাবার খুব অসুখ, আপনাকে দেখবেন তাঁর শেষ সাধ।

পড়াশোনা ফেলে ছুটে গেলাম আদুভাইকে দেখতে। এই চার বছর তাঁর কোনো খবর নিইনি বলে লজ্জা-অনুতাপে ছোট হয়ে যাচ্ছিলাম।

ছেলে কেঁদে বললো, বাবা মারা গিয়েছেন। প্রমোশনের জন্য তিনি এবার দিনরাত এমন পড়াশোনা শুরু করেছিলেন যে, শয্যা নিলেন তবু পড়া ছাড়লেন না। আমরা সবাই তাঁর জীবন সম্বন্ধে ভয় পেলাম। পাড়াসুদ্ধ লোক গিয়ে হেডমাস্টারকে ধরায় তিনি স্বয়ং এসে বাবাকে প্রমোশনের আশ্বাস দিলেন। বাবা অসুখ নিয়েই পালকি চড়ে স্কুলে গিয়ে শুয়ে-শুয়ে পরীক্ষা দিলেন। আগের কথামতো তাকে প্রমোশন দেয়া হলো। তিনি তাঁর 'প্রমোশন উৎসব' উদ্‌যাপন করবার জন্য আমাকে হুকুম দিলেন। কাকে-কাকে আমন্ত্রণ করতে হবে, তার লিস্টও তিনি নিজহাতে করে দিলেন। কিন্তু সেই উৎসবে যাঁরা যোগ দিতে এলেন, তাঁরা সবাই তাঁর জানাজা পড়ে বাড়ি ফিরলেন।

আমি চোখের পানি মুছে কবরের কাছে যেতে চাইলাম।

ছেলে আমাকে গোরস্থানে নিয়ে গেল। দেখলাম, আদুভাইয়ের কবরে খোদাই-করা মার্বেল পাথরের ট্যাবলেটে লেখা রয়েছে :

Here sleeps Adu Mia who was promoted
from Class VII to Class VIII.

ছেলে বলল, বাবার শেষ ইচ্ছামতোই ও-ব্যবস্থা করা হয়েছে।

(আবুল মনসুর আহমদ)

টীকা: এই গল্পে কিছু শব্দের বানান স্বাভাবিকভাবেই পুরাতন বানানরীতি অনুসরণ করে লেখা হয়েছে। এ বিষয়ে শিক্ষার্থীদের প্রমিত বাংলা ভাষার বানান অনুসরণ করা উচিত।

লেখক পরিচিতি

আবুল মনসুর আহমেদ একজন বাংলাদেশি সাহিত্যিক, রাজনীতিবিদ এবং সাংবাদিক। ১৮৯৮ সালের ৩রা সেপ্টেম্বর তিনি ময়মনসিংহ জেলার ত্রিশাল উপজেলার ধানীখোলা গ্রামে জন্মগ্রহণ করেন। তিনি ১৯২৬ থেকে ১৯২৯ সাল পর্যন্ত কলকাতা রিপন কলেজে আইন বিষয়ে পড়াশুনা করেন এবং বি.এ পাশ করেন। এ বছরেই তিনি ময়মনসিংহে আইনব্যবসা শুরু করেন এবং সেখানে ১৯৩৮ সাল পর্যন্ত তাঁর পেশায় নিয়োজিত থাকেন। তিনি পেশাদার সাংবাদিকও ছিলেন। সাংবাদিক হিসেবে নানান সংবাদপত্রে কাজ করেছেন, যেমন: ইত্তেহাদ, সুলতান, মোহাম্মদী, নাভায়ু, দি মুসলমান, কৃষক ও নবযুগ। বিভিন্ন সময়ে বিভিন্ন দলীয় রাজনীতির সঙ্গে সক্রিয়ভাবে যুক্ত থাকলেও, বিদ্রুপাত্মক রচনার লেখক হিসেবেই তিনি সমধিক পরিচিত। আবুল মনসুর আহমেদ একজন শক্তিমান লেখক ছিলেন। তিনি ব্যঙ্গাত্মক রচনায় বিশেষ খ্যাতি অর্জন করেছিলেন। ‘আয়না’ (১৯৩৬-১৯৩৭) ও ‘ফুড কনফারেন্স’ (১৯৪৪) গল্পগ্রন্থদ্বয়ে তিনি তৎকালীন মুসলিম সমাজের একটা বড় অংশের গোঁড়ামি, ধর্মান্ধতা, ভণ্ডামিসহ নানা কুসংস্কারের ব্যঙ্গ করেছেন তীক্ষ্ণ দৃষ্টিভঙ্গির মাধ্যমে। তাঁর রচিত উপন্যাসের মধ্যে রয়েছে ‘সত্যমিথ্যা’, ‘জীবন ক্ষুধা’ ও ‘আবে-হায়াৎ’। আর স্মৃতিকথা: ‘আমার দেখা রাজনীতির পঞ্চাশ বছর’, ‘শের-ই-বাংলা থেকে বঙ্গবন্ধু’ এবং ‘আত্মকথা’। সাহিত্যে অবদানের জন্য তাঁকে বাংলা একাডেমী পুরস্কার (১৯৬০), স্বাধীনতা দিবস পদক (১৯৭৯) ও নাসিরউদ্দিন স্বর্ণপদকে ভূষিত করা হয়। ১৯৭৯ সালের ১৮ মার্চ আবুল মনসুর আহমদের মৃত্যু হয়।

শব্দার্থ

সহপাঠী　［名］　同学

অবিচ্ছেদ্য	[形]	不可分割的
অসাফল্য	[名]	失败
বিষণ্ণ	[形]	悲伤的
গম্ভীরভাবে	[副]	严肃地
অসঙ্গত	[形]	不一致的；不合宜的；矛盾的
নকল করা		抄袭；作弊
ইঙ্গিত করা		暗示
গর্জে উঠা		怒吼；咆哮
সন্দেহবাদী	[名/形]	怀疑论者；怀疑的
তাচ্ছিল্যভরে		鄙视地；贬损地
হারানো	[动]	打败
বার্ষিক পুরস্কার বিতরণী সভা		年度颁奖大会
স্কুল কামাই করা		逃学；旷课
সচ্চরিত্রতা	[名]	虔诚；纯良；谦逊
ঝড়ঝঞ্ঝা	[名]	暴风雨
দুর্যোগ	[名]	厄运；灾难；飞来横祸
উঁকি মারা		偷窥
চমকিয়ে দেওয়া		使……惊奇
অভদ্রতা করা		不礼貌
মিছে কথা বলা		说谎
সুতরাং	[副]	因此
আইনত	[副]	法定意义上；根据法律
সাপ্তাহিক	[形]	周的；星期的
স্বরচিত কবিতা পাঠ করা		朗读自己写的诗
লজ্জাবোধ করা		感到羞愧
নিরুৎসাহ	[形]	灰心丧气的；气馁的；沮丧的
প্রশংসাসূচক	[形]	赞赏的
দ্বিগুণ	[名]	两倍

নির্বুদ্ধিতা	[名]	愚蠢
ম্যাট্রিক	[名]	（大学的）入学考试；高考
তামাশা করা		开玩笑
পক্ষপাতী	[形]	站在……一方的；支持……的；倚重（偏袒）……的
প্রাপ্ত	[形]	获得……的；达到……的
ঊর্ধ্বে	[名]	高处；高度
জটলা করা		挤在一起
নিরালা জায়গা		无人之处
মুরুব্বি	[名]	长辈
ক্ষিপ্রহস্তে	[副]	迅速地
প্রতিদান	[名]	回报；回馈
পা ছুঁয়ে বলা		行脚礼（然后）说
উদ্বেগ-কম্পিত	[形]	激动得发抖的
সংকোচ-জড়িত	[形]	畏缩的；踌躇的
প্যাঁচ-মোচড় দিয়ে বলা		说话绕来绕去（才进入正题）
ঈর্ষা	[名]	嫉妒
ঘোরতর আপত্তি		更严重的抗议
সুপারিশ করা		推荐
অসঙ্গতি	[名]	不一致；不和谐；矛盾
আস্ফালন করা		挥舞
সন্তোষজনক	[形]	令人满意的
অনাবশ্যক	[形]	不必要的
ফারসি হরফ		波斯语字体
কৌতূহলবশে	[副]	出于好奇地
মূর্খতা	[名]	愚昧；无知
যুক্তিপূর্ণ	[形]	充满逻辑的
ভূমন্ডল	[名]	地球

ত্রুটি সংশোধন		修正错漏
কতিপয়	[形]	一些
বিশুদ্ধ উত্তর		正确答案
সংস্রব	[名]	考虑；思虑；忧虑
ধস্তাধস্তি করা		扭打；格斗；混战
আশ্বাস দেওয়া		保证；使……放心
গাঁজাখুরি গল্প		不经之谈
শ্রোতামন্ডলী		听众群
আক্কেল	[名]	智力；才智
যাচাই করা		校验；证实；查对
লোকসান	[名]	损失
পরিসর	[名]	范围
দম	[名]	气息；吐息
মিঞা	[名]	主人；先生（称谓，置于人名后）
অযোগ্য	[形]	不配……的
নিয়মকানুন বাঁধা		制定规则
কুগ্রহ	[名]	凶星（印度教的星相信仰）；麻烦的制造者
ফের	[名]	麻烦；困难；危险
ডিঙানো/ডিঙ্গানো	[动]	跃过
কণ্ঠরোধ	[名]	哽咽
বিবেচনা	[名]	考虑；考量；权衡；判断
অবলম্বন করা		采用；借取；承继
সত্যকে জয়যুক্ত করা		赢得真理；以真相取胜
লজ্জা-অনুতাপ		羞愧与后悔
পালকি	[名]	轿子
জানাজা	[名]	葬礼
গোরস্থান	[名]	墓地

অনুশীলনী

১। নিচের সার-সংক্ষেপ পূরণ করুন। সঠিক ক্রিয়াপদের রূপ ব্যবহার করুন।

আদুভাই নামে এক শিক্ষার্থী ক্লাস সেভেনে পড়ত। পড়ালেখায় সে ভালো না ( ) [হওয়া] চাল-চলন, আচার-ব্যবহার, আদব-কায়দায় ছিল সবার উপরে। বিদ্যালয়ের নিয়মকানুন সবসময় ( ) [মানা] চলতো। কিন্তু সে কখনোই বার্ষিক পরীক্ষায় পাস ( ) [করা] পারতো না। ফলে বছরের পর বছর সে ক্লাস সেভেনেই থাকতো। তার সহপাঠীরা পাস করে কেউ কেউ ঐ বিদ্যালয়ে শিক্ষকতা করছে। কেউ অন্যত্র ভালো চাকরি করছে। কিন্তু আদুভাই ঐ ক্লাস সেভেনেই ( ) [পড়া] আছে। সে প্রমোশনের জন্য কারও কাছে কোনোদিন আবেদন করেনি। কিন্তু একদিন ( ) [দেখা] গেল সে প্রমোশনের জন্য ব্যাকুল হয়ে উঠলো। কারণ সে-বছর তার ছেলেও ক্লাস সেভেনে প্রমোশন পেয়েছে। তার স্ত্রীর আপত্তির কারণে সে প্রমোশন ( ) [পাওয়া] চেয়েছিল। কিন্তু তাতে লাভ হয়নি। এর কিছুদিন পর আদুভাই কঠোর পরিশ্রম ( ) [করা] দিনরাত পড়াশোনা ( ) [করা] অষ্টম শ্রেণিতে প্রমোশন পেয়েছিল। কিন্তু অতিরিক্ত খাটুনির ফলে শরীরে শক্ত রোগ বাসা বাঁধে। ফলে কিছুদিন পরেই আদুভাই মারা যায়।

২। সঠিক উত্তর বাছাই করুন।

১.'আজ হোক, কাল হোক, প্রমোশন আমাকে দিতেই হবে' – আদুভাই-এর এ উক্তিতে প্রকাশ পেয়েছে আদুভাই-এর

ক.দম্ভভাব

খ.দৃঢ়প্রত্যয়

গ.একগুঁয়েমি

ঘ.সহিষ্ণুতা

২.আদুভাই একই শ্রেণিতে বছরের পর বছর পড়াশুনা ( ) কখনই প্রমোশন পান না। কিন্তু অন্যান্য গুণাবলির জন্য সে ছিল সকলের প্রিয়ভাজন।

ক.করলেও

খ.করলে

গ.করে
ঘ.করতে
৩.নিচের কোন কোন গুণাবলি আদুভাই-এর আছে? [বহুনির্বাচনি প্রশ্ন]
ক.নিয়মানুবর্তিতা ও শৃঙ্খলাবোধ
খ.শান্ত ও ভদ্র
গ.সত্যবাদী ও চরিত্রবান
ঘ.হাস্যোজ্জ্বল ও পরোপকারী
৪.বার্ষিক পুরস্কার বিতরণী সভায় আদুভাই কতটি পুরস্কার পায়?
ক.একটি
খ.দুটি
গ.তিনটি
ঘ.চারটি
৫.কোন জিনিসটা আদুভাই যথাসময়ের পূর্বে এগিয়ে আনাটা পছন্দ করেন না?
ক.পরীক্ষা
খ.হাজিরা
গ.প্রমোশন
ঘ.শিক্ষকের কাছে অনুরোধ
৬.আদুভাই প্রমোশনের জন্য ব্যস্ত হলেন কেন?
ক.চাকরির আশায়
খ.স্ত্রীর আপত্তিতে
গ.ঘোরতর অনুতাপে
ঘ.ছেলের প্রমোশন হওয়ায়
৭.আদুভাই বারবার ব্যর্থ হলেও হতাশ হননি কেন?
ক.পরিবারের কোনো চাপ ছিল না
খ.পড়াশোনায় অনীহা
গ.তার মতে, ব্যর্থতাই সাফল্যের মূল
ঘ.তার চাকরি খোঁজার প্রয়োজন নেই
৮.'সব সাবজেক্টে পাকা হয়ে ওঠাই ভালো' – কথাটির তাৎপর্য কী?

ক.পড়াশোনায় আদুভাই-এর দৃঢ়তা আছে।
খ.পড়াশোনায় আদুভাই-এর আত্মবিশ্বাস আছে।
গ.আদুভাই-এর মতে সব বিষয়ে অভিজ্ঞ হতে হবে
ঘ.ক,খ ও গ

৯.'যে গাছ লকলক করে বেড়েছে, সামান্য বাতাসেই তার ডগা ভেঙেছে' কথাটির তাৎপর্য কী?
ক.অতিভক্তি চোরের লক্ষণ
খ.যে-কোনো উপায়ে হোক বড় হওয়াই চাই
গ.যে-কোনো বিষয়ের ভিত শক্ত হওয়াই চাই
ঘ.আস্তে আস্তে বেড়ে ওঠার কোনো মানে নেই

১০. নিচের কোন উক্তি ঠিক নয়?
ক.আদুভাই বিশ্বাস করেন যে, লেখাপড়ার দিকে সব বিষয়ে অভিজ্ঞ হতে হবে।
খ.আদুভাই বিশ্বাস করেন যে, জ্ঞানলাভের জন্য সবাই স্কুলে পড়ে, প্রমোশন লাভের জন্য না।
গ.প্রমোশন না-পাওয়ার রাগে আদুভাই স্কুলের গেটের সামনে একটা প্রতিবাদের বক্তৃতা করেছেন।
ঘ.মরে যাবার আগে আদুভাই আমাকে এক নিমন্ত্রণপত্র পাঠিয়েছিলেন, কারণ তিনি সেভেন থেকে ক্লাস এইটে প্রমোশন পেয়েছিলেন এবং বন্ধুবান্ধবদের ডালভাত খাওয়াতে চেয়েছিলেন।

পাঠ ১৮

টিচার

রাজমাতা হাইস্কুলের সেক্রেটারি রায়বাহাদুর অবিনাশ তরফদার ভেবেচিন্তে শেষ পর্যন্ত টিচারদের কিছু সদুপদেশ দেওয়া স্থির করল। বুড়ো বয়সে এমনিতেই তার ঘুম হয় কম, তার ওপর এইসব যাচ্ছেতাই খাপছাড়া ব্যাপারে মাথা গরম হয়ে যাওয়ায় ক'দিন আর ঘুম হয়নি। টিচাররা ধর্মঘট করবে বেতন কম বলে, বেতন বাকি থাকে বলে, এটা সেটা হরেকরকম অসুবিধা আছে বলে চাকরি করতে। বাপের জন্মে রায়বাহাদুর এমন কথা শোনেনি। বিদ্যালয়ের শিক্ষক, তারা কি মজুর না ধাঙড় যে ধর্মঘট করবে?

শুধু তার স্কুলে এসব গোলমালের সম্ভাবনা ঘটলে সে অবশ্য ব্যাপারটা গ্রাহ্য করত না। দুটো ধমক দিয়ে একটা মিষ্টি কথা বলে, সকলকে ক্ষেপাচ্ছে কোন মাথা-পাগলা ইয়াং টিচারটির সন্ধান নিয়ে তাকে একচোটে মজা দেখিয়ে সব ঠিক করে দিত অনায়াসে। কিন্তু সারা বাংলাদেশের সব স্কুলের টিচাররা জোট বেঁধেছে, সম্মেলন করছে। খেতে পায় না, ব্যাজ পরছে! করুক, পরুক। যা খুশি করুক অন্য স্কুলের টিচাররা, তার স্কুলে সে ওসব বিশ্রী কাণ্ড ঘটতে দেবে না, ওসব হীনতা স্বার্থপরতা স্বেচ্ছাচারিতা ঢুকতে পারবে না তার পবিত্র শিক্ষায়তনে।

স্বার্থ ভুলে, বিলাসের লোভ জয় করে, স্বেচ্ছাকৃত দারিদ্র্যকে হাসিমুখে বরণ করে, বিদ্যালয়ের মহান আদর্শ যারা গ্রহণ করেছে, দেশের যারা ভবিষ্যৎ মেরুদণ্ড তাদের গড়ে তোলার বিরাট দায়িত্বপালন যাদের জীবনের ব্রত, বুনো রামনাথ যাদের গর্ব ও গৌরব, তুচ্ছ দুটো পয়সার জন্য, সামান্য দুটো অসুবিধার জন্য, তারা নিজেদের নামিয়ে আনবে, আদর্শ চুলোয় দেবে, শিক্ষা-দীক্ষাহীন অসভ্য মজুর ধাঙড়ের মতো হাঙ্গামা করবে, তা কখনো হতে পারে না, রায়বাহাদুর তা বিশ্বাস করে না। মোটামুটি এই ধরনের সদুপদেশ রায়বাহাদুর শোনাল শনিবার স্কুলে ছুটি হবার পর। অবশ্য অনেক ফেনিয়ে-ফাঁপিয়ে, দমক-গমক-মূর্ছনা আমদানি করে, গুরুগম্ভীর চালে।

"আপনারা কি বলেন?"

কে কি বলবে? সকলে চুপ করে থাকে। রায়বাহাদুরের ধৈর্য খুব কম, বিশেষতঃ এখন এত লম্বা বক্তৃতা দেবার পর এই গরম এক ফোঁটাও আছে কিনা সন্দেহ, কেউ কিছু বলতে গেলে হয়তো গালাগালি দিয়ে বসবে, গালে চড় বসিয়ে দেওয়াও আশ্চর্য নয়। কিছু বলার দরকারও ছিল না। টিচারদের দাবিদাওয়া সম্পর্কে এটা অফিসিয়াল মিটিং নয়, রায়বাহাদুরের নিজস্ব সদুপদেশ দানের সভা! চুপচাপ বসে শোনাই এখানে যথেষ্ট।

প্রৌঢ় হেডমাস্টার শশাঙ্ক কেবল একবার মাথা চুলকিয়ে বলে, "আজ্ঞে তা বৈ কি! শিক্ষকজীবনের মহান আদর্শের কথা কি তারা ভুলতে পারে!"

সভার শেষে শশাঙ্ক একান্তে আবার বলে, "গত মাসের বাকি মাইনেটার জন্য একটু, যে রকম দিনকাল, সংসার চালানোই– "

"কে উস্কানি দিচ্ছে জানেন?"

ক'বছর আগে হলে শশাঙ্ক হয়তো দু-একটা নাম উচ্চারণ করে ফেলত। কিন্তু শশাঙ্কবাবুও আর সে শশাঙ্কবাবু নেই, অনেক বদলে গেছে।

"আজ্ঞে উস্কানি কে দেবে। একজন দু'জনের উস্কানির ব্যাপার নয়, আপনি তো জানেন, দেশ জুড়ে এরকম চলছে।"

স্কুলের বাগানের দিকে চেয়ে থেকে রায়বাহাদুর বলে, "গিরীন খুব পলিটিক্স করে বেড়ায় না কি?"

বুকটা ধড়াস করে ওঠে শশাঙ্কর, গিরীন তার জামাই। মনে মনে আরেকবার গিরীনকে অভিশাপ দিয়ে বলে, "পলিটিক্স করে না। মিটিং ফিটিং হলে হয়তো কখনও শুনতে যায়। আর স্কুলে পলিটিক্স নিয়ে কিছুই হয় না।"

"হয় না ? সেদিন স্ট্রাইক করে ছেলেরা স্কুলের মাঠে যে মিটিং করল?"

"আজ্ঞে সেটা পলিটিক্যাল মিটিং নয়। প্রোটেস্ট মিটিং মাত্র। কলকাতায় স্টুডেন্টদের ওপর গুলি চালানো হল, তারই প্রোটেস্ট– "

"কলার কাঁদিটা বাতি হয়েছে না? এবার কেটে ঝুলিয়ে রাখলে পেকে যাবে দু-একদিনের মধ্যে, কি বলেন? "

"কাল মালীকে বলব। রাতারাতি যেন চুরি হয়ে যায় না, দেখবেন।" রায়বাহাদুর হাসল।

সন্ধ্যার পর গিরীন বাড়িতে তার সঙ্গে দেখা করতে গেলে রায়বাহাদুর আশ্চর্য হল না। গিরীনের সম্পর্কে তার প্রশ্নে ভড়কে গিয়ে শশাঙ্ক নিশ্চয় তাকে পাঠিয়ে দিয়েছে দোষ কাটাতে, কথায় কথায় তাঁকে জানিয়ে দিয়ে যেতে, ভুলচুক যদি সে করেই থাকে তিনি যেন ক্ষমা করে নেন, এবার থেকে সে সাবধান হবে। তাই যদি হয় তবে ভালই।

গিরীন কিন্তু ওসব কথার ধার দিয়েও যায় না। খুব বিনীত ও নম্রভাবে পরদিন তার ছোট ছেলের অন্নপ্রাশনে নেমন্তন্ন জানায়। রায়বাহাদুর অবশ্য বুঝতে পারে তার মানেও তাই। খানিকটা স্পষ্টভাবে জানানোর বদলে ইঙ্গিতে জানানো যে সে অনুগতই, রায়বাহাদুর যা পছন্দ করেন না তা থেকে সে তফাতে থাকছে, তাঁকে চটাবে না।

"অন্নপ্রাশন? ছোট ছেলের? তা বেশ, কিন্তু আমি নেমন্তন্ন যাই না, বুড়ো শরীরে সয় না ও সব।" রায়বাহাদুর অমায়িকভাবে হাসে।

"আপনাকে পায়ের ধূলো দিতেই হবে।" গিরীন বলে নাছোড়বান্দার জোরালো অনুনয়ের সুরে, "সকাল সকাল গিয়ে আশীর্বাদ করে আসবেন শুধু, একটু ফলমূল মুখে দেবেন। সবাই আশা করছি, মনে বড় আঘাত পাব না গেলে।"

রায়বাহাদুর যেতে রাজী হয়েছে ধরে নিয়েই যেন একটু ইতস্ততঃ করে গিরীন আবার বলে, "একটা কথা বলি আপনাকে দোষ নেবেন না। খেলনা বা উপহার কিছু নিয়ে আসবেন না খোকার জন্য। আমাদের বংশের রীতি আছে, কোন কাজে রক্তের সম্পর্ক ছাড়া কারো কাছে সামান্য উপহারও নেওয়া চলবে না। ঠাকুরদা বা তাঁর বাবা অভিশাপ দিয়ে গিয়েছেন, একগাছি তৃণ নিলে নাকি বংশের সর্বনাশ হবে।"

"বলো কি হে?"

একটা দুশ্চিন্তা কেটে যায়, অন্নপ্রাশনের নিমন্ত্রণে গেলে কিছু দিতে হবে এ চিন্তাটা ছিল রায়বাহাদুরের। এবারে একটু ভেবে গিরীনের একান্ত আগ্রহ দেখে রাজী হয়ে বলল, "এত করে যখন বলছ– "

সে কিছু খাবে না, কিন্তু এই সুযোগে মিষ্টি প্রভৃতি তার সঙ্গে কি দেবে না গিরীন? রায়বাহাদুর ভাবে। অনেকেই দেয়।

প্রায় দশটায় রায়বাহাদুর গিরীনের বাড়ি পৌঁছল। বাড়ি দেখে একটু আশ্চর্য হয়ে গেল, ছোট ছেলের অন্নপ্রাশন উৎসবের চিহ্ন না দেখে আরও বেশী। এত ছোট, এত পুরনো, এমন দীনহীন চেহারার একতলা পাকা বাড়ি হয়, রায়বাহাদুর জানত না। কারণ এর চেয়েও খারাপ বাড়ি চারিদিকে অসংখ্য ছড়ানো থাকলেও সে কোনটার দিকে কখনো তাকিয়ে দেখেনি– এ ধরনের বাড়ির অধিবাসী কস্মিনকালেও তাকে বাড়িতে নিমন্ত্রণ করতে সাহস পায়নি। ছেলের অন্নপ্রাশন রীতিমত একটা উৎসবের ব্যাপার। তার ছেলের অন্নপ্রাশনে ব্যাণ্ড বেজেছিল। মেয়ের ছেলের অন্নপ্রাশনে সে অন্ততঃ শানাই বাজায়। লোকে গিজগিজ করে তার বাড়িতে, ছেলের বেলা বেশী হোক, মেয়ের বেলা কম হোক, লোক গিজগিজ করে। গিরীনের বাড়িতে লোক আছে বলেই মনে হয় না। ভেতর থেকে ভেসে আসে ছোট একটা ছেলে বা মেয়ের কান-চেরা কান্না।

গাড়ির আওয়াজে বেরিয়ে এসে গিরীন তাকে অভ্যর্থনা জানায়, "যথাসাধ্য আয়োজন করেছি, দোষত্রুটি ক্ষমা করবেন।"

যথাসাধ্য আয়োজন? বৈঠকখানায় ভাঙা তক্তপোশে বিছানো ছেঁড়া ময়লা শতরঞ্জির এক প্রান্তে কুণ্ডলী-পাকানো ঘেয়ো কুকুরের মতো দলা পাকিয়ে বসে আছে খালি গায়ে জবুথবু একটা মানুষ, মেঝেতে লোম-ওঠা বিড়ালটা ছাড়া আর কোন জীবন্ত প্রাণী নেই ঘরে। তক্তপোশে ছাড়া বসার আসন আছে আর একটি, কেরোসিন কাঠের একটা টেবিলের সামনে কালিমাখা একটি কাঠের চেয়ার। দিনে বৈঠকখানা হলেও ঘরটি যে রাত্রে শোবার ঘরে পরিণত হয় তার প্রমাণ, গুটানো কাঁথা মশারির বাণ্ডিলটা জানালায় তোলা রয়েছে। তক্তপোশের নীচে ঢুকিয়ে আড়াল করে গোপন করে ফেলবার বুদ্ধিটা বোধ হয় কারো মাথায় আসেনি।

"ইনি আমার বাবা", গিরীন পরিচয় করিয়ে দেয়, "দু'বছর ভুগছেন। আর বছর ডাক্তার বলেছিলেন, কলকাতা নিয়ে গিয়ে ট্রিটমেন্ট করাতে, পেরে উঠিনি, সাত আটশো টাকার ব্যাপার।"

জবুথবু বৃদ্ধ কষ্টে চোখ মেলে তাকায়। দু'টি হাত একত্র করে নমস্কার জানাবার মতই যেন চেষ্টা করে মনে হয়। ক্ষীণকণ্ঠে কি বলে ভাল বোঝা যায় না।

"আসুন। ভেতরে চলুন।"

রায়বাহাদুরকে গিরীন বাড়ির মধ্যে একেবারে তার শোবার ঘরে নিয়ে গিয়ে বসায়। উঠান পেরিয়ে যাবার সময় এদিকে ওদিকে তাকায়, তাকিয়ে রায়বাহাদুর যথাসাধ্য আয়োজনের কোন চিহ্নই দেখতে পায় না। রোয়াকে একজন অল্প একটু হলুদ বাটছে, তার বাড়িতে দৈনিক রান্নার জন্য যতটা হলুদ বাটা হয় তার সিকিও হবে না। যে বাটছে তার বেশটা তার বাড়ির ঝিয়ের মতোই, তবে রায়বাহাদুর অনুমান করতে পারে মেয়েটি ঝি নয়, বাড়িরই কোন বৌ-ঝি। ওপাশে রান্নাঘরে খুন্তি দিয়ে কড়ায় ব্যান্নউন নাড়ায় রত বৌটির শাঁখা-পরা হাতটি শুধু চোখের এক পলকে দেখেই কি করে যেন রায়বাহাদুর টের পেয়ে যায় যে সে গিরীনের বৌ।

চার ভিটের চারখানা ঘর তোলার সুযোগ থাকলেও বৈঠকখানাটি বাদ দিলে ভেতরে ঘর মোটে দু'খানা– রান্নাঘরের চালটি ছাড়া। গিরীনের শোবার ঘরখানার নমুনা দেখেই রায়বাহাদুর বুঝতে পারে অন্য ঘরখানা কেমন, নড়াচড়ার স্থান কতটা, কি রকম আলো বাতাস আসে।

জলচৌকিতে পাতা পুরনো কার্পেটের আসনে বসে রায়বাহাদুরের দম আটকে আসে। ছোট ছেলে বা মেয়ের কান-চেরা কান্নাটা এখন খুব কাছে মনে হয়।

"কে কাঁদে?"

"ছেলেটা কাঁদছে, ছোট ছেলেটা। যার মুখে ভাত, জ্বর আসছে বোধ হয়, জ্বর আসবার সময় এমনি করে কাঁদে। জ্বর এসে গেলে চুপ করে যাবে।"

রায়বাহাদুর অস্বস্তি বোধ করে, এদিক ওদিক তাকায়, একটা ফাঁদে আটকা পড়ে গেছে মনে হয় তার। গিরীন নীরবে তাকে লক্ষ্য করে, ফাঁদে পড়া হিংস্র জন্তুর দিকে শিকারী ব্যাধের মতো শান্ত নির্বিকার ভাবে মুখ তার থমথম করে মনের আপসহীন মনোভাবে।

"আপনি তো ভাল হোমিওপ্যাথি জানেন। সবাই বলে যে ডাক্তারী পাশ করেননি বটে, কিন্তু আপনার ওষুধ একেবারে অব্যর্থ।" সে বলে ব্যঙ্গ ও তোষামোদের সুরে। "ছেলেটাকে দেখে দিন না একটু ওষুধ। বিনা চিকিৎসায় মরতে বসেছে ছেলেটা।"

রায়বাহাদুর যেন রাজী হয়েছে তার ছেলেকে দেখে ওষুধ দিতে এমনি ভাবে দরজার কাছে গিয়ে গিরীন ডাকে, "শুনছো! খোকাকে নিয়ে এসো শিগগির। আঃ, এসো না নিয়ে। দেরী করছ কেন?"

নিজের অতিরিক্ত ধৈর্যের কৈফিয়ত দেবার জন্যই যেন রায়বাহাদুরের কাছে গিয়ে বিরক্তির সঙ্গে বলে, "আর পারি না এদের সঙ্গে। আপনার সামনে আসবে যা পরে আছে তাই পরে, তাতেও লজ্জা। সম্বল তো সেই বিয়ের একখানা শাড়ি, একঘণ্টা লাগবে এখন সেখানা বার করে পরতে। আর পারি না সত্যি।"

সে এসে কৈফিয়তের বিরক্তি জানানো শুরু করতে না করতেই ছোট এক কঙ্কাল বুকের কাছে ধরে পাঁশুটে রঙের রোগা একটি বৌ দরজা দিয়ে ঢুকছিল। এক নজর তাকিয়েই রায়বাহাদুর টের পায় পরনের কাপড় বদলে বিয়ের সময়কার একমাত্র শাড়িটি সে পরে আসেনি। এটাও সে টের পায় যে ওকে আসতে ডেকেই গিরীন তার কাছে এসে শোনাচ্ছে তার বৌয়ের মানুষের সামনে বেরোবোর উপযুক্ত কাপড়ের অভাবের কথা। তার প্রায় পিছুপিছুই বৌটি ঘরে ঢুকেছে। মাথা ঝিমঝিম করে ওঠে রায়বাহাদুরের। তার ভয় করে।

"ও তুমি এসেছ", গিরীন বলে নির্বিকার ভাবে, "এইখানে শুইয়ে দাও।"

রায়বাহাদুরের উলের মোজা আর পালিশ করা দামী চকচকে জুতো পরা পায়ের কাছে মেঝেটা সে দেখিয়ে দেয়। বৌ তার ইতস্ততঃ করে বড় বড় জিজ্ঞাসু চোখ তুলে তাকায় তার মুখের দিকে। এত শীর্ণ বৌটি, এমন শুকনো বিবর্ণ তার রক্তশূন্য মুখ, কিন্তু তার রূপ দেখে ভেতরে ভেতরে মুষড়ে যায় রায়বাহাদুর। তার বাড়ির মেয়েরা, ফুলি ঝিটা পর্যন্ত যেন শুধু মেদ আর মাংস। গিন্নীর কথা ধর্তব্যই নয়। তিনি প্রায় গোলাকার। তার মেজ মেয়ে আর মেজ ছেলের বৌ রোগা ছিপছিপে, বড় ছেলের বৌটা ছিপছিপে ছিল বিয়ের সময়, আজকাল মুটোচ্ছে। গিরীনের ক্ষীণাঙ্গী বৌটির সাথে মিলিয়ে রায়বাহাদুর বুঝতে পারে তার মেয়ে-বৌদের গড়নটাই শুধু ছিপছিপে, অতি বেশী মেদ মাংসেই তারা গড়া, প্রত্যেকে তারা তার গিন্নীরই সূচনা! সত্যিকারের রোগা, ক্যাংটা তরুণীকে চেয়ে চেয়ে দেখতে এত ভালো লাগে– রায়বাহাদুরের এত তীব্র ইচ্ছা করে টিপেটুপে ছেনেছুনে দেখতে সত্যিকারের কঙ্কালসার তরুণীকে।

"কি করছ?" গিরীন বলে বৌকে অনুযোগ দিয়ে, "ওখানে শুইয়ে দাও। উনি পায়ের ধূলো ছোঁয়াবেন, আশীর্বাদ করবেন। ওষুধ দেবেন।"

"না। মা।" রায়বাহাদুর প্রায় আর্তনাদ করে ওঠে, "আমি ওকে ওষুধ দিতে পারব না। ওর ভাল চিকিৎসা দরকার। ওকে তুমি ডাক্তার দেখাও, ভাল ডাক্তার দেখাও।"

"বিনা ফিতে কোন্ ডাক্তার দেখবে বলুন?" গিরীন যেন আমোদ পেয়ে মুচকে মুচকে হাসে।

ভয় করে রায়বাহাদুরের। মাথাটা আবার ঝিমঝিম করে ওঠে। কতক্ষণ খেলা করবে গিরীন তার সঙ্গে কে জানে, তারপর এই বর্বর নিষ্ঠুর খেলার শেষে কি করবে তাই বা কে জানে! এরা বিপ্লবী, এরা খুনে, এরা সব পারে। শশাঙ্কের জামাই বলে, স্কুলের একজন টিচার বলে বিশ্বাস করে একা একা এই ছদ্মবেশী খুনের খপ্পরে এসে পড়ে কি বোকামিটাই সে করেছে।

সব অবস্থাতে যেভাবেই হোক নিজেকে বাঁচানোর কৌশল খুঁজে বার করে কাজে লাগানোর চেষ্টা রায়বাহাদুরের মজ্জাগত। রায়বাহাদুর মাথা হেঁট করে থাকে কয়েক মুহূর্ত, সশব্দে নিঃশ্বাস ত্যাগ করে। হাতের তালুতে মুছে নেয় নিজের কপাল। তারপর মুখ তুলে বলে, "মা, খোকাকে শুইয়ে দাওগে। কিছু তুমি ভেবো না মা। বৌমাই বলি তোমাকে, গিরীন আমার ছেলের মতো। তোমার কোন ভাবনা নেই বৌমা, ছেলে তোমার ভাল হয়ে যাবে, আমি তোমার চিকিৎসার ভার নিলাম। আমি এক্ষুণি গিয়ে ডাক্তারকে পাঠিয়ে দিচ্ছি– "

"এক্ষুণি যাবেন? তা হবে না, ফলটল একটু মুখে না দিয়ে গেলে বড় কষ্ট হবে আমাদের মনে। অকল্যাণ হবে আমাদের। আপনার মতো মানুষ বাড়িতে পায়ের ধুলো দিয়েছেন– "

গিরীনের বিনয়ে বুকটা ধড়াস ধড়াস করে রায়বাহাদুরের। অসহায় দৃষ্টিতে চেয়ে থাকে পায়ের চকচকে জুতোর দিকে। অতি কষ্টে বলে, "বেলা মন্দ হয়নি। নিমন্ত্রিতরা আর কেউ– ?"

"আজ্ঞে বলিনি আর কাউকে। ইচ্ছা ছিল বলবার, ভেবেছিলাম ওনার হাতের দু'গাছা চুড়ি আছে তার একটা বেচে দিয়ে কয়েকজনকে বলব। স্কুল মাস্টারের স্ত্রীর হাতে শাঁখা থাকলেই ঢের! তারপর ভাবলাম ছেলের মুখেভাতে শেষ

সম্বলটুকু খোয়াব, তার চেয়ে বরং সম্বলটা থাক, ও মাসেও পুরো মাইনে না পেলে উপোসটা ঠেকানো যাবে।"

বুড়ো হলেও বুদ্ধির ধার একেবারে পড়ে যায়নি রায়বাহাদুরের। জীবনে উঠতে গিয়ে মুশকিলে পড়তে হয়েছে অনেকবার, নিজের বুদ্ধি খাটিয়েই নিজের মুশকিল আসান করেছে। আজকের বিপদের ধরনটা ঠিক বুঝে উঠতে পারছে না। এটাই হয়েছে ফ্যাসাদ। উদ্দেশ্যটা ধরতে পারছে না গিরীনের। নিজের দুর্দশা চোখে দেখিয়ে তার দয়া জাগাবার সাধ থাকলে চোখে এভাবে আঙুলের খোঁচা দিয়ে কি কেউ তা দেখায়, পাগল ছাড়া? তাকে বিরক্ত করে, চটিয়ে এমন টিটকারি দেওয়ার ভঙ্গিতে দেখায়, এমন উদ্ধত বিনয়ের সঙ্গে? কাল টিচারদের সভায় কিছু না বলে গিরীন যেন ঘাড় ধরে তাকে বাড়ি টেনে এনে বাস্তব প্রতিবাদ জানাচ্ছে তার বক্তৃতার, ব্যঙ্গ করছে তাকে। কিন্তু কেন করছে সেটা তো কিছুতেই মাথায় ঢুকছে না রায়বাহাদুরের। তার স্কুলের একজন টিচার কি এত বড় গাধা যে এই সহজ কথাটা বুঝতে পারে না। এভাবে তার কাছ থেকে কোন অনুগ্রহ আদায় করা যায় না! এতে বরং তারই বিপদ।

মুখের ভাবে গলার সুরে সহানুভূতি আনবার চেষ্টা করে রায়বাহাদুর বলে, "তোমার অবস্থা এত খারাপ তা তো জানতাম না গিরীন! অ্যাপ্লিকেশন দিও, এ মাস থেকে দশ টাকা মাইনে বাড়িয়ে দেব। তুমি ভাল পড়াও শুনেছি। আর বাকি মাইনেটাও বরং পাইয়ে দেব তোমায় সোমবার।"

গিরীন ভয় পেয়ে হাত জোড় করে বলে, "তা করবেন না স্যার। লোকে বলবে ছেলের মুখে-ভাতের ছলে আপনাকে বাড়িতে ডেকে খাতির করে মাইনে বাড়িয়ে নিয়েছি, বাকি মাইনে আদায় করেছি। আমার সর্বনাশ করবেন না স্যার।"

চোখের পলক আটকে যায় রায়বাহাদুরের, ঢোক গিলতে গিয়ে দেখে সেটাও আটকে গেছে। ঘরের যে অসীম দৈন্য ভিখারীর সকরুণ আবেদনের মত এতক্ষণ তাকে পীড়ন করছিল হঠাৎ যেন সেটা দাবিদারের শাসানির মত ফুঁসে উঠেছে। উঠানে তিনটি উলঙ্গ ছেলেমেয়ে খেলা করছে ধূলোমাটি নিয়ে, খেলা যেন ছল ওদের, রায়বাহাদুরকে ওরা অবজ্ঞা জানাচ্ছে। ও-ঘরে জ্বরো ছেলেটার কান্না ঝিমিয়ে এসেছে– কিন্তু সেও যেন ভয় দেখালো রায়বাহাদুরকে, কান্না

নিস্তেজ হয়ে আসা যেন ঘোষণা বাচ্চাটার সে কান্না সে চিরতরে থামিয়ে দেবে, সে মরবে, মরে দায়ী করে রেখে যাবে তাকে।

তাকে আরও শাসানো দরকার বলেই যেন গিরীনের পরিবারের আর দু'জনে এবার আসরে নামে। প্রৌঢ়া একটি স্ত্রীলোক তারস্বরে চেঁচাতে চেঁচাতে একটি কুমারী মেয়ের হাত ধরে টানতে টানতে ঘরে নিয়ে আসে।

"দ্যাখ গিরীন, দ্যাখ, ধেড়ে মেয়ের কাণ্ড দ্যাখ। ডাল ধুতে দিয়েছি, লুকিয়ে কাঁচা ডাল চিবোচ্ছে।"

গিরীনের মা থেমে যান, জিভ কাটেন। মেয়েটি পালিয়ে যায় হাত ছিনিয়ে নিয়ে। এক মুহূর্ত হতভম্বের মতো দাঁড়িয়ে থেকে মা'ও সরে যান।

"আমিও এবার উঠি গিরীন।"

"একটু বসুন।"

গিরীন বেরিয়ে যায়। গিরীন ফিরে আসবার একটু পরে সেই চুপি চুপি ডাল-খাওয়া মেয়েটি একটি রেকাবীতে দুটি সন্দেশ, একটি কলা, কয়েক টুকরো আপেল ও শশা নিয়ে জড়োসড়ো হয়ে ঘরে আসে। বাঙালী গেরস্ত ঘরের হিসাবে বিয়ের বয়স তার পেরিয়ে গেছে অনেকদিন। মেয়েটি রোগা, পুষ্টির অভাবে সত্যিকারের রোগা। সত্যিকারের রোগা মেয়ের দিকে তাকাবার মোহ কিন্তু তখনকার মতো কেটে গিয়েছিল রায়বাহাদুরের, নীরবে সে দু-এক টুকরো ফল মুখে দিতে থাকে।

বৈঠকখানা দিয়ে যাবার সময় চৌকির প্রান্তের জরাজীর্ণ মানুষটি কষ্টে চোখ মেলে তাকায়, রায়বাহাদুর এক নজর দেখেই তাড়াতাড়ি চলে যায় বাইরে।

সোমবার গিরীন নোটিশ পায়, বরখাস্তের নোটিশ। সে প্রত্যাশা করছিল। ক্ষমতা থাকলে ফাঁসির হুকুম দিত রায়বাহাদুর। কিন্তু একটা কথা জানে গিরীন। রায়বাহাদুর ভুলতে পারবে না, তার ভয় করবে। শিক্ষকদের দারিদ্র্যের মাহাত্ম্য কীর্তন করে শোনাতে গিয়ে একটু আটকে আটকে যাবে কথাগুলি, উচ্ছ্বাসটা হবে মন্দা, দয়া-দয়া সহানুভূতিতে নয়, ভয়ে।

(মানিক বন্দ্যোপাধ্যায়)

টীকা: এই গল্পে স্বাভাবিকভাবেই কোনো কোনো ক্ষেত্রে শব্দের বানান ও যতিচিহ্ন ব্যবহারের ক্ষেত্রে সর্বশেষ নিয়ম অনুসরণ করা হয়নি। শিক্ষার্থীদের সেটা জানতে হবে এবং পার্থক্যটা বুঝতে হবে।

লেখক পরিচিতি

মানিক বন্দ্যোপাধ্যায় (১৯০৮-১৯৫৬) ১৯০৮ সালে ভারতের বিহারের সাঁওতাল পরগনায় জন্মগ্রহণ করেন। তাঁর আসল নাম প্রবোধকুমার বন্দ্যোপাধ্যায়, কিন্তু সাহিত্য-জগতে তিনি মানিক বন্দ্যোপাধ্যায় নামে পরিচিত। মাত্র একুশ বছর বয়সে তিনি তাঁর বিখ্যাত 'দিবারাত্রির কাব্য' রচনা করেন। এরপর তিনি লেখালেখিকেই জীবিকার একমাত্র অবলম্বন হিসেবে গ্রহণ করেন। একদা তিনি পূর্ববঙ্গের নদীনালা পার হয়ে কলকাতায় এসে হাজির হন এবং অল্পকালের মধ্যে আধুনিক গোষ্ঠীর প্রধান লেখকে পরিণত হন। প্রথম বিশ্বযুদ্ধের পর পৃথিবী-জুড়ে মানবিক মূল্যবোধের চরম সংকটময় মুহূর্তে বাংলা কথা-সাহিত্যে যে-কয়েকজন লেখকের হাতে সাহিত্যজগতে নতুন এক বৈপ্লবিক ধারা সূচিত হয়, মানিক বন্দ্যোপাধ্যায় ছিলেন তাঁদের মধ্যে অন্যতম। তাঁর রচনার মূল বিষয়বস্তু ছিল মধ্যবিত্ত সমাজের কৃত্রিমতা, শ্রমজীবী মানুষের সংগ্রাম, নিয়তিবাদ ইত্যাদি। পূর্ববঙ্গের পরিবেশে ঐ অঞ্চলের সাধারণ লোকের জীবনচিত্রকে অপূর্ব দক্ষতার সঙ্গে ফুটিয়ে তুলেছেন। অদ্ভুত নিরাসক্তভাবে তিনি মানুষের জীবনচিত্র এঁকেছেন, তাদের জীবনসমস্যার গ্রন্থিমোচনে তৎপর হয়েছেন, কলকাতার অধিবাসীরা সেই সমস্ত আদিম জীবনচিত্র ও মনোবিকারের ছবি দেখে চমকে উঠেছিলেন। তিনি দেহমনে ছিলেন বলিষ্ঠ, তাঁর গল্পে-উপন্যাসেও সেই পেশল হাতের স্পর্শ এবং শিরাধমনীর মধ্যে প্রবাহিত রক্তের উত্তাপ উপলব্ধি করা যাবে। তিনি সংস্কারমুক্ত বৈজ্ঞানিক জীবনদৃষ্টির মাধ্যমে জীবনের ক্লেদ-গ্লানি-নিষ্ঠুরতার অন্তরালবর্তী সত্য রূপটিকে খুঁজেছেন। অকল্পনীয় দক্ষতায় জীবনের অমৃতস্বাদ আর বিষাক্ত লাভাস্রোতকে একই পাত্রে ঢেলে তিনি পান করেছেন। জীবনের অতি ক্ষুদ্র পরিসরে তিনি রচনা করেন চল্লিশটি উপন্যাস ও তিনশত ছোটগল্প। 'পুতুলনাচের ইতিকথা' (১৯৩৬), 'পদ্মা নদীর মাঝি' (১৯৩৬), 'দিবারাত্রির কাব্য' (১৯৪০),

'শহরতলী' (১৯৪০), 'অহিংসা' (১৯৪৮) প্রভৃতি উপন্যাস ও 'অতসী মামী' (১৯৩৫), 'প্রাগৈতিহাসিক' (১৯৩৭), 'মিহি ও মোটা কাহিনী' (১৯৩৮), 'সরীসৃপ' (১৯৩৯), 'আজ কাল পরশুর গল্প' (১৯৪৬), 'ছোটবকুলপুরের যাত্রী' (১৯৪৯) প্রভৃতি গল্পগ্রন্থ আধুনিক পাঠকমহলে সুপরিচিত এবং বাংলা সাহিত্যের অন্যতম শ্রেষ্ঠ সম্পদ বলে বিবেচিত হয়।

শব্দার্থ

অবিনাশ	[形]	永存的；不朽的
সদুপদেশ	[名]	好建议；良策
যাচ্ছেতাই খাপছাড়া ব্যাপার		与身份不相称的事；荒诞不经的事
ধর্মঘট করা		罢工
মজুর	[名]	苦力；工人
ধাঙড়	[名]	清洁工
জোট বাঁধা		联合起来；拉帮结伙
সম্মেলন করা		开会
গ্রাহ্য করা		接受；遵从
ক্ষেপানো	[动]	使……愤怒；招惹
হীনতা	[名]	卑贱；劣等；缺乏
স্বার্থপরতা	[名]	自私自利
স্বেচ্ছাচারিতা	[名]	刚愎自用；固执任性
স্বেচ্ছাকৃত	[形]	自愿的；自主的
ভবিষ্যৎ মেরুদণ্ড		未来的栋梁
চুলোয় দেওয়া		亵渎；损毁
হাঙ্গামা করা		暴动；骚乱；闹事
গালে চড় বসিয়ে দেওয়া		扇耳光
মাথা চুলকানো		硬着头皮；不情愿
উস্কানি দেওয়া		挑唆；煽动
গুলি চালানো		开枪射击

ভড়কানো	[动]	害怕；被吓住；畏缩
অন্নপ্রাশন	[名]	（印度教）为小孩举办的吃第一口饭的仪式
অনুগত	[形]	忠心耿耿的；忠顺的；顺从的
তফাতে থাকা		保持距离；置身事外
চটানো	[动]	使……生气；冒犯
অমায়িকভাবে	[副]	坦率地；客气地
ইতস্ততঃ করা		犹豫；拖延
কস্মিনকালে	[副]	在任何时候（也不）
গিজগিজ করা		拥挤；蜂拥
যথাসাধ্য	[副]	尽可能地；力所能及地
জবুথবু	[形]	老迈的；行动迟缓的
তক্তপোশ	[名]	（没悬挂任何帘幔的）床架
শতরঞ্জি	[名]	一种彩色织毯
হলুদ	[名]	姜黄粉（咖喱菜所需的主要调料）
বাটা	[动]	研磨（成糊状）
অনুমান করা		猜测
ফাঁদে আটকা পড়া		落入陷阱；落入圈套
নির্বাক	[形]	无语的；沉默的
আপসহীন	[形]	不妥协的
কৈফিয়ত দেওয়া		（对问责）给出解释或原因
মুষড়ানো	[动]	沮丧；灰心
ধর্তব্য	[形]	值得考虑的
ছিপছিপে	[形]	纤弱的；苗条的
ক্ষীণাঙ্গী	[形]	瘦弱的
কঙ্কালসার	[形]	骷髅般的；皮包骨头的
আর্তনাদ করা		痛苦地呻吟
বর্বর	[形]	愚昧的；不文明的;野蛮的

খপ্পর	[名]	抓牢；把握
বোকামিটা করা		愚蠢；犯傻
মাথা হেঁট করে থাকা		垂着头
আসান করা		结束；终结；解决
ফ্যাসাদ	[名]	麻烦；困难
টিটকারি দেওয়া		嘲笑；讥笑
পাওয়ানো	[动]	使……得到；使……赚到
অকল্যাণ	[名]	不祥；不吉利
পীড়ন করা		烦扰；折磨；迫害
অবজ্ঞা জানানো		轻视；忽略；蔑视
ঝিমানো	[动]	昏昏欲睡；减弱；减缓；迟滞
শাসানো	[动]	威胁；恐吓
হাত ছিনিয়ে নেওয়া		抽出手来
জড়োসড়ো হওয়া		畏缩；窘迫
গেরস্ত	[形]	家庭的
মোহ	[名]	迷恋；幻想；执着
বরখাস্ত	[形]	被解雇的；被撤职的
মাহাত্ম্য	[名]	高贵；崇高；荣耀
কীর্তন করা		歌颂；颂扬
উচ্ছ্বাস	[名]	强烈的情绪；情感的爆发；兴奋激动
মন্দা	[形]	沮丧的；低落的
সহানুভূতি	[名]	同情心；怜悯之心

অনুশীলনী

পাঠ অনুসরণে নিচের প্রশ্নাবলীর উত্তর দিন।

১.‘টিচার’ গল্পে দারিদ্র্যপীড়িত বঞ্চিত শিক্ষক-জীবনের যে চিত্র অঙ্কিত হয়েছে তা নিজ ভাষায় বর্ণনা করুন।

২.কীসের দুশ্চিন্তায় রায়বাহাদুরের ঘুম আসে না? তিনি টিচারদের সামনে কী বক্তৃতা দিলেন? এ বক্তৃতার উদ্দেশ্য কী?

৩.শশাঙ্ক কে? গিরীন শশাঙ্কের কে হয়? রায়বাহাদুর শশাঙ্কের সঙ্গে কথাবার্তার মাধ্যমে কী ইঙ্গিত দিতে চেয়েছিলেন?

৪.সন্ধ্যার পর গিরীন রায়বাহাদুরের বাড়িতে এসে কীসের নেমন্তন্ন জানাল? এ সম্পর্কে রায়বাহাদুর প্রথমে কী ভেবেছিলেন?

৫.গিরীন রায়বাহাদুরকে তার বাড়িতে কী উদ্দেশ্যে দাওয়াত দিয়েছিল?

৬. "...গিরীন যেন ঘাড় ধরে তাকে বাড়ি টেনে এনে বাস্তব প্রতিবাদ জানাচ্ছে তার বক্তৃতার, ব্যঙ্গ করছে তাকে।" – গিরীনের বাড়িতে রায়বাহাদুরের কী অভিজ্ঞতা হয়েছিল, তা নিজ ভাষায় সংক্ষেপে বর্ণনা করুন। লেখক কেন একে 'বাস্তব প্রতিবাদ' বললেন?

৭.রায়বাহাদুর নিজের স্ত্রী এবং গীরিনের স্ত্রীর মধ্যে কী পার্থক্য দেখলেন? এতে তৎকালীন সমাজের কী বাস্তবতা ফুটে উঠেছে?

৮.অবশেষে রায়বাহাদুর প্রস্তাব দিয়েছিলেন গিরীনের মাইনে বাড়িয়ে দিতে এবং বকেয়া বেতন পূরণ করতে, কিন্তু গিরীন কেন অস্বীকার করল?

৯. "রায়বাহাদুর ভুলতে পারবে না, তার ভয় করবে। শিক্ষকদের দারিদ্র্যের মাহাত্ম্য কীর্তন করে শোনাতে গিয়ে একটু আটকে যাবে কথাগুলি, উচ্ছ্বাসটা হবে মন্দা, দয়া-দয়া সহানুভূতিতে নয়, ভয়ে।" – কথাটির তাৎপর্য ব্যাখ্যা করুন।

১০. গল্পের প্রধান চরিত্র 'রায়বাহাদুর' – এই চরিত্র সৃষ্টিতে লেখকের সার্থকতা ও দক্ষতা ব্যাখ্যা করুন।

পাঠ ১৯

দেবদাস

পার্বতী এই তের বছরে পা দিয়াছে– ঠাকুরমাতা এই কথা বলেন। এই বয়সে শারীরিক সৌন্দর্য অকস্মাৎ যেন কোথা হইতে ছুটিয়া আসিয়া কিশোরীর সর্বাঙ্গ ছাইয়া ফেলে। আত্মীয়-স্বজন হঠাৎ একদিন চমকিত হইয়া দেখিতে পান যে, তাঁহাদের ছোট মেয়েটি বড় হইয়াছে। তখন পাত্রস্থ করিবার জন্য বড় তাড়াহুড়া পড়িয়া যায়। চক্রবর্তী-বাড়িতে আজ কয়েক দিবস হইতেই সেই কথার আলোচনা হইতেছে। জননী বড় বিষণ্ণ; কথায় কথায় স্বামীকে শুনাইয়া বলেন, তাই ত, পারুকে আর ত রাখা যায় না। তাঁহারা বড়লোক নহেন; তবে ভরসা এই যে, মেয়েটি অতিশয় সুশ্রী। জগতে রূপের যদি মর্যাদা থাকে, ত পার্বতীর জন্য ভাবিতে হইবে না। আরও একটা কথা আছে– সেটা এইখানেই বলিয়া রাখি। চক্রবর্তী-পরিবারে ইতিপূর্বে কন্যার বিবাহে এতটুকু চিন্তা করিতে হইত না, পুত্রের বিবাহে করিতে হইত। কন্যার বিবাহে পণ গ্রহণ করিতেন এবং পুত্রের বিবাহে পণ দিয়া মেয়ে ঘরে আনিতেন। নীলকণ্ঠের পিতাও তাঁহার কন্যার বিবাহে অর্থ গ্রহণ করিয়াছিলেন। কিন্তু নীলকণ্ঠ স্বয়ং এ প্রথাটাকে বড় ঘৃণা করিতেন। তাঁহার আদৌ ইচ্ছা ছিল না যে, পার্বতীকে বিক্রয় করিয়া অর্থ লাভ করিবেন। পার্বতীর জননী এ-কথা জানিতেন; তাই স্বামীকে কন্যার জন্য তাগাদা করিতেন। ইতিপূর্বে পার্বতীর জননী মনে মনে একটা দুরাশাকে স্থান দিয়াছিলেন– ভাবিয়াছিলেন, দেবদাসের সহিত যদি কোন সূত্রে কন্যার বিবাহ ঘটাইতে পারেন। এ আশা যে নিতান্ত অসম্ভব তাহা মনে হইত না। ভাবিলেন, দেবদাসকে অনুরোধ করিলে বোধ হয় কোন সুরাহা হইতে পারে। তাই বোধ হয় নীলকণ্ঠের জননী কথায় কথায় দেবদাসের মাতার কাছে কথাটা এইরূপে পাড়িয়াছিলেন– আহা বৌমা, দেবদাস আর আমার পারুতে কী ভাব! এমনটি কৈ, কোথাও ত দেখা যায় না!

দেবদাসের জননী বলিলেন, তা আর হবে না খুড়ী, দু'জনে ভাই-বোনের মতই যে একসঙ্গে মানুষ হয়ে এসেছে।

হাঁ-মা-হাঁ– তাই ত মনে হয়, যদি দু'জনের– এই দেখ না কেন বৌমা, দেবদাস যখন কলকাতায় গেল, বাছা তখন সবে আট বছরের; সেই বয়সেই ভেবে ভেবে যেন কাঠ হয়ে গেল। দেবদাসের একখানা চিঠি এলে, সেখানা যেন একেবারে ওর জপমালা হয়ে উঠত। আমরা সবাই ত তা জানি!

দেবদাসের জননী মনে মনে সমস্ত বুঝিলেন। একটু হাসিলেন। এ হাসিতে বিদ্রূপ কতটুকু প্রচ্ছন্ন ছিল জানি না, কিন্তু বেদনা অনেকখানি ছিল। তিনিও সব কথা জানিতেন, পার্বতীকে ভালও বাসিতেন। কিন্তু বেচা-কেনা ঘরের মেয়ে যে! তার ওপর আবার ঘরের পাশে কুটুম্ব! ছি ছি! বলিলেন, খুড়ী, কর্তার ত একেবারে ইচ্ছা নয় এই ছেলেবেলায়, বিশেষ পড়াশুনার সময়ে দেবদাসের বিয়ে দেন। তাই ত কর্তা আমাকে এখনও বলেন, বড় ছেলে দ্বিজদাসের ছেলেবেলায় বিয়ে দিয়ে কি সর্বনাশটাই করলে। লেখাপড়া একেবারেই হল না।

পার্বতীর ঠাকুরমা একেবারে অপ্রতিভ হইয়া পড়িলেন। তবুও কহিলেন, তা ত সব জানি বৌমা, কিন্তু কি জান– পারু বাচ্চা একটু অমনি বেড়েছেও বটে, আর বাড়ন্ত গড়নও বটে, তাইতে– তাইতে– যদি নারায়ণের অমত– দেবদাসের জননী বাধা দিলেন; বলিলেন, না খুড়ী, এ কথা আমি তাঁকে বলতে পারব না। দেবদাসের এ-সময়ে বিয়ের কথা পাড়লে, তিনি কি আমার মুখ দেখবেন!

কথাটা এইখানেই চাপা পড়িয়া গেল। কিন্তু স্ত্রীলোকের পেটে কথা থাকে না। দেবদাসের জননী কর্তার খাবার সময় কথাটা পাড়িয়া বলিলেন, পারুর ঠাকুমা আজ তার বিয়ের কথা পেড়েছিলেন।

কর্তা মুখ তুলিলেন; বলিলেন, হাঁ, পারুর বয়স হল বটে; শীঘ্র বিবাহ দেওয়াই কর্তব্য।

তাইতে ত আজ কথা পেড়েছিলেন। বললেন, দেবদাসের সঙ্গে যদি–

স্বামী ভ্রূ কুঞ্চিত করিলেন, তুমি কী বললে?

আমি আর কী বলব! দুজনের বড় ভাব; কিন্তু তাই বলে কি বেচা-কেনা চক্রবর্তী-ঘরের মেয়ে আনতে পারি? তাতে আবার বাড়ির পাশে কুটুম্ব– ছি ছি!

কর্তা সন্তুষ্ট হইলেন; কহিলেন, ঠিক তাই। কুলের কি মুখ হাসাব? এ-সব কথায় কান দিও না।

গৃহিণী শুষ্কহাসি হাসিয়া কহিলেন, না– আমি কান দিইনে; কিন্তু তুমিও যেন ভুলে যেয়ো না।

কর্তা গম্ভীরমুখে ভাতের গ্রাস তুলিয়া বলিলেন, তাহলে এত বড় জমিদারি কোনকালে উড়ে যেত!

জমিদারি তাঁহার চিরকাল থাকুক, তাহাতে আপত্তি নাই, কিন্তু পার্বতীর দুঃখের কথাটা বলি। যখন এই প্রস্তাবটা নিতান্ত অগ্রাহ্য হইয়া নীলকণ্ঠের কানে গেল, তখন তিনি মাকে ডাকিয়া তিরস্কার করিয়া বলিলেন, মা, কেন এমন কথা বলতে গিয়েছিলে?

মা চুপ করিয়া রহিলেন।

নীলকণ্ঠ কহিতে লাগিলেন, মেয়ের বিয়ে দিতে আমাদের পায়ে ধরে বেড়াতে হয় না, বরং অনেকেই আমার পায়ে ধরবে। মেয়ে আমার কুৎসিত নয়। দেখো তোমাদের বলে রাখলুম– এক হপ্তার মধ্যেই আমি সম্বন্ধ স্থির করে ফেলবো। বিয়ের ভাবনা কী?

কিন্তু যাহার জন্য পিতা এতবড় কথাটা বলিলেন, তাহার যে মাথায় বাজ ভাঙ্গিয়া পড়িল। ছোটবেলা হইতে তাহার একটা ধারণা ছিল যে, দেবদাদার উপর তাহার একটু অধিকার আছে। অধিকার কেহ যে হাতে তুলিয়া দিয়াছে, তাহা নয়। প্রথমে সে নিজেও ঠিকমত কিছুই বুঝিতে পারে নাই– অজ্ঞাতসারে, অশান্ত মন দিনে দিনে এই অধিকারটি এমন নিঃশব্দে অথচ এতই দৃঢ় করিয়া প্রতিষ্ঠিত করিয়া লইয়াছিল যে, বাহিরে যদিও একটা বাহ্য আকৃতি তাহার এতদিন চোখে পড়ে নাই, কিন্তু, আজ এই হারানোর কথা উঠিতেই তাহার সমস্ত হৃদয় ভরিয়া একটা ভয়ানক তুফান উঠিতে লাগিল।

কিন্তু দেবদাসের সম্বন্ধে এই কথাটা ঠিক খাটানো যায় না। ছেলেবেলায় যখন সে পার্বতীর উপর দখল পাইয়াছিল, তখন তাহা সে পরিপূর্ণভাবেই উপভোগ করিয়াছিল। কিন্তু কলিকাতায় গিয়া কর্মের উৎসাহে ও অন্যান্য আমোদ-আহ্লাদের মধ্যে পার্বতীকে সে অনেকটা ছাড়িয়াই দিয়াছিল। কিন্তু সে জানিত না যে, পার্বতী তাহার সেই একঘেয়ে গ্রাম্য-জীবনের মধ্যে নিশিদিন শুধু তাহাকেই ধ্যান করিয়া আসিয়াছে। শুধু তাই নয়। সে ভাবিত, ছেলেবেলা হইতে যাহাকে নিতান্ত আপনার বলিয়াই জানিয়াছিল, ন্যায়-অন্যায় সমস্ত আবদারই

এতদিন যাহার উপর খাটাইয়া লইয়াছে, যৌবনের প্রথম ধাপটিতে পা দিয়াই তাহা হইতে এমন অকস্মাৎ পিছলাইয়া পড়িতে হইবে না। কিন্তু তখন কে ভাবিত বিবাহের কথা? কে জানিত সেই কিশোর-বন্ধন বিবাহ ব্যতীত কোনমতেই চিরস্থায়ী করিয়া রাখা যায় না! 'বিবাহ হইতে পারে না', এই সংবাদটা পার্বতীর হৃদয়ের সমস্ত আশা-আকাঙক্ষা তাহার বুকের ভিতর হইতে যেন ছিঁড়িয়া ফেলিবার জন্য টানাটানি করিতে লাগিল। কিন্তু দেবদাসকে সকালবেলাটায় পড়াশুনা করিতে হয়; দুপুরবেলায় বড় গরম, ঘরের বাহির হওয়া যায় না, শুধু বিকেলবেলাটাতেই ইচ্ছা করিলে একটু বাহির হইতে পারা যায়। সেই সময়টাতেই কোনদিন বা সে জামাজোড়া পরিয়া, ভাল জুতা পায়ে দিয়া ছড়ি হাতে ময়দানে বাহির হইত। যাইবার সময় চক্রবর্তীদের বাড়ির পাশ দিয়াই যাইত,– পার্বতী উপরে জানালা হইতে চক্ষু মুছিতে মুছিতে তাহা দেখিত। কত কথা মনে পড়িত। মনে পড়িত, দুজনেই বড় হইয়াছে,– দীর্ঘ প্রবাসের পর পরের মত এখন পরস্পরের বড় লজ্জা করে। দেবদাস সেদিন অমনি চলিয়া গিয়াছিল; লজ্জা করিতেছিল, তাই ভাল করিয়া কথাই কহিতে পারে নাই। এটুকু পার্বতীর বুঝিতে বাকি ছিল না!

দেবদাস প্রায় এমনি করিয়াই ভাবে। মাঝে মাঝে তাহার সহিত কথা কহিতে তাহাকে ভাল করিয়া দেখিতে ইচ্ছা হয়; কিন্তু অমনি মনে হয়, ইহা কি ভাল দেখাইবে?

এখানে কলিকাতার সেই কোলাহল নাই, আমোদ-আহ্লাদ, থিয়েটার, গান-বাজনা নাই, তাই কেবলই তাহার ছেলেবেলার কথা মনে পড়ে। মনে পড়ে, সেই পার্বতী এই পার্বতী হইয়াছে! পার্বতী মনে করে, সেই দেবদাস–এখন এই দেবদাসবাবু হইয়াছে! দেবদাস এখন প্রায়ই চক্রবর্তীদের বাড়িতে যায় না। কোনদিন যদি বা সন্ধ্যার সময় উঠানে দাঁড়াইয়া ডাকে, খুড়ীমা, কী হচ্ছে!

খুড়ীমা বলেন, এসো বাবা বোস।

দেবদাস অমনি কহে– না থাক খুড়ীমা, একটু ঘুরে আসি।

তখন পার্বতী কোনদিন বা উপরে থাকে, কোনদিন বা সামনে পড়িয়া যায়। দেবদাস খুড়ীমার সহিত কথা কহে, পার্বতী ধীরে ধীরে সরিয়া যায়। রাত্রে

দেবদাসের ঘরে আলো জ্বলে। গ্রীষ্মকালের খোলা জানালা দিয়া পার্বতী সেদিকে বহুক্ষণ হয়ত চাহিয়া থাকে– আর কিছুই দেখা যায় না। পার্বতী চিরদিনই অভিমানিনী। সে যে ক্লেশ সহ্য করিতেছে, ঘূণাগ্রে এ-কথা কেহ না বুঝিতে পারে, পার্বতীর ইহা কায়মন চেষ্টা। আর জানাইয়াই বা লাভ কী? সহানুভূতি সহ্য হইবে না, আর তিরস্কার-লাঞ্ছনা?– তা তাহার চেয়ে ত মরণ ভাল। মনোরমার গত বৎসর বিবাহ হইয়াছে। এখনও সে শ্বশুরবাড়ি যায় নাই, তাই মাঝে মাঝে বেড়াইতে আসে। পূর্বে দুই সখীতে মিলিয়া মাঝে মাঝে এইসব কথাবার্তা হইত, এখনও হয়; কিন্তু পার্বতী আর যোগ দেয় না– হয় চুপ করিয়া থাকে, না হয় কথা উল্টাইয়া দেয়।

পার্বতীর পিতা কাল রাত্রে বাটী ফিরিয়াছেন। এ কয়দিন তিনি পাত্র স্থির করিতে বাহিরে গিয়াছিলেন। এখন বিবাহের সমস্ত স্থির করিয়া ঘরে আসিয়াছেন। প্রায় কুড়ি-পঁচিশ ক্রোশ দূরে বর্ধমান জেলায় হাতীপোতা গ্রামের জমিদারই পাত্র। তাঁহার অবস্থা ভাল, বয়স চল্লিশের নীচেই, – গত বৎসর স্ত্রী-বিয়োগ হইয়াছে, তাই আবার বিবাহ করিবেন। সংবাদটা যে বাটীর সকলেরই চিত্তরঞ্জন করিয়াছিল, তাহা নহে, বরং দুঃখের কারণই হইয়াছিল; তবে একটা কথা এই যে, ভুবন চৌধুরীর নিকট হইতে সর্বরকমে প্রায় দু'তিন হাজার টাকা ঘরে আসিবে। তাই মেয়েরা চুপ করিয়া ছিলেন।

একদিন দুপুরবেলা দেবদাস আহারে বসিয়াছিল। মা কাছে বসিয়া কহিলেন পারুর যে বিয়ে।

দেবদাস মুখ তুলিয়া জিজ্ঞাসা করিল, কবে?

এই মাসেই। কাল মেয়ে দেখে গেছে। বর নিজেই এসেছিল।

দেবদাস কিছু বিস্মিত হইল,– কৈ, আমি ত কিছু জানিনে মা!

তুমি আর কী করে জানবে? বর দোজবরে– বয়স হয়েছে; তবে বেশ টাকাকড়ি নাকি আছে, পারু সুখ-স্বাচ্ছন্দ্যে থাকতে পারবে।

দেবদাস মুখ নীচু করিয়া আহার করিতে লাগিল। তাহার জননী পুনরায় কহিতে লাগিলেন, ওদের ইচ্ছা ছিল এই বাড়িতে বিয়ে দেয়।

দেবদাস মুখ তুলিল– তারপর?

জননী হাসিলেন– ছিঃ, তা কি হয়! একে বেচা-কেনা ছোট ঘর, তাতে

আবার ঘরের পাশে বিয়ে– ছি ছি– বলিয়া মা ওষ্ঠ কুঞ্চিত করিলেন। দেবদাস তাহা দেখিতে পাইল।

কিছুক্ষণ চুপ করিয়া থাকিয়া মা পুনরায় কহিলেন, কর্তাকে আমি বলেছিলাম।

দেবদাস মুখ তুলিয়া জিজ্ঞাসা করিল, বাবা কী বললেন?

কী আর বলবেন! এত বড় বংশের মুখ হাসাতে পারবেন না,– তাই আমাকে শুনিয়ে দিলেন।

দেবদাস আর কথা কহিল না।

... ...

রাত্রি বোধ হয় একটা বাজিয়া গিয়াছে। তখনও ম্লান জ্যোৎস্না আকাশের গায়ে লাগিয়া আছে। পার্বতী বিছানার চাদরে আপাদমস্তক মুড়ি দিয়া ধীরপদবিক্ষেপে সিঁড়ি বাহিয়া নীচে নামিয়া আসিল। চারিদিকে চাহিয়া দেখিল, – কেহ জাগিয়া নাই। তাহার পর দ্বার খুলিয়া নিঃশব্দে পথে আসিয়া উপস্থিত হইল। পাড়াগাঁয়ের পথ, একেবারে স্তব্ধ, একেবারে নির্জন– কাহারও সাক্ষাতের আশঙ্কা ছিল না। সে বিনা বাধায় জমিদার-বাড়ির সম্মুখে আসিয়া দাঁড়াইল। দেউড়ির উপর বৃদ্ধ দারোয়ান কিষণ সিংহ খাটিয়া বিছাইয়া তখনও তুলসীদাসী রামায়ণ পড়িতেছিল; পার্বতীকে প্রবেশ করিতে দেখিয়া চোখ না তুলিয়াই কহিল, কে?

পার্বতী বলিল, আমি।

দারোয়ানজী কণ্ঠস্বরে বুঝিল স্ত্রীলোক। দাসী মনে করিয়া, সে আর কোন কথা জিজ্ঞাসা না করিয়া, সুর করিয়া রামায়ণ পড়িতে লাগিল। পার্বতী চলিয়া গেল। গ্রীষ্মকাল; বাহিরে উঠানের উপর কয়েকজন ভৃত্য শয়ন করিয়াছিল; তাহাদের মধ্যে কেহ-বা নিদ্রিত, কেহ-বা অর্ধ-জাগরিত। তন্দ্রার ঘোরে কেহ-বা পার্বতীকে দেখিতে পাইল, কিন্তু দাসী ভাবিয়া কথা কহিল না। পার্বতী নির্বিঘ্নে ভিতরে প্রবেশ করিয়া সিঁড়ি দিয়া উপরে উঠিয়া গেল। এ বাটীর প্রতি কক্ষ, প্রতি গবাক্ষ তাহার পরিচিত। দেবদাসের ঘর চিনিয়া লইতে তাহার বিলম্ব হইল না। কপাট খোলা ছিল এবং ভিতরে প্রদীপ জ্বলিতেছিল। পার্বতী ভিতরে আসিয়া দেখিল, দেবদাস শয্যায় নিদ্রিত। শিয়রের কাছে কি একখানা বই তখনও খোলা

পড়িয়াছিল,– ভাবে বোধ হইল, সে এইমাত্র যেন ঘুমাইয়া পড়িয়াছে। দীপ উজ্জ্বল করিয়া দিয়া সে দেবদাসের পায়ের কাছে আসিয়া নিঃশব্দে, উপবেশন করিল। দেয়ালের গায়ে বড় ঘড়িটা শুধু টক্ টক্ শব্দ করিতেছে, ইহা ভিন্ন সমস্ত নিস্তব্ধ, সমস্ত সুপ্ত।

পায়ের উপর হাত রাখিয়া পার্বতী ধীরে ধীরে ডাকিল, দেবদা!–

দেবদাস ঘুমের ঘোরে শুনিতে পাইল, কে যেন ডাকিতেছে। চোখ না চাহিয়া সাড়া দিল, উঁ–

ও দেবদা–

এবার দেবদাস চোখ রগড়াইয়া উঠিয়া বসিল। পার্বতীর মুখে আবরণ নাই। ঘরে দীপও উজ্জ্বলভাবে জ্বলিতেছে; সহজেই দেবদাস চিনিতে পারিল। কিন্তু প্রথম যেন বিশ্বাস হইল না। তাহার পর কহিল, এ কী! পারু নাকি?

হ্যাঁ, আমি।

দেবদাস ঘড়ির পানে চাহিয়া দেখিল। বিস্ময়ের উপর আরও বিস্ময় বাড়িল– কহিল, এত রাত্রে?

পার্বতী উত্তর দিল না, মুখ নীচু করিয়া বসিয়া রহিল।

দেবদাস পুনরায় জিজ্ঞাসা করিল, এত রাত্রে কি একলা এসেছ নাকি?

পার্বতী বলিল, হ্যাঁ।

দেবদাস উদ্বেগে, আশঙ্কায় কণ্টকিত হইয়া কহিল, বল কী! পথে ভয় করেনি?

পার্বতী মৃদু হাসিয়া কহিল, ভূতের ভয় আমার তেমন করে না।

ভূতের ভয় না করুক, কিন্তু মানুষের ভয় ত করে! কেন এসেছ?

পার্বতী জবাব দিল না, কিন্তু মনে মনে কহিল, এ সময়ে আমার তাও বুঝি নেই।

বাড়ি ঢুকলে কী করে? কেউ দেখেনি ত?

দারোয়ান দেখেছে।

দেবদাস চক্ষু বিস্ফারিত করিল, দরোয়ান দেখেছে? আর কেউ?

উঠানে চাকরেরা শুয়ে আছে– তাদের মধ্যেও বোধ হয় কেউ দেখে থাকবে।

দেবদাস বিছানা হইতে লাফাইয়া উঠিয়া দ্বার রুদ্ধ করিয়া দিল। কেউ চিনতে

পেরেছে কি? পার্বতী কিছুমাত্র উৎকণ্ঠা প্রকাশ না করিয়া অত্যন্ত সহজভাবে বলিল, তারা সবাই আমাকে জানে, হয়ত-বা কেউ আমাকে চিনে থাকবে।

বল কী? এমন কাজ কেন করলে পারু?

পার্বতী মনে মনে কহিল, তা তুমি কেমন করে বুঝবে? কিন্তু কোন কথা কহিল না,– অধোবদনে বসিয়া রহিল।

এত রাত্রে! ছি ছি! কাল মুখ দেখাবে কেমন করে?

মুখ নীচু করিয়াই পার্বতী বলিল, আমার সে সাহস আছে।

কথা শুনিয়া দেবদাস রাগ করিল না, কিন্তু নিরতিশয় উৎকণ্ঠিত হইয়া বলিল, ছি ছি– এখনও কি তুমি ছেলেমানুষ আছ? এখানে, এভাবে আসতে কি তোমার কিছুমাত্র লজ্জাবোধ হল না?

পার্বতী মাথা নাড়িয়া কহিল, কিছু না।

কাল তোমার লজ্জায় কি মাথা কাটা যাবে না?

প্রশ্ন শুনিয়া পার্বতী তীব্র অথচ করুণ দৃষ্টিতে দেবদাসের মুখপানে ক্ষণকাল চাহিয়া থাকিয়া অসঙ্কোচে কহিল মাথা কাটাই যেতো– যদি না আমি নিশ্চয় জানতুম, আমার সমস্ত লজ্জা তুমি ঢেকে দেবে।

দেবদাস বিস্ময়ে হতবুদ্ধি হইয়া বলিল, আমি! কিন্তু আমিই কি মুখ দেখাতে পারব?

পার্বতী তেমনি অবিচলিত-কণ্ঠে উত্তর দিল, তুমি? কিন্তু তোমার কী দেবদা?

একটুখানি মৌন থাকিয়া পুনরায় কহিল, তুমি পুরুষমানুষ। আজ না হয় কাল তোমার কলঙ্কের কথা সবাই ভুলবে; দুদিন পরে কেউ মনে রাখবে না– কবে কোন্ রাত্রে হতভাগিনী পার্বতী তোমার পায়ের উপর মাথা রাখবার জন্যে সমস্ত তুচ্ছ করে এসেছিল।

ও কী পারু?

আর আমি–

মন্ত্রমুগ্ধের মত দেবদাস কহিল, আর তুমি?

আমার কলঙ্কের কথা বলছ? না, আমার কলঙ্ক নেই। তোমার কাছে গোপনে এসেছিলাম বলে যদি আমার নিন্দে হয়, সে নিন্দে আমার গায়ে লাগবে না।

ও কী পারু, কাঁদছ?

দেবদা, নদীতে কত জল! অত জলে কি আমার কলঙ্ক চাপা পড়বে না?

সহসা দেবদাস পার্বতীর হাত দু'খানি ধরিয়া ফেলিল– পার্বতী!

পার্বতী দেবদাসের পায়ের উপর মাথা রাখিয়া অবরুদ্ধস্বরে বলিয়া উঠিল– এইখানে একটু স্থান দাও, দেবদা!

তাহার পর দুইজনেই চুপ করিয়া রহিল। দেবদাসের পা বহিয়া অনেক ফোঁটা অশ্রু শুভ্র শয্যার উপর গড়াইয়া পড়িল।

বহুক্ষণ পরে দেবদাস পার্বতীর মুখ তুলিয়া ধরিয়া বলিল, পারু, আমাকে ছাড়া কি তোমার উপায় নেই?

পার্বতী কথা কহিল না। তেমনি করিয়া পায়ের উপর মাথা পাতিয়া রহিল। নিস্তব্ধ ঘরের মধ্যে শুধু তাহার অশ্রু– ব্যাকুল ঘন দীর্ঘশ্বাস ফুলিয়া ফুলিয়া, ফুলিয়া ফুলিয়া উঠিতে লাগিল। টং টং করিয়া ঘড়িতে দুইটা বাজিয়া গেল। দেবদাস ডাকিল, পারু!

পার্বতী রুদ্ধকণ্ঠে বলিল, কী?

বাপ-মায়ের একেবারে অমত, তা শুনেছ?

পার্বতী মাথা নাড়িয়া জবাব দিল যে, সে শুনিয়াছে। তাহার পর দুইজনেই চুপ করিয়া রহিল। বহুক্ষণ অতিবাহিত হইবার পর দেবদাস দীর্ঘশ্বাস ফেলিয়া কহিল, তবে আর কেন?

জলে ডুবিয়া মানুষ যেমন করিয়া অন্ধভাবে মাটি চাপিয়া ধরে, সেটা কিছুতেই ছাড়িতে চাহে না, ঠিক তেমনি করিয়া পার্বতী অজ্ঞানের মত দেবদাসের পা দুটি চাপিয়া ধরিয়া রাখিল। মুখপানে চাহিয়া কহিল, আমি কিছুই জানতে চাইনে, দেবদা!

পারু, বাপ-মায়ের অবাধ্য হব?

দোষ কী? হও।

তুমি তাহলে কোথায় থাকবে?

পার্বতী কাঁদিয়া বলিল, তোমার পায়ে–

আবার দুইজনে স্তব্ধ হইয়া বসিয়া রহিল। ঘড়িতে চারিটা বাজিয়া গেল। গ্রীষ্মকালের রাত্রি, আর অল্পক্ষণেই প্রভাত হইবে দেখিয়া দেবদাস পার্বতীর হাত ধরিয়া কহিল, চল, তোমাকে বাড়ি রেখে আসি–

আমার সঙ্গে যাবে?

ক্ষতি কী? যদি দুর্নাম রটে, হয়ত কতকটা উপায় হতে পারবে–

তবে চল।

উভয়ে নিঃশব্দ পদক্ষেপে বাহির হইয়া গেল।

পরদিন পিতার সহিত দেবদাসের অল্পক্ষণের জন্য কথাবার্তা হইল।

পিতা কহিলেন, তুমি চিরদিন আমাকে জ্বালাতন করিয়াছ, যতদিন বাঁচিব, ততদিনই জ্বালাতন হইতে হইবে। তোমার মুখে এ-কথায় আশ্চর্য হইবার কিছু নাই।

দেবদাস নিঃশব্দে অধোবদনে বসিয়া রহিল।

পিতা কহিলেন, আমি ইহার ভিতর নাই। যা ইচ্ছা হয়, তুমি ও তোমার জননীতে মিলিয়া কর।

দেবদাসের জননী এ-কথা শুনিয়া কাঁদিয়া কহিলেন– বাবা, এই ত আমার অদৃষ্টে ছিল।

সেইদিন দেবদাস তোড়জোড় বাঁধিয়া কলিকাতায় চলিয়া গেল।

পার্বতী এ-কথা শুনিয়া কঠোর-মুখে আরও কঠিন হাসিয়া চুপ করিয়া রহিল। গত রাত্রের কথা কেহই জানে না, সেও কাহাকেও কহিল না। তবে মনোরমা আসিয়া ধরিয়া বসিল, পারু শুনলাম দেবদাস চলে গেছে?

হ্যাঁ।

তবে তোর কী উপায় করেছে?

উপায়ের কথা সে নিজেই জানে না, অপরকে কী বলিবে? আজ কয়দিন হইতে সে নিরন্তর ইহাই ভাবিতেছিল; কিন্তু কোনক্রমেই স্থির করিতে পারিতেছিল না যে, তাহার আশা কতখানি এবং নিরাশা কতখানি। তবে একটা কথা এই যে, মানুষ এমনি দুঃসময়ের মাঝে আশা-নিরাশার কূল-কিনারা যখন দেখিতে পায় না, তখন দুর্বল মন বড় ভয়ে ভয়ে আশার দিকটাই চাপিয়া ধরিয়া থাকে। যেটা হইলে তাহার মঙ্গল, সেটাই আশা করে। ইচ্ছায় বা অনিচ্ছায় সেই দিক পানেই নিতান্ত উৎসুক নয়নে চাহিয়া দেখিতে চাহে। পার্বতীর এই অবস্থায় সে কতকটা জোর করিয়া আশা করিতেছিল যে, কাল রাত্রের কথাটা নিশ্চয়ই বিফল হইবে না। বিফল হইলে তাহার দশা কী হইবে, এটা তাহার চিন্তার

বাহিরে গিয়া পড়িয়াছিল। তাই সে ভাবিতেছিল, দেবদাদা আবার আসিবে, আবার আমাকে ডাকিয়া বলিবে, পারু, তোমাকে আমি সাধ্য থাকিতে পরের হাতে দিতে পারিব না।

কিন্তু দিন-দুই পরে পার্বতী এইরূপ পত্র পাইল–

পার্বতী, আজ দুইদিন পর হইতে তোমার কথাই ভাবিয়াছি। পিতা-মাতার কাহারও ইচ্ছা নহে যে, আমাদের বিবাহ হয়। তোমাকে সুখী করিতে হইলে, তাঁহাদিগকে এত বড় আঘাত দিতে হইবে, যাহা আমার দ্বারা অসাধ্য। তা ছাড়া, তাঁহাদের বিরুদ্ধে এ কাজ করিবই বা কেমন করিয়া? তোমাকে আর যে কখন পত্র লিখিব, আপাততঃ এমন কথা ভাবিতে পারিতেছি না। তাই এই পত্রেই সমস্ত খুলিয়া লিখিতেছি। তোমাদের ঘর নীচু। বেচা-কেনা ঘরের মেয়ে মা কোনমতেই ঘরে আনিবেন না; এবং ঘরের পাশে কুটুম্ব, ইহাই তাঁহার মতে নিতান্ত কদর্য। বাবার কথা– সে ত তুমি সমস্তই জান। সে রাত্রের কথা মনে করিয়া বড় ক্লেশ পাইতেছি। কারণ, তোমার মত অভিমানিনী মেয়ে কত বড় ব্যথায় যে সব কাজ পারিয়াছিল, সে আমি জানি।

আর একটা কথা– তোমাকে আমি যে বড় ভালবাসিতাম, তাহা আমার কোন দিন মনে হয় নাই– আজিও তোমার জন্য আমার অন্তরের মধ্যে নিরতিশয় ক্লেশ বোধ করিতেছি না। শুধু এই আমার বড় দুঃখ যে, তুমি আমার জন্য কষ্ট পাইবে। চেষ্টা করিয়া আমাকে ভুলিও, এবং আন্তরিক আশীর্বাদ করি, তুমি সফল হও।– দেবদাস

... ...

সতর্ক এবং অভিজ্ঞ লোকদের স্বভাব এই যে, তাহারা চক্ষুর নিমেষে কোন দ্রব্যের দোষগুণ সম্বন্ধে দৃঢ় মতামত প্রকাশ করে না– সবটুকুর বিচার না করিয়া সবটুকুর ধারণা করিয়া লয় না; দুটো দিক দেখিয়া চারিদিকের কথা কহে না। কিন্তু আর একরকমের লোক আছে যাহারা ঠিক ইহার উল্টা। কোন জিনিস বেশীক্ষণ ধরিয়া চিন্তা করিবার ধৈর্য ইহাদের নাই, কোন কিছু হাতে পড়িবামাত্র স্থির করিয়া ফেলে– ইহা ভাল কিংবা মন্দ; তলাইয়া দেখিবার পরিশ্রমটুকু ইহারা বিশ্বাসের জোরে চালাইয়া লয়। এ সকল লোক যে জগতে কাজ করিতে পারে না তাহা নহে, বরঞ্চ অনেক সময় বেশী কাজ করে। অদৃষ্ট

সুপ্রসন্ন হইলে ইহাদিগকে উন্নতির সর্বোচ্চ শিখরে দেখিতে পাওয়া যায়। আর না হইলে, অবনতির গভীর কন্দরে চিরদিনের জন্য শুইয়া পড়ে; আর উঠিতে পারে না, আর বসিতে পারে না, আর আলোকের পানে চাহিয়া দেখে না; নিশ্চল, মৃত জড়পিণ্ডের মত পড়িয়া থাকে। এই শ্রেণীর মানুষ দেবদাস।

পরদিন প্রাতঃকালে সে বাড়ি আসিয়া উপস্থিত হইল। মা আশ্চর্য হইয়া কহিলেন, দেবা, কলেজের কি আবার ছুটি হল?

দেবদাস 'হ্যাঁ' বলিয়া অন্যমনস্কের ন্যায় চলিয়া গেল। পিতার প্রশ্নেও সে এমনি কি-একটা জবাব দিয়ে পাশ কাটাইয়া সরিয়া গেল। তিনি ভাল বুঝিতে না পারিয়া গৃহিণীকে প্রশ্ন করিলেন। তিনি বুদ্ধি খাটাইয়া কহিলেন, গরম এখনো কমেনি বলে আবার ছুটি হয়েছে।

দিন-দুই দেবদাস ছটফট করিয়া বেড়াইল। কেননা, যাহা দেখিবার কামনা, তাহা হইতেছে না– পার্বতীর সহিত নির্জনে মোটেই সাক্ষাৎ হইল না। দিন-দুই পরে পার্বতীর জননী দেবদাসকে সুমুখে পাইয়া বলিলেন, যদি এসেছিস বাছা ত পারুর বিয়ে পর্যন্ত থেকে যা।

দেবদাস কহিল, আচ্ছা।

দুপুরবেলা আহারাদি শেষ হইবার পর পার্বতী নিত্য বাঁধে জল আনিতে যাইত। কক্ষে পিত্তল-কলসী লইয়া আজিও সে ঘাটের উপর আসিয়া দাঁড়াইল; দেখিতে পাইল, অদূরে একটা কুলগাছের আড়ালে দেবদাস জলে ছিপ ফেলিয়া বসিয়া আছে। একবার তাহার মনে হইল, ফিরিয়া যায়; একবার মনে হইল, নিঃশব্দে জল লইয়া প্রস্থান করে; কিন্তু তাড়াতাড়ি কোন কাজটাই সে করিতে পারিল না। কলসীটা ঘাটের উপর রাখিতে গিয়া বোধ হয় একটু শব্দ হওয়ায় দেবদাস চাহিয়া দেখিল। তাহার পর হাত নাড়িয়া ডাকিয়া কহিল, পারু, শুনে যাও।

পার্বতী ধীরে ধীরে কাছে গিয়া দাঁড়াইল। দেবদাস একটিবার মাত্র মুখ তুলিল, তাহার পর বহুক্ষণ ধরিয়া শূন্যদৃষ্টিতে জলের পানে চাহিয়া রহিল।

পার্বতী কহিল, দেবদা, আমাকে কিছু বলবে?

দেবদাস কোনদিকে না চাহিয়া কহিল, হুঁ– বসো। পার্বতী বসিল না, আনতমুখে দাঁড়াইয়া রহিল। কিন্তু কিছুক্ষণ পর্যন্ত যখন কোন কথাই হইল না,

তখন পার্বতী এক-পা এক-পা করিয়া ধীরে ধীরে ঘাটের দিকে ফিরিয়া চলিতে লাগিল। দেবদাস একবার মুখ তুলিয়া চাহিল; তাহার পর পুনরায় জলের প্রতি দৃষ্টি নিক্ষেপ করিয়া কহিল, শোন।

পার্বতী ফিরিয়া আসিল, কিন্তু তথাপি দেবদাস আর কোন কথা কহিতে পারিল না দেখিয়া সে আবার ফিরিয়া গেল। দেবদাস নিস্তব্ধ হইয়া বসিয়া রহিল। অল্পক্ষণ পরে সে ফিরিয়া দেখিল, পার্বতী জল লইয়া প্রস্থানের উদ্যোগ করিতেছে। তখন সে ছিপ গুটাইয়া ঘাটের নিকটে আসিয়া দাঁড়াইল; কহিল, আমি এসেছি।

পার্বতী ঘড়াটা শুধু নামাইয়া রাখিল, কথা কহিল না।

আমি এসেছি, পারু!

পার্বতী কিছুক্ষণ কথা না কহিয়া, শেষে অতি মৃদুস্বরে জিজ্ঞাসা করিল, কেন?

তুমি আসতে লিখেছিলে, মনে নেই ?

না।

সে কী, পারু! সে রাত্রের কথা মনে পড়ে না?

তা পড়ে। কিন্তু সে কথায় আর কাজ কী?

তাহার কণ্ঠস্বর স্থির, কিন্তু অতি রুক্ষ। কিন্তু দেবদাস তাহার মর্ম বুঝিল না; কহিল, আমাকে মাপ কর, পারু। আমি তখন অত বুঝিনি।

চুপ কর। ও সব কথা আমার শুনতে ভালো লাগে না।

আমি যেমন করিয়া পারি, মা-বাপের মত করিব। শুধু তুমি–

পার্বতী দেবদাসের মুখপানে একবার তীক্ষ্ণ দৃষ্টিপাত করিয়া বলিল, তোমার মা-বাপ আছেন, আমার নেই? তাঁদের মতামতের প্রয়োজন নেই?

দেবদাস লজ্জিত হইয়া কহিল, তা আছে বৈ কি পারু, কিন্তু তাঁদের ত অমত নেই, তুমি শুধু–

কি করে জানলে তাঁদের অমত নেই? সম্পূর্ণ অমত।

দেবদাস হাসিবার ব্যর্থ প্রয়াস করিয়া কহিল– না গো, তাঁদের একটুকুও অমত নেই– সে আমি বেশ জানি। শুধু তুমি–

পার্বতী কথার মাঝখানেই তীব্রকণ্ঠে বলিয়া উঠিল, শুধু আমি! তোমার সঙ্গে? ছিঃ– ।

চক্ষের পলকে দেবদাসের দুই চক্ষু আগুনের মত জ্বলিয়া উঠিল। কঠিন-কণ্ঠে কহিল, পার্বতী! আমাকে কি ভুলে গেলে?

প্রথমটা পার্বতী থতমত খাইল; কিন্তু পরক্ষণেই আত্মসংবরণ করিয়া লইয়া শান্ত-কঠিন স্বরে জবাব দিল, না, ভুলব কেন? ছেলেবেলা থেকে তোমাকে দেখে আসছি, – জ্ঞান হওয়া পর্যন্ত ভয় করে আসছি– তুমি কি তাই আমাকে ভয় দেখাতে এসেছ? কিন্তু আমাকেই কি তুমি চেন না? বলিয়া নির্ভীক দুই চক্ষু তুলিয়া দাঁড়াইল।

প্রথমে দেবদাসের বাক্য-নিঃসরণ হইল না; পরে কহিল, চিরকাল ভয় করেই আমাকে এসেছ– আর কিছু না?

পার্বতী দৃঢ়স্বরে বলিল, না, আর কিছুই না।

সত্যি বলছ?

হ্যাঁ, সত্যিই বলছি। তোমাতে কিছুমাত্র আমার আস্থা নেই। আমি যাঁর কাছে যাচ্ছি, তিনি ধনবান, বুদ্ধিমান– শান্ত এবং স্থির। তিনি ধার্মিক। আমার মা-বাপ আমার মঙ্গল কামনা করেন; তাই তাঁরা তোমার মত একজন অজ্ঞান, চঞ্চলচিত্ত, দুর্দান্ত লোকের হাতে আমাকে কিছুতেই দেবেন না। তুমি পথ ছেড়ে দাও।

এবার দেবদাস একটুখানি ইতস্ততঃ করিল, একবার যেন একটু পথ ছাড়িতেও উদ্যত হইল, কিন্তু পরক্ষণেই দৃঢ়পদে মুখ তুলিয়া কহিল, এত অহঙ্কার!

পার্বতী বলিল, নয় কেন? তুমি পার, আমি পারিনে? তোমার রূপ আছে, গুণ নেই– আমার রূপ আছে, গুণও আছে। তোমার বাবা বড়লোক, কিন্তু আমার বাবাও ভিক্ষে করে বেড়ান না। তা ছাড়া, দু'দিন পরে আমি নিজেও তোমাদের চেয়ে কোন অংশে হীন থাকবো না, সে তুমি জানো?

দেবদাস অবাক হইয়া গেল।

পার্বতী পুনরায় কহিয়া উঠিল, তুমি ভাবছ যে, আমার অনেক ক্ষতি করবে। অনেক না হোক, কিছু ক্ষতি করতে পার বটে, সে আমি জানি। বেশ, তাই করো। আমাকে শুধু পথ ছেড়ে দাও।

দেবদাস হতবুদ্ধি হইয়া কহিল, ক্ষতি কেমন করে করব?

পার্বতী তৎক্ষণাৎ বলিয়া দিল– অপবাদ দিয়ে। তাই দাও গে, যাও।

কথা শুনিয়া দেবদাস বজ্রাহতের মত চাহিয়া রহিল। তাহার মুখ দিয়া শুধু বাহির হইল– অপবাদ দেব আমি!

পার্বতী বিষের মত একটুখানি ক্রূর হাসি হাসিয়া বলিল, যাও, শেষ সময়ে আমার নামে একটা কলঙ্ক রটিয়ে দাও গে; সে-রাত্রে তোমার কাছে একাকী গিয়েছিলাম, এই কথা চারিদিকে রাষ্ট্র করে দাও গে। মনের মধ্যে অনেকখানি সান্ত্বনা পেতে পারবে! বলিয়া পার্বতীর দর্পিত ক্রুদ্ধ ওষ্ঠাধর কাঁপিয়া কাঁপিয়া থামিয়া গেল।

কিন্তু দেবদাসের বুকের ভেতরটায় রাগে অপমানে অগ্ন্যুৎপাতের ন্যায় ভীষণ হইয়া উঠিল। সে অব্যক্তস্বরে কহিল, মিথ্যে দুর্নাম রটিয়ে মনের মধ্যে সান্ত্বনা পাব আমি? এবং পরক্ষণেই সে ছিপের মোটা বাঁটটা সজোরে ঘুরাইয়া ধরিয়া ভীষণ-কণ্ঠে কহিল, শোন পার্বতী, অতটা রূপ থাকা ভাল নয়। অহঙ্কার বড় বেড়ে যায়। বলিয়া গলাটা একটু খাটো করিয়া কহিল, দেখতে পাও না, চাঁদের অত রূপ বলেই তাতে কলঙ্কের কালো দাগ; পদ্ম অত সাদা বলেই তাতে কালো ভ্রমর বসে থাকে। এসো, তোমারও মুখে কিছু কলঙ্কের ছাপ দিয়ে দিই।

দেবদাসের সহ্যের সীমা অতিক্রম করিয়াছিল। সে দৃঢ়মুষ্টিতে ছিপের বাঁট ঘুরাইয়া লইয়া সজোরে পার্বতীর মাথায় আঘাত করিল; সঙ্গে সঙ্গেই কপালের উপর বাম ভ্রুর নীচে পর্যন্ত চিরিয়া গেল। চক্ষের নিমেষে সমস্ত মুখ রক্তে ভাসিয়া গেল।

পার্বতী মাটিতে লুটাইয়া পড়িল বলিল, দেবদা, করলে কী!

দেবদাস ছিপটা টুকরো টুকরো ভাঙ্গিয়া জলে ভাসাইয়া দিতে দিতে স্থিরভাবে উত্তর দিল, বেশী কিছু নয়, সামান্য খানিকটা কেটে গেছে মাত্র।

পার্বতী আকুলকণ্ঠে কাঁদিয়া উঠিল– ও গো, দেবদা!

দেবদাস নিজের পাতলা জামার খানিকটা ছিঁড়িয়া লইয়া, জলে ভিজাইয়া পার্বতীর কপালের উপর বাঁধিতে বাঁধিতে কহিল, ভয় কী পারু! এ আঘাত শীঘ্র সেরে যাবে– শুধু দাগ থাকবে। যদি কেউ কখনো এ-কথা জিজ্ঞাসা করে, মিথ্যা কথা বলো– না হয়, সত্য বলে নিজের কলঙ্কের কথা নিজেই প্রকাশ করো।

ও গো, মা গো!–

ছিঃ অমন করো না পারু! শেষ-বিদায়ের দিনে শুধু একটুখানি মনে রাখবার মত চিহ্ন রেখে গেলাম। অমন সোনার মুখ আরশিতে মাঝে মাঝে দেখবে ত? বলিয়া উত্তরের জন্য অপেক্ষামাত্র না করিয়া চলিতে উদ্যত হইল।

পার্বতী আকুল হইয়া কাঁদিয়া উঠিয়া বলিল, দেবদাদা গো–

দেবদাস ফিরিয়া আসিল। চোখের কোণে একফোঁটা জল।

বড় স্নেহজড়িতকণ্ঠে কহিল, কেন রে পারু!

কাউকে যেন বলো না।

দেবদাস নিমেষে ঝুঁকিয়া দাঁড়াইয়া পার্বতীর চুলের উপর ওষ্ঠাধর স্পর্শ করিয়া বলিল, ছিঃ– তুই কি আমার পর, পারু? তোর মনে নেই, দুষ্টামি করলে ছেলেবেলায় কত তোর কান মলে দিয়েছি।

দেবদাদা– মাপ কর আমাকে।

তা তোকে বলতে হবে না ভাই। সত্যিই কি পারু, আমাকে একেবারে ভুলে গেছিস? কবে তোর ওপর রাগ করেছিলাম? কবে মাপ করিনি?

দেবদাদা–

পার্বতী, তুমি তো জানো, আমি বেশী কথা বলতে পারিনে; বেশী ভেবে-চিন্তে কাজ করতেও পারিনে। যখন যা মনে হয় করি। বলিয়া দেবদাস পার্বতীর মাথায় হাত দিয়া আশীর্বাদ করিয়া বলিল, তুমি ভালই করেছ। আমার কাছে তুমি হয়ত সুখ পেতে না; কিন্তু তোমার এই দেবদাদার অক্ষয় স্বর্গবাস ঘটত।

এই সময় বাঁধের অন্যদিকে কাহারা আসিতেছিল। পার্বতী ধীরে ধীরে জলে আসিয়া নামিল। দেবদাস চলিয়া গেল। পার্বতী যখন বাটী ফিরিয়া আসিল, তখন বেলা পড়িয়া গিয়াছে। ঠাকুরমা না দেখিয়াই কহিতেছিলেন, পারু, পুকুর খুঁড়ে কি জল আনছিস দিদি!

কিন্তু তাঁর মুখের কথা মুখেই রহিয়া গেল। পার্বতীর মুখপানে চাহিবামাত্রই চীৎকার করিয়া উঠিলেন, ও মা গো! এ সর্বনাশ কেমন করে হল?

ক্ষতস্থান দিয়া তখনও রক্তস্রাব হইতেছিল। বস্ত্রখণ্ড প্রায় সমস্তটাই রক্তে রাঙা। কাঁদিয়া কহিলেন, ওগো মা গো! তোর যে বিয়ে পারু!

পার্বতী স্থিরভাবে কলসী নামাইয়া রাখিল। মা আসিয়া কাঁদিয়া প্রশ্ন করিলেন এ সর্বনাশ কী করে হল, পারু!

পার্বতী সহজভাবে বলিল, ঘাটে পা পিছলে পড়ে গিয়েছিলুম। ইঁটে মাথা লেগে কেটে গেছে।

তাহার পর সকলে মিলিয়া শুশ্রূষা করিতে লাগিল। দেবদাস সত্য কথাই কহিয়াছিল– আঘাত বেশী নয়। চার-পাঁচ দিনেই শুকাইয়া উঠিল। আরো আট-দশ দিন অমনি গেল। তাহার পর একদিন রাত্রে হাতীপোতা গ্রামের জমিদার শ্রীযুক্ত ভুবনমোহন চৌধুরী বর সাজিয়া বিবাহ করিতে আসিলেন।

... ...

সংক্ষেপিত

(শরৎচন্দ্র চট্টোপাধ্যায়)

টীকা: পৃথিবীর সব উন্নত ভাষার মতো বাংলা গদ্য ভাষারও দুটি রূপ। একটি লেখ্য এবং অন্যটি কথ্য। বাংলা লেখ্য গদ্যের আছে দুটি রীতি। একটি সাধু, অন্যটি চলিত। একসময় বাংলা গদ্যে সাধু রীতিই ছিল একমাত্র লেখ্য রীতি। আমাদের এ পাঠের ভাষা সাধু ভাষার দৃষ্টান্ত।

লেখক পরিচিতি

শরৎচন্দ্র চট্টোপাধ্যায় (১৮৭৬-১৯৩৮) ১৮৭৬ সালের ১৫ সেপ্টেম্বর হুগলী জেলার দেবানন্দপুর গ্রামে জন্মগ্রহণ করেন। তাঁর পিতা মতিলাল চট্টোপাধ্যায় ও মাতা ভুবনমোহিনী দেবী। সংসারে অভাব-অনটনের জন্য মতিলাল চট্টোপাধ্যায় কন্যা-পুত্র-পত্নীকে নিয়ে ভাগলপুরে শ্বশুরালয়ে চলে যান। সেখানে গিয়ে শরৎচন্দ্র তেজনারায়ণ জুবিলী কলেজিয়েট স্কুল থেকে ১৮৯৪ সালে এনট্রান্স পরীক্ষা পাস করে এফ.এ ক্লাসে ভর্তি হন। ১৮৯৬ সালে অর্থাভাবে পড়াশুনা ছেড়ে দিতে বাধ্য হন। শরৎচন্দ্রের সাহিত্য-সাধনার হাতেখড়ি হয় ভাগলপুরে। তার অনেক গল্প, যা পরবর্তীকালে প্রকাশিত হয়ে তার যশ বৃদ্ধি করেছে, তার খসড়া এই সময়েই লেখা। যেমন: 'চন্দ্রনাথ', 'দেবদাস'। কলকাতা থেকে বর্মা যাবার সময় তিনি তার একটি গল্প 'মন্দির' কুন্তলীন

পুরস্কারের জন্য দাখিল করেন। বর্মাতে তিনি সাহিত্যসাধনা চালাতে থাকেন। সেখানে লেখা 'বড়দিদি' গল্পটি 'ভারতী' পত্রিকায় প্রকাশিত হয়। গল্পটির অপূর্বত্বে সাধারণ পাঠক মনে করেছিল, রবীন্দ্রনাথই বোধ হয় ছদ্মনামে এ কাহিনী রচনা করেছেন। রবীন্দ্রনাথ পড়ে দেখলেন, এ গল্প যিনি লিখে থাকুন, তিনি একজন অসাধারণ শিল্পী। ক্রমে ক্রমে অপরিচয়ের মেঘ সরে গেল। শরৎচন্দ্র স্নিগ্ধ আলোক নিয়ে রবির পাশেই উদিত হলেন। শরৎচন্দ্রের প্রথম মুদ্রিত গ্রন্থ 'বড়দিদি' ১৯১৩ সালে প্রকাশিত হয়, এবং তাঁর জীবিত সময়ের শেষ উপন্যাস 'বিপ্রদাস' ১৯৩৫ সালে মুদ্রিত হয়। মোট বাইশ বছরের মধ্যে তাঁর তিরিশখানি উপন্যাস ও গল্পসংকলন পাঠকসমাজে অসাধারণ প্রভাব বিস্তার করেছিল। তিনি বাংলাদেশের নিতান্ত সাধারণ নরনারীর মলিন ও তুচ্ছ জীবনকে উপাদান হিসেবে গ্রহণ করেছেন। মানবজীবনের সুখদুঃখ ও অশ্রু-বেদনাকে সহানুভূতির রসে ডুবিয়ে এমন স্নিগ্ধমধুর ও বেদনাবিধুর কাহিনী আর কেউ লিখতে পারেননি। মানুষের দুঃখবেদনা, তা সে তার নিজের দোষেই ঘটুক, বা সমাজ ও সংস্কারের চাপেই আসুক, তাকে তিনি এতটা সহানুভূতি ও আবেগের সঙ্গে ফুটিয়ে তুলেছেন যে, পাঠক পড়তে গেলে সেই চরিত্রগুলির সঙ্গে একাত্ম হয়ে যায়, কখনও-বা সেই দীনদরিদ্র দুঃখভারাতুর ছায়ামূর্তিগুলিকে নিজের পাশেই উপলব্ধি করেন। ঘটনাকাহিনী ও চরিত্রকে তাঁর আগে কেউ পাঠকের দরবারে এতটা আবেদনময়ী করে আনতে পারেননি। তাঁর উল্লেখযোগ্য গ্রন্থ: 'বড়দিদি', 'বিরাজ বৌ', 'রামের সুমতি', 'দেবদাস', 'বিন্দুর ছেলে', 'পরিণীতা', 'পণ্ডিতমশাই', 'মেজদিদি', 'পল্লিসমাজ', 'বৈকুণ্ঠের উইল', 'শ্রীকান্ত', 'চরিত্রহীন', 'দত্তা', 'ছবি', 'গৃহদাহ', 'দেনা পাওনা', 'পথের দাবী', 'শেষ প্রশ্ন'। ১৬ই জানুয়ারি ১৯৩৮ সালে শরৎচন্দ্র চট্টোপাধ্যায় মৃত্যুবরণ করেন।

শব্দার্থ

অকস্মাৎ	［形］	突然地
ছাওয়া	［动］	覆盖
চমকিত হওয়া		惊奇

পাত্রস্থ করা		找婆家；嫁女
তাড়াহুড়া	［名］	匆忙
অতিশয়	［副］	非常
সুশ্রী	［形］	美丽的
ইতিপূর্বে	［副］	此前
দুরাশা	［名］	不可能实现的渴望；遥不可及的愿望
পণ	［名］	嫁妆
স্বয়ং	［副］	亲自
প্রথা	［名］	习俗；制度
আদৌ ইচ্ছা		初衷
তাগাদা করা		提醒；要求；敦促
জপমালা	［名］	纪念物；珍藏品
বিদ্রূপ	［名］	嘲笑、奚落
প্রচ্ছন্ন	［形］	覆盖的、隐蔽的
কুটুম্ব	［名］	（儿女）亲家
অপ্রতিভ	［形］	尴尬的、窘迫的
শীঘ্র	［副］	快速地
ভ্রু কুঞ্চিত করা		皱眉
অগ্রাহ্য হওয়া		被拒绝
তিরস্কার করা		责备；批评
পায়ে ধরা		祈求
কুৎসিত	［形］	丑陋的
অজ্ঞাতসারে	［副］	不知不觉；悄悄地
বাহ্য আকৃতি		外在形式
ভয়ানক তুফান		可怕的风暴
পরিপূর্ণভাবে	［副］	完全地
আমোদআহ্লাদ	［名］	开心；乐趣
ধ্যান করা		静思；冥想；回忆

আবদার	［名］	幼稚任性的要求或坚持；无理取闹
পিছলানো	［动］	滑倒
চিরস্থায়ী	［形］	永远的
ব্যতীত	［介］	没有；除了……之外
কোলাহল	［名］	喧闹；嘈杂
অভিমানী	［形］	赌气的；怄气的
ক্লেশ	［名］	痛苦
কায়-মন চেষ্টা		全身心的付出
সহানুভূতি	［名］	同情；共鸣
লাঞ্ছনা	［名］	侮辱；羞辱
বিয়োগ	［名］	分离；死亡
চিত্তরঞ্জন করা		使愉快；使开心
বরং	［副］	宁可；倒不如说……更恰当
দোজবর	［形］	再婚的
সুখ-স্বাচ্ছন্দ্যে থাকা		幸福如意
বংশের মুখ হাসানো		使家族蒙羞
আপাদ-মস্তক	［副］	从头到脚
মুড়ি দেওয়া		裹住；罩起来
ধীরপদবিক্ষেপে	［副］	缓步地
তুলসীদাসী রামায়ণ		古印度诗人杜勒西达斯于 16 世纪创作的诗集《罗摩功行录》
শয়ন করা		躺
নিদ্রিত	［形］	睡着的
তন্দ্রার ঘোর		深睡
নির্বিঘ্নে	［副］	无阻碍地；顺畅地
উপবেশন করা		就坐
চোখ রগড়ানো		揉眼睛
আবরণ করা		遮盖

উদ্বেগ	[名]	担心；紧张
কণ্টকিত হওয়া		不安的；害怕的；难熬的
চক্ষু বিস্ফারিত করা		睁大眼睛
উৎকণ্ঠা	[名]	担心；急切；着急
ছেলেমানুষ	[形]	不成熟的；孩子气的
অসঙ্কোচে	[副]	毫不犹豫地
হতবুদ্ধি হওয়া		发懵；不知所措
অবিচলিত	[形]	毫不动摇的；镇定的
মৌন	[形]	缄默的；言未尽意的
পুনরায়	[副]	再；又
হতভাগিনী	[名]	不幸的女人
মন্ত্রমুগ্ধ	[形]	被深深打动的
কলঙ্ক	[名]	污点；不光彩的事；丑闻
চাপা	[动]	按压；隐藏；遏制；施压
চাপা পড়া		被盖住；被压制；被隐藏；被碾轧
চেপে রাখা		压住；制住；遮掩
অবরুদ্ধস্বরে	[副]	哽咽地
রুদ্ধকণ্ঠে	[副]	哽咽地
ব্যাকুল	[形]	心急如焚的
অতিবাহিত হওয়া		流逝；逝去
অবাধ্য	[形]	不服从的；忤逆的
দুর্নাম	[名]	坏名声
রটা	[动]	被传播；被散布
জ্বালাতন করা		使……厌烦；折磨；骚扰
অধোবদনে	[副]	垂头地
তোড়জোড় বাঁধা		收拾；准备；打点
নিরন্তর	[副]	不停歇地；连续地
উৎসুক নয়নে		用热切的眼神

বিফল	［形］	无果的；失败的
দ্বারা	［介］	由；通过；用
অসাধ্য	［形］	不可能的；力所不能及的
কদর্য	［形］	可恶的；龌龊的
আশীর্বাদ করা		祝福
তলিয়ে দেখা		看个究竟；仔细判断
অদৃষ্ট সুপ্রসন্ন		幸运
মৃত জড়পিণ্ডের মত		如同行尸走肉
ছটফট করা		忐忑不安
প্রস্থান করা		离开；出发
তথাপি	［副］	依旧；仍然；尽管
মাপ করা		原谅；宽恕
তীক্ষ্ণ দৃষ্টিপাত করা		投去冷酷的目光
আত্মসংবরণ করা		自我克制
প্রয়াস করা		努力、尝试
থতমত খাওয়া		尴尬；为难；结巴
আত্মসম্বরণ করা		自我克制；自我控制
নিঃসরণ	［名］	射出
দুর্দান্ত	［形］	任性的；无法无天的
ইতস্ততঃ করা		犹豫；迟疑
তৎক্ষণাৎ	［副］	立即；马上
অপবাদ দেওয়া		污蔑；诽谤
ভিক্ষে করা		乞讨
বজ্রাহত	［形］	像被雷击一样受伤的
ক্রূর	［形］	无情的；冷酷的
রাষ্ট্র করা		传播；散布
দর্পিত	［形］	自负的；傲慢的
ক্রুদ্ধ	［形］	愤怒的

ওষ্ঠাধর	［名］	嘴唇
অগ্ন্যুৎপাত	［名］	火山爆发
ন্যায়	［介］	好像
অব্যক্তস্বরে	［副］	用含混不明的声音
ভীষণ-কণ্ঠে	［副］	用可怕的声音
চক্ষের নিমেষে		眨眼间；瞬时
অতিক্রম করা		超越；克服
আকুল	［形］	热切的
অক্ষয় স্বর্গবাস		永恒安乐于天堂
রক্তস্রাব হওয়া		血流如注
শুশ্রূষা করা		照顾；悉心料理

অনুশীলনী

পাঠ অনুসরণে নিচের প্রশ্নাবলীর উত্তর দিন।

১.পার্বতীর সৌন্দর্যের বর্ণনা দিন।

২.পার্বতীর বিয়ের ব্যাপারে তার পরিবারের ইচ্ছা কী?

৩.পার্বতীর সঙ্গে বিয়ের প্রস্তাবে দেবদাসের মাতাপিতার মতামত কী?

৪.কোন খবরে পার্বতীর হৃদয়ের সব আশা-আকাঙ্ক্ষা ছিঁড়ে যায়?

৫.কার সঙ্গে পার্বতীর বিয়ে স্থির হয়? এতে তার বাড়ির সবাই দুঃখ পায় কেন?

৬.পার্বতী এক রাত্রে দেবদাসের ঘরে এসে দেবদাসকে কী বলেছিল? তাদের কথাবার্তায় দু'জনের চরিত্রের কী পার্থক্য ফুটে উঠেছে?

৭.কলকাতা থেকে ফেরার পর পার্বতীকে লেখা দেবদাসের চিঠির বিষয় কী ছিল?

৮.দেবদাসের ব্যক্তিত্ব লেখক কীভাবে বিশ্লেষণ করেছেন?

৯.দেবদাস কেন পার্বতীর সঙ্গে দেখা করতে চেয়েছিল? সে ছিপ দিয়ে পার্বতীর কপালে আঘাত করেছিল কেন?

১০.পার্বতী এবং দেবদাসের প্রেম ব্যর্থ হওয়ার জন্য দায়ী কে?

১১.গল্পের মধ্যে লেখক কীভাবে নায়ক ও নায়িকার মনের ভাব এবং তাদের

মুখের ভাব চিত্রিত করেছেন তা নিজ ভাষায় বলুন।

পাঠ ২০

কাবুলিওয়ালা

আমার পাঁচ বছর বয়সের ছোটো মেয়ে মিনি এক দণ্ড কথা না কহিয়া থাকিতে পারে না। পৃথিবীতে জন্মগ্রহণ করিয়া ভাষা শিক্ষা করিতে সে কেবল একটি বৎসর কাল ব্যয় করিয়াছিল, তাহার পর হইতে যতক্ষণ সে জাগিয়া থাকে এক মুহূর্ত মৌনভাবে নষ্ট করে না। তাহার মা অনেকসময় ধমক দিয়া তাহার মুখ বন্ধ করিয়া দেয়, কিন্তু আমি তাহা পারি না। মিনি চুপ করিয়া থাকিলে এমনি অস্বাভাবিক দেখিতে হয় যে, সে আমার বেশিক্ষণ সহ্য হয় না। এইজন্য আমার সঙ্গে তাহার কথোপকথনটা কিছু উৎসাহের সহিত চলে।

সকালবেলায় আমার নভেলের সপ্তদশ পরিচ্ছেদে হাত দিয়াছি এমনসময় মিনি আসিয়াই আরম্ভ করিয়া দিল, "বাবা, রামদয়াল দরোয়ান কাককে কৌয়া বলছিল, সে কিচ্ছু জানে না। না?"

আমি পৃথিবীতে ভাষার বিভিন্নতা সম্বন্ধে তাহাকে জ্ঞানদান করিতে প্রবৃত্ত হইবার পূর্বেই সে দ্বিতীয় প্রসঙ্গে উপনীত হইল। "দেখো বাবা, ভোলা বলছিল আকাশে হাতি শুঁড় দিয়ে জল ফেলে, তাই বৃষ্টি হয়। মাগো, ভোলা এত মিছিমিছি বকতে পারে! কেবলই বকে, দিনরাত বকে।"

এ সম্বন্ধে আমার মতামতের জন্য কিছুমাত্র অপেক্ষা না করিয়া হঠাৎ জিজ্ঞাসা করিয়া বসিল, "বাবা, মা তোমার কে হয়।"

মনে মনে কহিলাম, শ্যালিকা; মুখে কহিলাম, "মিনি, তুই ভোলার সঙ্গে খেলা করগে যা। আমার এখন কাজ আছে।"

সে তখন আমার লিখিবার টেবিলের পার্শ্বে আমার পায়ের কাছে বসিয়া নিজের দুই হাঁটু এবং হাত লইয়া অতিদ্রুত উচ্চারণে 'আগডুম-বাগডুম' খেলিতে আরম্ভ করিয়া দিল। আমার সপ্তদশ পরিচ্ছেদে প্রতাপসিংহ তখন কাঞ্চনমালাকে লইয়া অন্ধকার রাত্রে কারাগারের উচ্চ বাতায়ন হইতে নিম্নবর্তী নদীর জলে ঝাঁপ দিয়া পড়িতেছেন।

আমার ঘর পথের ধারে। হঠাৎ মিনি আগডুম-বাগডুম খেলা রাখিয়া জানালার ধারে ছুটিয়া গেল এবং চীৎকার করিয়া ডাকিতে লাগিল, "কাবুলিওয়ালা, ও কাবুলিওয়ালা।"

ময়লা ঢিলা কাপড় পরা, পাগড়ি মাথায়, ঝুলি ঘাড়ে, হাতে গোটাদুই-চার আঙুরের বাক্স, এক লম্বা কাবুলিওয়ালা মৃদুমন্দ গমনে পথ দিয়া যাইতেছিল– তাহাকে দেখিয়া আমার কন্যারত্নের কিরূপ ভাবোদয় হইল বলা শক্ত, তাহাকে ঊর্ধ্বশ্বাসে ডাকাডাকি আরম্ভ করিয়া দিল। আমি ভাবিলাম, এখনই ঝুলিঘাড়ে একটা আপদ আসিয়া উপস্থিত হইবে, আমার সপ্তদশ পরিচ্ছেদ আর শেষ হইবে না।

কিন্তু মিনির চিৎকারে যেমনি কাবুলিওয়ালা হাসিয়া মুখ ফিরাইল এবং আমাদের বাড়ির দিকে আসিতে লাগিল, অমনি সে ঊর্ধ্বশ্বাসে অন্তঃপুরে দৌড় দিল, তাহার আর চিহ্ন দেখিতে পাওয়া গেল না। তাহার মনের মধ্যে একটা অন্ধ বিশ্বাসের মতো ছিল যে, ঐ ঝুলিটার ভিতর সন্ধান করিলে তাহার মতো দুটো-চারটে জীবিত মানবসন্তান পাওয়া যাইতে পারে।

এদিকে কাবুলিওয়ালা আসিয়া সহাস্যে আমাকে সেলাম করিয়া দাঁড়াইল– আমি ভাবিলাম, যদিচ প্রতাপসিংহ এবং কাঞ্চনমালার অবস্থা অত্যন্ত সংকটাপন্ন, তথাপি লোকটাকে ঘরে ডাকিয়া আনিয়া তাহার কাছ হইতে কিছু না কেনাটা ভালো হয় না।

কিছু কেনা গেল। তাহার পর পাঁচটা কথা আসিয়া পড়িল। আবদর রহমান, রুস, ইংরেজ প্রভৃতিকে লইয়া সীমান্তরক্ষানীতি সম্বন্ধে গল্প চলিতে লাগিল।

অবশেষে উঠিয়া যাইবার সময় সে জিজ্ঞাসা করিল, "বাবু, তোমার লড়কী কোথায় গেল।"

আমি মিনির অমূলক ভয় ভাঙাইয়া দিবার অভিপ্রায়ে তাহাকে অন্তঃপুর হইতে ডাকাইয়া আনিলাম– সে আমার গা ঘেঁষিয়া কাবুলির মুখ এবং ঝুলির দিকে সন্দিগ্ধ নেত্রক্ষেপ করিয়া দাঁড়াইয়া রহিল। কাবুলি ঝুলির মধ্যে হইতে কিসমিস খোবানি বাহির করিয়া তাহাকে দিতে গেল, সে কিছুতেই লইল না, দ্বিগুণ সন্দেহের সহিত আমার হাঁটুর কাছে সংলগ্ন হইয়া রহিল। প্রথম পরিচয়টা এমনি ভাবে গেল।

কিছুদিন পরে একদিন সকালবেলায় আবশ্যকবশত বাড়ি হইতে বাহির হইবার সময় দেখি, আমার দুহিতাটি দ্বারের সমীপস্থ বেঞ্চির উপর বসিয়া অনর্গল কথা কহিয়া যাইতেছে এবং কাবুলিওয়ালা তাহার পদতলে বসিয়া সহাস্যমুখে শুনিতেছে এবং মধ্যে মধ্যে প্রসঙ্গক্রমে নিজের মতামতও দো-আঁশলা বাংলায় ব্যক্ত করিতেছে। মিনির পঞ্চবর্ষীয় জীবনের অভিজ্ঞতায় বাবা ছাড়া এমন ধৈর্যবান শ্রোতা সে কখনো পায় নাই। আবার দেখি, তাহার ক্ষুদ্র আঁচল বাদাম-কিসমিসে পরিপূর্ণ। আমি কাবুলিওয়ালাকে কহিলাম, "উহাকে এ-সব কেন দিয়াছ। অমন আর দিয়ো না।" বলিয়া পকেট হইতে একটা আধুলি লইয়া তাহাকে দিলাম। সে অসংকোচে আধুলি গ্রহণ করিয়া ঝুলিতে পুরিল।

বাড়িতে ফিরিয়া আসিয়া দেখি, সেই আধুলিটি লইয়া ষোলো-আনা গোলযোগ বাধিয়া গেছে।

মিনির মা একটা শ্বেত চকচকে গোলাকার পদার্থ লইয়া ভরৎসনার স্বরে মিনিকে জিজ্ঞাসা করিতেছেন, "তুই এ আধুলি কোথায় পেলি।"

মিনি বলিতেছে, "কাবুলিওয়ালা দিয়েছে ।"

তাহার মা বলিতেছেন, "কাবুলিওলার কাছ হইতে আধুলি তুই কেন নিতে গেলি।"

মিনি ক্রন্দনের উপক্রম করিয়া কহিল, "আমি চাই নি, সে আপনি দিলে।"

আমি আসিয়া মিনিকে তাহার আসন্ন বিপদ হইতে উদ্ধার করিয়া বাহিরে লইয়া গেলাম।

সংবাদ পাইলাম, কাবুলিওয়ালার সহিত মিনির এই যে দ্বিতীয় সাক্ষাৎ তাহা নহে, ইতিমধ্যে সে প্রায় প্রত্যহ আসিয়া পেস্তাবাদাম ঘুষ দিয়া মিনির ক্ষুদ্র লুব্ধ হৃদয়টুকু অনেকটা অধিকার করিয়া লইয়াছে।

দেখিলাম, এই দুটি বন্ধুর মধ্যে গুটিকতক বাঁধা কথা এবং ঠাট্টা প্রচলিত আছে– যথা, রহমতকে দেখিবামাত্র আমার কন্যা হাসিতে হাসিতে জিজ্ঞাসা করিত, "কাবুলিওয়ালা, ও কাবুলিওয়ালা, তোমার ও ঝুলির ভিতর কী।"

রহমত একটা অনাবশ্যক চন্দ্রবিন্দু যোগ করিয়া হাসিতে হাসিতে উত্তর করিত, "হাঁতি।"

অর্থাৎ তাহার ঝুলির ভিতরে যে একটা হস্তী আছে, এইটেই তাহার পরিহাসের সূক্ষ্ম মর্ম। খুব যে বেশি সূক্ষ্ম তাহা বলা যায় না, তথাপি এই পরিহাসে উভয়েই বেশ একটু কৌতুক অনুভব করিত– এবং শরৎকালের প্রভাতে একটি বয়স্ক এবং একটি অপ্রাপ্তবয়স্ক শিশুর সরল হাস্য দেখিয়া আমারও বেশ লাগিত।

উহাদের মধ্যে আরো-একটা কথা প্রচলিত ছিল। রহমত মিনিকে বলিত, "খোঁখী, তোমি সসুরবাড়ি কখুনু যাবে না!"

বাঙালির ঘরের মেয়ে আজন্মকাল 'শ্বশুরবাড়ি' শব্দটার সহিত পরিচিত, কিন্তু আমরা কিছু একেলে ধরনের লোক হওয়াতে শিশু মেয়েকে শ্বশুরবাড়ি সম্বন্ধে সজ্ঞান করিয়া তোলা হয় নাই। এইজন্য রহমতের অনুরোধটা সে পরিস্কার বুঝিতে পারিত না, অথচ কথাটার একটা-কোনো জবাব না দিয়া চুপ করিয়া থাকা নিতান্ত তাহার স্বভাববিরুদ্ধ, সে উলটিয়া জিজ্ঞাসা করিত,"তুমি শ্বশুরবাড়ি যাবে?"

রহমত কাল্পনিক শ্বশুরের প্রতি প্রকাণ্ড মোটা মুষ্টি আস্ফালন করিয়া বলিত, "হামি সসুরকে মারবে।"

শুনিয়া মিনি শ্বশুর নামক কোনো-এক অপরিচিত জীবের দুরবস্থা কল্পনা করিয়া অত্যন্ত হাসিত।

এখন শুভ্র শরৎকাল। প্রাচীনকালে এই সময়েই রাজারা দিগবিজয়ে বাহির হইতেন। আমি কলিকাতা ছাড়িয়া কখনো কোথাও যাই নাই, কিন্তু সেইজন্যই আমার মনটা পৃথিবীময় ঘুরিয়া বেড়ায়। আমি যেন আমার ঘরের কোণে চিরপ্রবাসী, বাহিরের পৃথিবীর জন্য আমার সর্বদা মন কেমন করে। একটা বিদেশের নাম শুনিলেই অমনি আমার চিত্ত ছুটিয়া যায়, তেমনি বিদেশী লোক দেখিলেই অমনি নদী পর্বত অরণ্যের মধ্যে একটা কুটিরের দৃশ্য মনে উদয় হয়, এবং একটা উল্লাসপূর্ণ স্বাধীন জীবনযাত্রার কথা কল্পনায় জাগিয়া উঠে।

এদিকে আবার আমি উদ্ভিজ্জপ্রকৃতি যে, আমার কোণটুকু ছাড়িয়া একবার বাহির হইতে গেলে মাথায় বজ্রাঘাত হয়। এইজন্য সকালবেলায় আমার ছোটো ঘরে টেবিলের সামনে বসিয়া এই কাবুলির সঙ্গে গল্প করিয়া আমার অনেকটা ভ্রমণের কাজ হইত। দুইধারে বন্ধুর দুর্গম দগ্ধ রক্তবর্ণ উচ্চ গিরিশ্রেণী, মধ্যে

সংকীর্ণ মরুপথ, বোঝাইকরা উষ্ট্রের শ্রেণী চলিয়াছে; পাগড়িপরা বণিক ও পথিকেরা কেহ বা উটের পরে, কেহ বা পদব্রজে, কাহারও হাতে বর্শা, কাহারও হাতে সেকেলে চকমকি-ঠোকা বন্দুক– কাবুলি মেঘমন্দ্রস্বরে ভাঙা বাংলায় স্বদেশের গল্প করিত, আর এই ছবি আমার চোখের সম্মুখ দিয়া চলিয়া যাইত।

মিনির মা অত্যন্ত শঙ্কিত স্বভাবের লোক। রাস্তায় একটা শব্দ শুনিলেই তাঁহার মনে হয় পৃথিবীর সমস্ত মাতাল আমাদের বাড়িটাই বিশেষ লক্ষ্য করিয়া ছুটিয়া আসিতেছে। এই পৃথিবীটা যে সর্বত্রই চোর ডাকাত মাতাল সাপ বাঘ ম্যালেরিয়া শুঁয়াপোকা আরসোলা এবং গোরার দ্বারা পরিপূর্ণ, এতদিন (খুব বেশি দিন নহে) পৃথিবীতে বাস করিয়াও সে বিভীষিকা তাঁহার মন হইতে দূর হইয়া যায় নাই।

রহমত কাবুলিওয়ালা সম্বন্ধে তিনি সম্পূর্ণ নিঃসংশয় ছিলেন না। তাহার প্রতি বিশেষ দৃষ্টি রাখিবার জন্য তিনি আমাকে বার বার অনুরোধ করিয়াছিলেন। আমি তাঁহার সন্দেহ হাসিয়া উড়াইয়া দিবার চেষ্টা করিলে তিনি পর্যায়ক্রমে আমাকে গুটিকতক প্রশ্ন করিলেন, “কখনো কি কাহারও ছেলে চুরি যায় না। কাবুলদেশে কি দাসব্যবসা প্রচলিত নাই। একজন প্রকাণ্ড কাবুলির পক্ষে একটি ছোট ছেলে চুরি করিয়া লইয়া যাওয়া একেবারেই কি অসম্ভব।”

আমাকে মানিতে হইল, ব্যাপারটা যে অসম্ভব তাহা নহে কিন্তু অবিশ্বাস্য। বিশ্বাস করিবার শক্তি সকলের সমান নহে, এইজন্য আমার স্ত্রীর মনে ভয় রহিয়া গেল। কিন্তু তাই বলিয়া বিনা দোষে রহমতকে আমাদের বাড়িতে আসিতে নিষেধ করিতে পারিলাম না।

প্রতি বৎসর মাঘ মাসের মাঝামাঝি রহমত দেশে চলিয়া যায়। এই সময়টা সমস্ত পাওনার টাকা আদায় করিবার জন্য সে বড়ো ব্যস্ত থাকে। বাড়ি বাড়ি ফিরিতে হয় কিন্তু তবু একবার মিনিকে দর্শন দিয়া যায়। দেখিলে বাস্তবিক মনে হয়, উভয়ের মধ্যে যেন একটা ষড়যন্ত্র চলিতেছে। সকালে যেদিন আসিতে পারে না, সেদিন দেখি সন্ধ্যার সময় আসিয়াছে; অন্ধকারে ঘরের কোণে সেই ঢিলেঢালা-জামা-পায়জামা-পরা, সেই ঝোলাঝুলিওয়ালা লম্বা লোকটাকে দেখিলে বাস্তবিক হঠাৎ মনের ভিতরে একটা আশঙ্কা উপস্থিত হয়। কিন্তু যখন দেখি, মিনি ‘কাবুলিওয়ালা, ও কাবুলিওয়ালা’ করিয়া হাসিতে হাসিতে ছুটিয়া

আসে এবং দুই অসমবয়সী বন্ধুর মধ্যে পুরাতন সরল পরিহাস চলিতে থাকে, তখন সমস্ত হৃদয় প্রসন্ন হইয়া উঠে।

একদিন সকালে আমার ছোটো ঘরে বসিয়া প্রুফশীট সংশোধন করিতেছি। বিদায় লইবার পূর্বে আজ দিন-দুইতিন হইতে শীতটা খুব কনকনে হইয়া উঠিয়াছে, চারি দিকে একেবারে হীহীকার পড়িয়া গেছে। জানালা ভেদ করিয়া সকালের রৌদ্রটি টেবিলের নীচে আমার পায়ের উপর আসিয়া পড়িয়াছে, সেই উত্তাপটুকু বেশ মধুর বোধ হইতেছে। বেলা বোধ করি আটটা হইবে– মাথায়-গলাবন্ধ-জড়ানো উষাচরগণ প্রাতর্ভ্রমণ সমাধা করিয়া প্রায় সকলে ঘরে ফিরিয়া আসিয়াছে। এমন রাস্তায় ভারি একটা গোল শুনা গেল।

চাহিয়া দেখি, আমাদের রহমতকে দুই পাহারাওয়ালা বাঁধিয়া লইয়া আসিতেছে– তাহার পশ্চাতে কৌতূহলী ছেলের দল চলিয়াছে। রহমতের গাত্রবস্ত্রে রক্তচিহ্ন এবং একজন পাহারাওয়ালার হাতে রক্তাক্ত ছোরা। আমি দ্বারের বাহিরে গিয়া পাহারাওয়ালাকে দাঁড় করাইলাম, জিজ্ঞাসা করিলাম, ব্যাপারটা কী।

কিয়দংশ তাহার কাছে কিয়দংশ রহমতের কাছে শুনিয়া জানিলাম যে, আমাদের প্রতিবেশী একজন লোক রামপুরী চাদরের জন্য রহমতের কাছে কিঞ্চিৎ ধারিত– মিথ্যাপূর্বক সেই দেনা সে অস্বীকার করে এবং তাহাই লইয়া বচসা করিতে করিতে রহমত তাহাকে এক ছুরি বসাইয়া দিয়াছে।

রহমত সেই মিথ্যাবাদীর উদ্দেশে নানারূপ অশ্রাব্য গালি দিতেছে, এমন সময়ে 'কাবুলিওয়ালা, ও কাবুলিওয়ালা' করিয়া ডাকিতে ডাকিতে মিনি ঘর হইতে বাহির হইয়া আসিল।

রহমতের মুখ মুহূর্তের মধ্যে কৌতুকহাস্যে প্রফুল্ল হইয়া উঠিল। তাহার স্কন্ধে আজ ঝুলি ছিল না, সুতরাং ঝুলি সম্বন্ধে তাহাদের অভ্যস্ত আলোচনা হইতে পারিল না। মিনি একবারেই তাহাকে জিজ্ঞাসা করিল, "তুমি শ্বশুরবাড়ি যাবে?"

রহমত হাসিয়া কহিল, "সিখানেই যাচ্ছে।"

দেখিল উত্তরটা মিনির হাস্যজনক হইল না, তখন হাত দেখাইয়া বলিল, "সসুরাকে মারিতাম কিন্তু, কী করিব, হাত বাঁধা।"

সাংঘাতিক আঘাত করা অপরাধে কয়েক বৎসর রহমতের কারাদণ্ড হইল।

তাহার কথা একপ্রকার ভুলিয়া গেলাম। আমরা যখন ঘরে বসিয়া চিরাভ্যস্তমত নিত্য কাজের মধ্যে দিনের পর দিন কাটাইতাম তখন একজন স্বাধীন পর্বতচারী পুরুষ কারাপ্রাচীরের মধ্যে যে কেমন করিয়া বর্ষযাপন করিতেছে, তাহা আমাদের মনেও উদয় হইত না।

আর, চঞ্চলহৃদয়া মিনির আচরণ যে অত্যন্ত লজ্জাজনক, তাহা তাহার বাপকেও স্বীকার করিতে হয়। সে স্বচ্ছন্দে তাহার পুরাতন বন্ধুকে বিস্মৃত হইয়া প্রথমে নবী সহিসের সহিত সখ্য স্থাপন করিল। পরে ক্রমে যত তাহার বয়স বাড়িয়া উঠিতে লাগিল, ততই সখার পরিবর্তে একটি একটি করিয়া সখী জুটিতে লাগিল। এমন-কি, এখন তাহার বাবার লিখিবার ঘরেও তাহাকে আর দেখিতে পাওয়া যায় না। আমি তো তাহার সহিত একপ্রকার আড়ি করিয়াছি।

কত বৎসর কাটিয়া গেল। আর-একটি শরৎকাল আসিয়াছে। আমার মিনির বিবাহের সম্বন্ধ স্থির হইয়াছে। পূজার ছুটির মধ্যেই তাহার বিবাহ হইবে। কৈলাসবাসিনীর সঙ্গে সঙ্গে আমার ঘরের আনন্দময়ী পিতৃভবন অন্ধকার করিয়া পতিগৃহে যাত্রা করিবে।

প্রভাতটি অতি সুন্দর হইয়া উদয় হইয়াছে। বর্ষার পরে এই শরতের নূতনধৌত রৌদ্র যেন সোহাগায়-গলানো নির্মল সোনার মতো রঙ ধরিয়াছে। কলিকাতার গলির ভিতরকার ইষ্টকজর্জর অপরিচ্ছন্ন ঘেঁষাঘেঁষি বাড়িগুলির উপরেও এই রৌদ্রের আভা একটি অপরূপ লাবণ্য বিস্তার করিয়াছে।

আমার ঘরে আজ রাত্রি শেষ হইতে-না-হইতে সানাই বাজিতেছে। সে বাঁশি যেন আমার বুকের পঞ্জরের হাড়ের মধ্য হইতে কাঁদিয়া কাঁদিয়া বাজিয়া উঠিতেছে। করুণ ভৈরবী রাগিণীতে আমার আসন্ন বিচ্ছেদব্যথাকে শরতের রৌদ্রের সহিত সমস্ত বিশ্বজগৎময় ব্যাপ্ত করিয়া দিতেছে। আজ আমার মিনির বিবাহ।

সকাল হইতে ভারি গোলমাল, লোকজনের আনাগোনা। উঠানে বাঁশ বাঁধিয়া পাল খাটানো হইতেছে; বাড়ির ঘরে ঘরে এবং বারান্দায় ঝাড় টাঙাইবার ঠুংঠাং শব্দ উঠিতেছে; হাঁকডাকের সীমা নাই।

আমি আমার লিখিবার ঘরে বসিয়া হিসাব দেখিতেছি, এমন সময় রহমত আসিয়া সেলাম করিয়া দাঁড়াইল।

আমি প্রথমে তাহাকে চিনিতে পারিলাম না। তাহার সে ঝুলি নাই। তাহার সে লম্বা চুল নাই, তাহার শরীরে পূর্বের মতো সে তেজ নাই। অবশেষে তাহার হাসি দেখিয়া তাহাকে চিনিলাম।

কহিলাম, "কী রে রহমত, কবে আসিলি।"

সে কহিল, "কাল সন্ধ্যাবেলা জেল হইতে খালাস পাইয়াছি।"

কথাটা শুনিয়া কেমন কানে খট করিয়া উঠিল। কোনো খুনীকে কখনো প্রত্যক্ষ দেখি নাই, ইহাকে দেখিয়া সমস্ত অন্তঃকরণ যেন সংকুচিত হইয়া গেল। আমার ইচ্ছা করিতে লাগিল, আজিকার এই শুভদিনে এ লোকটা এখান হইতে গেলেই ভালো হয়।

আমি তাহাকে কহিলাম, "আজ আমাদের বাড়িতে একটা কাজ আছে, আমি কিছু ব্যস্ত আছি, তুমি আজ যাও।"

কথাটা শুনিয়াই সে তৎক্ষণাৎ চলিয়া যাইতে উদ্যত হইল, অবশেষে দরজার কাছে গিয়া একটু ইতস্তত করিয়া কহিল, "খোঁখীকে একবার দেখিতে পাইব না?"

তাহার মনে বুঝি বিশ্বাস ছিল, মিনি সেই ভাবেই আছে। সে যেন মনে করিয়াছিল, মিনি আবার সেই পূর্বের মতো 'কাবুলিওয়ালা,ও কাবুলিওয়ালা' করিয়া ছুটিয়া আসিবে, তাহাদের সেই অত্যন্ত কৌতুকাবহ পুরাতন হাস্যালাপের কোনোরূপ ব্যত্যয় হইবে না। এমন-কি, পূর্ববন্ধুত্ব স্মরণ করিয়া সে একবাক্স আঙুর এবং কাগজের মোড়কে কিঞ্চিৎ কিসমিস বাদাম বোধ করি কোনো স্বদেশীয় বন্ধুর নিকট হইতে চাহিয়া-চিন্তিয়া সংগ্রহ করিয়া আনিয়াছিল– তাহার সে নিজের ঝুলিটি আর ছিল না।

আমি কহিলাম, "আজ বাড়িতে কাজ আছে, আজ আর কাহারও সহিত দেখা হইতে পারিবে না।"

সে যেন কিছু ক্ষুণ্ণ হইল। স্তব্ধভাবে দাঁড়াইয়া একবার স্থির দৃষ্টিতে আমার মুখের দিকে চাহিল, তার পরে 'বাবু সেলাম' বলিয়া দ্বারের বাহির হইয়া গেল।

আমার মনে কেমন একটু ব্যথা বোধ হইল। মনে করিতেছি তাহাকে ফিরিয়া ডাকিব, এমন সময়ে দেখি সে আপনি ফিরিয়া আসিতেছে।

কাছে আসিয়া কহিল, "এই আঙুর এবং কিঞ্চিৎ কিসমিস বাদাম খোঁখীর

জন্য আনিয়াছিলাম, তাহাকে দিবেন।”

আমি সেগুলি লইয়া দাম দিতে উদ্যত হইলে সে হঠাৎ আমার হাত চাপিয়া ধরিল, কহিল, “আপনার বহুৎ দয়া, আমার চিরকাল স্মরণ থাকিবে– আমাকে পয়সা দিবেন না।–

“বাবু, তোমার যেমন একটি লড়কী আছে, তেমনি দেশে আমারও একটি লড়কী আছে। আমি তাহারই মুখখানি স্মরণ করিয়া তোমার খোঁখীর জন্য কিছু কিছু মেওয়া হাতে লইয়া আসি, আমি তো সওদা করিতে আসি না।”

এই বলিয়া সে আপনার মস্ত ঢিলা জামাটার ভিতর হাত চালাইয়া দিয়া বুকের কাছে কোথা হইতে একটুকরা ময়লা কাগজ বাহির করিল। বহু সযত্নে ভাঁজ খুলিয়া দুই হস্তে আমার টেবিলের উপর মেলিয়া ধরিল।

দেখিলাম, কাগজের উপর একটি ছোটো হাতের ছাপ। ফোটোগ্রাফ নহে, তেলের ছবি নহে, হাতে খানিকটা ভুসা মাখাইয়া কাগজের উপরে তাহার চিহ্ন ধরিয়া লইয়াছে। কন্যার এই স্মরণচিহ্নটুকু বুকের কাছে লইয়া রহমত প্রতিবৎসর কলিকাতার রাস্তায় মেওয়া বেচিতে আসে– যেন সেই সুকোমল ক্ষুদ্র শিশুহস্তটুকুর স্পর্শখানি তাহার বিরাট বিরহী বক্ষের মধ্যে সুধাসঞ্চার করিয়া রাখে।

দেখিয়া আমার চোখ ছল্‌ছল্‌ করিয়া আসিল। তখন, সে যে একজন কাবুলি মেওয়াওয়ালা আর আমি যে একজন বাঙালি সম্ভ্রান্তবংশীয়, তাহা ভুলিয়া গেলাম– তখন বুঝিতে পারিলাম, সেও যে আমিও সে, সেও পিতা আমিও পিতা। তাহার পর্বতগৃহবাসিনী ক্ষুদ্র পার্বতীর সেই হস্তচিহ্ন আমারই মিনিকে স্মরণ করাইয়া দিল। আমি তৎক্ষণাৎ তাহাকে অন্তঃপুর হইতে ডাকাইয়া পাঠাইলাম। অন্তঃপুরে ইহাতে অনেক আপত্তি উঠিয়াছিল। কিন্তু আমি কিছুতে কর্ণপাত করিলাম না। রাঙাচেলি-পরা কপালে-চন্দন-আঁকা বধূবেশিনী মিনি সলজ্জ ভাবে আমার কাছে আসিয়া দাঁড়াইল।

তাহাকে দেখিয়া কাবুলিওয়ালা প্রথমটা থতমত খাইয়া গেল, তাহাদের পুরাতন আলাপ জমাইতে পারিল না। অবশেষে হাসিয়া কহিল, “খোঁখী, তোমি সসুরবাড়ি যাবিস?”

মিনি এখন শ্বশুরবাড়ির অর্থ বোঝে, এখন আর সে পূর্বের মতো উত্তর দিতে

পারিল না– রহমতের প্রশ্ন শুনিয়া লজ্জায় আরক্ত হইয়া মুখ ফিরাইয়া দাঁড়াইল। কাবুলিওয়ালার সহিত মিনির যেদিন প্রথম সাক্ষাৎ হইয়াছিল, আমার সেই দিনের কথা মনে পড়িল। মনটা কেমন ব্যথিত হইয়া উঠিল।

মিনি চলিয়া গেলে একটা গভীর দীর্ঘনিশ্বাস ফেলিয়া রহমত মাটিতে বসিয়া পড়িল। সে হঠাৎ স্পষ্ট বুঝিতে পারিল, তাহার মেয়েটিও ইতিমধ্যে এইরূপ বড়ো হইয়াছে, তাহার সঙ্গেও আবার নূতন আলাপ করিতে হইবে– তাহাকে ঠিক পূর্বের মতো তেমনটি আর পাইবে না। এ আট বৎসরে তাহার কী হইয়াছে তাই বা কে জানে। সকালবেলায় শরতের স্নিগ্ধ রৌদ্রকিরণের মধ্যে সানাই বাজিতে লাগিল, রহমত কলিকাতার এক গলির ভিতরে বসিয়া আফগানিস্থানের এক মরুপর্বতের দৃশ্য দেখিতে লাগিল।

আমি একখানি নোট লইয়া তাহাকে দিলাম। বলিলাম, "রহমত, তুমি দেশে তোমার মেয়ের কাছে ফিরিয়া যাও; তোমাদের মিলনসুখে আমার মিনির কল্যাণ হউক।"

এই টাকাটা দান করিয়া হিসাব হইতে উৎসব-সমারোহের দুটো-একটা অঙ্গ ছাঁটিয়া দিতে হইল। যেমন মনে করিয়াছিলাম তেমন করিয়া ইলেকট্রিক আলো জ্বালাইতে পারিলাম না, গড়ের বাদ্যও আসিল না, অন্তঃপুরে মেয়েরা অত্যন্ত অসন্তোষ প্রকাশ করিতে লাগিলেন, কিন্তু মঙ্গল-আলোকে আমার শুভ উৎসব উজ্জ্বল হইয়া উঠিল।

(রবীন্দ্রনাথ ঠাকুর)

টীকা: পৃথিবীর সব উন্নত ভাষার মতো বাংলা গদ্য ভাষারও দুটি রূপ। একটি লেখ্য এবং অন্যটি কথ্য। বাংলা লেখ্য গদ্যের আছে দুটি রীতি। একটি সাধু, অন্যটি চলিত। একসময় বাংলা গদ্যে সাধু রীতিই ছিল একমাত্র লেখ্য রীতি। রবীন্দ্র-সাহিত্যের ভাষা সাধু ভাষার দৃষ্টান্ত।

লেখক পরিচিতি

রবীন্দ্রনাথ ঠাকুরের জন্ম ১৮৬১ খ্রিস্টাব্দের ৭ মে কলকাতার জোড়াসাঁকোর বিখ্যাত ঠাকুর পরিবারে। তাঁর পিতা মহর্ষি দেবেন্দ্রনাথ ঠাকুর, মাতা সারদা

দেবী। পিতামহ দ্বারকানাথ ঠাকুর ছিলেন সেকালের খ্যাতিমান ব্যক্তি। রবীন্দ্রনাথ ছিলেন পিতা-মাতার চতুর্দশ সন্তান। বালক রবীন্দ্রনাথের ছাত্রজীবন শুরু হয় কলকাতা ট্রেনিং একাডেমিতে। এর পরে তিনি নর্মাল স্কুল, বেঙ্গল একাডেমি, সেন্ট জেভিয়ার্স স্কুল প্রভৃতি প্রতিষ্ঠানে পাঠ গ্রহণ করেন। কিন্তু প্রচলিত শিক্ষাপদ্ধতিতে বালক রবীন্দ্রনাথের মন বসত না। সেজন্য বারংবার বিদ্যালয় পরিবর্তন করলেও বিদ্যালয়ের পাঠ তিনি শেষ করেননি। প্রথাবদ্ধ প্রাতিষ্ঠানিক শিক্ষা অসমাপ্ত থাকলেও, বালক রবীন্দ্রনাথ বিদ্যাচর্চায় কোনো ত্রুটি ঘটেনি। বাড়িতে যোগ্য গৃহশিক্ষকদের তত্ত্বাবধানে তিনি বিভিন্ন বিষয়ের পাঠগ্রহণ করেছিলেন। গুণমানের বিচারে তাঁর গৃহশিক্ষা প্রাতিষ্ঠানিক শিক্ষার চেয়ে কোনো অংশে কম তো ছিলই না, বরং অনেক ব্যাপারে এগিয়ে ছিল। রবীন্দ্রনাথের পারিবারিক পরিবেশও ছিল শিক্ষায় ও সংস্কৃতিতে সমৃদ্ধ। কেবল লেখাপড়া নয়, সেকালের ঠাকুর পরিবারে সাহিত্য, শিল্প ও সংগীতচর্চার যে অনুকূল আবহাওয়া ছিল, রবীন্দ্রনাথ সেই আবহাওয়ার মধ্যেই ধীরে ধীরে বড় হয়ে উঠেছিলেন। অল্প বয়সেই রবীন্দ্রনাথ কবিতা লিখতে শুরু করেন। বয়স এবং অভিজ্ঞতা বাড়ার সঙ্গে সঙ্গে কবিতা রচনার পাশাপাশি প্রবন্ধ, গান, নাটক, উপন্যাস, ছোটগল্প প্রভৃতি বিভিন্ন ক্ষেত্রে তাঁর অসাধারণ প্রতিভার আশ্চর্য বিকাশ ঘটতে থাকে।

১৮৭৮ খ্রিস্টাব্দে রবীন্দ্রনাথের বয়স যখন ১৭ বছর, তখন তিনি লন্ডনে যান। পরের বছর ভর্তি হন লন্ডন বিশ্ববিদ্যালয়ে। কিন্তু সেখানে বেশিদিন থাকা সম্ভব হয়নি। পিতা দেবেন্দ্রনাথের নির্দেশে ১৮৭৯ খ্রিস্টাব্দে তিনি দেশে ফিরে আসেন। ১৮৮৩ খ্রিস্টাব্দে যশোরের বেণিমাধব রায়চৌধুরীর কন্যা ভবতুরিণী দেবীর সঙ্গে রবীন্দ্রনাথের বিবাহ হয়। ১৮৮৪ খ্রিস্টাব্দে পিতা দেবেন্দ্রনাথের নির্দেশে রবীন্দ্রনাথকে জমিদারি দেখাশোনার ভার গ্রহণ করতে হয়। জমিদারি পরিদর্শনের সূত্রে তিনি বেশ কিছুকাল পদ্মাতীরবর্তী শিলাইদহ, সাহাজাদপুর প্রভৃতি অঞ্চলে বসবাস করেন। এইসব অঞ্চলের উন্মুক্ত প্রকৃতি এবং সাধারণ মানুষের সান্নিধ্য তাঁর সৃষ্টিকর্মকে নানাভাবে সমৃদ্ধ করেছে। ১৯০১ খ্রিস্টাব্দে রবীন্দ্রনাথ শান্তিনিকেতনে ‘ব্রহ্মচর্য বিদ্যালয়’ প্রতিষ্ঠা করেন। মাত্র পাঁচজন ছাত্র

নিয়ে শুরু হয় বিদ্যালয়ের কাজ। রবীন্দ্রনাথ এই বিদ্যালয়কে প্রাচীন ভারতের গুরুগৃহের আদর্শে তৈরি করতে চেয়েছিলেন। পরবর্তীকালে এই প্রতিষ্ঠানটি পরিণত হয় 'বিশ্বভারতী' বিশ্ববিদ্যালয়ে। ১৯০৫ খ্রিস্টাব্দে বঙ্গভঙ্গের প্রস্তাবকে কেন্দ্র করে দেশের মধ্যে যে রাজনৈতিক উত্তেজনার সৃষ্টি হয়, রবীন্দ্রনাথ তাতেও জড়িয়ে পড়েন। তিনি শুধু সাহিত্য-শিল্পের চর্চা করেননি, যখনই প্রয়োজন পড়েছে দেশ ও জাতির জন্য চিন্তা করেছেন, মানবতাবিরোধী যে-কোনো অন্যায়ের প্রতিবাদে মুখর হয়েছেন। ১৯১৯ খ্রিস্টাব্দে জালিয়ানওয়ালাবাগের হত্যাকাণ্ডের প্রতিবাদে তিনি 'স্যার' উপাধি ত্যাগ করেন।

রবীন্দ্রনাথের স্বনামে প্রকাশিত প্রথম কবিতাটির নাম 'হিন্দুমেলায় উপহার' প্রকাশিত হয়েছিল ১৮৭৫ খ্রিস্টাব্দে। তাঁর প্রথম গ্রন্থ 'কবি-কাহিনী' ১৮৭৮ খ্রিস্টাব্দে প্রকাশিত হয়েছিল। ১৮৮২-তে প্রকাশিত 'সন্ধাসঙ্গীত' নামের কাব্যটি থেকেই তিনি নিজস্ব রচনাশৈলীর সন্ধান পেয়েছিলেন। এই সময় থেকেই রবীন্দ্রনাথ বাংলা সাহিত্যে তাঁর নিজের স্থানটি অধিকার করে নিয়েছিলেন। তাঁর কাব্যগ্রন্থগুলির মধ্যে উল্লেখযোগ্য কয়েকটি হল: 'মানসী', 'সোনার তরী', 'চিত্রা', 'কল্পনা', 'ক্ষণিকা', 'নৈবেদ্য', 'খেয়া', 'গীতাঞ্জলি', 'গীতিমাল্য', 'গীতালি', 'বলাকা', 'মহুয়া', 'প্রনশ্চ', 'পত্রপুট', 'আকাশ প্রদীপ', 'নবজাতক', 'জন্মদিনে', 'শেষ লেখা' । রবীন্দ্রনাথ-রচিত প্রথম নাটকটির নাম 'রুদ্রচণ্ড'। প্রথম গীতিনাট্য 'বাল্মীকি প্রতিভা'। তাঁর উল্লেখযোগ্য নাটক হল: 'রাজা ও রাণী', 'বিসর্জন', 'শারদোৎসব', 'ডাকঘর', 'ফাল্গুনী', 'মুক্তধারা', 'রক্তকরবী'। বঙ্কিমচন্দ্রের পরে বাংলা উপন্যাস রবীন্দ্রনাথের হাতে নতুন ধারায় প্রবাহিত হয়। তাঁর 'চোখের বালি', 'গোরা', 'চতুরঙ্গ', 'যোগাযোগ', 'শেষের কবিতা', 'চার অধ্যায়' প্রভৃতি উপন্যাস অমূল্য সম্পদ। বাংলা ছোট গল্পের যথার্থ রূপটি গড়ে উঠেছে রবীন্দ্রনাথের হাতে। বিশ্বের শ্রেষ্ঠ ছোট গল্পকারদের মধ্যে রবীন্দ্রনাথের নাম সসম্মানে উচ্চারিত হয়ে থাকে। তিনি অজস্র ছোট গল্প লিখেছেন, সেগুলি 'গল্পগুচ্ছ' নামক গ্রন্থে সংকলিত হয়েছে চারটি খণ্ডে। এ ছাড়া অজস্র চিঠিপত্র, ডায়েরি প্রভৃতি রচনা সাহিত্যের মূল্যবান সম্পদ হিসেবে

বিরাজমান। রবীন্দ্রনাথের অনন্য সৃষ্টি হল তাঁর গান। তা ছাড়া, চিত্রকলাতেও তাঁর পারদর্শিতা আমাদের মুগ্ধ করে। বাংলা সাহিত্যে রবীন্দ্রনাথ নিজেই একটি যুগ। ১৯৪১ খ্রিস্টাব্দের ৭ আগস্ট এই মহাজীবনের লোকান্তর ঘটে।

শব্দার্থ

কাবুলিওয়ালা	［名］	喀布尔人
ব্যয় করা		度过；花费
মৌনভাবে	［副］	默不作声地
ধমক দেওয়া		斥责；批评；吓唬
কথোপকথন	［名］	对话；交谈
জ্ঞানদান করা		教育；启蒙
প্রবৃত্ত হওয়া		投入；专注于；开始
প্রসঙ্গ	［名］	话题；语境
উপনীত হওয়া		到达；被带到；被领到；得到
ঊর্ধ্বশ্বাসে	［副］	气喘吁吁地
ঝুলি	［名］	袋子；褡裢
যদিচ/যদিও	［副/连］	尽管
সংকটাপন্ন	［形］	陷入危险的
তথাপি/তত্রাচ	［副］	但是；仍然；尽管
সীমান্তরক্ষানীতি	［名］	边境政策
সন্দিগ্ধ	［形］	充满怀疑的
নেত্রক্ষেপ করা		朝……看；望着；盯着
সংলগ্ন হওয়া	［形］	接近的；连接的；毗邻的
অনর্গল	［形/副］	流利的（地）
ধৈর্যবান	［形］	耐心的
আধুলি	［名］	半卢比的硬币
পোরা/পুরা	［动］	放进；装满；填充
গোলযোগ	［名］	混乱；骚乱；风波

ভরৎসনার স্বরে		用责备的语调
ক্রন্দন	［名］	哭泣
উপক্রম করা		将要；正要；正打算
উদ্ধার করা		拯救；解救
সাক্ষাৎ	［名］	见面；会面
প্রত্যহ	［副］	每天
অধিকার করা		占据；占有
ঘুষ দেওয়া		贿赂
পরিহাস	［名］	嘲笑；讥笑
সূক্ষ্ম মর্ম		奥义；玄机；微妙的意蕴
আজন্মকাল	［副］	终生；一辈子
শ্বশুরবাড়ি	［名］	婆家；丈母娘家
সজ্ঞান করে তোলা		使……意识到
স্বভাববিরুদ্ধ	［形］	违背天性的
মুষ্টি আস্ফালন করা		挥舞拳头
দুরবস্থা	［名］	悲惨的境况；糟糕的境遇
দিগ্‌বিজয়	［名］	东征西讨；外出征战
উল্লাসপূর্ণ	［形］	喜悦的；欢快的
দুর্গম	［形］	难以到达或通过的；难以理解的
দগ্ধ	［形］	灼热的；炽烈的
গিরিশ্রেণী	［名］	山脉
সংকীর্ণ মরুপথ		狭长的沙漠之路
উষ্ট্রের শ্রেণী		骆驼的长队
পদব্রজে	［副］	徒步地
মেঘমন্দ্রস্বরে	［副］	低沉的隆隆声
শঙ্কিত স্বভাব		多疑的本性
বিভীষিকা	［名］	恐惧；威胁；恐吓
নিঃসংশয়	［形］	毫不怀疑的；毫不犹豫的

অনুরোধ করা		请求
উড়িয়ে দেওয়া		不在乎；不重视；置……于不顾
পর্যায়ক্রমে	[副]	接连地
নিষেধ করা		禁止
বাস্তবিক	[形/副]	实际的；实际上
দাসব্যবসা	[名]	贩卖奴隶
অবিশ্বাস্য	[形]	不可信的
ষড়যন্ত্র	[名]	密谋；阴谋
প্রসন্ন	[形]	满足的；高兴的
সংশোধন করা		改正；修改
হীহীকার	[名]	寒冷中发抖的声音
পশ্চাতে	[副]	在……后面
দাঁড় করানো		使……站住
কিয়দংশ	[名]	一些；少部分
বচসা করা		争执
মিথ্যাবাদী	[名/形]	骗子；骗人的
অশ্রাব্য গালি দেওয়া		骂难听的话
সাংঘাতিক	[形]	严重的；致命的；极度的
কারাদণ্ড	[名]	判刑
বর্ষযাপন করা		度日
স্থাপন করা		建立；确立；创立
চিরাভ্যস্তমত	[形]	一成不变的；日久成习惯的
স্বচ্ছন্দে	[副]	如愿地；随意地；轻易地
আড়ি করা		不说话；断交
কৈলাসবাসিনী	[名]	居住在凯拉萨圣山上的人，这里特指湿婆神的配偶雪山女神帕尔瓦蒂的化身杜尔迦女神
পিতৃভবন	[名]	娘家

পতিগৃহ	［名］	夫家
গলি	［名］	巷子；街道
ইষ্টকজর্জর	［形］	残砖断瓦的
ঘেঁষাঘেঁষি	［形］	拥挤的；挨得紧的
বুকের পঞ্জরের হাড়		胸腔中的肋骨
বিচ্ছেদব্যথা	［名］	离别之痛
ব্যাপ্ত করা		延展；扩散
খালাস পাওয়া		获释
পূর্ববন্ধুত্ব স্মরণ করা		念及旧日友谊
ক্ষুণ্ন	［形］	沮丧的；失望的
স্তব্ধভাবে	［副］	一动不动地；愣住地
ভুসা	［名］	炭灰；煤烟
স্মরণচিহ্ন	［名］	纪念物
সুধাসঞ্চার করা		带来愉悦
মেওয়াওয়ালা	［名］	卖干果的人
সম্ভ্রান্তবংশীয়	［形］	出身高贵的；贵族的
অন্তঃপুর	［名］	内室；闺阁
কর্ণপাত করা		倾听；重视
থতমত খাওয়া		困窘；尴尬
আলাপ জমানো		交谈；聊天
আরক্ত	［形］	微红的；血红的
আফগানিস্থান	［名］	阿富汗
মিলনসুখ	［名］	团圆之喜
কল্যাণ	［名］	福利；福祉
সমারোহ	［名］	气派；壮观
অঙ্গ	［名］	肢体；部分
ছাঁটিয়ে দেওয়া		去掉；删除
অসন্তোষ	［名］	不满意

মঙ্গল-আলোক　　　　　　［名］　吉祥之光；善举之光

অনুশীলনী

১। পাঠ অনুসরণে নিচের প্রশ্নাবলীর উত্তর দিন।

১.ছোটবেলায় মিনি কেমন শিশু ছিল?

২.কাবুলিওয়ালা দেখতে কেমন? তার জীবিকা কী ছিল?

৩.কাবুলিওয়ালার সঙ্গে মিনির প্রথম সাক্ষাৎ কীভাবে হলো? মিনির চিৎকার শুনে কাবুলিওয়ালা যখন হাসিমুখে আমাদের বাড়ির দিকে আসতে লাগল, তখন মিনি কেন ঊর্ধ্বশ্বাসে অন্তঃপুরে দৌড় দিল?

৪.একটি বয়স্ক এবং একটি অপ্রাপ্তবয়স্ক শিশুর সরল বন্ধুত্ব কীভাবে হয়েছিল? দুই বন্ধুর মধ্যে কী ঠাট্টা প্রচলিত আছে?

৫.মিনির মা কেমন স্বভাবের মানুষ? কাবুলিওয়ালা সম্পর্কে তাঁর ধারণা কী?

৬.দুই অসমবয়সী বন্ধুর ঘনিষ্ঠতা নিয়ে মিনির বাবার মনোভাব কী? তিনি কি মেয়ের নিরাপত্তার জন্য চিন্তিত?

৭.কী জন্য কাবুলিওয়ালার কারাদণ্ড হয়েছিল?

৮.মিনির বিবাহের দিনে কে এসেছিল? তার কী অনুরোধ ছিল? অবশেষে মিনির বাবা কেন এই অনুরোধে রাজি হলেন? কী জিনিস দেখে তাঁর চোখ ছল্‌ছল্‌ করে উঠল?

৯.আট বছর জেল খেটে রহমত কাবুলিওয়ালা ফিরে এসে সোজা মিনিদের বাসায় চলে যায়। কিন্তু ততদিনে মিনি অনেক বড় হয়ে ওঠে আর সেদিন মিনির বিয়ের সানাই বাজছিল। ‘রাঙাচেলি-পরা কপালে-চন্দন-আঁকা বধূবেশিনী’ মিনিকে দেখে কাবুলিওয়ালার অন্তরে কী রকম মানসিক প্রতিক্রিয়া হয়েছিল?

১০.“তখন, সে যে একজন কাবুলি মেওয়াওয়ালা আর আমি যে একজন বাঙালি সম্ভ্রান্তবংশীয়, তাহা ভুলিয়া গেলাম– তখন বুঝিতে পারিলাম, সেও যে আমিও সে, সেও পিতা আমিও পিতা।”– কথাটি দিয়ে লেখক কী বুঝাতে চেয়েছেন?

১১.“রহমত, তুমি দেশে তোমার মেয়ের কাছে ফিরিয়া যাও; তোমাদের

মিলনসুখে আমার মিনির কল্যাণ হউক।”– কথাটি কে কাকে বলেছিল? যে মানুষ এ কথা বলেছিল, এ গল্প অবলম্বনে তার সহানুভূতি নিজ ভাষায় ব্যাখ্যা করুন।

১২.পাঠের সারসংক্ষেপ নিজ ভাষায় একটি অনুচ্ছেদে লিখুন।

২। বাংলা ভাষার প্রাচীনতর লৈখিক রীতিকে বলা হয় সাধু ভাষা। সংস্কৃত ভাষার আদর্শে এই ভাষার রূপ গড়ে উঠেছে। তাই এই ভাষারীতিতে সংস্কৃত ভাষার যথেষ্ট প্রভাব লক্ষ করা যায়। এই রীতি একান্তভাবেই লৈখিক। আধুনিক বাংলায় মৌখিক রীতি হিসেবে এই রীতির ব্যবহার নেই। সাধু ভাষার সংজ্ঞা মোটামুটিভাবে এভাবে নির্দেশ করা চলে: লৈখিক গদ্য হিসেবে ব্যবহৃত সংস্কৃত প্রাধান্যযুক্ত, মার্জিত, ভাবগম্ভীর অথচ নিয়মবদ্ধ কৃত্রিম প্রাচীনতর ভাষারূপ হলো সাধু ভাষা। সাধু ভাষার রূপ মোটামুটি সুস্থিত ধরনের। এই জন্যই তা এক সময়ে প্রমিত লৈখিক ভাষা হিসেবে বিশেষ গুরুত্ব পেয়েছিল। সাধু ভাষারীতির বৈশিষ্ট্যগুলি সংক্ষেপে এভাবে দেখানো যায়:

১.সাধু ভাষা ব্যাকরণের সুনির্ধারিত নিয়ম অনুসরণ করে চলে। এর পদবিন্যাসরীতি সুনির্দিষ্ট ও সুনিয়ন্ত্রিত। প্রথমে কর্তা, পরে কর্ম ও শেষে ক্রিয়া। যেমন: সে গান গায়।

২.সাধু-রীতিতে সর্বনাম, ক্রিয়াপদ, অনুসর্গ ইত্যাদির পূর্ণাঙ্গ রূপ পরিলক্ষিত হয়। যেমন:

ক.সর্বনামের পূর্ণাঙ্গ রূপ: তাহারা, তাহাকে, তাহাদিগকে

খ.সমাপিকা ক্রিয়ার পূর্ণাঙ্গ রূপ: করিয়াছিলেন, খাইতেছেন, উঠিবেন

গ.অসমাপিকা ক্রিয়ার পূর্ণাঙ্গ রূপ: করিয়া, বলিলে, পাঠাইয়া

ঘ.অনুসর্গের পূর্ণাঙ্গ রূপ: হইতে

৩.সাধু ভাষায় তৎসম বা সংস্কৃত শব্দের ব্যবহার বেশি। যেমন: আলয়, স্বর্ণ, অশ্ব, হস্তী

৪.সাধু ভাষায় সন্ধিবদ্ধ ও সমাসবদ্ধ শব্দের ব্যবহার বেশি। যেমন: মৌনাবলম্বনে, হস্তপদবদ্ধ, প্রকাশপূর্বক, পাথেয়স্বরূপ

৫.সাধু ভাষা পূর্ণধ্বনিময় ভাবগাম্ভীর্যের অধিকারী।

৬.সাধু ভাষা মৌখিক সংলাপ ও বক্তৃতার অনুপযোগী।

চলিত ভাষা বাংলা ভাষায় মৌলিক ভাব বিনিময়ের সর্বজনমান্য বা প্রমিত মাধ্যম। শিক্ষিত সমাজের শিষ্ট মার্জিত মৌখিক ভাষা হলেও, চলিত ভাষা আধুনিক কালে লৈখিক ভাষা হিসেবে সাধু ভাষার জায়গায় নিজের আসন পাকা করে নিয়েছে। চলিত ভাষার শব্দরূপ, ক্রিয়ারূপ, বাক্যগঠন ইত্যাদি সংস্কৃত-প্রভাবিত নয়। আধুনিক বাঙালির মুখের জীবন্ত ভাষাই এ ভাষারীতির উদ্ভব ও বিকাশের ভিত্তিভূমি। মনে রাখতে হবে, চলিত ভাষা আর মৌখিক ভাষার মধ্যে সূক্ষ্ম পার্থক্য রয়েছে। বাংলা কথ্য বা মৌখিক ভাষা অঞ্চল-ভেদে বিভিন্ন। তা নানা উপভাষায় বিভক্ত। এসব উপভাষায় কোনো কোনো শব্দ ও তার উচ্চারণ অঞ্চল-ভেদে এত আলাদা যে, অনেক সময় এক অঞ্চলের উপভাষা অন্য অঞ্চলে বোধগম্য হয় না। সে দিক থেকে প্রমিত চলিত ভাষা হচ্ছে সব অঞ্চলের জন্যে গ্রহণীয়, বোধগম্য ও মান্য ভাষা। চলিত ভাষার সংজ্ঞা নির্দেশ করা চলে এভাবে: শিক্ষিত বাঙালি সমাজে মার্জিত কথ্য ভাষা হিসেবে প্রচলিত ও সর্বজনমান্য লেখ্য ভাষা হিসেবে স্বীকৃত ভাষাই হলো চলিত ভাষা। সাম্প্রতিককালে, বাংলাদেশে, পশ্চিমবঙ্গে ও প্রবাসী বাংলাভাষী সম্প্রদায়ের মধ্যে সাহিত্য রচনায়, বক্ততা-ভাষণে, বিজ্ঞপ্তি-বিবৃতিতে, পত্র-পত্রিকায়, রেডিও-টেলিভিশনে, পাঠ্যবই ও শিক্ষা-ব্যবস্থায় চলিত ভাষার ব্যবহার প্রায় অবিকল্পভাবে বেড়েছে।

নমুনা:

১.সাধু ভাষা: লিখিব, যাইব, করিয়াছিল, শুনিয়াছিলাম, বলিলেন, খাইয়াছে, করিয়াছি, হইতেছে, চলিতে, বলিলে, করিয়া

চলিত ভাষা: লিখব, যাব, করেছিল, শুনেছিলাম, বললেন, খেয়েছে, করেছি, হচ্ছে, চলতে, বললে, করে

২.সাধু ভাষা: থানায় গিয়া সংবাদটা জানাইয়া আসিলাম।

চলিত ভাষা: থানায় গিয়ে খবরটা জানিয়ে এলাম।

৩.সাধু ভাষা: পর্বতের শিখর হইতে বরফ গলিয়া সাগরাভিমুখে বহিয়া চলিল।

চলিত ভাষা: পর্বতের চূড়া হতে বরফ গলে সাগরের দিকে বহে চলল।

৪.**সাধু ভাষা:** একদিন খুব ভোরবেলায় ফজরের নমাজের ওজু করিতে যাইতেছি, এমন সময় তাজ্জব মানিয়া দেখি, বসিয়া রহিয়াছে সমীরুদ্দি।

চলিত ভাষা: একদিন খুব ভোরবেলা ফজরের নামাজের ওজু করতে যাচ্ছি, এমন সময় তাজ্জব মেনে দেখি, বসে রয়েছে সমীরুদ্দি।

নমুনা অনুসরণ করে নিচের পাঠের বাক্য সাধু ভাষা থেকে চলিত ভাষায় রূপান্তর করুন।

১.**সাধু ভাষা:** দেখিলে বাস্তবিক মনে হয়, উভয়ের মধ্যে যেন একটা ষড়যন্ত্র চলিতেছে।

চলিত ভাষা:

২.**সাধু ভাষা:** আমি প্রথমে তাহাকে চিনিতে পারিলাম না। তাহার সে ঝুলি নাই।

চলিত ভাষা:

৩.**সাধু ভাষা:** কথাটা শুনিয়াই সে তৎক্ষণাৎ চলিয়া যাইতে উদ্যত হইল

চলিত ভাষা:

৪.**সাধু ভাষা:** দেখিয়া আমার চোখ ছল্‌ছল্‌ করিয়া আসিল।

চলিত ভাষা:

৫.**সাধু ভাষা:** সে বাঁশি যেন আমার বুকের পঞ্জরের হাড়ের মধ্য হইতে কাঁদিয়া কাঁদিয়া বাজিয়া উঠিতেছে।

চলিত ভাষা:

৬.**সাধু ভাষা:** সংবাদ পাইলাম, কাবুলিওয়ালার সহিত মিনির এই যে দ্বিতীয় সাক্ষাৎ তাহা নহে, ইতিমধ্যে সে প্রায় প্রত্যহ আসিয়া পেস্তাবাদাম ঘুষ দিয়া মিনির ক্ষুদ্র লুব্ধ হৃদয়টুকু অনেকটা অধিকার করিয়া লইয়াছে।

চলিত ভাষা:

পাঠ ২১

পোস্টমাস্টার

প্রথম কাজ আরম্ভ করিয়াই উলাপুর গ্রামে পোস্টমাস্টারকে আসিতে হয়। গ্রামটি অতি সামান্য। নিকটে একটি নীলকুঠি আছে, তাই কুঠির সাহেব অনেক জোগাড় করিয়া এই নূতন পোস্টআপিস স্থাপন করাইয়াছে।

আমাদের পোস্টমাস্টার কলিকাতার ছেলে। জলের মাছকে ডাঙায় তুলিলে যেরকম হয়, এই গণ্ডগ্রামের মধ্যে আসিয়া পোস্টমাস্টারেরও সেই দশা উপস্থিত হইয়াছে। একখানি অন্ধকার আটচালার মধ্যে তাঁহার আপিস; অদূরে একটি পানাপুকুর এবং তাহার চারি পাড়ে জঙ্গল। কুঠির গোমস্তা প্রভৃতি যে-সকল কর্মচারী আছে তাহাদের ফুরসত প্রায় নাই এবং তাহারা ভদ্রলোকের সহিত মিশিবার উপযুক্ত নহে।

বিশেষত কলিকাতার ছেলে ভালো করিয়া মিশিতে জানে না। অপরিচিত স্থানে গেলে, হয় উদ্ধত নয় অপ্রতিভ হইয়া থাকে। এই কারণে স্থানীয় লোকের সহিত তাঁহার মেলামেশা হইয়া উঠে না। অথচ হাতে কাজ অধিক নাই। কখনো কখনো দুটো-একটা কবিতা লিখিতে চেষ্টা করেন। তাহাতে এমন ভাব ব্যক্ত করিয়াছেন যে, সমস্ত দিন তরুপল্লবের কম্পন এবং আকাশের মেঘ দেখিয়া জীবন বড়ো সুখে কাটিয়া যায়– কিন্তু অন্তর্যামী জানেন, যদি আরব্য উপন্যাসের কোনো দৈত্য আসিয়া এক রাত্রের মধ্যে এই শাখাপল্লব-সমেত সমস্ত গাছগুলা কাটিয়া পাকা রাস্তা বানাইয়া দেয় এবং সারি সারি অট্টালিকা আকাশের মেঘকে দৃষ্টিপথ হইতে রুদ্ধ করিয়া রাখে, তাহা হইলে এই আধমরা ভদ্রসন্তানটি পুনশ্চ নবজীবন লাভ করিতে পারে।

পোস্টমাস্টারের বেতন অতি সামান্য। নিজে রাঁধিয়া খাইতে হয় এবং গ্রামের একটি পিতৃমাতৃহীন অনাথা বালিকা তাঁহার কাজকর্ম করিয়া দেয়, চারিটি-চারিটি খাইতে পায়। মেয়েটির নাম রতন। বয়স বারো-তেরো। বিবাহের বিশেষ সম্ভাবনা দেখা যায় না।

সন্ধ্যার সময় যখন গ্রামের গোয়ালঘর হইতে ধূম কুণ্ডলায়িত হইয়া উঠিত, ঝোপে ঝোপে ঝিল্লি ডাকিত, দূরে গ্রামের নেশাখোর বাউলের দল খোল-করতাল বাজাইয়া উচ্চৈঃস্বরে গান জুড়িয়া দিত– যখন অন্ধকার দাওয়ায় একলা বসিয়া গাছের কম্পন দেখিলে কবিহৃদয়েও ঈষৎ হৃৎকম্প উপস্থিত হইত, তখন ঘরের কোণে একটি ক্ষীণশিখা প্রদীপ জ্বালিয়া পোস্টমাস্টার ডাকিতেন 'রতন'। রতন দ্বারে বসিয়া এই ডাকের জন্য অপেক্ষা করিয়া থাকিত কিন্তু এক ডাকেই ঘরে আসিত না– বলিত, "কী গো বাবু, কেন ডাকছ।"

পোস্টমাস্টার। তুই কী করছিস।

রতন। এখনই চুলো ধরাতে যেতে হবে– হেঁশেলের–

পোস্টমাস্টার। তোর হেঁশেলের কাজ পরে হবে এখন– একবার তামাকটা সেজে দে তো।

অনতিবিলম্বে দুটি গাল ফুলাইয়া কলিকায় ফুঁ দিতে দিতে রতনের প্রবেশ। হাত হইতে কলিকাটা লইয়া পোস্টমাস্টার ফস্ করিয়া জিজ্ঞাসা করেন, "আচ্ছা রতন, তোর মাকে মনে পড়ে?" সে অনেক কথা; কতক মনে পড়ে, কতক মনে পড়ে না। মায়ের চেয়ে বাপ তাহাকে বেশি ভালোবাসিত, বাপকে অল্প অল্প মনে আছে। পরিশ্রম করিয়া বাপ সন্ধ্যাবেলায় ঘরে ফিরিয়া আসিত, তাহারই মধ্যে দৈবাৎ দুটি-একটি সন্ধ্যা তাহার মনে পরিষ্কার ছবির মতো অঙ্কিত আছে। এই কথা হইতে হইতে ক্রমে রতন পোস্টমাস্টারের পায়ের কাছে মাটির উপর বসিয়া পড়িত। মনে পড়িত, তাহার একটি ছোটোভাই ছিল– বহু পূর্বেকার বর্ষার দিনে একদিন একটা ডোবার ধারে দুইজনে মিলিয়া গাছের ভাঙা ডালকে ছিপ করিয়া মিছামিছি মাছধরা খেলা করিয়াছিল– অনেক গুরুতর ঘটনার চেয়ে সেই কথাটাই তাহার মনে বেশি উদয় হইত। এইরূপ কথাপ্রসঙ্গে মাঝে মাঝে বেশি রাত হইয়া যাইত, তখন আলস্যক্রমে পোস্টমাস্টারের আর রাঁধিতে ইচ্ছা করিত না। সকালের বাসী ব্যঞ্জন থাকিত এবং রতন তাড়াতাড়ি উনুন ধরাইয়া খানকয়েক রুটি সেঁকিয়া আনিত– তাহাতেই উভয়ের রাত্রের আহার চলিয়া যাইত।

এক-একদিন সন্ধ্যাবেলায় সেই বৃহৎ আটচালার কোণে আপিসের কাঠের চৌকির উপর বসিয়া পোস্টমাস্টারও নিজের ঘরের কথা পাড়িতেন– ছোটোভাই

মা এবং দিদির কথা, প্রবাসে একলা ঘরে বসিয়া যাহাদের জন্য হৃদয় ব্যথিত হইয়া উঠিত তাহাদের কথা। যে-সকল কথা সর্বদাই মনে উদয় হয় অথচ নীলকুঠির গোমস্তাদের কাছে যাহা কোনোমতেই উত্থাপন করা যায় না, সেই কথা একটি অশিক্ষিতা ক্ষুদ্র বালিকাকে বলিয়া যাইতেন, কিছুমাত্র অসংগত মনে হইত না। অবশেষে এমন হইল, বালিকা কথোপকথনকালে তাঁহার ঘরের লোকদিগকে মা, দিদি, দাদা বলিয়া চিরপরিচিতের ন্যায় উল্লেখ করিত। এমন-কি, তাহার ক্ষুদ্র হৃদয়পটে বালিকা তাঁহাদের কাল্পনিক মূর্তিও চিত্রিত করিয়া লইয়াছিল।

একদিন বর্ষাকালে মেঘমুক্ত দ্বিপ্রহরে ঈষৎ-তপ্ত সুকোমল বাতাস দিতেছিল; রৌদ্রে ভিজা ঘাস এবং গাছপালা হইতে একপ্রকার গন্ধ উত্থিত হইতেছিল; মনে হইতেছিল, যেন ক্লান্ত ধরণীর উষ্ণ নিশ্বাস গায়ের উপরে আসিয়া লাগিতেছে, এবং কোথাকার এক নাছোড়বান্দা পাখি তাহার একটা একটানা সুরের নালিশ সমস্ত দুপুরবেলা প্রকৃতির দরবারে অত্যন্ত করুণস্বরে বার বার আবৃত্তি করিতেছিল। পোস্টমাস্টারের হাতে কাজ ছিল না– সেদিনকার বৃষ্টিধৌত মসৃণ চিক্কণ তরুপল্লবের হিল্লোল এবং পরাভূত বর্ষার ভগ্নাবশিষ্ট রৌদ্রশুভ্র স্তূপাকার মেঘস্তর বাস্তবিকই দেখিবার বিষয় ছিল; পোস্টমাস্টার তাহা দেখিতেছিলেন এবং ভাবিতেছিলেন, এই সময়ে কাছে একটি-কেহ নিতান্ত আপনার লোক থাকিত– হৃদয়ের সহিত একান্তসংলগ্ন একটি স্নেহপুত্তলি মানবমূর্তি। ক্রমে মনে হইতে লাগিল, সেই পাখি ঐ কথাই বার বার বলিতেছে এবং এই জনহীন তরুচ্ছায়ানিমগ্ন মধ্যাহ্নের পল্লবমর্মরের অর্থও কতকটা ঐরূপ। কেহ বিশ্বাস করে না, এবং জানিতেও পায় না, কিন্তু ছোটো পল্লীর সামান্য বেতনের সাব-পোস্টমাস্টারের মনে গভীর নিস্তব্ধ মধ্যাহ্ন দীর্ঘ ছুটির দিনে এইরূপ একটা ভাবের উদয় হইয়া থাকে।

পোস্টমাস্টার একটা দীর্ঘনিশ্বাস ফেলিয়া ডাকিলেন, "রতন। রতন তখন পেয়ারাতলায় পা ছড়াইয়া দিয়া কাঁচা পেয়ারা খাইতেছিল; প্রভুর কণ্ঠস্বর শুনিয়া অবিলম্বে ছুটিয়া আসিল– হাঁপাইতে হাঁপাইতে বলিল, "দাদাবাবু, ডাকছ?" পোস্টমাস্টার বলিলেন, "তোকে আমি একটু একটু করে পড়তে শেখাব।" বলিয়া

সমস্ত দুপুরবেলা তাহাকে লইয়া 'স্বরে অ' 'স্বরে আ' করিলেন। এবং এইরূপে অল্পদিনেই যুক্ত-অক্ষর উত্তীর্ণ হইলেন।

শ্রাবণমাসে বর্ষণের আর অন্ত নাই। খাল বিল নালা জলে ভরিয়া উঠিল। অহর্নিশি ভেকের ডাক এবং বৃষ্টির শব্দ। গ্রামের রাস্তায় চলাচল প্রায় একপ্রকার বন্ধ– নৌকায় করিয়া হাটে যাইতে হয়।

একদিন প্রাতঃকাল হইতে খুব বাদলা করিয়াছে। পোস্টমাস্টারের ছাত্রীটি অনেকক্ষণ দ্বারের কাছে অপেক্ষা করিয়া বসিয়া ছিল, কিন্তু অন্যদিনের মতো যথাসাধ্য নিয়মিত ডাক শুনিতে না পাইয়া আপনি খুঙ্গিপুঁথি লইয়া ধীরে ধীরে ঘরের মধ্যে প্রবেশ করিল। দেখিল, পোস্টমাস্টার তাঁহার খাটিয়ার উপর শুইয়া আছেন– বিশ্রাম করিতেছেন মনে করিয়া অতি নিঃশব্দে পুনশ্চ ঘর হইতে বাহিরে যাইবার উপক্রম করিল। সহসা শুনিল "রতন" । তাড়াতাড়ি ফিরিয়া গিয়া বলিল, "দাদাবাবু, ঘুমোচ্ছিলে?" পোস্টমাস্টার কাতরস্বরে বলিলেন, "শরীরটা ভালো বোধ হচ্ছে না– দেখ্ তো আমার কপালে হাত দিয়ে।"

এই নিতান্ত নিঃসঙ্গ প্রবাসে ঘনবর্ষায় রোগকাতর শরীরে একটুখানি সেবা পাইতে ইচ্ছা করে। তপ্ত ললাটের উপর শাঁখাপরা কোমল হস্তের স্পর্শ মনে পড়ে। এই ঘোর প্রবাসে রোগযন্ত্রণায় স্নেহময়ী নারী-রূপে জননী ও দিদি পাশে বসিয়া আছেন এই কথা মনে করিতে ইচ্ছা করে, এবং এস্থলে প্রবাসীর মনের অভিলাষ ব্যর্থ হইল না। বালিকা রতন আর বালিকা রহিল না। সেই মুহূর্তেই সে জননীর পদ অধিকার করিয়া বসিল, বৈদ্য ডাকিয়া আনিল, যথাসময়ে বটিকা খাওয়াইল, সারারাত্রি শিয়রে জাগিয়া রহিল, আপনি পথ্য রাঁধিয়া দিল, এবং শতবার করিয়া জিজ্ঞাসা করিল, "হাঁগো দাদাবাবু, একটুখানি ভালো বোধ হচ্ছে কি।"

বহুদিন পরে পোস্টমাস্টার ক্ষীণ শরীরে রোগশয্যা ত্যাগ করিয়া উঠিলেন– মনে স্থির করিলেন, আর নয়, এখান হইতে কোনোমতে বদলি হইতে হইবে। স্থানীয় অস্বাস্থ্যের উল্লেখ করিয়া তৎক্ষণাৎ কলিকাতায় কর্তৃপক্ষদের নিকট বদলি হইবার জন্য দরখাস্ত করিলেন।

রোগসেবা হইতে নিষ্কৃতি পাইয়া রতন দ্বারের বাহিরে আবার তাহার স্বস্থান অধিকার করিল। কিন্তু পূর্ববৎ আর তাহাকে ডাক পড়ে না; মাঝে মাঝে উঁকি

মারিয়া দেখে, পোস্টমাস্টার অত্যন্ত অন্যমনস্কভাবে চৌকিতে বসিয়া অথবা খাটিয়ায় শুইয়া আছেন। রতন যখন আহ্বান প্রত্যাশা করিয়া বসিয়া আছে, তিনি তখন অধীরচিত্তে তাঁহার দরখাস্তের উত্তর প্রতীক্ষা করিতেছেন। বালিকা দ্বারের বাহিরে বসিয়া সহস্রবার করিয়া তাহার পুরানো পড়া পড়িল। পাছে যেদিন সহসা ডাক পড়িবে সেদিন তাহার যুক্ত-অক্ষর সমস্ত গোলমাল হইয়া যায়, এই তাহার একটা আশঙ্কা ছিল। অবশেষে সপ্তাহখানেক পরে একদিন সন্ধ্যাবেলায় ডাক পড়িল। উদ্বেলিতহৃদয়ে রতন গৃহের মধ্যে প্রবেশ করিয়া বলিল, "দাদাবাবু, আমাকে ডাকছিলে?"

পোস্টমাস্টার বলিলেন, "রতন, কালই আমি যাচ্ছি।"

রতন। কোথায় যাচ্ছ, দাদাবাবু।

পোস্টমাস্টার। বাড়ি যাচ্ছি।

রতন। আবার কবে আসবে।

পোস্টমাস্টার। আর আসব না।

রতন আর কোনো কথা জিজ্ঞাসা করিল না। পোস্টমাস্টার আপনিই তাহাকে বলিলেন, তিনি বদলির জন্য দরখাস্ত করিয়াছিলেন, দরখাস্ত নামঞ্জুর হইয়াছে; তাই তিনি কাজে জবাব দিয়া বাড়ি যাইতেছেন। অনেকক্ষণ আর কেহ কোনো কথা কহিল না। মিটমিট করিয়া প্রদীপ জ্বলিতে লাগিল এবং একস্থানে ঘরের জীর্ণ চাল ভেদ করিয়া একটি মাটির সরার উপর টপ্ টপ্ করিয়া বৃষ্টির জল পড়িতে লাগিল।

কিছুক্ষণ পরে রতন আস্তে আস্তে উঠিয়া রান্নঘরে রুটি গড়িতে গেল। অন্যদিনের মতো তেমন চটপট হইল না। বোধ করি মধ্যে মধ্যে মাথায় অনেক ভাবনা উদয় হইয়াছিল। পোস্টমাস্টারের আহার সমাপ্ত হইলে পর বালিকা তাঁহাকে জিজ্ঞাসা করিল, "দাদাবাবু, আমাকে তোমাদের বাড়ি নিয়ে যাবে?"

পোস্টমাস্টার হাসিয়া কহিলেন, "সে কী করে হবে।" ব্যাপারটা যে কী কী কারণে অসম্ভব তাহা বালিকাকে বুঝানো আবশ্যক বোধ করিলেন না।

সমস্ত রাত্রি স্বপ্নে এবং জাগরণে বালিকার কানে পোস্টমাস্টারের হাস্যধ্বনির কণ্ঠস্বর বাজিতে লাগিল– 'সে কী করে হবে'।

ভোরে উঠিয়া পোস্টমাস্টার দেখিলেন, তাঁহার স্নানের জল ঠিক আছে;

কলিকাতার অভ্যাস-অনুসারে তিনি তোলা জলে স্নান করিতেন। কখন তিনি যাত্রা করিবেন সে কথা বালিকা কী কারণে জিজ্ঞাসা করিতে পারে নাই; পাছে প্রাতঃকালে আবশ্যক হয় এইজন্য রতন তত রাত্রে নদী হইতে তাঁহার স্নানের জল তুলিয়া আনিয়াছিল। স্নান সমাপন হইলে রতনের ডাক পড়িল। রতন নিঃশব্দে গৃহে প্রবেশ করিল এবং আদেশপ্রতীক্ষায় একবার নীরবে প্রভুর মুখের দিকে চাহিল। প্রভু কহিলেন, “রতন, আমার জায়গায় যে লোকটি আসবেন তাঁকে বলে দিয়ে যাব, তিনি তোকে আমারই মতন যত্ন করবেন; আমি যাচ্ছি বলে তোকে কিছু ভাবতে হবে না।” এই কথাগুলি যে অত্যন্ত স্নেহগর্ভ এবং দয়ার্দ্র হৃদয় হইতে উত্থিত সে বিষয়ে কোনো সন্দেহ নাই, কিন্তু নারীহৃদয় কে বুঝিবে। রতন অনেকদিন প্রভুর অনেক তিরস্কার নীরবে সহ্য করিয়াছে কিন্তু এই নরম কথা সহিতে পারিল না। একেবারে উচ্ছ্বসিত হৃদয়ে কাঁদিয়া উঠিয়া কহিল, “না না, তোমার কাউকে কিছু বলতে হবে না, আমি থাকতে চাই নে।”

পোস্টমাস্টার রতনের এরূপ ব্যবহার কখনো দেখেন নাই, তাই অবাক হইয়া রহিলেন।

নূতন পোস্টমাস্টার আসিল। তাহাকে সমস্ত চার্জ বুঝাইয়া দিয়া পুরাতন পোস্টমাস্টার গমনোন্মুখ হইলেন। যাইবার সময় রতনকে ডাকিয়া বলিলেন, “রতন, তোকে আমি কখনো কিছু দিতে পারি নি। আজ যাবার সময় তোকে কিছু দিয়ে গেলুম, এতে তোর দিনকয়েক চলবে।”

কিছু পথখরচা বাদে তাঁহার বেতনের যত টাকা পাইয়াছিলেন পকেট হইতে বাহির করিলেন। তখন রতন ধুলায় পড়িয়া তাঁহার পা জড়াইয়া ধরিয়া কহিল, “দাদাবাবু, তোমার দুটি পায়ে পড়ি, তোমার দুটি পায়ে পড়ি, আমাকে কিছু দিতে হবে না; তোমার দুটি পায়ে পড়ি, আমার জন্যে কাউকে কিছু ভাবতে হবে না” – বলিয়া এক-দৌড়ে সেখান হইতে পলাইয়া গেল।

ভূতপূর্ব পোস্টমাস্টার নিশ্বাস ফেলিয়া, হাতে কার্পেটের ব্যাগ ঝুলাইয়া, কাঁধে ছাতা লইয়া মুটের মাথায় নীল ও শ্বেত রেখায় চিত্রিত টিনের পেঁটরা তুলিয়া ধীরে ধীরে নৌকাভিমুখে চলিলেন।

যখন নৌকায় উঠিলেন এবং নৌকা ছাড়িয়া দিল, বর্ষাবিস্ফারিত নদী ধরণীর উচ্ছলিত অশ্রুরাশির মতো চারি দিকে ছলছল করিতে লাগিল, তখন

হৃদয়ের মধ্যে অত্যন্ত একটা বেদনা অনুভব করিতে লাগিলেন– একটি সামান্য গ্রাম্য বালিকার করুণ মুখচ্ছবি যেন এক বিশ্বব্যাপী বৃহৎ অব্যক্ত মর্মব্যথা প্রকাশ করিতে লাগিল। একবার নিতান্ত ইচ্ছা হইল, 'ফিরিয়া যাই, জগতের ক্রোড়বিচ্যুত সেই অনাথিনীকে সঙ্গে করিয়া লইয়া আসি'– কিন্তু তখন পালে বাতাস পাইয়াছে, বর্ষার স্রোত খরতর বেগে বহিতেছে, গ্রাম অতিক্রম করিয়া নদীকূলের শ্মশান দেখা দিয়াছে– এবং নদীপ্রবাহে ভাসমান পথিকের উদাস হৃদয়ে এই তত্ত্বের উদয় হইল, জীবনে এমন কত বিচ্ছেদ, কত মৃত্যু আছে, ফিরিয়া ফল কী। পৃথিবীতে কে কাহার।

কিন্তু রতনের মনে কোনো তত্ত্বের উদয় হইল না। সে সেই পোস্ট্আপিস গৃহের চারি দিকে কেবল অশ্রুজলে ভাসিয়া ঘুরিয়া ঘুরিয়া বেড়াইতেছিল। বোধ করি তাহার মনে ক্ষীণ আশা জাগিতেছিল, দাদাবাবু যদি ফিরিয়া আসে– সেই বন্ধনে পড়িয়া কিছুতেই দূরে যাইতে পারিতেছিল না। হায় বুদ্ধিহীন মানবহৃদয়! ভ্রান্তি কিছুতেই ঘোচে না, যুক্তিশাস্ত্রের বিধান বহুবিলম্বে মাথায় প্রবেশ করে, প্রবল প্রমাণকেও অবিশ্বাস করিয়া মিথ্যা আশাকে দুই বাহুপাশে বাঁধিয়া বুকের ভিতরে প্রাণপণে জড়াইয়া ধরা যায়, অবশেষে একদিন সমস্ত নাড়ী কাটিয়া হৃদয়ের রক্ত শুষিয়া সে পলায়ন করে, তখন চেতনা হয় এবং দ্বিতীয় ভ্রান্তিপাশে পড়িবার জন্য চিত্ত ব্যাকুল হইয়া উঠে।

(রবীন্দ্রনাথ ঠাকুর)

শব্দার্থ

নীলকুঠি	[名]	靛蓝作坊
গণ্ডগ্রাম	[名]	偏远的村庄
গোমস্তা	[名]	（地主的）收租人；收账人
ফুরসত	[名]	休闲；放松
বিশেষত	[副]	尤其是；特别是
তরুপল্লব	[名]	树叶
অন্তর্যামী	[名]	神灵；能了解别人心思的人

আরব্য	[形]	阿拉伯的
অট্টালিকা	[名]	大楼；楼房
দৃষ্টিপথ	[名]	视线
পুনশ্চ	[副]	重新；再一次
পিতৃমাতৃহীন	[形]	失去双亲的
অনাথা বালিকা		失去双亲的小姑娘
গোয়ালঘর	[名]	牛棚
ধূম	[名]	烟
কুণ্ডলায়িত	[形]	盘绕的
ঝিল্লি	[名]	蟋蟀
নেশাখোর	[形]	酒醉的；上瘾的
উচ্চৈঃস্বরে	[副]	大声地
ঈষৎ	[形/副]	轻微的（地）；少许的（地）
হৃৎকম্প	[名]	心的悸动
ক্ষীণশিখা	[名]	微弱的火焰
প্রদীপ	[名]	灯
হেঁশেল	[名]	厨房
তামাক সেজে দেওয়া		将烟叶装进水烟袋
উনুন ধরানো		点燃炉灶；生火
অনতিবিলম্বে	[副]	立即
দৈবাৎ	[副]	偶然；突然
আলস্যক্রমে	[副]	偷懒地；慵懒地
সেঁকা	[动]	小火加热；烤
চৌকি	[名]	板凳
উদয়	[名]	出现；浮现
উত্থাপন করা		提及；提出；建议
ক্ষুদ্র হৃদয়পট		幼小的心扉
কাল্পনিক মূর্তি		想象中的形象

চিত্রিত করা		描绘；勾勒
দ্বিপ্রহর	［名］	中午
সুকোমল	［形］	柔软的；柔美的
উত্থিত	［形］	升起的；生长的；兴起的
উষ্ণ নিশ্বাস		温热的呼吸
বৃষ্টিধৌত	［形］	被雨水冲洗过的
মসৃণ	［形］	光滑的；柔软的
চিক্কণ	［形］	柔亮的；光泽的
হিল্লোল	［名］	摆动；波动；摇晃
পরাভূত	［形］	被打败的
ভগ্নাবশিষ্ট	［形］	处于废墟之中的；残存的
রৌদ্রশুভ্র	［形］	太阳般耀眼的
স্তূপাকার	［形］	庞大的；沉重的
মেঘস্তর	［名］	云层
বাস্তবিক	［副］	确实；真正地
একান্তসংলগ্ন	［形］	极为贴近的
ক্রমে	［副］	逐渐；慢慢地
স্নেহপুত্তলি	［名］	娃娃；宠儿；可爱乖巧的事物
তরুচ্ছায়ানিমগ্ন	［形］	沉浸于树荫中的；隐没于阴翳的
মধ্যাহ্ন	［名］	中午
পল্লবমর্মর	［名］	树叶的沙沙作响
উত্তীর্ণ হওয়া		跨越；通过；成功完成
অন্ত	［名］	结束
অহর্নিশি	［副］	日日夜夜；一直
প্রাতঃকাল	［名］	清早
বাদলা	［名/形］	雨；雨的；雨季的
যথাসাধ্য	［形/副］	尽可能的（地）；尽力的（地）
খুঙ্গিপুঁতি	［名］	书包和里面的书

উপক্রম করা		正要；即将开始；努力
তপ্ত	［形］	滚烫的；炽热的
ললাট	［名］	额头
শাঁখা	［名］	一种海螺贝壳制成的白色手镯，一般于印度教婚礼仪式上为新娘首次佩戴，婚后亦作为日常饰品使用，是印度教妇女已婚的标志。一般须将其悉心保存佩戴，以佑丈夫之福祉安康，手镯一旦断裂或破碎则被认为是不祥之兆
রোগযন্ত্রণা	［名］	病痛
অভিলাষ	［名］	愿望；意愿；心愿
প্রবাসী	［名］	客居异乡的人；旅居海外的游子；移民
বৈদ্য	［名］	医生
শিয়র	［名］	床榻
পথ্য	［名］	饮食
ক্ষীণ	［形］	纤弱的；微渺的；虚弱的；衰弱的
বদলি	［名］	调换；替换
তৎক্ষণাৎ	［副］	立即；随即；马上
দরখাস্ত করা		申请
পূর্ববৎ	［副］	像往常一样；一如既往地
উঁকি মারা		窥探；偷窥
অধিরচিত্ত	［形］	不安的；焦急的
প্রতীক্ষা করা		等待；期待
পাছে	［连］	唯恐；以免；担心
সহস্রবার করে		多次地
গোলমাল	［名］	混乱；麻烦
উদ্বেলিতহৃদয়ে	［副］	激动难抑地
নামঞ্জুর হওয়া		被拒绝；未被批准

চটপট হওয়া		动作轻快麻利
আহার	[名]	吃；食物；餐饭
সমাপ্ত হওয়া		结束
আবশ্যক	[名/形]	必要（的）；必备（的）
হাস্যধ্বনি	[名]	笑音
সমাপন	[名]	完成；结束
প্রভু	[名]	主人；丈夫；国王；神；圣人
স্নেহগর্ভ	[形]	充满怜爱的；慈爱的
দয়ার্দ্র	[形]	善意的；慈爱的
নারীহৃদয়	[名]	女人心
উচ্ছ্বসিত হৃদয়ে		激动难抑地
গমনোন্মুখ হওয়া		出发
বাদে	[介]	除了……；没有……；……之后
ভূতপূর্ব	[形]	先前的；前任的
অশ্রুরাশি	[名]	泪流如注
অব্যক্ত	[形]	未表达的；难以言说的
মর্মব্যথা	[名]	痛苦；哀痛
ক্রোড়বিচ্যুত	[形]	分离的；疏离的
অতিক্রম করা		经过；穿过
শ্মশান	[名]	火葬场
উদাস	[形]	冷漠的；无动于衷的
তত্ত্ব	[名]	真理；哲理
বিচ্ছেদ	[名]	分离
ক্ষীণ আশা		渺茫的希望
ঘোচা	[动]	消逝；被驱除；被摧毁
যুক্তিশাস্ত্র	[名]	逻辑学
বিধান	[名]	真知；戒律；法规
প্রাণপণে	[副]	不顾一切地；不惜舍弃生命地

পলায়ন করা		逃离
ভ্রান্তিপাশ	［名］	错误；幻觉；迷误
ব্যাকুল	［形］	急切的；热切的

অনুশীলনী

১.পাঠ অনুসরণে নিচের প্রশ্নাবলীর উত্তর দিন।

১.উলাপুর গ্রামের প্রবাসী জীবনে পোস্টমাস্টারের কেমন লেগেছে? চাকুরীস্থলে তিনি কেন ঠিকমতো মানিয়ে নিতে পারেননি?

২.শ্রাবণমাসে বৃষ্টির দিনে পোস্টমাস্টারের শরীরের অবস্থা কেমন হয়েছিল? তখন তার মনে কী ইচ্ছা জেগেছিল? রতন কী করেছিল?

৩.রতনের সংক্ষিপ্ত পরিচয় দিন। গল্পের এই চরিত্রটি আপনার কেমন লেগেছে, সংক্ষেপে বলুন।

৪.গল্পটিতে রতনকে বারবার 'বালিকা' বলে চিহ্নিত করা হয়েছে। কিন্তু 'বালিকা রতন আর বালিকা রহিল না' – লেখকের এ কথার অর্থ কী? রতন কীভাবে নারীর রূপ ধারণ করেছে?

৫.কলিকাতায় ফিরে যাবার আগে পোস্টমাস্টারের প্রত্যাখ্যান রতনের মনে অনেক আঘাত করেছে। পোস্টমাস্টারের ওপর রতনের অভিমানমিশ্রিত অনুভূতি কোন্ কোন্ উক্তিতে স্পষ্টভাবে প্রকাশিত হয়েছে?

৬.পোস্টমাস্টার আর রতন– এ দু'টি চরিত্রের সামাজিক ও অর্থনৈতিক অবস্থার যে বিরাট ফারাক আছে তা ব্যাখ্যা করুন। গল্পটিতে তাদের মধ্যে সম্পর্কের পরিবর্তন ও ওঠানামা কীভাবে চিত্রিত হয়েছে?

৭.পোস্টমাস্টার গল্পে চরিত্র আসলে তিনটি– পোস্টমাস্টার, রতন এবং প্রকৃতি। গল্পটিতে প্রকৃতি কেবল স্থানিক ও ভৌগোলিক পরিচয় বহন করেনি, গল্পের প্রধান দুটি চরিত্রের আবেগকে নিয়ন্ত্রণ করেছে এবং গল্পের বিস্তার ও পরিণতিতে অমোঘ প্রভাব বিস্তার করতে সক্ষম হয়েছে– এ মন্তব্য নিজ ভাষায় ব্যাখ্যা করুন।

৮. "হায় বুদ্ধিহীন মানবহৃদয়! ভ্রান্তি কিছুতেই ঘোচে না, যুক্তিশাস্ত্রের বিধান বহুবিলম্বে মাথায় প্রবেশ করে, প্রবল প্রমাণকেও অবিশ্বাস করিয়া মিথ্যা

আশাকে দুই বাহুপাশে বাঁধিয়া বুকের ভিতরে প্রাণপণে জড়াইয়া ধরা যায়, অবশেষে একদিন সমস্ত নাড়ী কাটিয়া হৃদয়ের রক্ত শুষিয়া সে পলায়ন করে, তখন চেতনা হয় এবং দ্বিতীয় ভ্রান্তিপাশে পড়িবার জন্য চিত্ত ব্যাকুল হইয়া উঠে।” – কথাটির অন্তর্নিহিত অর্থ নিজ ভাষায় ব্যাখ্যা করুন।

২। পাঠের বাক্য খুঁজে বের করে শূন্যস্থান পূরণ করুন।

১.গল্পের কাহিনীতে দেখা যায় উলাপুর গ্রামে পোস্টমাস্টারের কর্মজীবনের সূত্রপাত। নাগরিক পরিবেশ ছেড়ে কলকাতাবাসী পোস্টমাস্টার এর আগে কখনও স্থায়ীভাবে গ্রামে বাস করেনি। তাই “( ),”এই গণ্ডগ্রামের মধ্যে আসিয়া পোস্টমাস্টারেরও সেই দশা উপস্থিত হইয়াছে।” ‘প্রবাস’, ‘ঘোর প্রবাস’, ‘নিতান্ত নিঃসঙ্গ প্রবাস’ এই ধরনের অভিব্যক্তি পোস্টমাস্টারের প্রেক্ষণবিন্দু থেকে বার বার সমস্ত গল্পে ঘুরে ফিরে এসেছে। কলকাতার ছেলে পল্লীগ্রামে কারও সঙ্গে ভালো করে মিশতে জানে না, সেই অর্থে কাজ না-থাকায় দু’একটি কবিতা লিখে যার একাকিত্ব ঘোচানোর চেষ্টা, জোর করে যে গ্রামের প্রকৃতির সান্নিধ্যে মন প্রফুল্ল রাখার চেষ্টা করে, তার অন্তরের সত্যিকার বাসনা কী সে-সম্পর্কে রবীন্দ্রনাথ আমাদের জানাচ্ছেন——“(

)

”

২.প্রবাসে অসুস্থতা যেমন মানুষকে অসহায় করে, দুর্বল করে, তেমনি ভালোবাসার লোককে অনেক কাছে নিয়ে আসে এবং এই নৈকট্যের মধ্য দিয়ে অল্পদিনেই ভালোবাসায় পরিণত হয়ে ওঠে। পোস্টমাস্টারের অসহায় আত্মসমর্পণ নিশ্চয়ই সজ্ঞান ভালোবাসার স্মারক নয়, জ্বরাতুর আবেশের ফল। কিন্তু রতনের মতো সরলা পল্লীবালিকার কাছে তা এক বড় অবলম্বন হয়ে উঠেছে, হৃদয়মোচনের অনিবার্য গতিতে সে বালিকাস্তর পেরিয়ে ভালোবাসার

এক মুক্ত-অঙ্গনে পৌঁছে গেছে– সেখানে প্রেমিকা, জননী ও ভগ্নী একাকার। এইবার রতনের সক্রিয়তা ও আকুলতা লক্ষ্য করার মতো——“ (

)

”

৩.উলাপুর গ্রামের অতিমন্থরগতির জীবনস্রোতে অনাথা বালিকা রতন পোস্টমাস্টারের একমাত্র মানসিক অবলম্বন সঙ্গী। সেবাকারিণী পিতৃমাতৃহীন রতন অনেক কর্মহীন দুপুরে আর নিস্তব্ধ রজনীতে পোস্টমাস্টারের একমাত্র সঙ্গী হয়ে ওঠে। অচিরেই পরিচারিকা রতন সেবাকারিণী, ভগিনী ও জননীর পদে অধিষ্ঠিতা হয়ে রোগশয্যাশায়িত পোস্টমাস্টারকে ভালোবেসে ফেলে। কিন্তু স্বল্পতর বেতন ও তদুপরি স্বল্প কর্মভারে ক্লান্ত উদ্যমহীন পোস্টমাস্টার কলকাতায় ফেরার আকুলতায় ব্যাকুল। তাই সে রতনের ভালোবাসাকে বুঝতেই পারেনি এবং রতনের “( )?” এ অনুরোধ, এ বাক্যালাপ হেসেই উড়িয়ে দেয়।

৪.বিদায় বেলায় তার পা ধরে ক্রন্দনরত রতনের হৃদয়ের আকুতিকে উপেক্ষা করে পোস্টমাস্টারকে আমরা কলকাতাগামী নৌকায় উঠতে দেখি। নৌকায় একবার পিতৃমাতৃহীন রতনের জন্য তার ফেরার চিন্তা মনে হলেও, সচেতন মস্তিষ্কে উদয় হয় এক নতুন তত্ত্বের—— “ (

)

”

তৃতীয় অংশ:কবিতা

পাঠ ২২

আনন্দ

যে আনন্দ ফুলের বাসে, যে আনন্দ পাখির গানে,
যে আনন্দ অরুণ আলোয়, যে আনন্দ শিশুর প্রাণে,
যে আনন্দে বাতাস বহে, যে আনন্দ সাগরজলে,
যে আনন্দ ধূলির কণায়, যে আনন্দ তৃণের দলে,
যে আনন্দে আকাশ ভরা, যে আনন্দ তারায় তারায়,
যে আনন্দ সকল সুখে, যে আনন্দ রক্তধারায়,
যে আনন্দ মধুর হয়ে তোমার প্রাণে পড়ুক ঝরি,
যে আনন্দ আলোর মতো থাকুক তব জীবন ভরি।

(সুকুমার রায়)

কবি পরিচিতি

শিশু-কিশোর পাঠকদের কাছে সুকুমার রায় (১৮৮৭-১৯২৩) একটি প্রিয় নাম। তাঁর 'আবোল-তাবোল', 'হ-য-ব-র-ল' ও অন্যান্য অতুলনীয় লেখার জন্য তিনি চিরস্মরণীয় হয়ে থাকবেন। সুকুমার রায় একজন বাঙালি শিশুসাহিত্যিক ও ভারতীয় সাহিত্যে "ননসেন্স রাইমের" প্রবর্তক। তিনি একাধারে লেখক, ছড়াকার, শিশুসাহিত্যিক, রম্যরচনাকার, প্রাবন্ধিক, নাট্যকার ও সম্পাদক। তিনি বিখ্যাত শিশু-সাহিত্যিক উপেন্দ্রকিশোর রায় চৌধুরীর পুত্র এবং বিখ্যাত চলচ্চিত্রকার ও শিশু-সাহিত্যিক সত্যজিৎ রায়ের পিতা। তাঁর জন্ম ১৮৮৭ সালের ৩০শে অক্টোবর কলকাতার এক ব্রাহ্ম পরিবারে। তাঁর পরিবারের আদি নিবাস ছিল ময়মনসিংহের মসুয়া গ্রামে। পিতা উপেন্দ্রকিশোর ছিলেন শিশুতোষ গল্প ও জনপ্রিয়-বিজ্ঞান লেখক,

চিত্রশিল্পী, সুরকার ও শৌখিন জ্যোতির্বিদ। উপেন্দ্রকিশোরের ঘনিষ্ঠ বন্ধু ছিলেন রবীন্দ্রনাথ ঠাকুর, যিনি সুকুমারকে সরাসরি প্রভাবিত করেছিলেন। সুকুমার রায় ছিলেন বহুমুখী প্রতিভার অধিকারী। তিনি বিজ্ঞান, ফটোগ্রাফি ও মুদ্রণ প্রকৌশলে উচ্চশিক্ষা অর্জন করেছিলেন। এ ছাড়া তিনি ছড়া রচনা ও ছবি আঁকায় মৌলিক প্রতিভা ও উদ্ভাবনী শক্তির পরিচয় দিয়েছিলেন। রবীন্দ্রনাথ ও অবনীন্দ্রনাথের সঙ্গে 'গোড়ায় গলদ' নাটকে অভিনয়ও করেছিলেন তিনি। প্রেসিডেন্সি কলেজে পড়ার সময় তিনি প্রতিষ্ঠা করেছিলেন এক অদ্ভুত ক্লাব, নাম– 'ননসেন্স ক্লাব'। এই ক্লাবের পত্রিকার নাম ছিল 'সাড়ে বত্রিশ ভাজা'। আর তাঁর রচনাগুলোও অদ্ভুত ও মজাদার। হাসজারু, বকচ্ছপ, সিংহরিণ, হাতিমি ইত্যাদি কাল্পনিক প্রাণীর নাম তাঁরই সৃষ্টি। বিখ্যাত 'সন্দেশ' পত্রিকা বেশ কয়েকবার সম্পাদনা করেছেন সুকুমার রায়। আর একে কেন্দ্র করেই ঐ সময় সুকুমার রায়ের সাহিত্য প্রতিভা পূর্ণ বিকশিত হয়েছিল। সুকুমার রায় বাংলা সাহিত্যে অমর হয়ে আছেন প্রধানত খেয়াল রসের কবিতা, হাসির গল্প, নাটক ইত্যাদি শিশুতোষ রচনার জন্য। অবশ্য ছেলেবুড়ো সবাই তাঁর লেখা পড়ে আনন্দ পায়। ১৯২৩ সালের ৯ই সেপ্টেম্বর তিনি মৃত্যুবরণ করেন।

শব্দার্থ

অরুণ	［名］	太阳
বাস	［名］	气味
বহা	［动］	刮（风）；（水）流动
ধূলির কণা	［名］	尘土颗粒
তৃণ	［名］	草
তারা	［名］	星辰
রক্তধারা	［名］	血液；血流
ঝরা	［动］	落下；滴落；流出
তব	［形］	你的

অনুশীলনী

১। সঠিক উত্তর বাছাই করুন।

১. কোনটি 'আকাশ' শব্দের প্রতিশব্দ নয়?
ক. গগন
খ. অভ্র
গ. আসমান
ঘ. কুসুম
২. কোনটি 'বাতাস' শব্দের প্রতিশব্দ নয়?
ক. বায়ু
খ. সমীর
গ. হাওয়া
ঘ. নীলিমা
৩. কোনটি 'ফুল' শব্দের সমার্থ শব্দ?
ক. তৃণ
খ. সমীরণ
গ. পুষ্প
ঘ. অরুণ
৪. কোনটি 'তারা' শব্দের সমার্থ শব্দ?
ক. রৌদ্র
খ. নক্ষত্র
গ. জ্যোৎস্না
ঘ. জোছনা

২। কবিতা অনুসরণে নিচের প্রশ্নাবলীর উত্তর দিন।

১.'আনন্দ' কবিতায় কবির কী ধরনের প্রার্থনা প্রকাশ পেয়েছে?
২.প্রকৃতিতে কোথায় কোথায় আনন্দের উপকরণ ছড়িয়ে আছে তার পরিচয় দিন।
৩.'আনন্দ' কবিতার ভাববস্তু নিজ ভাষায় বলুন।

৪."যে আনন্দ মধুর হয়ে, তোমার প্রাণে পড়ুক ঝরি/ যে আনন্দ আলোর মতো, থাকুক তব জীবন ভরি" – এই দু'টি বাক্য সপ্রসঙ্গ ব্যাখ্যা করুন এবং চীনা ভাষায় অনুবাদ করুন।

৫.আপনার জীবনে আনন্দের উপকরণ কী কী?

৩। কবিতা অনুসরণে শূন্যস্থান পূরণ করুন।

১.'আনন্দ' কবিতাটিতে কবি জীবনের (　　) সম্পর্কে নিজের উপলব্ধি প্রকাশ করেছেন।

২.কবিতাটির আলোকে (　　)র সঙ্গে মানুষের আনন্দিত সম্পর্ক ফুটিয়ে তোলা হয়েছে।

৩.পৃথিবীর প্রত্যেক মানুষের জীবন (　　) হয়ে উঠুক এটাই কবির কামনা।

পাঠ ২৩

মানবধর্ম

সব লোকে কয় লালন কী জাত সংসারে।
লালন কয়, জেতের কী রূপ, দেখলাম না এ নজরে ।।

কেউ মালা, কেউ তস্‌বি গলায়,
তাইতে কী জাত ভিন্ন বলায়,
যাওয়া কিংবা আসার বেলায়
জেতের চিহ্ন রয় কার রে।।

গর্তে গেলে কূপজল কয়,
গঙ্গায় গেলে গঙ্গাজল হয়,
মূলে এক জল, সে যে ভিন্ন নয়,
ভিন্ন জানায় পাত্র-অনুসারে।।

জগৎ বেড়ে জেতের কথা,
লোকে গৌরব করে যথা-তথা,
লালন সে জেতের ফাতা
বিকিয়েছে সাত বাজারে।।

(লালন শাহ্)

কবি পরিচিতি

লালন শাহ্ মানবতাবাদী মরমি কবি। তিনি একজন শ্রেষ্ঠ বাউল সাধক। তিনি মুসলমান পরিবারে জন্মে ছিলেন। কিন্তু ছেলেবেলায় মা-বাবাকে হারিয়ে এক হিন্দু পরিবারে বেড়ে ওঠেন। তিনি ছেলেবেলায় বাউল সাধক সিরাজ শাহের কাছে আধ্যাত্মিক তত্ত্বে দীক্ষা নেন। আর সেজন্যই তিনি 'শাহ্' উপাধি লাভ

করেছিলেন। প্রতিষ্ঠানিক শিক্ষা না থাকলেও লালন শাহ্ নানা ধর্মগ্রন্থ, ষড়দর্শন, স্মৃতিশাস্ত্র প্রভৃতি বিষয়ে অনেক জ্ঞান অর্জন করেন, নিজের চিন্তা ও সাধনায় তিনি হিন্দু ও মুসলমানের ধর্মীয় শাস্ত্র সম্পর্কে বিশেষ জ্ঞান অর্জন করেন। নিজের চিন্তা সাধক সিরাজ সাঁই বা সিরাজ শাহ্র শিষ্যত্ব গ্রহণ করার পর তিনি লালন সাঁই বা লালন শাহ্ নামে পরিচিতি অর্জন করেন। গানে তিনি নিজেকে ফকির লালন হিসেবেও উল্লেখ করেছেন। এই জ্ঞানের সঙ্গে নিজের অভিজ্ঞতা ও উপলব্ধির মিলনে তিনি নতুন এক দর্শন প্রচার করেন। গানের মধ্য দিয়ে তাঁর এই দর্শন প্রকাশ পেয়েছে। অধ্যাত্মভাব ও মরমি রসব্যঞ্জনা তাঁর গানের বিশেষ বৈশিষ্ট্য। তিনি সহস্রাধিক গান সৃষ্টি করেন। তিনি কায়মনোবাক্যে গান ও আধ্যাত্মিক সাধনায় মগ্ন থাকতেন। তাঁর ধ্যান-জ্ঞান ছিল গান। তিনি ছিলেন সুরের সাধক। তাই মৃত্যুর পূর্বরাতেও তিনি শুধু গান করেছেন এবং গান গাইতে গাইতেই তাঁর মৃত্যু হয়েছে। লালন শাহ্ ১৭৭২ খ্রিষ্টাব্দে ঝিনাইদহ, মতান্তরে কুষ্টিয়ায় জন্মগ্রহণ করেন। তবু তাঁর জন্মতারিখ ও জন্মস্থান নিয়ে পণ্ডিতগণের মধ্যে মতভেদ রয়েছে। তিনি ১৭ অক্টোবর ১৮৯০ খ্রিষ্টাব্দে কুষ্টিয়ার ছেউরিয়ায় পরলোকগমন করেন।

শব্দার্থ

সংসার	[名]	尘世；世间
কয়	[动]	说
মালা	[名]	花环；项链
তস্‌বি	[名]	珠串（穆斯林佩戴的）
মূল	[名]	根；源头；开端
যাওয়া কিংবা আসার বেলায়		诗中喻指出生或死亡的时候
গর্ত	[名]	洞；坑
কূপজল	[名]	井水
গঙ্গাজল	[名]	恒河水；诗中指圣洁的（于印度教徒而言是圣洁的标志）
জেতের		种姓的；宗教的

জেতের ফাতা		种姓或宗教的特征；种姓或宗教的分别
যথা-তথা	[副/连]	到处；不论哪里
চিহ্ন	[名]	记号；标记

অনুশীলনী

১। সঠিক উত্তর বাছাই করুন।

১.কবি তাঁর কবিতায় কোন ধর্মকে অনুসরণ করতে বলেছেন?

ক.সেবাধর্ম

খ.কল্যাণধর্ম

গ.মানবধর্ম

ঘ.সত্যধর্ম

২.'মানবধর্ম' কবিতায় লালন শাহ 'জল' শব্দটি কতবার ব্যবহার করেছেন?

ক.এক

খ.তিন

গ.চার

ঘ.পাঁচ

৩.লালন ফকির কী নিয়ে প্রশ্ন তুলেছেন–

ক.জীবের সৃষ্টিরহস্য

খ.মানুষের জাত-পরিচয়

গ.মানুষের মৃত্যু

ঘ.মানুষের জন্ম

৪.'মানবধর্ম' কবিতায় প্রকাশ পেয়েছে–

ক.অসহানুভূতিশীলতা

খ.অসাম্প্রদায়িকতা

গ.ধর্মানুভূতি

ঘ.অধ্যাত্মভাব

৫.জলের নাম পরিচয়ে ভিন্নতা হয় কী কারণে?

ক.ব্যবহারের কারণে

খ.বর্ণভেদে
গ.অবস্থানের কারণে
ঘ.অনুষ্ঠানিকতার কারণে
৬.মানুষের মধ্যে পার্থক্য কীভাবে সৃষ্টি হয়েছে?
ক.মানুষ কৃত্রিমভাবে এ পার্থক্য সৃষ্টি করেছে
খ.সৃষ্টিকর্তা পার্থক্য করেই মানুষ প্রেরণ করেছেন
গ.প্রকৃতি নিজেই পার্থক্য সৃষ্টি করেছে
ঘ.জন্মের সময় আপনা-আপনি পার্থক্য সৃষ্টি হয়েছে
৭.'মালা' ও 'তস্‌বি' কী অর্থে মানবধর্মে ব্যবহৃত হয়েছে?
ক.অলঙ্কার
খ.যন্ত্র
গ.অস্ত্র
ঘ.প্রতীক
৮.জাতি, ধর্ম, গোত্র, শ্রেণিপেশা (   ) সকল মানুষই শ্রদ্ধা ও সম্মান পাওয়ার যোগ্য।
ক.ব্যতীত
খ.অনুসারে
গ.নির্বিশেষে
ঘ.বলে
৯.লালন শাহ কোনটিকে 'বাজারে বিকিয়েছেন'?
ক.বংশমর্যাদা
খ.মানবধর্ম
গ.সৃষ্টিধর্ম
ঘ.জাতপ্রথা
১০.কবিতার মর্ম অনুসারে মানুষের কোন পরিচয়টি বড় হওয়া উচিত?
ক. সামাজিক পরিচয়
খ. ধর্মীয় পরিচয়
গ. মানুষ পরিচয়

ঘ. পেশার পরিচয়
১১.লালন বিশ্বাস করেন না–
ক.প্রকৃতির সৃষ্টিরহস্যে
খ.জাত-ধর্মভেদে মানুষের ভিন্নতায়
গ.মানুষের জাতীয়তায়
ঘ.মানুষের জন্ম-মৃত্যু
১২.কবি কোনটি নিয়ে বাড়াবাড়ি করতে আপত্তি জানিয়েছেন?
ক.বিদ্যা-বুদ্ধি
খ.ধন-সম্পদ
গ.মান-মর্যাদা
ঘ.জাত-পাত

২। শূন্যস্থান পূরণ করুন।

মনে করা ধারণ করা উত্থাপন করা গৃহীত হওয়া

'সব লোকে কয় লালন কী জাত সংসারে' গানটি 'মানবধর্ম' কবিতা হিসেবে এ গ্রন্থে ( )। এ কবিতায় লালন ফকির মানুষের জাত-পরিচয় নিয়ে প্রশ্ন ( )। নিজে কোনো ধর্মের বা জাতের এমন প্রশ্ন আগেও ছিল এখনো আছে। লালন বলেছেন, জাতকে তিনি গুরুত্বপূর্ণ ( ) না। মনুষ্যধর্মই মূলকথা। জন্ম-মৃত্যু কালে কী কোনো মানুষ তসবি বা জপমালা ( ) থাকে? সে-সময় তো সবাই সমান। মানুষ জাত ও ধর্মভেদে যে ভিন্নতার কথা বলে লালন তা বিশ্বাস করেন না। এই পাঠের মাধ্যমে আমরা বুঝতে সক্ষম হব যে, ধর্ম বা সম্প্রদায়গত পরিচিতির চেয়ে মানুষ হিসেবে পরিচয়টাই বড়।

পাঠ ২৪

খাঁটি সোনা

মধুর চেয়েও আছে মধুর
– সে এই আমার দেশের মাটি,
আমার দেশের পথের ধুলা
খাঁটি সোনার চাইতে খাঁটি।

চন্দনেরি গন্ধভরা,
শীতল করা, ক্লান্তি-হরা
যেখানে তার অঙ্গ রাখি
সেখানটিতেই শীতল পাটি।

শিয়রে তার সূর্য এসে
সোনার কাঠি ছোঁয়ায় হেসে,
নিদ-মহলে জ্যোৎস্না নিতি
বুলায় পায়ে রূপার কাঠি।

নাগের বাঘের পাহারাতে
হচ্ছে বদল দিনে রাতে,
পাহাড় তারে আড়াল করে
সাগর সে তার ধোয়ায় পাটি।

নারিকেলের গোপন কোষে
অন্ন-পানী' যোগায় গো সে,
কোল ভরা তার কনক ধানে

আটটি শীষে বাঁধা আঁটি।

মধুর চেয়েও আছে মধুর
সে এই আমার দেশের মাটি।

সংক্ষেপিত

(সত্যেন্দ্রনাথ দত্ত)

কবি পরিচিতি

সত্যেন্দ্রনাথ দত্ত (১৮৮২-১৯২২) একজন বাঙালি কবি ও ছড়াকার। তিনি ১৮৮২ খ্রিস্টাব্দে পশ্চিমবঙ্গের কলকাতার কাছাকাছি নিমতা গ্রামে জন্মগ্রহণ করেন। তাঁর কবিতায় ছন্দের কারুকাজ, শব্দ ও ভাষা যথোপযুক্ত ব্যবহারের কৃতিত্বের জন্য তাঁকে ছন্দের যাদুকর নামে আখ্যায়িত করা হয়। কাব্য রচনার ক্ষেত্রে তিনি রবীন্দ্রনাথের স্নেহ ও শুভেচ্ছা লাভ করেছিলেন। রবীন্দ্রনাথের প্রিয়ভাজন হয়েও তিনি কাব্য-নির্মাণকৌশলের দিক থেকে রবীন্দ্রনাথ থেকে অনেকটা সরে এসেছিলেন। সমসাময়িক অন্যান্য কবির মধ্যে তিনি ব্যতিক্রম, পুরোপুরি রবীন্দ্র অনুসারী তিনি নন। তাঁর কবিতা নতুন ছন্দের দিক থেকে বিচিত্র। ছন্দের সম্মোহন এবং তার দ্রুতগতি আনন্দ-আবেদনে তিনি জনসাধারণের চিত্তের অত্যন্ত নিকটে এসেছিলেন। ছন্দ নিয়ে পরীক্ষা-নিরীক্ষায় ব্যাপৃত থেকে তিনি 'ছন্দের জাদুকর' উপাধি পেয়েছিলেন। সহজ কলাকৌশল এবং ধ্বনির অনুরণন দিয়ে তিনি এক মায়া-জাল বিস্তার করেছিলেন, বাংলা সাহিত্যের ইতিহাসে পাঠকের জন্য এ সংবাদটি মনে রাখার মত। শব্দের ব্যবহারেও নৈপুণ্য দেখিয়েছেন এই কবি। বাংলা কবিতায় তিনি প্রচুর আরবি-ফারসি শব্দের ব্যবহার করেছেন অত্যন্ত সার্থকভাবে। একজন সফল অনুবাদক হিসেবেও তিনি খ্যাতি পেয়েছেন। 'তীর্থ সলিল' ও 'তীর্থরেনু' – এ দুটি তাঁর দ্বারা অনূদিত কবিতার সংকলন। 'বেণু ও বীণা', 'হোমশিখা', 'ফুলের ফসল', 'কুহু ও কেকা', 'তুলির লিখন', 'মণিমঞ্জুষা', 'অভ্র আবীর', 'বিদায় আরতি' তাঁর বিখ্যাত কাব্যগ্রন্থ। মাত্র

চল্লিশ বছর বয়সে ১৯২২ সালের ২৫ ফেব্রুয়ারি কবি সত্যেন্দ্রনাথ দত্ত পরলোকগমন করেন। আমাদের পাঠ 'খাঁটি সোনা' কবিতাটি সত্যেন্দ্রনাথ দত্তের 'বেণু ও বীণা' কাব্যগ্রন্থ থেকে নেওয়া হয়েছে।

শব্দার্থ

খাঁটি	[形]	纯正的；真正的；诚实的
ধুলা	[名]	灰尘、尘土
চন্দনেরি	[名]	檀香木（阴性词）
শিয়র	[名]	头部的位置
শীতল পাটি		凉毯
ক্লান্তি-হরা	[形]	带走疲惫
ছোঁয়া	[动]	触摸、触碰
নিদ-মহল		沉睡的宫殿，诗中指夜晚
জ্যোৎস্না	[名]	月光
নিতি	[副]	永远；每日
বুলানো	[动]	抚摸；轻抚
আড়াল	[名]	隐藏、隐蔽处
অন্ন-পানী	[名]	此处指椰肉和椰汁
যোগানো	[动]	提供
কনক ধান		金色的稻谷；成熟的稻谷
শীষ	[名]	谷类的杆
আঁটি	[名]	捆、束

অনুশীলনী

১। সঠিক উত্তর বাছাই করুন।

১. (   ) শিয়রে সোনার কাঠি ছোঁয়ায়?

ক.চন্দনের গন্ধ

খ.হাসি

গ.জ্যোৎস্না

ঘ.সূর্য

২. (　　) পায়ে রূপার কাঠি বুলিয়ে দেয়?

ক.শীতল পাটি

খ.নিদ-মহল

গ.জ্যোৎস্না

ঘ.সূর্য

৩.স্বদেশের প্রতিটি ধূলিকণা সোনার (　　) খাঁটি।

ক.মতো

খ.থেকে

গ.চেয়েও

ঘ.তুলনা

৪.'খাঁটি সোনা' কবিতার মূল বিষয়বস্তু কী?

ক.প্রকৃতি প্রেম ও সৌন্দর্যবোধ

খ.বক্তিগত জীবনদর্শন

গ.স্বদেশপ্রেম

ঘ.সুখের অনুভব

৫.নীচের কোন্ ব্যাখ্যাটি সঠিক নয়?

ক.কবিতাটি পাঠ করে শিক্ষার্থীরা স্বদেশের সৌন্দর্য ও বৈশিষ্ট্য সম্পর্কে অবহিত হবে।

খ.কবিতাটি পাঠ করে শিক্ষার্থীরা স্বদেশেপ্রেমে উদ্বুদ্ধ হয়ে দেশকে ভালবাসবে।

গ.শিক্ষার্থীরা কবিতাটি আবৃত্তি করে আনন্দ পাবে, তাদের স্বদেশেপ্রেমের অনুভূতি মনে জাগবে।

ঘ.কবিতায় কলকাতা শহরের প্রাকৃতিক পরিবেশের সৌন্দর্য বিশেষ করে চিত্রিত করা হয়েছে।

২। কবিতা অনুসরণে নিচের প্রশ্নাবলীর উত্তর দিন।

১.বনভূমিতে দিনের বেলায় কে পাহারা দেয়?

২.কে এদেশের পা ধুইয়ে দেয়?

৩.'সোনার কাঠি' ও 'রূপার কাঠি' বলতে কবি কী বুঝিয়েছেন?

৪.কবি কেন স্বদেশের মাটিকে শীতল পাটির সঙ্গে তুলনা করেছেন?

৫.কবি স্বদেশের প্রকৃতির রং ও রূপের যে বর্ণনা দিয়েছেন তা নিজের ভাষায় লিখুন।

৬.দেশের কোন্ বিশেষ দিকগুলো কবির দৃষ্টিতে আশ্চর্য সুন্দর হয়ে ধরা দিয়েছে?

৩। পাঠ অনুসরণে শূন্যস্থান পূরণ করুন।

১.স্বদেশের মাটি আমাদের কাছে 'মধুর ( ) মধুর'।

২.স্বদেশের মাটি যেন শীতল পাটির ( ) তা আমাদের ক্লান্তি দূর করে।

৩.দেশের মাটিতে জন্মায় নারিকেলের মত ফল যা একই সঙ্গে অন্ন ও পানীয় দুই-ই ( )।

পাঠ ২৫

বর্ণমালা, আমার দুঃখিনী বর্ণমালা

নক্ষত্রপুঞ্জের মতো জ্বলজ্বলে পতাকা উড়িয়ে আছো আমার সত্তায়।
মমতা নামের প্লুত প্রদেশের শ্যামলিমা তোমাকে নিবিড়
ঘিরে রয় সর্বদাই। কালো রাত পোহানোর পরের প্রহরে
শিউলি-শৈশবে 'পাখি সব করে রব' বলে মদনমোহন
তর্কালংকার কী ধীরোদাত্ত স্বরে প্রত্যহ দিতেন ডাক। তুমি আর আমি,
অবিচ্ছিন্ন, পরস্পর মমতায় লীন,
ঘুরেছি কাননে তাঁর নেচে নেচে, যেখানে কুসুম-কলি সবই
ফোটে, জোটে অলি ঋতুর সংকেতে।

আজন্ম আমার সাথি তুমি,
আমাকে স্বপ্নের সেতু দিয়েছিলে গড়ে পলে পলে,
তাইতো ত্রিলোক আজ সুনন্দ জাহাজ হয়ে ভেড়ে
আমারই বন্দরে।

গলিত কাচের মতো জলে ফাৎনা দেখে দেখে রঙিন মাছের
আশায় চিকন ছিপ ধরে গেছে বেলা। মনে পড়ে, কাঁচি দিয়ে
নকশা কাটা কাগজ এবং বোতলের ছিপি ফেলে
সেই কবে আমি 'হাসিখুশি'র খেয়া বেয়ে
পৌঁছে গেছি রত্নদ্বীপে কম্পাস বিহনে।

তুমি আসো, আমার ঘুমের বাগানেও
হে কোন্ বিশাল
গাছের কোটর থেকে লাফাতে লাফাতে নেমে আসো,

আসো কাঠবিড়ালির রূপে,
ফুল্ল মেঘমালা থেকে চকিতে ঝাঁপিয়ে পড়ো ঐরাবত সেজে,
সুদূর পাঠশালার একান্নটি সতত সবুজ
মুখের মতোই দুলে দুলে ওঠো তুমি
বার বার কিংবা টুকটুকে লংকা ঠোঁট টিয়ে হয়ে
কেমন দুলিয়ে দাও স্বপ্নময়তায় চৈতন্যের দাঁড়।
আমার এ অক্ষিগোলকের মধ্যে তুমি আঁখিতারা।
যুদ্ধের আগুনে,
মারির তাণ্ডবে,
প্রবল বর্ষায়
কী অনাবৃষ্টিতে,
বারবনিতার
নূপুর নিক্কণে,
বনিতার শান্ত
বাহুর বন্ধনে,
ঘৃণায় ধিক্কারে,
নৈরাজ্যের এলো–
ধাবাড়ি চিৎকারে,
সৃষ্টির ফাল্গুনে
হে আমার আঁখিতারা তুমি উন্মীলিত সর্বক্ষণ জাগরণে।

তোমাকে উপড়ে নিলে, বলো তবে, কী থাকে আমার?
উনিশ শো' বাহান্নোর দারুণ রক্তিম পুষ্পাঞ্জলি
বুকে নিয়ে আছো সগৌরবে মহীয়সী।
সে-ফুলের একটি পাপড়িও ছিন্ন হলে আমার সত্তার দিকে
কত নোংরা হাতের হিংস্রতা ধেয়ে আসে।
এখন তোমাকে নিয়ে খেঙরার নোংরামি,

এখন তোমাকে ঘিরে খিস্তি-খেউড়ের পৌষমাস!
তোমার মুখের দিকে আজ আর যায় না তাকানো,
বর্ণমালা, আমার দুঃখিনী বর্ণমালা।

(শামসুর রাহমান)

শব্দার্থ

দুঃখিনী	［名］	悲伤的；痛苦的（形容女性）
নক্ষত্রপুঞ্জ	［名］	星群
সত্তা	［名］	存在
প্লুত	［形］	被水淹的;被淹没的；浸没的
পোহানো	［动］	度过；熬过；忍过
প্রহর	［名］	一种时间计量单位，约相当于三个小时
মদনমোহন	［名］	连印度教的爱神摩顿都为之着迷的人；亦可指里希那神
তর্কালংকার	［名］	言辞;辩辞
ধীরোদাত্ত	［形］	英勇高尚的
প্রত্যহ	［副］	每天
লীন	［形］	消融的；消失的；迷恋的；挚爱的
কানন	［名］	小花园；小果园；小树林
সংকেত	［名］	信号；暗示
আজন্ম	［形/副］	终生的（地）
ত্রিলোক	［名］	包括天上、地上和冥间的三界；整个宇宙
সুনন্দ	［形］	令人愉快的
বন্দর	［名］	港口
ফাৎনা	［名］	钓鱼用的鱼漂

রত্নদ্বীপ	[名]	珍宝之岛
কম্পাস	[名]	罗盘；指南针
বিহনে	[介]	没有
কোটর	[名]	穴；孔；洞
কাঠবিড়ালি	[名]	松鼠
ঐরাবত	[名]	大象；印度教天神因陀罗的坐骑
অক্ষিগোলক	[名]	眼眸
মারি	[名]	瘟疫
তাণ্ডব	[名]	狂舞；狂乱的事情或行为
অনাবৃষ্টি	[名]	旱灾
বারবনিতা	[名]	歌舞伎
নূপুর নিক্কন	[名]	悦耳的脚铃声
বনিতা	[名]	妻子；女人
ধিক্কার	[名]	嫌恶；唾弃
নৈরাজ্য	[形]	无政府的；混乱的
আঁখিতারা	[名]	眼珠
উন্মীলিত	[形]	睁开的；展开的；显现的
জাগরণ	[名]	清醒；觉醒
রক্তিম	[形]	血红色的；变红的
মহীয়সী	[形]	伟大的（形容女性）
হিংস্রতা	[名]	残暴；凶猛
খেঙরা	[名]	扫帚
নোংরামি	[名]	肮脏；龌龊
খিস্তি-খেউড়	[名]	粗话；辱骂

কবি পরিচিতি

শামসুর রাহমান (১৯২৯-২০০৬) বাংলাদেশের কবিগণের মধ্যে শ্রেষ্ঠস্থান

লাভের অধিকারী ছিলেন। দীর্ঘদিন ধরে অনবরত কাব্যচর্চা করেছেন বলে তাঁকে বলা হয়েছে 'সার্বক্ষণিক কবি'। তিনি ১৯২৯ সালের ২৩ অক্টোবর ঢাকা শহরে জন্মগ্রহণ করেন। পেশা হিসেবে তিনি গ্রহণ করেছিলেন সাংবাদিকতাকে। বিংশ শতাব্দীর দ্বিতীয়ভাগে দুই বাংলায় তাঁর শ্রেষ্ঠত্ব ও জনপ্রিয়তা প্রতিষ্ঠিত। পৃথিবীর যেখানে যত বাংলাভাষী কবিতাপ্রিয় মানুষ আছেন, শামসুর রাহমান তাঁদের প্রায় সবার কাছে দারুণভাবে সমাদৃত। অতিআধুনিক কাব্যধারার বৈশিষ্ট্য তাঁর রচনায় অতন্ত্য সার্থকভাবে প্রকাশ পেয়েছে। তাঁর কাব্যে সমকালীন জীবনের আন্দোলন আশা-আকাঙ্ক্ষা রূপায়িত হয়ে উঠেছে। দেশবিভাগের পরে তৎকালীন পূর্ব পাকিস্তানে বাংলা ভাষার মর্যাদা রক্ষার দাবিতে যে আন্দোলন শুরু হয়, তাতে শামসুর রাহমানের কবিতা বিশেষ প্রেরণা জুগিয়েছিল। তাঁর প্রথম কাব্যগ্রন্থের নাম 'প্রথম গান, দ্বিতীয় মৃত্যুর আগে'। এটি প্রকাশিত হয় ১৯৬০ খ্রিস্টাব্দে। এরপর একে একে প্রকাশিত হয় 'রৌদ্র করোটিতে', 'বিধ্বস্ত নীলিমা', 'নিরালোকে দিব্যরথ', 'নিজ বাসভূমে', 'বন্দী শিবির থেকে', 'দুঃসময়ের মুখোমুখি', 'ফিরিয়ে নাও ঘাতক কাঁটা', 'আদিগন্ত নগ্ন পদধ্বনি', 'এক ধরনের অহংকার', 'আমি অনাহারী' প্রভৃতি গ্রন্থ। 'সার্বক্ষণিক কবি' শামসুর রাহমান ২০০৬ সালের ১৭ই আগস্ট ঢাকায় শেষ নিঃশ্বাস ত্যাগ করেন। 'বর্ণমালা, আমার দুঃখিনী বর্ণমালা' কবিতাটি তাঁর 'নিজ বাসভূমে'(১৯৭০) কাব্যগ্রন্থের অন্তর্গত।

অনুশীলনী

১। কবিতা অনুসরণে নিচের প্রশ্নাবলীর উত্তর দিন।

১.বর্ণমালার সঙ্গে জড়িয়ে আছে কবির নিবিড় মমতা। শৈশবকালের কোন কথা কবির মনে পড়ে যায়?

২.কবির আজন্ম সাথি বর্ণমালা তাঁর মধ্যে পলে পলে গড়ে দিয়েছে স্বপ্ন। এই স্বপ্নের জগতে তিনি কী অনুভব করেছেন?

৩.কবি তাঁর ঘুমের মধ্যেও অনুভব করেন এই বর্ণমালাকে। ব্যাখা করুন।

৪.কোন জিনিসটি কবির কাছে তাঁর আঁখিতারার মতো? কোন মুহূর্তে সে-আঁখিতারা সর্বক্ষণ উন্মীলিত হয়ে জেগে থাকে?

৫.কবি তাঁর এই দুঃখিনী বর্ণমালার মুখের দিকে চোখ মেলে তাকাতে পারেন না কেন?

৬.'উনিশ শো' বাহান্নোর দারুণ রক্তিম পুষ্পাঞ্জলি বুকে নিয়ে আছো সগৌরবে মহীয়সী।' – 'উনিশ শো বাহান্নোর দারুণ রক্তিম পুষ্পাঞ্জলি' বলতে গিয়ে কবি কোন ঐতিহাসিক ঘটনার প্রতি ইঙ্গিত করেছেন?

৭. 'আমার এ অক্ষিগোলকের মধ্যে তুমি আঁখিতারা' – এখানে 'আঁখিতারা' বলতে কী বোঝায়? যাকে কবি 'আঁখিতারা' বলেছেন, তার প্রতি কবির ভালোবাসা কীভাবে প্রকাশিত হয়েছে কবিতা অবলম্বনে আলোচনা করুন।

৮.'তোমার মুখের দিকে আজ আর যায় না তাকানো' – কার মুখের দিকে আজ আর তাকানো যায় না বলে মনে করেছেন কবি? কেন তাঁর এরকম মনে হয়েছে?

৯.এই কবিতায় মাতৃভাষার প্রতি কবির সুগভীর ভালোবাসা প্রকাশিত হয়েছে। কবিতা অবলম্বনে আলোচনা করুন।

২। নিচের শব্দগুলোর জন্য সঠিক অর্থ বাছাই করুন।

ক.অশ্রাব্য গালাগালি
খ.অরাজকতা; বিশৃঙ্খলা
গ.উদ্দাম নৃত্য;প্রলয়ংকর ব্যাপার
ঘ.ছাড়া;বিনা
চ.অস্তিত্ব
ছ.শ্যামলতা;সবুজ রঙ
জ.চেতনা
ঝ.নদী পারাপারের নৌকা
ট.নূপুর প্রভৃতির তীক্ষ্ম মধুর ধ্বনি
ঠ.স্বর্গ, মর্ত ও পাতাল

ড.সর্বদা
ঢ.অতি অল্প সময়ের মধ্যে; হঠাৎ

১. তাণ্ডব (   )
২. সতত (   )
৩. খিস্তি-খেউড় (   )
৪. ত্রিলোক (   )
৫. নৈরাজ্য (   )
৬. শ্যামলিমা (   )
৭. চৈতন্য (   )
৮. নিক্কণ (   )
৯. সত্তা (   )
১০. খেয়া (   )
১১. বিহনে (   )
১২. চকিতে (   )

পাঠ ২৬

আবার আসিব ফিরে

আবার আসিব ফিরে ধানসিঁড়িটির তীরে– এই বাংলায়
হয়তো মানুষ নয়– হয়তো বা শঙ্খচিল শালিকের বেশে;
হয়তো ভোরের কাক হয়ে এই কার্তিকের নবান্নের দেশে
কুয়াশার বুকে ভেসে এক দিন আসিব এ কাঁঠাল-ছায়ায়;
হয়তো বা হাঁস হবো– কিশোরীর ঘুঙুর রহিবে লাল পায়,
সারাদিন কেটে যাবে কলমির গন্ধভরা জলে ভেসে ভেসে;
আবার আসিব আমি বাংলার নদী মাঠ ক্ষেত ভালোবেসে
জলাঙ্গীর ঢেউয়ের ভেজা বাংলার এ সবুজ করুণ ডাঙায়;
হয়তো দেখিবে চেয়ে সুদর্শন উড়িতেছে সন্ধ্যার বাতাসে;
হয়তো শুনিবে এক লক্ষ্মীপেঁচা ডাকিতেছে শিমুলের ডালে;
হয়তো খইয়ের ধান ছড়াতেছে শিশু এক উঠানের ঘাসে;
রূপসার ঘোলা জলে হয়তো কিশোর এক সাদা ছেঁড়া পালে
ডিঙা বায়;রাঙা মেঘ সাঁতরায়ে অন্ধকারে আসিতেছে নীড়ে
দেখিবে ধবল বক; আমারেই পাবে তুমি ইহাদের ভিড়ে।

(জীবনানন্দ দাশ)

কবি পরিচিতি

জীবনানন্দ দাশ (১৮৯৯-১৯৫৪) রবীন্দ্রোত্তর বাংলা কবিতার ধারায় সবচেয়ে উল্লেখযোগ্য কবি। ১৮৯৯ খ্রিস্টাব্দের ১৭ ফেব্রুয়ারি অবিভক্ত বাংলার বরিশাল শহরে জীবনানন্দ জন্মগ্রহণ করেন। ১৯২১ সালে কলকাতা বিশ্ববিদ্যালয় থেকে ইংরেজি সাহিত্যে এম.এ পাশ করেন। জীবনানন্দ দাশের কর্মজীবন ছিল অস্থিরতা আর অনিশ্চয়তায় জর্জরিত। এক সময়ে তিনি

সাংবাদিকতার পেশাও অবলম্বন করেছিলেন। জীবনের বেশিরভাগ সময়েই তিনি অধ্যাপনা করেছেন এবং তাঁকে আর্থিক চাপ সহ্য করতে হয়েছে। জীবনানন্দের কাব্যচর্চার সূত্রপাত অল্প বয়স থেকেই। তাঁর প্রথম কবিতা 'বর্ষ আবাহন' মুদ্রিত হয় 'ব্রহ্মবাদী' পত্রিকায়। ১৯২৭ খ্রিস্টাব্দে প্রকাশিত হয় তাঁর প্রথম কাব্যগ্রন্থ 'ঝরাপালক'। দ্বিতীয় কাব্যগ্রন্থ 'ধূসর পাণ্ডুলিপি' (১৯৩৬) থেকেই তাঁর কবিতার স্বতন্ত্র বৈশিষ্ট্যগুলি সুস্পষ্টরূপে প্রকাশ পেতে থাকে। 'ধূসর পাণ্ডুলিপি'-র পরের কাব্যগুলি হল যথাক্রমে 'বনলতা সেন' (১৯৪২), 'মহাপৃথিবী' (১৯৪৪), 'সাতটি তারার তিমির' (১৯৪৮), 'জীবনানন্দ দাশের শ্রেষ্ঠ কবিতা' (১৯৫৪)। জীবিতকালে জীবনানন্দের গুণগ্রাহীর সংখ্যা ছিল অল্প। বরং নানাদিক থেকে তাঁর কবিতা সম্পর্কে ব্যঙ্গ-বিদ্রুপ এবং সংশয় প্রকাশ করা হয়েছে। কিন্তু পরের দিকে এই অবস্থার পরিবর্তন ঘটে; তিনি পান রবীন্দ্রোত্তর কালের অন্যতম শ্রেষ্ঠ কবির মর্যাদা। কবিতা রচনার পাশাপাশি তিনি বহু গল্প-উপন্যাসও রচনা করেছেন। কিন্তু তার জীবিতাবস্থায় এগুলি লোকচক্ষুর অন্তরালেই থেকে গিয়েছিল বলা চলে। একসময় জীবনানন্দকে কেবল 'কবি' হিসেবেই বিচার করা হত। কিন্তু তাঁর গল্প-উপন্যাসগুলি মুদ্রিত হওয়ার পর থেকে তাঁকে একজন অন্যতম কথাসাহিত্যিক হিসেবেও দেখার চেষ্টা চলছে। তিনি ১৯৫৪ সালের ২২শে অক্টোবর কলকাতায় এক ট্রাম দুর্ঘটনায় নিহত হন। আমাদের পাঠের 'আবার আসিব ফিরে' কবিতাটি কবির কাব্যগ্রন্থ 'রূপসী বাংলা' থেকে নেয়া হয়েছে।

শব্দার্থ

শঙ্খচিল	［名］	一种吃鱼的鸟
শালিক	［名］	鸲;八哥
বেশ	［名］	衣服；伪装
নবান্ন	［名］	新米节
কুয়াশা	［名］	雾
ঘুঙুর	［名］	跳舞用的脚铃

কলমি	［名］	水蕹菜
করুণ	［形］	可悲的；悲伤的；怜悯的
ডাঙা	［名］	河岸；陆地；干涸的高地
সুদর্শন	［名］	印度教守护神毗湿奴手持的圆环形神轮
লক্ষ্মীপেঁচা	［名］	猫头鹰
শিমুল	［名］	木棉树
ঘোলা	［形］	浑浊的
বাওয়া	［动］	划（船）
সাঁতরানো	［动］	游泳
ডিঙা	［名］	小船
উঠান	［名］	院落；场院
নীড়	［名］	巢；窝
ধবল বক		白鹤

অনুশীলনী

১। কবিতা অনুসরণে নিচের প্রশ্নাবলীর উত্তর দিন।

১.‘আবার আসিব ফিরে’ – কবি কোথায় এবং কীভাবে ফিরে আসতে চান?

২.কোন দেশকে ‘নবান্নের দেশ’ বলা হয়েছে এবং কেন?

৩.“ধানসিঁড়ি”, “জলাঙ্গী” ও “রূপসা” কীসের নাম?

৪.“সারা দিন কেটে যাবে কলমির গন্ধভরা জলে ভেসে ভেসে” – এখানে সারাদিন কেটে যাবে কার?

৫.মানুষ না-হয়ে শঙ্খচিল, শালিকের বেশে কবি এদেশে ফিরতে চান কেন? কবি কাদের মধ্যে ফিরে আসতে চান?

৬.এ কবিতায় বাংলার প্রতি কবির যে গভীর মমতা প্রকাশ পেয়েছে তা নিজের কথায় লিখুন।

৭.কবিতা অবলম্বনে বাংলাদেশের প্রাকৃতিক দৃশ্যের একটি সুন্দর বর্ণনা দিন।

২। সঠিক উত্তর বাছাই করুন।

১. ধানসিঁড়ি কীসের নাম?

ক. গ্রামের

খ. পাখির

গ. ধানের

ঘ. নদীর

২. কবিতায় 'শিমুলের ডালে' কার ডাক শোনা যায়?

ক. ঘুঙুর

খ. শালিক

গ. শঙ্খচিল

ঘ. লক্ষ্মীপেঁচা

৩. কোন নদীর ঘোলা জলে কিশোর ছেঁড়া পালে ডিঙা বায়?

ক. ধানসিঁড়ি

খ. জলাঙ্গী

গ. রূপসা

ঘ. কলমির গন্ধভরা জলে

৪. কবিতাটির মাধ্যমে নিচের কোন বিষয়টি মূল বিষয়বস্তু হিসেবে উপস্থাপিত হয়েছে?

ক. বাংলার জীববৈচিত্র্য

খ. বাংলার নদনদীর রূপবৈচিত্র্য

গ. গ্রামীণ জীবনের প্রতি মানুষের আকর্ষণ

ঘ. স্বদেশের প্রকৃতি ও মানুষের আন্তঃসম্পর্ক

৫. কবিতায় কবি তুলে ধরেছেন–

ক. বাংলার মাঠ, ফসলের ক্ষেত

খ. বাংলার জলমগ্ন প্রকৃতি

গ. বাংলার মায়াময় রূপ

ঘ. ক, খ,ও গ

৬. নিচের কোন উক্তি ঠিক নয়?

ক. মৃত্যুর পর কবি তাঁর জন্মভূমির কথা ভুলে যাবেন, জন্মভূমির সাথে সম্পর্ক রাখবেন না।

খ. 'রাঙা মেঘ সাঁতরায়ে অন্ধকারে আসিতেছে নীড়ে' – এখানে 'রাঙা মেঘ' ব্যবহার করে কবি সন্ধ্যার আবহ বোঝাতে চেয়েছেন।

গ. 'আমারেই পাবে তুমি ইহাদের ভিড়ে' – এখানে 'ইহাদের ভিড়ে' বলতে কবি বাংলার সুন্দর প্রকৃতি বুঝিয়েছেন।

ঘ. 'আবার আসিব ফিরে' কবিতায় জীবনানন্দ দাশের অনন্য কবি প্রতিভার উজ্জ্বল স্বাক্ষর পড়েছে।

পাঠ ২৭

সাম্যবাদী

গাহি সাম্যের গান–
যেখানে আসিয়া এক হয়ে গেছে সব বাধা ব্যবধান,
যেখানে মিশেছে হিন্দু-বৌদ্ধ-মুস্‌লিম-ক্রিশ্চান।
গাহি সাম্যের গান!
কে তুমি? – পার্সী? জৈন? ইহুদি? সাঁওতাল-ভীল-গারো?
কন্‌ফুসিয়াস? চার্বাক-চেলা? ব’লে যাও, বল আরো!
বন্ধু, যা খুশি হও,
পেটে পিঠে কাঁধে মগজে যা-খুশি পুঁথি ও কেতাব বও,
কোরান-পুরাণ-বেদ-বেদান্ত-বাইবেল-ত্রিপিটক-
জেন্দাবেস্তা-গ্রন্থসাহেব প’ড়ে যাও, যত সখ –
কিন্তু, কেন এ পণ্ডশ্রম, মগজে হানিছ শূল?
দোকানে কেন এ দর কষাকষি? – পথে ফোটে তাজা ফুল!
তোমাতে রয়েছে সকল কেতাব সকল কালের জ্ঞান,
সকল শাস্ত্র খুঁজে পাবে সখা, খুলে দেখ নিজ প্রাণ!
তোমাতে রয়েছে সকল ধর্ম, সকল যুগাবতার,
তোমার হৃদয় বিশ্ব-দেউল সকলের দেবতার।
কেন খুঁজে ফের দেবতা-ঠাকুর মৃত-পুঁথি-কঙ্কালে?
হাসিছেন তিনি অমৃত-হিয়ার নিভৃত অন্তরালে!

বন্ধু, বলিনি ঝুট,
এইখানে এসে লুটাইয়া পড়ে সকল রাজমুকুট।
এই হৃদয়ই সে নীলাচল, কাশী, মথুরা, বৃন্দাবন,

বুদ্ধ-গয়া এ, জেরুজালেম্ এ, মদিনা, কাবা-ভবন,
মসজিদ এই, মন্দির এই, গির্জা এই হৃদয়,
এইখানে ব'সে ঈসা মুসা পেল সত্যের পরিচয়!
এই রণ-ভূমে বাঁশীর কিশোর গাহিলেন মহা-গীতা,
এই মাঠে হ'ল মেষের রাখাল নবীরা খোদার মিতা।
এই হৃদয়ের ধ্যান-গুহা-মাঝে বসিয়া শাক্যমুনি
ত্যজিল রাজ্য মানবের মহা-বেদনার ডাক শুনি'।
এই কন্দরে আরব-দুলাল শুনিতেন আহ্বান,
এইখানে বসি' গাহিলেন তিনি কোরানের সাম-গান!
মিথ্যা শুনিনি ভাই,
এই হৃদয়ের চেয়ে বড় কোনো মন্দির-কাবা নাই!

(কাজী নজরুল ইসলাম)

কবি পরিচিতি

কাজী নজরুল ইসলাম (১৮৯৯-১৯৭৬) ছিলেন বিংশ শতাব্দীর অন্যতম জনপ্রিয় অগ্রণী বাঙালি কবি, ঔপন্যাসিক, নাট্যকার, সঙ্গীতজ্ঞ ও দার্শনিক যিনি বাংলা কাব্যে অগ্রগামী ভূমিকা রাখার পাশাপাশি প্রগতিশীল প্রণোদনার জন্য সর্বাধিক পরিচিত। তিনি বাংলা সাহিত্য, সমাজ ও সংস্কৃতি ক্ষেত্রের অন্যতম শ্রেষ্ঠ ব্যক্তিত্ব হিসেবে উল্লেখযোগ্য। তিনি বাংলা ভাষার অন্যতম সাহিত্যিক এবং বাংলাদেশের জাতীয় কবি। পশ্চিমবঙ্গ ও বাংলাদেশ– দুই বাংলাতেই তাঁর কবিতা ও গান সমানভাবে সমাদৃত। 'বিদ্রোহী কবি' আখ্যা পেয়েছিলন সমগ্র বাংলার জনসাধারণের কাছ থেকে। ১৯২১ খ্রিস্টাব্দে 'মোসলেম ভারত' এবং 'বিজলী'– এই দুইটি পত্রকায় প্রকাশিত হয় তাঁর 'বিদ্রোহী' কবিতা। কবিতার বিদ্রোহাত্মক ভাব, জোরালো প্রকাশভঙ্গি, আরবি-ফারসি শব্দের অভিনব প্রয়োগ সেদিনের বাংলা সাহিত্যের পাঠকের কাছে হয়েছিল অভূতপূর্ব। 'বিদ্রোহী' কবিতা প্রকাশের পর রাতারাতি 'বিদ্রোহী কবি' নামে খ্যাত হয়ে

গেলেন নজরুল ইসলাম। নজরুলের জীবন ও কাব্য– দুই-ই বিস্ময়কর, অভিনব। শিক্ষাদীক্ষায় পোশাকিভাবে বেশি অগ্রসর হননি, কিন্তু শিক্ষার যে ফল জ্ঞানলাভ ও ভূয়োদর্শন, তা তাঁর আয়ত্ত হয়েছিল অবলীলাক্রমে। ১৯২২ খ্রিস্টাব্দে প্রকাশিত হয় তাঁর প্রথম কাব্য 'অগ্নিবীণা'। এই সময় থেকে তিনি মোটামুটি কুড়ি বছর কাব্যচর্চার সুযোগ পেয়েছিলেন। তিনি কায়িকভাবে ১৯৭৬ খ্রিস্টাব্দ পর্যন্ত বেঁচেছিলেন, কিন্তু মস্তিষ্কের দুরারোগ্য ব্যাধিতে তাঁর কবিজীবন শেষ হয়ে যায় ১৯৪২ খ্রিস্টাব্দে। ১৯২২-১৯৪২ এই কুড়ি বছরের মধ্যেই তিনি অনেকগুলি কাব্য রচনা করেন। কাজী নজরুল ইসলামের উল্লেখযোগ্য কাব্য হল– 'অগ্নিবীণা', 'দোলনচাঁপা', 'বিষের বাঁশী', 'ভাঙার গান', 'প্রলয় শিখা', 'সাম্যবাদী', 'সর্বহারা', 'ফণিমনসা', 'সিন্ধুহিন্দোল', 'ঝিঙেফুল', 'জিঞ্জির' প্রভৃতি। নজরুলের কবিতার মূল বিষয়বস্তু ছিল মানুষের ওপর মানুষের অত্যাচার এবং সামাজিক অনাচার ও শোষণের বিরুদ্ধে সোচ্চার প্রতিবাদ। তাঁর কবিতায় পরাধীনতার জ্বালাযন্ত্রণা বাঙ্ময় হয়ে উঠেছিল তাঁর কণ্ঠে। শুধু ব্রিটিশবিরোধী মনোভাব নয়, যে-কোন অন্যায় বা অত্যাচারের বিরুদ্ধেই ছিল তাঁর প্রতিবাদ। এই প্রতীবাদী তথা বিদ্রোহী চেতনা তাঁর মধ্যে এতই প্রবল ছিল যে, তাঁর কবিতা অনেক সময় যে-পরিমাণ উত্তেজনা ছড়াত সেই পরিমাণে শিল্প হয়ে উঠত না। তিনি নিজেও সচেতন ছিলেন এ বিষয়ে, কিন্তু তাঁর জন্য তিনি অনুতপ্ত ছিলেন না। এ ছাড়া তিনি এমন অনেক কবিতাও লিখেছেন যেগুলিতে প্রাধান্য পেয়েছে প্রেম, সৌন্দর্যপিপাসা কিংবা ভক্তির আবেগ। নজরুলের কবিতার আঙ্গিকের দিকটিও লক্ষ্য করার মতো। বিভিন্ন ছন্দের ব্যবহারে তিনি ছিলেন নিপুণ। তবে তাঁর কবিতার অন্যতম বিশেষত্ব হল, তৎসম ও তদ্ভব শব্দের পাশাপাশি প্রচুর পরিমাণে আরবি-ফারসি শব্দের প্রয়োগ। নজরুলের কবিতার এই গতিঝংকার ও অকৃত্রিম আবেগ তাঁর সমসাময়িক কবিদের মধ্যেও অল্পবিস্তর প্রভাব ফেলেছিল। নজরুলের 'সাম্যবাদী' কাব্যগ্রন্থটি পুস্তিকা আকারে প্রকাশিত হয় ১৯২৫ সালের ডিসেম্বরে। 'সাম্যবাদী' কাব্যগ্রন্থে অন্তর্ভুক্ত হয় ১১টি কবিতা। কবিতাগুলোর শিরোনাম যথাক্রমে– সাম্যবাদী, ঈশ্বর, মানুষ, পাপ, চোর-ডাকাত, বীরাঙ্গনা,

মিথ্যাবাদী, নারী, রাজা-প্রজা, সাম্য ও কুলি-মজুর। আমাদের পাঠের কবিতা 'সাম্যবাদী' এ কাব্যগ্রন্থের প্রথম কবিতা।

শব্দার্থ

বাধা	［名］	阻碍
ব্যবধান	［名］	区别；距离
পার্সী	［名］	波斯人
জৈন	［名］	耆那教教徒
ইহুদি	［名］	古希伯来人；犹太民族或信奉犹太教的人
সাঁওতাল	［名］	桑达尔人（居住在印度次大陆的原始部族）
ভীল	［名］	皮尔人(居住在印度次大陆的原始部族）
গারো	［名］	高尔人(居住在山区的土著少数民族)
কন্‌ফুসিয়াস	［名］	孔子, 中国古代伟大的思想家、哲学家，课文中指他的追随者
চার্বাক	［名］	课文中指顺世派信徒，古印度哲学的顺世论信奉朴素唯物论思想，主张无神论和经验主义，反对神创论、祭祀、和种姓制度
মগজ	［名］	大脑；智力
পুঁথি	［名］	书；古代文献的手稿
কেতাব	［名］	书
বওয়া/বহা	［动］	携；带着；承载；承受
কোরান	［名］	古兰经
পুরাণ	［名］	往事书

বেদ-বেদান্ত	［名］	吠陀经
বাইবেল	［名］	圣经
ত্রিপিটক	［名］	三藏，佛教术语，佛教经典的一种分类法，即经藏、律藏、论藏三种类别的佛典
জেন্দাবেস্তা	［名］	《阿维斯塔》又名《波斯古经》，是琐罗亚斯德教（又名拜火教）的至高圣典。《曾德·阿维斯塔》被认为是中古波斯文的《阿维斯塔注释本》，内容与《阿维斯塔》基本相同，编排有所不同。
পন্ডশ্রম	［名］	徒劳之功；无果的努力
হানা	［动］	投；掷；射出（武器）；用……开战
শূল	［名］	三叉戟
দর কষাকষি		讨价还价
সখা	［名］	朋友；知己
যুগাবতার	［名］	不同时代的伟人
দেউল	［名］	庙宇
দেবতা	［名］	神
ফের	［副］	又；再
কঙ্কাল	［名］	骨架；骷髅
নিভৃত	［形］	隐秘的；私人的；孤单的
অন্তরাল	［名］	间隙；里面的部分
ঝুট	［名］	谎话
নীলাচল	［名］	印度教三大主神之一毗湿奴的化身乔格纳特所居的地界
জেরুজালেম্	［名］	耶路撒冷
কাবা	［名］	位于伊斯兰教圣城麦加禁寺内的石

		造立方体建筑，被认为是伊斯兰教最神圣的圣地，所有穆斯林在任何地方必须面对它的方向祈祷
মহা-গীতা	［名］	博伽梵歌
শাক্যমুনি	［名］	释迦牟尼
কন্দর	［名］	山洞
আরব-দুলাল	［名］	课文中指伊斯兰教创始人穆罕默德，穆斯林认为他是真主派遣到人类的最后使者、先知和天启宗教复兴者
সাম-গান	［名］	古印度吠陀时代的歌曲，内容通常是吠陀诗文经咒，配以音乐曲调在吠陀时代的祭祀仪式上唱诵

অনুশীলনী

১। কবিতা অনুসরণে নিচের প্রশ্নাবলীর উত্তর দিন।

১.কোরান, বাইবেল, বেদ ধর্মগ্রন্থগুলি কোনটি কোন ধর্মীয় সম্প্রদায়ের?

২.নীলাচল, বুদ্ধগয়া, মদিনা স্থানগুলি কোনটি কোন ধর্মীয় সম্প্রদায়ের তীর্থস্থল?

৩.'কেন এ পন্ডশ্রম' – এখানে কবি পন্ডশ্রম কাকে বলেছেন বুঝিয়ে দিন।

৪.'দোকানে কেন এ দর-কশাকশি?' – কোন জিনিসের জন্য দরকষাকষি?

৫.'তোমার হৃদয় বিশ্ব-দেউল সকলের দেবতার' – এই মন্তব্য কেন করা হয়েছে?

৬.ধর্মশাস্ত্রকে কবি কী বলে তুলনা করেছেন? কেন?

৭.এক ধর্মের সঙ্গে অন্য ধর্মের বিরোধকে কবি মিথ্যার বেসাতি বলেছেন কেন?

৮.কবির মনোভাবে ঈশ্বরকে উপলব্ধি করার প্রকৃত পথ কী?

৯.উদার মানবপ্রেমিক হৃদয় যে শ্রেষ্ঠ ধর্মস্থান একথা কবি কীভাবে বুঝিয়েছেন?

২। সঠিক উত্তর বাছাই করুন।

১. কবির মতে সব ধর্মের মূল বাণী কী?

ক. মানবতাবোধ

খ. সত্যবাদী

গ. সততা

ঘ. সাম্য

২. সাঁওতাল, ভীল, গারো– এগুলো কিসের নাম?

ক. জাতি

খ. ক্ষুদ্র নৃগোষ্ঠী

গ. বর্ণ

ঘ. গোত্র

৩. মুসলিমদের পবিত্র ধর্মগ্রন্থের নাম কী?

ক. গীতা

খ. কোরআন

গ. বাইবেল

ঘ. ত্রিপিটক

৪. কনফুসিয়াস কোন দেশের লোক?

ক. বাংলাদেশ

খ. ভারত

গ. চীন

ঘ. জাপান

৫. শিখদের গ্রন্থ হিসেবে নিচের কোনটি প্রযোজ্য?

ক. জেন্দাবেস্তা

খ. বেদান্ত

গ. বাইবেল

ঘ. গ্রন্থসাহেব

৬. কার মধ্যে সকল কালের জ্ঞান বিদ্যমান রয়েছে?

ক. নিজের

খ. বইয়ের
গ. পুঁথির
ঘ. ধর্মগ্রন্থের
৭. মহাবীর প্রতিষ্ঠিত ধর্মমতাবলম্বী জাতি কোনটি?
ক. জৈন
খ. বৌদ্ধ
গ. ইহুদি
ঘ. চার্বাক
৮. 'কেতাব' শব্দের সমার্থক শব্দ নয় কোনটি?
ক. বই
খ. পুস্তক
গ. বড়াই
ঘ. গ্রন্থ
৯. কবি সাম্যের গান দিয়ে গোটা মানবসমাজকে কী করতে আগ্রহী?
ক. ঐক্যবদ্ধ
খ. সংঘবদ্ধ
গ. যূথবদ্ধ
ঘ. সারিবদ্ধ
১০. নিচের কোনটি হিন্দুদের পবিত্র ধর্মীয় স্থান নয়?
ক. কাশী-মথুরা
খ. বৃন্দাবন
গ. গয়া
ঘ. মদিনা

图书在版编目(CIP)数据

孟加拉语经典名篇选读 / 于秋阳编著. -- 北京 :中国传媒大学出版社, 2019.10

ISBN 978-7-5657-2449-7

Ⅰ. ①孟… Ⅱ. ①于… Ⅲ. ①孟加拉语—阅读教学—高等学校—教材 Ⅳ. ①H714.94

中国版本图书馆 CIP 数据核字(2019)第 036575 号

孟加拉语经典名篇选读

MENGJIALAYU JINGDIAN MINGPIAN XUANDU

编　　著	于秋阳
审　　校	(孟加拉国)K M Alimul Hoque　(孟加拉国)Mohammad Tawhid Sharat
责任编辑	欧丽娜
封面设计	风得信设计·阿东
责任印制	李志鹏
出版发行	中国传媒大学出版社
社　　址	北京市朝阳区定福庄东街 1 号　邮编:100024
电　　话	86-10-65450528　65450532　传真:65779405
网　　址	http://cucp.cuc.edu.cn
经　　销	全国新华书店
印　　刷	北京玺诚印务有限公司
开　　本	787mm × 1092mm　1/16
印　　张	19.5
字　　数	494 千字
版　　次	2019 年 10 月第 1 版
印　　次	2019 年 10 月第 1 次印刷
书　　号	ISBN 978-7-5657-2449-7/H·2449　**定　价**　88.00 元